Studien und Beiträge
zum Öffentlichen Recht

Band 39

Konstantin Chatziathanasiou

Verfassungsstabilität

Eine von Artikel 146 Grundgesetz ausgehende juristische und (experimental-)ökonomische Untersuchung

Mohr Siebeck

Konstantin Chatziathanasiou, geboren 1985; Studium der Rechtswissenschaften in Heidelberg, London (King's College), Bonn; Rechtsreferendariat in Bonn, Köln, Berlin (BMWi); 2014–2017 Graduiertenschule IMPRS „Uncertainty", Max-Planck-Institut zur Erforschung von Gemeinschaftsgütern; 2016 Michigan Grotius Research Scholar, University of Michigan Law School; 2018 Promotion, Universität Bonn; 2018 Trainee, Europäische Zentralbank; seit WS 2018/2019 wissenschaftlicher Mitarbeiter bei Prof. Dr. Niels Petersen, Universität Münster.
orcid.org/0000-0002-3609-2096

ISBN 978-3-16-156504-5 / eISBN 978-3-16-156505-2
DOI 10.1628/978-3-16-156505-2

ISSN 1867-8912 / eISSN 2568-745X (Studien und Beiträge zum Öffentlichen Recht)

Die Deutsche Nationalbibliothek verzeichnet diese Publikation in der Deutschen Nationalbibliographie; detaillierte bibliographische Daten sind über *http://dnb.dnb.de* abrufbar.

Das Buch wurde von epline in Böblingen aus der Times gesetzt, von Gulde Druck in Tübingen auf alterungsbeständiges Werkdruckpapier gedruckt und von der Buchbinderei Spinner in Ottersweier gebunden.

Printed in Germany.

Vorwort

Diese Arbeit ist zwischen September 2014 und November 2017 am Max-Planck-Institut zur Erforschung von Gemeinschaftsgütern und während eines Aufenthaltes an der University of Michigan Law School entstanden. Sie lag der Rechts- und Staatswissenschaftlichen Fakultät der Universität Bonn als Dissertation vor; die Verteidigung fand im Mai 2018 statt. Ich hatte das große Glück, auf dem Weg dorthin von vielen Seiten unterstützt zu werden.

An erster Stelle ist mein Doktorvater Prof. Dr. Dr. h. c. Christoph Engel zu nennen. Am von ihm aufgebauten Max-Planck-Institut forschen Juristen, Ökonomen und Psychologen gemeinsam – er selbst ist „die Verkörperung von Interdisziplinarität" (*Dieter Grimm*). Die langjährige Förderung an seinem Institut hat diese Arbeit möglich gemacht; ihre Entstehung hat er mit freundlicher Kritik und unerschütterlichem Zutrauen begleitet. Für all das danke ich ihm sehr herzlich.

Ein besonderer Dank gilt auch Prof. Dr. Christian Hillgruber. Er stand meiner Arbeit schon früh aufgeschlossen gegenüber und hat sehr schnell ein engagiertes Zweitgutachten erstellt. Die darin enthaltenen Anregungen habe ich gerne aufgenommen. Danken möchte ich auch Prof. Dr. Dr. Tade Matthias Spranger, der den Vorsitz der Prüfungskommission freundlich und interessiert geführt hat.

In unterschiedlichen Stadien meines Vorhabens habe ich vom Austausch mit gestandenen Wissenschaftlern stark profitiert. Dafür, dass sie sich für mich Zeit genommen haben, danke ich Prof. Jenna Bednar, Prof. Daniel Halberstam, Prof. Dr. Oliver Kirchkamp, Prof. Dr. Oliver Lepsius, Prof. Dr. Christoph Möllers, Prof. Dr. Niels Petersen, Prof. J. J. Prescott, Prof. Dr. Dr. h. c. Karl-Peter Sommermann, Prof. Dr. Emanuel Towfigh, Prof. George Tsebelis, Prof. Dr. Stefan Voigt und Prof. Dr. Uwe Volkmann.

Für die sehr freundliche Aufnahme in Ann Arbor und die Möglichkeit, als Teil der dortigen Gemeinschaft forschen zu dürfen, möchte ich mich bei der University of Michigan Law School und insbesondere bei Prof. Daniel Halberstam und Prof. Dr. Mathias Reimann bedanken. Die Bedingungen dort waren ideal, um darüber nachzudenken, wie ich die Fäden dieser Arbeit zusammenführe.

Die Arbeit ist im Rahmen der Graduiertenschule IMPRS „Uncertainty" samt des Auslandsaufenthaltes finanziert und noch dazu durch Sommerschulen und Workshops gefördert worden; für all das bin ich sehr dankbar. Hervorheben möchte ich an dieser Stelle den großen Einsatz der Koordinatorin Dr. Susanne Büchner.

Am Max-Planck-Institut war es leicht, sich auf das Wesentliche zu konzentrieren. Für dieses Privileg danke ich der Leiterin der Verwaltung Heidi Morgenstern, der Leiterin der Bibliothek Regina Goldschmitt sowie ihren Teams.

Die Konrad-Redeker-Stiftung und die Johanna und Fritz Buch Gedächtnis-Stiftung haben den Druck der Arbeit jeweils mit einem großzügigen Zuschuss gefördert. Für diese Unterstützung möchte ich mich herzlich bedanken. Die Stiftung für die Rechte zukünftiger Generationen hat Ideen aus dieser Arbeit mit einem Preis bedacht, wofür ich mich ebenfalls bedanken möchte. Der Studienstiftung des deutschen Volkes danke ich für die sehr wertvolle Förderung während des Studium und der Promotion, durch die so mancher Stein ins Rollen gebracht wurde.

Weiter möchte ich die Freunde nennen, die mich während der Entstehung der Arbeit unterstützt haben: Die Ökonomen Svenja Hippel und Michael Kurschilgen haben sich auf das Abenteuer eines rechtlich-inspirierten Experiments eingelassen; Leonard Hoeft, Pascal Langenbach und Stefan Schmitz haben die Arbeit gegengelesen und mir geholfen, Argumente zu schärfen; mit Stefanie Egidy, Constantin Hartmann, Yoan Hermstrüwer und Julia Schubert habe ich viele hilfreiche Gespräche geführt – ihnen allen sei herzlich gedankt!

Für ihre liebevolle Unterstützung danke ich schließlich denjenigen, denen ich nicht genug danken kann: meinen Eltern Anna und Mathäos Chatziathanasiou, meiner Schwester Elena Chatziathanasiou – und natürlich Julia.

Chios, im August 2018 *Konstantin Chatziathanasiou*

Inhaltsverzeichnis

Abkürzungsverzeichnis

aA	anderer Ansicht
AöR	Archiv des öffentlichen Rechts
Abs.	Absatz
aF	alte Fassung
Akt.	Aktualisierungslieferung
Art.	Artikel
BayVBl.	Bayerische Verwaltungsblätter
BayVerfGHE	Entscheidungen des Bayerischen Verfassungsgerichtshofes
Bd.	Band
Begr.	Begründer
BGBl.	Bundesgesetzblatt
BoS	Battle of the Sexes
BayVerf	Verfassung des Freistaates Bayern
BV	Bundesverfassung der Schweizerischen Eidgenossenschaft
BVerfG	Bundesverfassungsgericht
BVerfGE	Entscheidungen des Bundesverfassungsgerichts
bzw.	beziehungsweise
CCP	Comparative Constitutions Project
CDU	Christlich Demokratische Union
DDR	Deutsche Demokratische Republik
d. h.	das heißt
DVBl.	Deutsches Verwaltungsblatt
Ed.	Edition
Erg.	Ergänzungslieferung
et al.	und andere
EuR	Europarecht
f., ff.	folgende
FAS	Frankfurter Allgemeine Sonntagszeitung
FAZ	Frankfurter Allgemeine Zeitung
Fn.	Fußnote
FS	Festschrift
GBl. DDR	Gesetzblatt der Deutschen Demokratischen Republik
GG	Grundgesetz
Hg.	Herausgeber
iVm	in Verbindung mit
JA	Juristische Arbeitsblätter
JöR	Jahrbuch des öffentlichen Rechts
JURA	Juristische Ausbildung
JuS	Juristische Schulung

JZ	Juristenzeitung
MA	Massachusetts
m. w. N.	mit weiteren Nachweisen
NJW	Neue Juristische Wochenschrift
N. N.	Numerius Negidius/nomen nescio (Name unbekannt)
Rn.	Randnummer
RW	Rechtswissenschaft
S.	Seite
SPD	Sozialdemokratische Partei Deutschlands
StVO	Straßenverkehrsordnung
u. a.	unter anderem, unter anderen
U. S.	United States, United States Reports
Vol.	Volume
vgl.	vergleiche
VR	Verwaltungsrundschau
VVDStRL	Veröffentlichungen der Vereinigung Deutscher Staatsrechtslehrer
WRV	Weimarer Reichsverfassung
ZaöRV	Zeitschrift für ausländisches öffentliches Recht und Völkerrecht
z. B.	zum Beispiel
ZDRW	Zeitschrift für Didaktik der Rechtswissenschaft
ZJS	Zeitschrift für das juristische Studium
ZRP	Zeitschrift für Rechtspolitik
ZVglRWiss	Zeitschrift für Vergleichende Rechtswissenschaft

A. Einleitung

„Ich habe mich oft gefragt, was aus der Weimarer Verfassung unter bundesrepublikanischen Verhältnissen geworden wäre – und was aus dem Grundgesetz unter Weimarer Verhältnissen.“[1] *Dieter Grimm* verweist auf eine klassische Frage der Verfassungstheorie und -praxis: Wann ist die verfassungsmäßige Ordnung stabil? Wann also wird sie dauerhaft akzeptiert und befolgt? Die Frage ist ebenso alt wie grundsätzlich.[2] Der Anspruch, sie umfassend klären zu wollen, würde selbst beim wohlwollenden Leser mit gutem Grund für Stirnrunzeln sorgen. Denn die von *Grimm* angesprochenen Interaktionen zwischen rechtlichen Normen und (sozialer) Umwelt sind dafür zu komplex. Tatsächlich ist der Anspruch dieser Arbeit bescheidener. Ausgehend von den Aporien der Rechtswissenschaft will diese Arbeit untersuchen, inwiefern mittels einer modellhaften experimentellen Studie ein Beitrag zur Theorie der stabilen Verfassung geleistet werden kann.

I. Untersuchungsgegenstand

Der Ausgangspunkt der Untersuchung liegt im positiven Recht und zwar bei Art. 146 GG.[3] Hier berühren sich in besonderem Maße Fragen des Verfassungsrechts und der Verfassungstheorie. Denn Art. 146 GG begrenzt das Grundgesetz in mehrfachem Sinne. Er markiert das Ende des Verfassungstextes und bezieht sich auf das zeitliche Ende seiner Geltung. Art. 146 GG macht darüber hinaus eine fundamentale Begrenzung explizit, die das Grundgesetz mit anderen Verfassungen teilt. Es kann im Extremfall abgeschafft oder einfach ignoriert wer-

[1] *D. Grimm*, „Ich bin ein Freund der Verfassung“ (2017), 317.

[2] Siehe schon die Überlegungen zu einer Mischverfassung („Politie“) bei *Aristoteles*, Politik (2011), 159 ff.; zu Aristoteles' Anliegen der Stabilität von Staat und Verfassung siehe nur *C. Maier*, Gewaltenteilung bei Aristoteles und in der Verfassung Athens (2010), 131 ff.; zum aristotelischen Verständnis der Verfassung als der tatsächlichen Ordnung und zur Formulierung der bestmöglichen Verfassung als „Aufforderung auf der politisch-moralischen Ebene“ *U. Volkmann*, Grundzüge einer Verfassungslehre der Bundesrepublik Deutschland (2013), 9.

[3] Art. 146 GG im Wortlaut: „Dieses Grundgesetz, das nach Vollendung der Einheit und Freiheit Deutschlands für das gesamte deutsche Volk gilt, verliert seine Gültigkeit an dem Tage, an dem eine Verfassung in Kraft tritt, die von dem deutschen Volke in freier Entscheidung beschlossen worden ist.“

den.[4] Als freiheitliche Ordnung ist das Grundgesetz voraussetzungsreich.[5] Es hängt von der tatsächlichen Akzeptanz seiner Adressaten ab. Adressaten sind hier nicht nur die Organe, die im engeren Sinne verpflichtet werden, sondern alle Bürger, die von der verfassungsmäßigen Ordnung angesprochen werden.[6] Diese müssen bereit sein, die verfassungsmäßige Ordnung zu respektieren und im Krisenfall auch dafür einzustehen.

Dass das Grundgesetz seine eigene Abschaffung nicht tabuisiert, ist historisch bedingt, aber gleichzeitig auch Ausdruck seiner Freiheitlichkeit.[7] Diese Freiheitlichkeit gehört zu seinen Erfolgsfaktoren. Meine zentrale These ist, dass sich eine Verfassung stabilisiert, indem sie sich verwundbar macht. Eine offene Ordnung darf auf höhere Akzeptanz seitens der Bürger hoffen. Gleichwohl muss diese These qualifiziert werden. Nicht jegliche Ordnung wird durch bloße Freiheitlichkeit stabilisiert. Ein materieller Minimalgehalt muss stets gegeben sein. Diese verfassungstheoretischen Überlegungen lassen sich in der Auslegung des Verfassungsrechts spiegeln. Art. 146 GG ist ernst zu nehmen. Er dispensiert tatsächlich von Art. 79 Abs. 3 GG und ist nicht mit der Wiedervereinigung obsolet geworden. Gleichwohl kann er nicht den Übergang zu jeglicher Ordnung legitimieren.

Fragen nach der Akzeptanz und Stabilität einer Ordnung sind empirischer Natur. Dementsprechend erstreckt sich das Erkenntnisinteresse dieser Arbeit auch auf die Bedeutung und die Möglichkeiten empirischer Forschung für Verfassungsrecht und Verfassungstheorie. Vor allem geht es um das Potential der Sozial- und Verhaltenswissenschaften, insbesondere in Form der experimentellen Ökonomik.[8]

---

[4] Hierzu *H. Dreier*, RW 1 (2010), 11, 17: „Eine freiheitliche Verfassung währt nicht ewig und legt dem politischen Prozess keine unlösbaren Fesseln an, weil sie revolutionär überwunden oder evolutionär fortentwickelt werden kann.“ Siehe auch *M. Tushnet*, Advanced Introduction to Comparative Constitutional Law (2014), 29: „Behind every constitutional structure lies the possibility of revolutionary overthrow – peasants with pitchforks, so to speak.“

[5] Eindringlich *Volkmann*, Grundzüge einer Verfassungslehre der Bundesrepublik Deutschland (2013), 329.

[6] Statt vieler *M. Morlok/L. Michael*, Staatsorganisationsrecht (2017), Rn. 74: „Die Bürger wie die Staatsorgane müssen die Verfassung annehmen und freiwillig befolgen. Diese Akzeptanz muss sich die Verfassung verdienen.“

[7] Siehe nur *W. Schäuble*, Grundordnung auf dem Weg durch die Zeit, in: Huber (Hg.), Das Grundgesetz zwischen Stabilität und Veränderung (2006), 65, 71, mit Verweis auf die mögliche Anwendung von Art. 146 GG im Zuge des europäischen Einigungsprozesses: „So ist aber auch gerade Artikel 146 ein Beispiel für die Offenheit des Grundgesetzes gegenüber Veränderungen.“

[8] Zur Unterscheidung von „Ökonomik als Methode und Ökonomie als Gegenstandsbereich der Wirtschaftswissenschaften“ *G. Kirchgässner*, Homo Oeconomicus (2013), 2.

II. Methodik

Meine Untersuchung ist interdisziplinär angelegt. Die verfassungsrechtliche Diskussion um Art. 146 GG bildet den Ausgangspunkt für die weitergehende verfassungstheoretische und sozialwissenschaftliche Bearbeitung des Themas. Die Frage nach der Stabilität verfassungsmäßiger Ordnung wird anhand der Diskussion von Bedeutung und Funktionsweise des Art. 146 GG aus einem spezifisch juristischen Blickwinkel eingegrenzt und einer interdisziplinären Betrachtung zugänglich gemacht.[9] Insbesondere wird dabei herausgearbeitet, inwiefern sich verfassungsrechtliche und verfassungstheoretische Argumente berühren. Vor diesem Hintergrund richte ich mein Augenmerk auf den tatsächlichen Umgang mit Art. 146 GG.

In einem nächsten Untersuchungsschritt soll der verfassungstheoretische Zugang vertieft werden. Mein Verständnis von Verfassungstheorie ist dabei breit. Ich meine damit Zugänge zum Konzept der Verfassung, die sich nicht auf die Frage nach der Verfassungsrechtslage beschränken.[10] Insbesondere stütze ich mich auf zwei verfassungstheoretische Stränge: auf die staatsrechtliche Literatur zur außerrechtlichen Bedingtheit der Verfassung und auf Zugänge aus der ökonomisch geprägten positiven politischen Theorie. Indem ich das Problem außerrechtlicher Bedingtheit aus Sicht der ökonomischen Theorie rekonstruiere, bereite ich schon einer experimental-ökonomischen Untersuchung den Weg.

Im empirisch orientierten Teil meiner Arbeit beschreibe ich erst beobachtende quantitative Studien zur Verfassungsvergleichung und wende mich dann den experimentellen Verhaltenswissenschaften zu. Diese bieten eine komplementäre Herangehensweise.[11] Die Disziplinen, aus denen ich schöpfe, die Psychologie und insbesondere die experimentelle Ökonomik, erreichen eindeutige Aussagen durch hohe Abstraktion und starke Stilisierung. Der Vorteil liegt darin, dass sich kausale Zusammenhänge identifizieren lassen, was mit Felddaten zu Verfassungen nicht ohne weiteres möglich ist. Während also die ökonomische bzw. spieltheoretische Rekonstruktion des Problems den theoretischen Hintergrund zu meinem Experiment bietet, begründen das Identifikationsproblem, aber auch

---

9 Für ein Bewusstsein für die Grenzen juristischer Methodik und für „interdisziplinäre Anschlußfähigkeit“ der Wissenschaft des öffentlichen Rechts plädiert *H. Schulze-Fielitz*, JöR 50 (2002), 1, 39.

10 Vgl. auch *O. Lepsius*, Themen einer Rechtswissenschaftstheorie, in: Jestaedt/Lepsius (Hg.), Rechtswissenschaftstheorie (2008), 1, 4 f., dort werden mit Theorie „alle rechtwissenschaftlichen Aspekte bezeichnet, die sich nicht auf eine positivrechtliche Geltungsgrundlage zurückführen lassen“. Zur Wahrung disziplinärer Identität beim Einsatz sozialwissenschaftlicher Instrumente siehe *C. Engel*, Herrschaftsausübung bei offener Wirklichkeitsdefinition, in: Engel/Schön (Hg.), Das Proprium der Rechtswissenschaft (2007), 206, 236 ff., der das Proprium der Rechtswissenschaft in der Zähmung von Herrschaft unter Unsicherheit verortet.

11 *A. Falk/J. J. Heckman*, Science 326 (2009), 535, 537.

die historische Kontingenz von Verfassungen die Wahl des kontrollierten experimentellen Zugangs allgemein.

Als Jurist begegnet man den Ergebnissen aus Laborstudien mit Skepsis. Es stellt sich die Frage der externen Validität: Inwiefern sind die Ergebnisse eines Experiments auf Sachverhalte außerhalb des Experiments übertragbar?[12] Dieser Übertragungsakt ähnelt einem rechtwissenschaftlichen Analogieschluss.[13] Die im Labor geschaffenen Bedingungen werden mit der institutionellen Wirklichkeit kontrastiert. Die Hoffnung ist, dass sich Wirkzusammenhänge besser erkennen lassen und die rechtswissenschaftliche Analyse an Schärfe gewinnt. Letztlich geht es um die Frage, inwieweit sich anhand von Grundlagenforschung konkrete Handlungsempfehlungen geben lassen.[14]

Die Interdisziplinarität der Arbeit folgt daraus, dass die Frage der Stabilität einer Verfassung nicht allein mit den Mitteln einer Fachdisziplin zu beantworten ist.[15] Interdisziplinarität bedeutet aber auch Querschnittsarbeit. Aus der benachbarten Disziplin werden bestimmte Herangehensweisen rezipiert. Das hat seinen Preis. Auch in der Nachbardisziplin gibt es eine Vielfalt an Herangehensweisen, die teilweise miteinander konkurrieren.[16] Der Anspruch dieser Arbeit kann nicht sein, Entscheidungen darüber zu treffen, *welche* Herangehensweise *welcher* Nachbardisziplin die „beste" ist. Stattdessen wird eine Auswahl an methodischen Zugängen darauf geprüft, was sie zum Untersuchungsgegenstand der Arbeit beitragen können.[17]

III. Gang der Untersuchung

Die Untersuchung setzt bei Art. 146 GG an. Die Meinungsverschiedenheiten dazu werden erst nachvollziehbar, wenn man den verfassungstheoretischen Hintergrund, das normative Spannungsfeld und die Geschichte der Norm nachvollzieht. Die Meinungsverschiedenheiten gründen auch auf unterschiedlichen Annahmen dazu, wie Art. 146 GG sich im Zusammenspiel mit meta-rechtlichen Faktoren auf die Stabilität der Verfassung auswirkt (siehe zum Ganzen Teil B).

---

[12] Eingehend *C. Engel*, Legal Experiments (2013); einführend zur experimentellen Methodik im Recht auch *K. Chatziathanasiou/M. Leszczynska*, RW 8 (2017), 314, 314.

[13] Diesen Vergleich verdanke ich *Christoph Engel*.

[14] Dazu aus der Sicht der Ökonomik *M. Hellwig*, Neoliberales Sektierertum oder Wissenschaft? (2015), mit der Forderung, die Annahmen der Grundlagenforschung kritischer zu prüfen.

[15] Hierzu aus Sicht der Soziologie *H. Schelsky*, Jahrbuch für Sozialwissenschaft 3 (1952), 1, 3.

[16] Siehe auch die Mahnung bei *A. Peters*, ZaöRV 67 (2007), 721, 763, die „Vielfalt, Uneindeutigkeit und Widersprüchlichkeit der Aussagen aus anderen Disziplinen zu beachten".

[17] Vgl. zur Methodenauswahl *R. Hirschl*, Comparative Matters (2014), 18, 224 ff., 277.

Damit ist man bei einem allgemeinen Problem angelangt: der außerrechtlichen Bedingtheit der Verfassung. Die Gewährleistung der Meinungsfreiheit als funktional wichtiger Bestandteil einer riskanten Ordnung bietet mir den Einstieg, um anschließend eine funktionale Betrachtung der tatsächlichen Wirkungen von Art. 146 GG vorzunehmen. Hier thematisiere ich die Wiedervereinigung und das Lissabon-Urteil des Bundesverfassungsgerichts. Danach komme ich auf Beschreibungen der außerrechtlichen Bedingtheit der Verfassung in der Staatsrechtslehre zu sprechen, die oftmals vom Böckenförde-Diktum ausgehen (siehe zum Ganzen Teil C).

Der deskriptive Gehalt der in der Staatsrechtslehre formulierten Einsichten zur außerrechtlichen Bedingtheit der Verfassung findet sich in ähnlicher Weise in der ökonomisch geprägten positiven politischen Theorie. Diese rekonstruiert das Grundproblem der verfassungsrechtlichen Selbstorganisation einer Gesellschaft mittels der Spieltheorie als Koordinationsproblem. Dabei bestehen aber – gleichsam integriert – weiterhin Kooperationsprobleme. Nach einer Einführung in das ökonomische Paradigma und einer Darstellung der Konzeptualisierung der Verfassung als Lösung eines Koordinationsproblems, diskutiere ich vor dem Hintergrund dieser theoretischen Überlegungen den Fall der Verfassungsstabilität in Deutschland (siehe zum Ganzen Teil D).

Nach diesem hauptsächlich theoretischen Teil wende ich mich der Empirie zu. Bevor ich zu experimentellen Zugängen komme, soll es um die Arbeit mit Beobachtungsdaten gehen. Die quantitative Verfassungsvergleichung erlebt momentan einen Aufschwung. Hier finden sich wertvolle Impulse, aber auch keine letztgültigen Antworten. Denn Verfassungen sind historisch kontingente Institutionen; auch das methodische Identifikationsproblem bleibt bestehen: Ursache und Wirkung lassen sich nicht unterscheiden (siehe zum Ganzen Teil E).

Die Einführung in das ökonomische Paradigma und die Begrenztheit der quantitativen Arbeit mit Beobachtungsdaten schaffen die Grundlage für den nächsten Teil, in dem ich mich experimentellen Zugängen widme. Ich biete zuerst einen Überblick über die Methode und zeige anschließend unterschiedliche, mögliche verfassungstheoretisch relevante Ansatzpunkte (siehe zum Ganzen Teil F).

Im Anschluss beschreibe ich ein eigenes Experiment, das ich mit den Ökonomen *Svenja Hippel* und *Michael Kurschilgen* durchgeführt habe. Dieses knüpft an die ökonomische Beschreibung des Problems an und unternimmt es, die Akzeptanzbedingungen sozialer Ordnung zu rekonstruieren. Es geht zum einen um die Möglichkeit der grundlegenden Flexibilisierung und zum anderen um freiwilligen sozialen Ausgleich. Abschließend diskutiere ich die verfassungstheoretische Relevanz der Ergebnisse (siehe zum Ganzen Teil G).

B. Art. 146 GG und die Herausforderung der Verfassungsstabilität

Die Frage nach den Bedingungen stabiler verfassungsmäßiger Ordnung soll aus einer am positiven Recht anknüpfenden Debatte entwickelt werden. Art. 146 GG bietet hierfür einen ergiebigen Ausgangspunkt. In diesem Kapitel lege ich erst dar, wieso dies der Fall ist (I). Dann erläutere ich den Kontext, in dem die leidenschaftlichen Debatten um Art. 146 GG ausgetragen werden. Zu diesem Kontext zähle ich die grundsätzliche Herausforderung, in der Verfassunggebung eine Balance zwischen Rigidität und Flexibilität zu finden (II), den potentiellen normativen Kontrapunkt zu Art. 146 GG in Form der sog. Ewigkeitsgarantie in Art. 79 Abs. 3 GG (III) und den historischen Hintergrund von Art. 146 GG (IV). Hierauf folgt eine Darstellung der aktuellen Debatte um die rechtliche Einordnung von Art. 146 GG, in der sich politische Bezüge, faktische Annahmen, aber vor allem auch Aporien zu den Bedingungen stabiler verfassungsmäßiger Ordnung zeigen (V). Das Kapitel schließt mit einer Stellungnahme, ehe im nächsten Kapitel die Problemstellung verallgemeinert wird.

I. Ausgangspunkt: Art. 146 GG

Gemäß Art. 146 GG verliert das Grundgesetz seine Geltung, „wenn sich das deutsche Volk in freier Entscheidung eine neue Verfassung gibt".[1] Die Bandbreite der Charakterisierungen dieser Vorschrift ist spektakulär: Der Artikel gilt als rätselhaft[2], einzigartig[3], Tabubruch[4], „Sprengladung"[5], „Zeitbom-

[1] Das normtheoretische Problem der Selbstreferentialität von Art. 146 GG soll in dieser Arbeit nicht behandelt werden; zu dieser Problematik allgemein *A. Ross*, Mind 78 (1969), 1; *P. Suber*, Stanford Literature Review 7 (1990), 53; zu „selbstbezüglichen Vorschriften im Verfassungsrecht" auch *K. F. Röhl/H. C. Röhl*, Allgemeine Rechtslehre (2008), 108 ff.

[2] *J. Isensee*, Braucht Deutschland eine neue Verfassung? (1992), 15: „juristische Rätsel"; *H. Grefrath*, AöR 135 (2010), 221, 222: „fundamentale Rätsel"; *M. Herdegen*, Art. 146 GG, in: Maunz/Dürig (Begr.), Grundgesetz-Kommentar, 67. Erg. (2013), Rn. 3: „rätselhafteste Bestimmung des ganzen Grundgesetzes"; *Volkmann*, Grundzüge einer Verfassungslehre der Bundesrepublik Deutschland (2013), 332: „bis heute [kann] niemand präzise angeben, was er eigentlich regelt".

[3] *Herdegen*, Art. 146 GG, in: Maunz/Dürig (Begr.), Grundgesetz-Kommentar, 67. Erg.

be"[6], „Chance"[7] und „Krönung" des Grundgesetzes[8]. Er hat es sogar zu internationaler Prominenz gebracht.[9]

Die Debatte zu Art. 146 GG ist alles andere als übersichtlich.[10] In der Auslegung von Art. 146 GG sind Verfassungsrecht, Verfassungstheorie und Verfassungspolitik so stark ineinander verflochten, dass eine sinnvolle Unterscheidung nach diesen Kategorien kaum zu treffen ist. Eine – wie auch immer geartete – *gefestigte* Dogmatik zu Art. 146 GG lässt sich angesichts der Breite der vertretenen Ansichten, die keine zumindest vorläufige[11] Rechtssicherheit[12] zu schaffen vermögen, nicht erkennen. Die Gründe für die erheblichen Meinungsunterschiede sind vielfältig.

Erstens steht die außergewöhnliche Vorschrift des Art. 146 GG außerhalb des klassischen Repertoires verfassungsrechtlicher Vorschriften.[13] Bei der Deutung kann nicht auf Wissen über strukturähnliche Normen anderer Verfassungen gebaut werden.[14] Schon der Begriff „Volk" in Art. 146 ist nicht eindeutig.

(2013), Rn. 8: „rechtsvergleichend keine exakte Entsprechung"; *M. Kotzur*, Constitutional Amendments and Constitutional Changes in Germany, in: Contiades (Hg.), Engineering Constitutional Change (2013), 125, 133: „unique norm"; *H. Dreier*, Art. 146, in: Dreier (Hg.), Grundgesetz-Kommentar, Bd. III, 2. Auflage (2008), Rn. 3: „deutsches Unikat".

4 *Herdegen*, Art. 146 GG, in: Maunz/Dürig (Begr.), Grundgesetz-Kommentar, 67. Erg. (2013), Rn. 1: „Thematik [...], welche Verfassungstexte im Allgemeinen tabuisieren".

5 *M. Kriele*, Die Welt vom 16.8. (1990), 5.

6 *J. Isensee*, FAZ vom 28.8. (1990), 10.

7 *U. K. Preuß*, Aus Politik und Zeitgeschichte. Beilage zur Wochenzeitung Das Parlament vom 29. 11. 1991 B 49 (1991), 12.

8 *L. Michael*, Art. 146 GG, in: Kahl et al. (Hg.), Bonner Kommentar zum Grundgesetz, 163. Akt. (2013), Rn. 245.

9 *N. N.*, The Economist, March 24th (2012), 31.

10 *H. Dreier*, Gilt das Grundgesetz ewig? (2009), 78: „Die Variationsbreite der unterschiedlichen Interpretationen ist Legion". Einen hilfreichen Überblick bietet *P. Cramer*, Artikel 146 Grundgesetz zwischen offener Staatlichkeit und Identitätsbewahrung (2014), 2. Kapitel. *K.-A. Schwarz*, JA (2015), 721, 725, beurteilt diese Meinungsvielfalt als „der Bedeutung der Vorschrift in der Staatspraxis allerdings diametral entgegengesetzt".

11 *Engel*, Herrschaftsausübung bei offener Wirklichkeitsdefinition, in: Engel/Schön (Hg.), Das Proprium der Rechtswissenschaft (2007), 206, 237, versteht unter Dogmatik „das Instrument zur permanenten Rekonstruktion von vorläufiger Sicherheit auf der Grundlage des bis jetzt Verstandenen."

12 *M. Eifert*, Zum Verhältnis von Dogmatik und pluralisierter Rechtswissenschaft, in: Kirchhof et al. (Hg.), Was weiß Dogmatik? (2012), 79, 81, betrachtet Dogmatik funktional als „vor allem eine kohärenzsicherende, operationalisierende Zwischenschicht zwischen den Rechtsnormen und der Rechtsanwendung im Einzelfall", die „vor allem auf Rechtssicherheit zielt" (S. 96).

13 Dazu *Dreier*, Art. 146, in: Dreier (Hg.), Grundgesetz-Kommentar, Bd. III, 2. Auflage (2008), Rn. 2.

14 Siehe aber gleichwohl die stark verfassungsvergleichende und vom schweizerischen Modell der Totalrevision geprägte Kommentierung von *Michael*, Art. 146 GG, in: Kahl et al. (Hg.), Bonner Kommentar zum Grundgesetz, 163. Akt. (2013).

Es ist nicht klar, ob sich die Vorschrift an das konstituierte Volk des Grundgesetzes[15] oder an ein womöglich sich neu zu konstituierendes[16] richtet.[17]

Zweitens ist die Vorgeschichte der Norm einzigartig und ambivalent. Insbesondere gehen die Meinungen darüber auseinander, inwiefern die Vorgängernorm Art. 146 GG aF vor dem Hintergrund der Teilung und Besetzung Deutschlands nur auf die Gebiets- oder *auch* auf die Verfassungsfrage abzielte.[18]

Drittens war die Debatte[19] um Art. 146 GG im Zuge der Wiedervereinigung stark politisch geprägt. Und auch heute kommt die Diskussion um die Funktion des Schlussartikels nicht ohne politische Bezüge aus.[20] Geht es darum, die grundsätzliche Entwicklungsoffenheit des Grundgesetzes zu bewahren? Oder gar darum einen vereinigten europäischen Bundesstaat zu ermöglichen?[21] Mit der Argumentation für die rechtliche Möglichkeit, durch Art. 146 GG die europäische Integration zu vertiefen, mag ein politisches Desiderat verknüpft sein.[22]

Der Umgang mit diesen Unklarheiten schlägt sich in der Frage nach dem Verhältnis von Art. 146 GG zur „sogenannten“[23] Ewigkeitsgarantie in Art. 79 Abs. 3 GG nieder. Dies ist die Gretchenfrage an die Interpreten des Schlussartikels: Wäre eine Grundgesetzänderung (oder kontinuitätswahrende Verfassungneugebung) nach Art. 146 GG an die Grenzen der Ewigkeitsgarantie in Art. 79 Abs. 3 GG gebunden?[24] Entscheidend ist die rechtsfunktionale Einordnung des

---

[15] So *P. Kirchhof*, § 21 Identität der Verfassung, in: Isensee/Kirchhof (Hg.), Handbuch des Staatsrechts, Bd. II, 3. Auflage (2004), 261, Rn. 60; *Dreier*, Art. 146, in: Dreier (Hg.), Grundgesetz-Kommentar, Bd. III, 2. Auflage (2008), Rn. 52.

[16] In diese Richtung im Hinblick auf eine mögliche europäische Verfassunggebung *M. Nettesheim*, Der Staat 51 (2012), 313, 352; dazu *Michael*, Art. 146 GG, in: Kahl et al. (Hg.), Bonner Kommentar zum Grundgesetz, 163. Akt. (2013), Rn. 650 ff.

[17] Zur Schwierigkeit, Art. 146 GG in Anbetracht dessen zu interpretieren, dass sich der *pouvoir constituant* nicht determinieren lässt, siehe auch *Morlok/Michael*, Staatsorganisationsrecht (2017), Rn. 937.

[18] Für eine Doppelfunktion etwa *Dreier*, Gilt das Grundgesetz ewig? (2009), 85.

[19] Dokumentiert in *B. Guggenberger/T. Stein* (Hg.), Die Verfassungsdiskussion im Jahr der deutschen Einheit (1991); siehe dazu *O. Winkel*, Zeitschrift für Parlamentsfragen 28 (1997), 475.

[20] Allgemein erkennt *Schulze-Fielitz*, JöR 50 (2002), 1, 62, in der Nähe des öffentlichen Rechts zur politischen Macht ein für die Wissenschaft des öffentlichen Rechts spezifisches Risiko; laut *C. Möllers*, Der vermisste Leviathan (2008), 99, sind „seit dem Kaiserreich […] wissenschaftliche Fronten in der Staatrechtswissenschaft oftmals auch politische Fronten“.

[21] So etwa *H. D. Jarass*, Art. 146 GG, in: Jarass/Pieroth (Hg.), Grundgesetz für die Bundesrepublik Deutschland. Kommentar, 14. Auflage (2016), Rn. 5.

[22] Dies diagnostiziert *J. Isensee*, Resilienz von Recht im Ausnahmefall, in: von Lewinski (Hg.), Resilienz des Rechts (2016), 33, 42 f.: „Im Schrifttum werden bereits die Wege ausgemessen, wie die Ablösung des Grundgesetzes zugunsten eines künftigen europäischen Bundesstaates betrieben werden darf und soll.“

[23] BVerfGE 123, 267, 343.

[24] Offenlassend BVerfGE 123, 276, 343; auch BVerfG, Urteil des Zweiten Senats vom 17. Januar 2017 – 2 BvB 1/13 – Rn. 518 – NPD-Verbot.

Schlussartikels.[25] Diese Einordnung wiederum beruht auf unterschiedlichen verfassungstheoretischen Vorverständnissen und vor allem Bewertungen von Art. 146 GG, auf die in diesem Abschnitt einzugehen sein wird.[26]

All dies deutet schon an, dass Art. 146 GG als positiv-rechtlicher Ausgangspunkt Zugang zu Grundsätzlichem bietet.[27] Es wird erkennbar, dass viele der mit Art. 146 GG verbundenen Aporien auf noch allgemeinere Aporien verweisen. Dies gilt vor allem mit Blick auf die allgemeine außerrechtliche Bedingtheit freiheitlicher verfassungsmäßiger Ordnung. An die Einsicht der außerrechtlichen Bedingtheit kann eine sozialwissenschaftliche Betrachtung sinnvoll anschließen. Dies macht wiederum deutlich, wie die Frage nach der Stabilität einer Verfassung als Erkenntnisgegenstand weiter reicht, als mit dem methodischen Arsenal der Fachdisziplin gegriffen werden kann.[28]

II. Zielkonflikt: Rigidität versus Flexibilität

Der Zielkonflikt zwischen Rigidität und Flexibilität der Verfassung gehört zu den klassischen Problemkreisen der Verfassunggebung.[29] Schon weil ständig

---

25 Vgl. *Kirchhof*, § 21 Identität der Verfassung, in: Isensee/Kirchhof (Hg.), Handbuch des Staatsrechts, Bd. II, 3. Auflage (2004), 261, Rn. 59.

26 Zur Bedeutung verfassungsrechtlicher Vorverständnisse für die Auslegung von Art. 146 GG *Cramer*, Artikel 146 Grundgesetz zwischen offener Staatlichkeit und Identitätsbewahrung (2014), 192; kritisch zum Verhältnis von Vorverständnissen und Dogmatik allgemein *Lepsius*, Themen einer Rechtswissenschaftstheorie, in: Jestaedt/Lepsius (Hg.), Rechtswissenschaftstheorie (2008), 1, 18: „Praktisch scheint Dogmatik aber nicht allzu selten bewusst gewählt zu werden, um bestimmte Vorverständnisse und Weltanschauungen scheinbar ideologiefrei mit den Mitteln der Rechtsanwendungswissenschaft durchzusetzen."

27 Siehe auch *Volkmann*, Grundzüge einer Verfassungslehre der Bundesrepublik Deutschland (2013), 329, zur Normativität der Verfassung, die in einer permanenten, sich selbst steuernden und stabilisierenden Praxis erzeugt werde: „Das Nachdenken darüber führt dann [...] notwendig in Grenzbereiche des Rechtsdenkens überhaupt, und man kann den Sinn solcher Bestimmungen wie der Ewigkeitsgarantie des Art. 79 Abs. 3 oder auch des Art. 146 GG mit guten Gründen darin sehen, mit einem solchen Nachdenken erst gar nicht erst anzufangen oder es zumindest an einem bestimmten Punkt abzubrechen."

28 Vgl. zu dieser Herausforderung *Schelsky*, Jahrbuch für Sozialwissenschaft 3 (1952), 1, 3: „Die Forschung nach den Stabilitätsfaktoren geordneter sozialer Systeme verfällt dem gleichen Gesetz, dem auch die bekannten Fragen nach dem Ursprung von Institutionen unterliegen: sie überschreiten jeweils den Bereich des Wissenschaftsgebietes, für dessen Gegenstand und mit dessen Methoden sie erhoben werden. Wie die verfassungstheoretische Frage nach der Stabilität der geschriebenen Verfassung auf die soziologische Betrachtung der ungeschriebenen Verfassungen und realen Machtzustände zurückverweist, so gerät die Soziologie ihrerseits in der Forschung nach den allgemeinen Beständigkeitsfaktoren der von ihr beschriebenen sozialen Gebilde auf außer-soziologische Ursachen des menschlichen Verhaltens, wie sie die Anthropologie, Psychologie oder Biologie zu erfassen versucht."

29 Siehe *J. Elster*, Texas Law Review 81 (2002), 1751, 1774 ff.; vgl. *J. Masing*, Der Staat 44 (2005), 1, 12: „Die Balance zwischen Stabilität und Anpassungsfähigkeit, zwischen Rigidität und Flexibilität bleibt [...] die heikelste Herausforderung an die Ausgestaltung der

irgendwo eine Verfassung neu geschrieben wird[30], bleibt das Problem aktuell. Aber auch in bereits bestehenden Verfassungen muss das Verhältnis zwischen Rigidität, also der Schwierigkeit der Veränderung, und Flexibilität, also der Möglichkeit zu Anpassung und Veränderung, ständig neu verortet werden.

Verfassungstheoretischer Ausgangspunkt der Problembeschreibung ist die Lehre von der verfassunggebenden Gewalt. Sie konzeptualisiert die Ausgangskonstellation. Die ihr zugrundeliegenden Ideen kamen erstmals im nordamerikanischen Konstitutionalisierungsprozess zum Tragen[31]; ihre präzise Ausarbeitung wird *Emmanuel Joseph Sieyès*[32] zugeschrieben[33]. Danach ist die ungebundene verfassunggebende Gewalt (*pouvoir constituant*) von der gebundenen verfassten Gewalt (*pouvoir constitué*) zu unterscheiden.[34] Träger der verfassunggebenden Gewalt und Souverän ist das Volk.[35] Für das Parlament ist die Verfassung dann „nicht Objekt, sondern Maßstab“[36] seines Handelns.

Änderungsvorschriften“. Siehe auch m. w. N. *G. F. Schuppert*, AöR 120 (1995), 32, 37; *Kirchhof*, §21 Identität der Verfassung, in: Isensee/Kirchhof (Hg.), Handbuch des Staatsrechts, Bd. II, 3. Auflage (2004), 261, Rn. 41; *Kotzur*, Constitutional Amendments and Constitutional Changes in Germany, in: Contiades (Hg.), Engineering Constitutional Change (2013), 125, 125.

[30] *Z. Elkins/T. Ginsburg/J. Melton*, The Endurance of National Constitutions (2009), 114: „There has not been a single year since World War II when no country in the world replaced a constitution.“

[31] So *Dreier*, Gilt das Grundgesetz ewig? (2009), 23, dem zufolge „die neue Welt dem alten Europa sozusagen verfassungsstaatlichen Anschauungsunterricht“ gab; siehe auch *E. Zweig*, Die Lehre vom Pouvoir Constituant (1909), 1; *H. Hofmann*, JZ 69 (2014), 862.

[32] *E. J. Sieyès*, Einleitung zur Verfassung. Anerkennung und erklärende Darstellung der Menschen- und Bürgerrechte, in: Schmitt/Reichardt (Hg.), Sieyès, Politische Schriften 1788–1790 (1975), 239; *Sieyès*, Was ist der Dritte Stand? (1789), in: Schmitt/Reichardt (Hg.), Sieyès, Politische Schriften 1788–1790 (1975), 117.

[33] Schon *Sieyès* selbst berühmte sich *Zweig*, Die Lehre vom Pouvoir Constituant (1909), 118, zufolge der geistigen Urheberschaft – laut *Zweig* hat „Siéyès [*sic*] die Terminologie Montesquieus auf einen Rousseauschen Gedanken angewendet und so die politische Begriffswelt gründlich desorientiert […]. Das [*sic*] ‚pouvoir constituant‘, von dessen Entdeckung sich Siéyès [*sic*] eine wissenschaftliche Epoche versprach, hat den Namen von Montesquieu, die Form – Abgrenzung gegenüber der ordentlichen Gesetzgebung und repraesentative Ausgestaltung – von den Amerikanern, den Inhalt aber von Rousseau erfahren.“ (S. 137). Zur Rezeption *Zweigs*, insbesondere durch *Carl Schmitt*, siehe *D. Kelly*, Egon Zweig and the Intellectual History of Constituent Power, in: Grotke/Prutsch (Hg.), Constitutionalism, Legitimacy, and Power. Nineteenth-Century Experiences (2014), 332.

[34] *Sieyès*, Einleitung zur Verfassung. Anerkennung und erklärende Darstellung der Menschen- und Bürgerrechte, in: Schmitt/Reichardt (Hg.), Sieyès, Politische Schriften 1788–1790 (1975), 239, 250.

[35] Zur Entwicklung der Volkssouveränität im nordamerikanischen Kontext *D. S. Lutz*, American Political Science Review 88 (1994), 355, 355. Der Begriff der Volkssouveränität beschreibt sowohl den Gegenstand der empirisch orientierten Staatslehre als auch den der normativ orientierten Staatsrechtslehre; siehe zu dieser parallelen Verwendung des Begriffs *Hofmann*, JZ 69 (2014), 861.

[36] *Dreier*, Gilt das Grundgesetz ewig? (2009), 24; hierzu auch *Schuppert*, AöR 120 (1995), 32, 47 f.

Die Selbstbestimmung einer Generation in Ausübung ihrer verfassunggebenden Gewalt kann mit dem Selbstbestimmungsrecht der nachfolgenden Generation konfligieren.[37] Eine Generation gibt sich eine Verfassung[38] und nimmt damit für sich selbst eine Freiheit in Anspruch, die sie den nachfolgenden Generationen abspricht.[39] Das erscheint paradox.[40] *Jon Elster* spricht allgemein vom „Paradox der Demokratie": „each generation wants to be free to bind its successors, while not being bound by its predecessors."[41] Die Verfassung verringert grundsätzlich den politischen Gestaltungsspielraum der nachfolgenden Generationen. Damit ist auf einen Grundkonflikt zwischen Konstitutionalismus und Demokratie hingewiesen.[42]

Hieraus folgt die *normative* Herausforderung, wieweit eine Bindung geschaffen werden *darf*[43] und in welcher Form sie geschaffen werden *sollte*. Es geht zuerst um ihre Legitimität angesichts der avisierten Dauer.[44] Aber nicht alles, was womöglich legitim wäre, empfiehlt sich gleichermaßen. Man denke etwa an unterschiedliche Ausgestaltungen eines demokratischen Gemeinwesens, die allesamt als demokratietheoretisch legitim zu erachten wären. Ein Beispiel wäre die Wahl zwischen Präsidial- und Parlamentsdemokratie. Beides sind legitime Ausgestaltungen einer demokratischen Grundordnung. Gleichwohl kann in einem bestimmten Kontext die eine Lösung vorzugswürdig sein, etwa wenn es in einem Land (positive oder negative) Vorerfahrungen mit der einen oder anderen Form gibt. Hier deutet sich schon die Bedeutung potentieller Interaktionen mit den tatsächlichen außerrechtlichen Gegebenheiten an.

---

37 Siehe nur *Morlok/Michael*, Staatsorganisationsrecht (2017), Rn. 108.

38 *A. Peters*, The Globalization of State Constitutions, in: Nijman/Nollkaemper (Hg.), New Perspectives on the Divide Between National and International Law (2007), 251, 255, spricht vom „konstitutionellen Urknall" („a kind of constitutional big bang").

39 *Dreier*, Gilt das Grundgesetz ewig? (2009), 26.

40 Siehe m. w. N. *Dreier*, Gilt das Grundgesetz ewig? (2009), 26 f.: „In dieser im Namen der Volkssouveränität erfolgenden Fixierung bindender Vorgaben und Schranken für den ‚einfachen' demokratischen Gesetzgeber hat man nicht von ungefähr eine Grundaporie oder ein Paradoxon der Verfassunggebung gesehen."

41 *J. Elster*, Ulysses and the Sirens (1984), 93; zu „Parodoxa der Demokratie" auch *D. Murswiek*, JZ 72 (2017), 53.

42 Hierzu *X. Contiades/A. Fotiadou*, Models of Constitutional Change, in: Contiades (Hg.), Engineering Constitutional Change (2013), 417, 419.

43 Siehe zum Spannungsfeld von „Dezision und höherem Recht" und der Bedeutung überpositiver Bindungen *Masing*, Der Staat 44 (2005), 1, 2 f.

44 Es besteht ein Fall einer „temporalen Legitimationsasymmetrie", unter der *K. F. Gärditz*, Temporale Legitimationsasymmetrien, in: Hill/Schliesky (Hg.), Management von Unsicherheit und Nichtwissen, 1 (2016), 253, 254, die Konstellation versteht, in der „Rechtssetzung und Rechtsanwendung Wirkungen erzeugen, die über die Periodik demokratischer Legitimation hinausgreifen und künftige Akteure binden, die am Prozess normativer Legitimierung nicht beteiligt waren".

Tatsächlich hat die Herausforderung also auch eine *faktische* Dimension.[45] Sie betrifft die Frage, ob eine Verfassung verwirklicht werden wird, ob sie also auch als soziale Praxis etabliert werden kann. Es geht dann um die Stabilität einer Verfassung im Sinne ihrer dauerhaften praktischen Akzeptanz und Befolgung. Diese Frage korrespondiert mit der Herausforderung der normativen Ausgestaltung. Diese Korrespondenz wird normtheoretisch betont, wenn angenommen wird, dass – um überhaupt zu gelten – eine Sollensordnung geeignet sein muss, das Verhalten von Menschen tatsächlich zu steuern.[46]

Diese Herausforderungen haben einen gemeinsamen Nenner: Es gilt, Unsicherheit zu bewältigen. Denn das Wissen über die Präferenzen zukünftiger Generationen und die sachlichen Herausforderungen, mit denen diese Generationen umgehen werden müssen, ist notwendigerweise unvollständig. Hieraus folgen sowohl die normativen Legitimitätsprobleme als auch die faktischen Herausforderungen der praktischen Bewährung einer Ordnung.

1. Normative und faktische Dimension

Diese Herausforderungen müssen im klassischen verfassungspolitischen Zielkonflikt zwischen Rigidität und Flexibilität bewältigt werden. Dass der Konflikt zwischen Rigidität und Flexibilität eine normative und eine faktische Seite hat, zeigt sich auch in zwei klassischen und weithin rezipierten Debatten der Verfassungspolitik. Es geht um die Auseinandersetzung zwischen *Edmund Burke* und *Thomas Paine* über die Legitimität der Französischen Revolution und um die Diskussion zwischen *Thomas Jefferson* und *James Madison* über die richtige Ausgestaltung der nordamerikanischen Verfassung.[47] Diese Debatten sind auch für diese Arbeit fruchtbarer Ausgangspunkt. Denn zum einen wird hier vielen Argumenten vorgegriffen, die auch in der Debatte um Art. 146 GG eine Rolle spielen; zum anderen wird durch die Anerkennung von norma-

[45] Auf diesen Dualismus von „dürfen“ und „können“ weist *Volkmann*, Grundzüge einer Verfassungslehre der Bundesrepublik Deutschland (2013), 335 f., hin.

[46] Zu einem solchen Geltungsbegriff etwa *H. Hofmann*, Legitimität und Rechtsgeltung (1977), 22, ihm zufolge ist es „infolge des Korrespondenzverhältnisses von Sein und Sollen so, daß ein Legitimitätsprinzip nur dann gilt, wenn es das Verhalten von Menschen wenigstens in einem gewissen Umfang tatsächlich bestimmt“, siehe auch S. 32 und S. 44 f. mit weiteren Hinweisen zu „faktischer Geltung“; auch *M. Mahlmann*, Rechtsphilosophie und Rechtstheorie (2015), § 23 Rn. 29, sieht gute Gründe für ein „Mindestmaß an Befolgung jedenfalls der rechtlichen Grundordnung, etwa einer Verfassung,“ als Voraussetzung von Geltung rechtlicher Normen. Eine prägnante Darstellung gängiger Geltungslehren bietet *F. Wittreck*, Geltung und Anerkennung von Recht (2014), 29, der festhält: „Alle Versuche, die *normative* Geltung des Rechts zu begründen, kommen am Ende nicht ohne den Rekurs auf ein *faktisches* Element aus, das sich *cum grano salis* als empirisch meßbare Anerkennung durch die Adressaten beschreiben läßt.“ (Wiedergabe ohne Nachweise).

[47] Eine Auseinandersetzung mit diesen Positionen unternehme ich auch in *K. Chatziathanasiou*, Intergenerational Justice Review 10 (2017), 32.

tiver und faktischer Seite des Problems auf die schon zu Beginn dieser Arbeit angesprochene Interaktion zwischen rechtlichen Normen und (sozialer) Umwelt hingewiesen.

a) Burke versus Paine

Edmund Burke ist Fürstreiter der Rigidität. Er beschreibt die Gesellschaft als ewige Ordnung, die jenseits positiven Rechts legitimiert ist. In seiner Streitschrift gegen die Französische Revolution versteht er die Gesellschaft als umfassenden Vertrag, der nicht ohne weiteres aufkündbar ist:

Society is indeed a contract. Subordinate contracts for objects of mere occasional interest may be dissolved at pleasure – but the state ought not to be considered as nothing better than a partnership agreement in a trade of pepper and coffee, [...] and to be dissolved by the fancy of the parties. [...] because it is not a partnership in things subservient only to the gross animal existence of a temporary and perishable nature. It is a partnership in all science; a partnership in all art; a partnership in every virtue, and in all perfection.[48]

Diese Partnerschaft sei generationenübergreifend[49] und vor allem ewig:

Each contract of each particular state is but a clause in the great primæval contract of eternal society, linking the lower with the higher natures, connecting the visible and invisible world, according to a fixed compact sanctioned by the inviolable oath which holds all physical and all moral natures, each in their appointed place.

Der Hinweis auf die „invisible world" deutet auf eine überpositive Ordnung hin. Und tatsächlich beruft sich *Burke* im Weiteren auf ein „universal kingdom":

This law is not subject to the will of those, who by an obligation above them, and infinitely superior, are bound to submit their will to that law. The municipal corporations of that universal kingdom are not morally at liberty at their pleasure, and on their speculations of a contingent improvement, wholly to separate and tear asunder the bands of their subordinate community, and to dissolve it into an unsocial, uncivil, unconnected chaos of elementary principles. It is the first and supreme necessity only, a necessity that is not chosen, but chooses, a necessity paramount to deliberation, that admits no discussion, and demands no evidence, which alone can justify a resort to anarchy.[50]

Diese Ordnung könne nur von einer „first and supreme necessity" zugunsten der Anarchie aufgelöst werden. Die Grundsätze einer „ewigen Gesellschaft", in der „sichtbare und unsichtbare" Welt miteinander verbunden sind, sieht er durch die Revolution in Frankreich verletzt. Als Politiker macht er sich für eine militäri-

---

[48] *E. Burke*, Reflections on the French Revolution (1914), 165.

[49] *Burke*, Reflections on the French Revolution (1914), 165: „As the ends of such a partnership cannot be obtained in many generations, it becomes a partnership not only between those who are living, but between those who are living, those who are dead, and those who are to be born."

[50] *Burke*, Reflections on the French Revolution (1914), 165.

sche Intervention in Frankreich stark.[51] Ob *Burke* als Naturrechtler, Reaktionär oder Konservativer einzuordnen ist, mag hier dahinstehen.[52] Seine Konzeption einer unaufkündbaren Gesellschaftsordnung entspricht nicht der Konzeption eines freiheitlichen Verfassungsstaates.[53] *Burke* beschreibt den Staat als überpositive göttliche Ordnung; der freiheitliche Verfassungsstaat gewährleistet aber die Handlungs- und Gewissensfreiheit seiner Bürger und muss gerade ohne naturrechtliche – geschweige denn göttliche – Legitimation auskommen.[54] In einer „partnership in all virtue" hätte die Möglichkeit, frei zu denken und zu handeln, keinen Raum.[55]

In *Burkes* Revolutionskritik liegt auch eine Warnung vor Experimentalismus.[56] Die Skepsis gegenüber Wissensanmaßungen ist teilweise berechtigt. Gerade die Verfassung soll schließlich ein stabiles institutionelles Umfeld schaffen. Diese Kritik scheint aber mit der Annahme einer „ewigen Gesellschaft" inkonsistent. Schließlich lässt sich dieser Position ebenfalls eine Anmaßung von Wissen vorwerfen. Ebenso erscheint es nicht überzeugend, den post-revolutionären Terror für die zwingende und einzig mögliche Folge der Französischen Revolution zu halten.[57]

Thomas Paine kritisiert in seiner direkten – und einflussreichen[58] – Erwiderung sowohl Ton[59] als auch Inhalt der Streitschrift *Burkes*. Er nimmt einen freiheitlicheren Standpunkt ein:

---

[51] *D. Jörke/V. Selk*, Edmund Burke, in: Voigt (Hg.), Staatsdenken (2016), 153, 153.

[52] *Jörke/Selk*, Edmund Burke, in: Voigt (Hg.), Staatsdenken (2016), 153, plädieren für die Einordnung als Konservativer.

[53] So auch *Jörke/Selk*, Edmund Burke, in: Voigt (Hg.), Staatsdenken (2016), 153, 155: *Burkes* Theorie sei „schwerlich aktualisierbar".

[54] Klassische Beschreibung dieses Zusammenhangs bei *E.-W. Böckenförde*, Recht, Staat, Freiheit (2006), 92 ff.; *E.-W. Böckenförde*, Der säkularisierte Staat (2015); hierzu auch *Dreier*, RW 1 (2010), 11.

[55] Es lässt sich darüber nachdenken, ob *Burke* einen Als-ob-Maßstab anbietet, um eine Verfassung danach zu beurteilen, ob sie das fiktive Ergebnis einer Verhandlung zwischen unterschiedlichen Generationen sein könnte. Auch dafür müssten aber die Präferenzen einer nachfolgenden Generation antizipiert werden; zu diesem Problem *Gärditz*, Temporale Legitimationsasymmetrien, in: Hill/Schliesky (Hg.), Management von Unsicherheit und Nichtwissen (2016), 253, 272.

[56] Hierzu (und zu *Burkes* Einfluss auf *Friedrich von Gentz*) siehe *C. Hillgruber*, Über die Legitimität von Revolutionen, in: FS für Martin Kriele (1997), 1085, 1098: „Es sind also die ‚spekulativen Ideen' von Menschenrechten und Volkssouveränität, die *Gentz* ebenso wie *Burke* für den systematischen Terror verantwortlich macht."

[57] Siehe *Hillgruber*, Über die Legitimität von Revolutionen, in: FS für Martin Kriele (1997), 1085, 1098, unter Berufung auf *Martin Kriele*; siehe auch *M. Kriele*, Einführung in die Staatslehre (2003), 137.

[58] *Jörke/Selk*, Edmund Burke, in: Voigt (Hg.), Staatsdenken (2016), 153, 157.

[59] *T. Paine*, Rights of Man (1998), 89: „There is scarcely an epithet of abuse to be found in the English language, with which Mr. Burke has not loaded the French Nation and the National Assembly. Every thing which rancour, prejudice, ignorance, or knowledge could suggest, are poured forth in the copious fury of near four hundred pages."

There never did, there never will, and there never can exist a parliament, or any description of men, or any generation of men, in any country, possessed of the right or the power of binding and controuling [*sic*] posterity to the ‚end of time,‘ or of commanding for ever how the world shall be governed, or who shall govern it; and therefore, all such clauses, acts or declarations, by which the makers of them attempt to do what they have neither the right nor the power to do, nor the power to execute, are in themselves null and void. – Every age and generation must be as free to act for itself, *in all cases*, as the ages and generations which preceded it.[60]

Dies ist ein normatives Argument, es ist aber ausdrücklich auch ein empirisches und faktisches. Es geht um die tatsächlichen Limitierungen eines Machtanspruches. *Paine* beschreibt den Anspruch, „jenseits des Grabes" regieren zu wollen, als eitel *und* anmaßend:

The vanity and presumption of governing beyond the grave, is the most ridiculous and insolent of all tyrannies. Man has no property in man; neither has any generation a property in the generations which are to follow. The parliament or the people of 1688, or of any other period, had no more right to dispose of the people of the present day, or to bind or to controul [*sic*] them in any shape whatever, than the parliament or the people of the present day have to dispose of, bind or controul [*sic*] those who are to live a hundred or a thousand years hence. Every generation is, and must be, competent to all the purposes which its occasions require.[61]

Die Bedürfnisse der Lebenden haben demnach Vorrang:

It is the living, and not the dead, that are to be accommodated. When man ceases to be, his power and his wants cease with him; and having no longer any participation in the concerns of this world, he has no longer any authority in directing who shall be its governors, or how its government shall be organized, or how administered.[62]

Paine bestreitet die Legitimität „ewiger Gesetze". Diese normative Forderung fußt darauf, dass jeder Generation ein Selbstbestimmungsrecht zukommen soll.[63] Aber *Paines* Ausführungen betreffen auch die tatsächliche Beschränkung der Wirkungsmacht einer Institution; kein Parlament habe das „Recht *oder die Macht* die Nachwelt bis ans ‚Ende aller Tage‘ zu binden und zu kontrollieren".[64] Dies kann als Verweis auf die Bedingtheit der Verfassung verstanden werden. Nicht nur wird das Recht, nachfolgende Generationen zu binden, durch das Selbstbestimmungsrecht nachfolgender Generationen beschränkt, auch die tatsächliche Macht einer Generation, das Verhalten ihrer Nachfolger zu lenken, ist beschränkt. Ein Verfassungsgestalter kann sich nun zumindest die sinnvolle

60 *Paine*, Rights of Man (1998), 91 f.

61 *Paine*, Rights of Man (1998), 92.

62 *Paine*, Rights of Man (1998), 92.

63 Zur „Verfassunggebung als Schöpfungsakt aus eigenem Recht" auch *Dreier*, Gilt das Grundgesetz ewig? (2009), 19.

64 *Paine*, Rights of Man (1998), 91 (meine Übersetzung und Hervorhebung).

Frage stellen, durch welche Ausgestaltung[65] sich die Wahrscheinlichkeit erhöhen lässt, dass nachfolgende Generationen das Angebot annehmen.

b) Jefferson versus Madison

In eine ähnliche Richtung gehen die berühmten Ausführungen *Thomas Jeffersons*.[66] In einem Brief an *James Madison* schließt er aus, dass eine Gesellschaft eine „ewige Verfassung" schaffen könne: „no society can make a perpetual constitution, or even a perpetual law. The earth belongs always to the living generation".[67] *Jefferson* zieht hieraus eine drastische Konsequenz: Er schlägt für Verfassungen und Gesetze eine Geltungsdauer von 19 Jahren vor.[68] Alles andere sei ein „Akt der Gewalt".[69] Als Ausgangspunkt für diese Beurteilung sind ein individualistisches Verständnis von Volkssouveränität[70] und ein Verständnis des Gesellschaftsvertrages als historische Tatsache angesehen worden.[71]

Madisons Reaktion hierauf fiel skeptisch aus.[72] Er stellt die Frage nach der praktischen Umsetzbarkeit und den gesellschaftlichen Kosten von periodischen Bestätigungen.[73] *Madison* betont in seiner Antwort die praktische Bedeutung stillschweigender Anerkennung der Staatsgewalt:

---

[65] Für eine vorsichtige Verwendung des Begriffs „Design" *T. Ginsburg* (Hg.), Comparative Constitutional Design (2012), 1 f.

[66] Siehe aber *P. Finkelman*, Virginia Magazine of History and Biography 102 (1994), 193, zu *Jeffersons* (ambivalenter) Haltung zur Sklaverei, die dazu im Kontrast steht.

[67] *T. Jefferson*, Letter to James Madison. Paris, September 6, 1789, in: Boyd (Hg.), The Papers of Thomas Jefferson. Vol. 15. 27 March 1789 to 30 November 1789 (1958), 392.

[68] Zu dieser Berechnung *F. Bühler*, Verfassungsrevision und Generationenproblem (1949), 25 f.

[69] *Jefferson*, Letter to James Madison. Paris, September 6, 1789, in: Boyd (Hg.), The Papers of Thomas Jefferson. Vol. 15. 27 March 1789 to 30 November 1789 (1958), 392: „If it be enforced longer, it is an act of force and not of right."

[70] *Bühler*, Verfassungsrevision und Generationenproblem (1949), 14: „Souveränität des Volkes, als die Summe der Einzelindividuen, die die Gesellschaft bilden"; für *Bühler* hingegen umfasst das Volk „auch seine toten und noch ungeborenen Glieder"; der Staat sei der „bleibende Rahmen, in dem sich die Erneuerung des Volkes vollzieht"(S. 64 f.), so *Bühler* unter Bezugnahme auf u. a. *Burke*, dem „eigentliche[n], ausgeprochenste[n] geistige[n] Gegenexponent[en] Jeffersons" (S. 65).

[71] *Bühler*, Verfassungsrevision und Generationenproblem (1949), 22.

[72] Siehe auch *Dreier*, Gilt das Grundgesetz ewig? (2009), 36; *S. Levinson*, Constitutional Faith (2011), 9 ff.

[73] *J. Madison,* Letter to Thomas Jefferson. New York, February 4, 1790, in: Hobson/Rutland (Hg.), The Papers of James Madison. Vol. 13. 20 January 1790–31 March 1791 (1981), 18: „However applicable in theory the doctrine may be to a Constitution, it seems liable in practice to some weighty objections. Would not a Government ceasing of necessity at the end of a given term, unless prolonged by some constitutional Act, previous to its expiration, be too subject to the casualty and consequences of an interregnum? Would not a Government so often revised become too mutable & novel to retain that share of prejudice in its favor which is a salutary aid to the most rational Government? Would not such a periodical revision engender pernicious factions that might not otherwise come into existence; and agitate the public mind more frequently and more violently than might be expedient?" Siehe auch *J. Madison*, Fede-

Is it not doubtful whether it be possible to exclude wholly the idea of an implied or tacit assent, without subverting the very foundation of Civil Society?[74]

Madison ist skeptisch gegenüber einer zu häufigen Anrufung der verfassunggebenden Gewalt und warnt vor unnötigen Experimenten.[75] In den Federalist Papers führt er als *Publius* aus:

The danger of disturbing the public tranquillity by interesting too strongly the public passions, is a still more serious objection against a frequent reference of constitutional questions to the decision of the whole society. Notwithstanding the success which has attended the revisions of our established forms of government, and which does so much honor to the virtue and intelligence of the people of America, it must be confessed that the experiments are of too ticklish a nature to be unnecessarily multiplied. We are to recollect that all the existing constitutions were formed in the midst of a danger which repressed the passions most unfriendly to order and concord; of an enthusiastic confidence of the people in their patriotic leaders, which stifled the ordinary diversity of opinions on great national questions; of a universal ardor for new and opposite forms, produced by a universal resentment and indignation against the ancient government; and whilst no spirit of party, connected with the changes to be made, or the abuses to be reformed, could mingle its leaven in the operation. The future situations in which we must expect to be usually placed, do not present any equivalent security against the danger which is apprehended.[76]

Diese Zeilen zeugen von Misstrauen gegenüber einer Öffentlichkeit, in der sich Leidenschaften Bahn brechen.[77] Solche Leidenschaften sieht *Madison* in einer Situation der dringlichen Verfassunggebung eingehegt. Er bezweifelt aber, dass eine Neuverhandlung von Verfassungsfragen in ebensolcher Einigkeit vonstattengehen würde. Es geht ihm letztlich um nichts weniger als um die Gefahr gesellschaftlicher Unruhen. Ein Mittel der Stabilisierung sieht *Madison* in der Verehrung („Veneration") der Verfassung.[78] Damit zeigt er ein starkes Bewusstsein für die unter Umständen beschränkte faktische Steuerungskraft der Verfassung.

---

ralist Papers, No 49, Appeal to the People in Cases of Disagreement, in: Hamilton et al. (Hg.), The Federalist (2009), 330, 332.

[74] *Jefferson*, Letter to James Madison. Paris, September 6, 1789, in: Boyd (Hg.), The Papers of Thomas Jefferson. Vol. 15. 27 March 1789 to 30 November 1789 (1958), 392.

[75] *Madison*, Federalist Papers, No 49, Appeal to the People in Cases of Disagreement, in: Hamilton et al. (Hg.), The Federalist (2009), 330, 333.

[76] *Madison*, Federalist Papers, No 49, Appeal to the People in Cases of Disagreement, in: Hamilton et al. (Hg.), The Federalist (2009), 330, 332 f.

[77] Zu *Madisons* Warnung vor „Leidenschaften" und entsprechenden Bemühungen, in Indien die politische Rede zu regulieren, um gewalttätige Ausschreitungen zu vermeiden, siehe *S. Issacharoff*, Fragile Democracies (2015), 83 ff., 92.

[78] *Madison*, Federalist Papers, No 49, Appeal to the People in Cases of Disagreement, in: Hamilton et al. (Hg.), The Federalist (2009), 330, 332; *Elkins/Ginsburg/Melton*, The Endurance of National Constitutions (2009), 19, sympathisieren mit dieser Position *Madisons*; kritisch hingegen *Levinson*, Constitutional Faith (2011).

c) Zwischenergebnis

Die eingangs angesprochenen Interaktionen zwischen den normativen und tatsächlichen Herausforderungen zeigen sich in diesen klassischen Stellungnahmen. Ebenso wie *Paine* beschreibt *Jefferson* gleichzeitig ein normatives und ein tatsächliches Problem. Das normative Problem betrifft die Frage, wie weit eine Verfassung gelten soll; das tatsächliche Problem die Frage, wie weit eine Verfassung wirken kann. Die Sentenz *Jeffersons* „the earth belongs always to the living generation" trägt beide Dimensionen in sich. Sie kann sowohl im Sinne einer Legitimierung als auch im Sinne einer tatsächlichen Herrschaft verstanden werden. Normativ gewendet, beschreibt sie, dass jede Generation Selbstbestimmung ausüben *darf.* Deskriptiv impliziert sie, dass die Wirkkraft der erlassenen Regelung begrenzt ist; schließlich wird eine neue Generation wiederum frei entscheiden können, ob sie zur Befolgung einer Rechtsordnung bereit ist. Damit ist die Frage angesprochen, wie eine Rechtsordnung ausgestaltet sein soll, um die Wahrscheinlichkeit ihrer Wirkkraft zu erhöhen. Dementsprechend treibt *Madison* die Sorge nach der Praktikabilität der gefundenen Lösung um. Es geht hier um die Ausgestaltung einer Sollensordnung, die eher mit den Herausforderungen einer volatilen öffentlichen Meinung umgehen kann. Hiermit bezieht er sich auf die tatsächliche Herausforderung, jenseits von Legitimationsfragen. An dieser Stelle wird auch *Burkes* Warnung vor Experimenten und unerprobten Lösungen relevant. Interessanterweise sind diese klassischen Warnungen den im Prozess der deutschen Wiedervereinigung vorgebrachten Bedenken gegen eine gesamtdeutsche Verfassunggebung nicht unähnlich.

2. Wissensdefizite

Der bereits angesprochene gemeinsame Nenner zwischen der normativen Frage, wieweit eine Verfassung binden *soll*, und der faktischen Frage, wie weit eine Verfassung binden *kann*, liegt darin, dass eine Verfassung Unsicherheit zu bewältigen hat. Diese nun näher zu bestimmende Unsicherheit im Moment der Verfassunggebung betrifft die möglichen zukünftigen Ursachen von Instabilität.[79] Denn es mangelt erstens an Wissen über die Präferenzen der nachfolgenden Generationen; zweitens ist das Wissen über die Herausforderungen, die auf

[79] Vgl. auch *Schelsky*, Jahrbuch für Sozialwissenschaft 3 (1952), 1, 12: „Logischerweise gibt es zwei Möglichkeiten, in denen ein solches soziales System der Zuordnung von menschlichen Bedürfnissen und Antrieben zu ihren institutionellen Erfüllungsformen unstabil werden kann: einmal durch eine Veränderung der die Institution tragenden Bedürfnisse und Antriebe, der kein zugeordneter Wandel der Institution oder ihrer Formen entspricht, zum anderen durch eine Veränderung der Institution bei gleichbleibendem Bestand der Bedürfnisse und Antriebe."

diese zukommen, unvollständig.[80] Und schließlich besteht drittens auch Unsicherheit hinsichtlich neuer und unerprobter Institutionen.[81]

a) Unkenntnis zukünftiger Präferenzen

Aus dem ursprünglichen Akt der Selbstbestimmung kann *Dreier* zufolge durch den Zeitfaktor ein Akt der Fremdbestimmung werden.[82] Mit *Jefferson* gesprochen kann ein Fall der „Herrschaft der Toten über die Lebenden" eintreten (*dead hand rule*).[83] Dieses auch in politischen Reden aufgegriffene Bild[84] beschreibt im Ausgangspunkt ein Legitimitätsproblem. Das Legitimitätsproblem wird aber eher nicht virulent werden, solange sich die Präferenzen der Verfassungsadressaten nicht von denjenigen der verfassunggebenden Generation unterscheiden. Denn der Zeitfaktor als solcher mag die Legitimität in Frage stellen[85], praktisch relevant wird dieses Problem aber genau genommen erst, wenn sich die Präferenzen der Verfassungsadressaten tatsächlich verändert haben. Die verfassunggebende Generation kennt nicht[86] die Präferenzen ihrer Nachfolger und kann diese nur äußerst bedingt antizipieren.[87] Schon hieraus ergibt

---

80 Vgl. auch *Bühler*, Verfassungsrevision und Generationenproblem (1949), XVIII: „Oft sind es andersgeartete politische Ereignisse – der Ausgang eines Krieges, ein Regimewechsel, das Ergebnis einer Volksabstimmung, welche die bestehende Kluft zwischen Norm und Wirklichkeit plötzlich in ihrer ganzen Tiefe fühlbar machen und damit Anlaß zu einer Überprüfung des Grundgesetzes geben. Oft wiederum aber verläuft dieser Trennungsprozeß langsamer und ohne deutlich sichtbare Ursache, weil er sich einfach auf das stille, unaufhaltsame Wirken des mit dem Ablauf der Jahre sich wandelnden Zeitgeistes zurückführen läßt, welcher unmerklich die Wertrichtungen der Menschen beeinflußt und sie den Anschauungen früherer Epochen entfremdet".

81 Siehe *Ginsburg* (Hg.), Comparative Constitutional Design (2012), 1.

82 *Dreier*, Gilt das Grundgesetz ewig? (2009), 29: „[E]ine Generation will das Spiel womöglich nach anderen Regeln oder vielleicht ein ganz anderes Spiel spielen. Der Zeitfaktor macht aus Selbstbindung Fremdbindung, aus Autonomie Heteronomie."

83 Zu *Jeffersons* „republikanischem Argwohn" *Gärditz*, Temporale Legitimationsasymmetrien, in: Hill/Schliesky (Hg.), Management von Unsicherheit und Nichtwissen (2016), 253, 266; vgl. auch *Michael*, Art. 146 GG, in: Kahl et al. (Hg.), Bonner Kommentar zum Grundgesetz, 163. Akt. (2013), Rn. 364.

84 So etwa durch Altbundespräsident *Christian Wulff* in seiner Rede beim Festakt „60 Jahre Bundesverfassungsgericht" am 28.09.2011 in Karlsruhe (Bulletin der Bundesregierung, Nr. 105–1 vom 14.10.2011).

85 Aus verfassungsvergleichender Perspektive, aber im Hinblick auf die Ewigkeitsgarantie im Grundgesetz *Issacharoff*, Fragile Democracies (2015), 46: „Such unamendability, the inevitable dead hand of the past weighing down on the present, raises difficult question of democratic legitimacy as time passes and the distance increases between the enacting past generation and the present active political generation".

86 Schon in der Gegenwart sind Gemeinwohldefinitionen nicht zu bekommen, siehe, insbesondere zum Problem „fundamentaler Relativität", *C. Engel*, Rechtstheorie 32 (2001), 23, 27 ff.; klassisch *H. Kelsen*, Was ist Gerechtigkeit? (2000), 15.

87 Vgl. *S. Voigt*, Public Choice 90 (1997), 11, 28; ein bedürfnisgeprägter Minimalgehalt ließe sich womöglich denken, siehe *J. Tremmel*, Eine Theorie der Generationengerechtigkeit (2012), 160; darüber hinaus aber bliebe nur Spekulation, die letztlich gegenwärtige Präfe-

sich, dass die gestaltende Generation mit einer gewissen Bescheidenheit agieren sollte und ohne Anmaßung einer Letztentscheidungskompetenz.[88]

b) Unkenntnis zukünftiger Herausforderungen

Im Zeitpunkt der Verfassunggebung können auch nicht alle Veränderungen vorhergesagt werden, auf die die Verfassungsordnung wird reagieren müssen. Zu solchen äußeren Herausforderungen zählen etwa technologischer Wandel[89], Veränderungen der natürlichen Umgebung, politische und wirtschaftliche Krisen oder Sicherheitskonflikte[90], aber auch Bevölkerungswachstum.[91] Die Erkenntnismöglichkeiten hinsichtlich dieser Faktoren sind schlicht begrenzt.[92]

c) Unkenntnis der Bewährung von Institutionen

Die Unsicherheit betrifft auch die Frage, wie sich eine unerprobte Verfassung in der Zukunft bewährt. Nicht zuletzt deswegen beschreibt *Tom Ginsburg* Verfassunggebung als „kühne Übung".[93] Es besteht Unsicherheit darüber, wie Menschen sich in der Zukunft verhalten werden. Noch dazu vollzieht sich Verfassunggebung oftmals nicht in einer ruhigen Zeit, sondern in unmittelbarem Anschluss an tiefe politische und gesellschaftliche Krisen. Vorhersagen, ob Institutionen sich in einem bestimmten Umfeld bewähren werden, sind spekulativ. Dies hängt mit den schon genannten Unsicherheiten über zukünftige Präferenzen und äußere Herausforderungen zusammen, betrifft aber auch die Unsicherheit darüber, wie Institutionen mit diesen Faktoren interagieren.[94] Der Verfassunggeber kann zumindest versuchen, eine Ordnung zu schaffen, die die

---

renzen abbildet (*Gärditz*, Temporale Legitimationsasymmetrien, in: Hill/Schliesky (Hg.), Management von Unsicherheit und Nichtwissen (2016), 253, 272).

[88] Siehe *Gärditz*, Temporale Legitimationsasymmetrien, in: Hill/Schliesky (Hg.), Management von Unsicherheit und Nichtwissen (2016), 253, 284: „Intertemporale Bescheidenheit ist eine demokratische Tugend." Ähnlich *B. E. Rasch/R. D. Congleton*, Constitutional Amendment Procedures, in: Congleton/Swedenborg (Hg.), Democratic Constitutional Design and Public Policy (2006), 319, 323.

[89] Siehe nur *D. Grimm*, Die Verfassung und die Politik (2001), 155 f.; den Zusammenhang zwischen technologischen Schocks und sozialer Ungleichheit diskutiert *C. Boix*, Annual Review of Political Science 13 (2010), 489, 495 ff.

[90] Vgl. *H. Dreier*, Art. 79 II, in: Dreier (Hg.), Grundgesetz-Kommentar, Bd. II, 3. Auflage (2015), Rn. 14.

[91] Siehe auch *Hirschl*, Comparative Matters (2014), 177: „[I]t is clear that a constitutional order adopted in the late 18th century is no longer entirely suitable for a 21st-century powerhouse democracy with a population of over 300 million, let alone for addressing new-age challenges such as the megacity and the environment".

[92] Siehe hierzu nur *Engel*, Rechtstheorie 32 (2001), 23, 31.

[93] *Ginsburg* (Hg.), Comparative Constitutional Design (2012), 1: „Founders attempt to regulate future human conduct on the basis of speculative predictions of how institutions […] will actually function, and in the midst of heated political conflicts."

[94] Ähnlich wie in der Debatte um „nature vs. nurture" stellt sich die Frage, wie sich die Ausgestaltung einer Verfassung zu äußeren Einflüssen verhält; siehe *Elkins/Ginsburg/Melton*,

Bewährung aus seiner Sicht wahrscheinlicher macht. Im Falle Deutschlands tritt der experimentelle Charakter von Verfassunggebung in Charakterisierungen der Weimarer Reichsverfassung zutage. So heißt es bei *Christoph Gusy*: „Im Verfassungslaboratorium von Weimar war die Verfassunggebung in besonders hohem Maße experimentell, weil die staatsrechtliche Situation mit dem Ende der Monarchie in Deutschland und Preußen ebenso neu wie überraschend aufgetreten war.“[95]

d) Zwischenergebnis

In Anbetracht dieser Unsicherheiten muss Verfassunggebung immer auch als Experiment verstanden werden.[96] Experimente können aber auch misslingen.[97] Diese Gefahr mahnt zur Bescheidenheit.[98] Eine gewisse Vorsicht ist angebracht. Dazu stellt sich die Frage, wann das Experiment als gelungen angesehen werden darf. Die Stabilität der Verfassung im Sinne ihrer Langlebigkeit ist eine mögliche Antwort.[99] Zur äußeren Langlebigkeit gehören aber auch dauerhafte tatsächliche Akzeptanz und Befolgung. Vollends geglückt ist eine Verfassung, wenn darüber hinaus ein Bürgersinn entsteht. Dies bringt *Pratap Bhanu Mehta* in seiner Beschreibung der Demokratisierung Indiens als größtes Experiment solcher Art auf den Punkt.[100] Die vielfältigen Herausforderungen, die damit verbunden seien, versteht er als „manifestations of one single challenge:

The Endurance of National Constitutions (2009), 4; *Grimm*, „Ich bin ein Freund der Verfassung“ (2017), 317.

[95] *C. Gusy*, Der Staat 55 (2016), 305; siehe zur WRV auch *C. Möllers*, Das Grundgesetz (2009), 16: „verfassungspolitisches Experiment auf hohem Niveau“.

[96] Siehe zu dieser Einordnung auch *Lutz*, American Political Science Review 88 (1994), 355, 356; *Kotzur*, Constitutional Amendments and Constitutional Changes in Germany, in: Contiades (Hg.), Engineering Constitutional Change (2013), 125, 125.

[97] Hiervor warnt *Madison*, Federalist Papers, No 49, Appeal to the People in Cases of Disagreement, in: Hamilton et al. (Hg.), The Federalist (2009), 330, 333.

[98] Siehe hierzu auch die abweichende Meinung von *Oliver Wendell Holmes* in *Abrams v United States*, 250 U. S. 616, 630 (1919): „But when men have realized that time has upset many fighting faiths, they may come to believe even more than they believe the very foundations of their own conduct that the ultimate good desired is better reached by free trade in ideas – that the best test of truth is the power of the thought to get itself accepted in the competition of the market, and that truth is the only ground upon which their wishes safely can be carried out. That, at any rate, is the theory of our Constitution. It is an experiment, as all life is an experiment. Every year, if not every day, we have to wager our salvation upon some prophecy based upon imperfect knowledge. While that experiment is part of our system, I think that we should be eternally vigilant against attempts to check the expression of opinions that we loathe and believe to be fraught with death, unless they so imminently threaten immediate interference with the lawful and pressing purposes of the law that an immediate check is required to save the country.“ Siehe auch das in BVerfGE 5, 85, 134 f. – KPD-Verbot, formulierte Demokratieverständnis.

[99] Hierauf stellen *Elkins/Ginsburg/Melton*, The Endurance of National Constitutions (2009), maßgeblich ab; dazu näher unter D.II.3.

[100] *P. B. Mehta*, The Burden of Democracy (2003).

how to create citizens bound by a sense of reciprocity".[101] Verfassunggebung schafft für eine Gesellschaft die Grundlagen ihrer politischen Selbstorganisation, gleichzeitig wirken die so geschaffenen Institutionen aber auch wieder auf die Gesellschaft zurück.[102]

3. Bewältigung im Recht

Mit den eben beschriebenen Herausforderungen muss rechtlich und zuerst vor allem in der geschriebenen[103] Verfassung umgegangen werden. Es muss ein Ausgleich zwischen Rigidität und Flexibilität gefunden werden. Dieses Problem wird auf unterschiedliche Arten adressiert.[104] Zur Verfügung stehen unterschiedliche prozedurale Mechanismen.[105] Interpretation und Verfassungsänderung sind hier die wichtigsten Kategorien, die wiederum unterschiedlich ausgeprägt sind. Diese Mechanismen interagieren in unterschiedlichen politischen und kulturellen Konstellationen.[106] Da die verfassunggebende Generation nicht weiß, welche Gehalte durch die Reaktionsmöglichkeiten verwirklicht werden, spiegelt sich in den Änderungsmechanismen, die bewusst bereitgestellt werden, wider, zu welchem Grade Wissensdefizite anerkannt werden und den nachfolgenden Generationen Vertrauen entgegengebracht wird.[107] Neben solchen prozeduralen Elementen muss aber als notwendige Bedingung ein materieller Verfassungsgehalt bestehen, der überhaupt geeignet ist, eine stabile gesellschaftliche Selbstorganisation zu ermöglichen.

---

[101] *Mehta*, The Burden of Democracy (2003), 35; in eine ähnliche Richtung geht die Überlegung bei *J. Isensee*, NJW (1993), 2583, 2585 f.: Der in der Gemeinsamen Verfassungskommission abgelehnte Vorschlag der Einfügung eines Art. 2a GG („Jeder ist zu Mitmenschlichkeit und Gemeinsinn aufgerufen.") sei eine „mit staatlichem Befehl und Zwang nicht erzwingbare Verfassungsvoraussetzung, aus der die Grundrechtsdemokratie lebt."

[102] Siehe auch die dialektische Feststellung bei *Hofmann*, Legitimität und Rechtsgeltung (1977), 55 f., „daß die Verfassungsordnung die Sozialstrukturen ausprägt und (schon, aber nicht allein dadurch) normativ auf sie zurückwirft" (dort in Fn. 185 m. w. N.).

[103] Zu Funktionen der Verschriftlichung *C. Möllers*, Die Möglichkeit der Normen (2015), 290.

[104] *Masing*, Der Staat 44 (2005), 1, 1.

[105] Zu den Polen Prozeduralisierung und Dezision *Schuppert*, AöR 120 (1995), 32, 39 ff.

[106] Zur Komplexität von Verfassungsänderungsprozessen siehe *Contiades/Fotiadou*, Models of Constitutional Change, in: Contiades (Hg.), Engineering Constitutional Change (2013), 417, 417: „Constitutional change is a journey leading to a complex, even labyrinthine relations and interactions between amending formulas, constitutional actors, and multiple centers of authority."

[107] Diesen Zusammenhang beschreibt *S. Levinson*, Designing an Amendment Process, in: Ferejohn et al. (Hg.), Constitutional Culture and Democratic Rule (2001), 271, 285: „[…] to what extent do we first acknowledge the possibility of imperfection and then have faith in our fellow citizens to respond adequately to such imperfections? Our answers to these questions […] ultimately dictate where along the spectrum of possibilities we choose to place (and defend) our own procedures for constitutional amendment."

a) Materielle Voraussetzungen

Zwischen den im Moment der Verfassunggebung widerstreitenden Interessen muss ein robuster Kompromiss gefunden werden.[108] Eine Verfassung, in der Konflikte von Anbeginn programmiert sind, wird weniger Chancen haben zu überdauern.[109] Der materielle Gehalt muss also ein Mindestmaß an Interessenausgleich aufweisen. Um dies zu leisten, wird es etwa auf die Struktur einer verfassunggebenden Versammlung ankommen. Dies betrifft zumindest die Frage, ob darin die relevanten Gruppen vertreten sind. Den mit der originären Verfassunggebung verbundenen Prozeduren kann insofern eine Schlüsselrolle zukommen.[110] Dies ist umso bedeutender als originäre Verfassunggebung mit einer gewissen Regelmäßigkeit auf militärische Niederlagen oder tiefe gesellschaftliche Konflikte folgt.[111] Der gerade bewältigte Konflikt ist im Moment der Verfassunggebung also noch präsent.[112] Eine Verfassung ist dann immer auch eine Reaktion auf diese Erfahrungen. Sie soll davor schützen, dass sich Erfahrungen wiederholen oder alte Gräben wieder öffnen. Darum nehmen Verfassungen bestimmte Fragen, in denen ein Kompromiss gefunden wurde, vom politischen Tagesgeschäft aus. Hierbei handelt es sich oft um besonders sensible Konfliktfelder, in denen der Kompromiss womöglich brüchig ist. Andererseits kann es sich um Erfahrungen handeln, die besonderes einschneidend waren. Gerade das Grundgesetz wird in der verfassungsvergleichenden Literatur als Beispiel für eine Verfassung angeführt, die maßgeblich von solchen traumatischen Erfahrungen geprägt ist.[113] Eine Verfassung, die auf diese Erfahrungen angemessen reagiert, darf dann auch auf eine höhere Resonanz bei der Bevölkerung hoffen. Auf mittlere Sicht vermag sie dann sogar die Interessen und Präferenzen der

---

[108] Dies beschreibt *Hofmann*, Legitimität und Rechtsgeltung (1977), 61, als eigentlichen Kern der Verfassunggebung: „in Wahrheit also handelt es sich bei der Verfassunggebung normalerweise doch darum, die verschiedenen und oft gegenläufigen Interessen, Überzeugungen, Ziele und Erwartungen der diversen Gruppen, Schichten und Haltungen der politischen Gesellschaft unter je ganz besonderen historischen Bedingungen durch mancherlei Vermittlungen und Vermittlungstechniken auf bestimmte Ordnungsprinzipien festzulegen." Mit Blick auf heterogene Gesellschaften auch *Issacharoff*, Fragile Democracies (2015), 214: „Constitutionalism in divided societies poses a core paradox. Why would rival social groups enter into any apparently constraining constitutional bargain with imprecise terms, and why would they expect the objectives of the bargain to be honored?"

[109] Ein Beispiel für schon durch Grenzziehung und äußere Einflüsse programmierte Konflikte bietet Syrien – siehe *J. McHugo*, Syria (2015), 26 f.

[110] Insbesondere im Hinblick auf die damit erzeugte Inklusivität, siehe hierzu *Elkins/Ginsburg/Melton*, The Endurance of National Constitutions (2009), 66, 79, 139.

[111] Dies prägt „fragile Demokratien", in denen politische Autorität von autoritären Regimen „geerbt" wurde, siehe *Issacharoff*, Fragile Democracies (2015), 10 f.

[112] *Issacharoff*, Fragile Democracies (2015), 217, weist darauf hin, dass Verfassunggebung damit oftmals gerade nicht im nüchternen Zustand erfolgt.

[113] *Issacharoff*, Fragile Democracies (2015), 48; siehe auch *Möllers*, Die Möglichkeit der Normen (2015), 296: „posttotalitär moralisierte Wertegemeinschaft".

Bevölkerung zu prägen. Es erscheint plausibel, hier eine Wechselwirkung anzunehmen.

b) Änderung des Verfassungstextes

Änderungsvorschriften ermöglichen eine Anpassung des Textes. Die Einführung dieser Möglichkeit gilt als dem nordamerikanischen Konstitutionalisierungsprozess geschuldeter Durchbruch.[114] Damit entsteht zwischen *pouvoir constituant* und *pouvoirs constitués* eine dritte, nämlich die verfassungsändernde Gewalt, die eine Überarbeitung des Normtextes „ohne Wechsel der Identität" ermöglicht.[115] Ein juristischer Bruch ist damit nicht mehr erforderlich. Eine (per se) rechtswidrige Revolution[116] wird vermeidbar.

Der Verfassungstext kann in Anbetracht veränderter Umstände aktualisiert werden. Gleichzeitig nimmt die Änderungsmöglichkeit Druck von der originären Verfassunggebung, in der dann zwar immer noch die entscheidenden, aber eben nicht alle offenen Fragen bewältigt werden müssen. Das formalisierte demokratische Verfahren kann etwaige Lücken füllen.[117] Prozeduralisierung erlaubt dabei „offene Gemeinwohldefinitionen".[118] Verfassungsänderungen zeigen auch, dass die Verfassung lebendig und effektiv ist.[119] Solche Mechanismen bieten nachfolgenden Generationen eine Möglichkeit zur Mitgestaltung[120] und werden rege genutzt.[121]

---

[114] Zu dieser Entwicklung *Lutz*, American Political Science Review 88 (1994), 355, 355 ff.

[115] *Dreier*, Gilt das Grundgesetz ewig? (2009), 41 ff.

[116] *C. Hillgruber*, Der Staat 49 (2010), 167, 167 f., versteht unter einer Revolution „jede wesentliche Umgestaltung der identitätsbestimmenden Grundstrukturen einer gegebenen, positiv geltenden Verfassungsordnung, insbesondere die Auswechslung des Trägers der verfassunggebenden Gewalt und der damit verbundene Austausch der Legitimationsgrundlage politischer Herrschaft […], sofern diese Umgestaltung auf eine der Verfassungsordnung nicht gemäße Weise geschieht. Die ihr eigene Rechtswidrigkeit unterscheidet die Revolution von der bloßen Verfassungsänderung, bei der selbst im Fall einer – verfassungsrechtlich vorgesehenen – Totalrevision die Verfassungskontinuität gewahrt bleibt."

[117] Siehe auch *Gärditz*, Temporale Legitimationsasymmetrien, in: Hill/Schliesky (Hg.), Management von Unsicherheit und Nichtwissen (2016), 253, 258, zur Stärke demokratischer Verfahren: „Sie verarbeiten kognitive Unsicherheiten durch die Zeitlichkeit, Vorläufigkeit und Wahrheitsabstinenz."

[118] *Engel*, Rechtstheorie 32 (2001), 23, 32, zufolge schaffen konkurrierende Gemeinwohlkonzepte einen „Lösungsvorrat für zukünftige Probleme"; sie sollen dabei negative Dezisionswirkungen begrenzen (S. 50).

[119] *Dreier*, Art. 79 II, in: Dreier (Hg.), Grundgesetz-Kommentar, Bd. II, 3. Auflage (2015), Rn. 14, m. w. N.

[120] *T. Ginsburg/J. Melton*, International Journal of Constitutional Law 13 (2015), 686, 687: „Amendments also give the current citizenry a say in how they are governed, providing a mechanism for each generation of citizens to consent to their constitution's edicts. Such consent breeds familiarity and attachment to the constitution, critical requirements for the constitution to limit government effectively."

[121] Siehe aus politikwissenschaftlicher Sicht *A. Lorenz/W. Seemann*, Verfassungspoliti-

Änderungsverfahren können auf viele unterschiedliche Arten ausgestaltet sein.[122] Diese Bandbreite wird mit einer „romantischen" Suche nach einer „idealen Balance" erklärt.[123] Als globale Trends werden eine Zunahme von Verfassungsänderungen, gleichzeitig aber auch eine Erschwerung der Änderungsverfahren diagnostiziert.[124]

In Deutschland werden Verfassungsänderungen „zur rechtspolitischen Normalität" gezählt.[125] In 65 Jahren kam es zu 60 GG-Änderungsgesetzen.[126] Die Verfassungsänderung, wie sie in Art. 79 GG geregelt ist, kommt ohne direktdemokratische Elemente aus und vollzieht sich als „qualifizierte Rechtsgestaltung von Repräsentanten" und damit als Entscheidung von Eliten.[127] Das Erfordernis einer Zwei-Drittel-Mehrheit in Bundestag und Bundesrat macht ein überparteiliches Zusammenwirken erforderlich.[128] Dem Prozess wird eine Nähe zum einfachen Gesetzgebungsprozess[129] und ein bürokratischer Charakter[130] nachgesagt. In der vergleichenden Literatur wird das deutsche Modell der Verfas-

---

sche Konjunkturzyklen?, in: Bräuninger et al. (Hg.), Jahrbuch für Handlungs- und Entscheidungstheorie: Bd. 5 (2009), 55, 55.

[122] Zu möglichen „Bauelementen" *Masing*, Der Staat 44 (2005), 1, 4 f.; siehe zu unterschiedlichen Klassifizierungen auch *Rasch/Congleton*, Constitutional Amendment Procedures, in: Congleton/Swedenborg (Hg.), Democratic Constitutional Design and Public Policy (2006), 319, 325 ff.

[123] *Contiades/Fotiadou*, Models of Constitutional Change, in: Contiades (Hg.), Engineering Constitutional Change (2013), 417, 431.

[124] *Ginsburg/Melton*, International Journal of Constitutional Law 13 (2015), 686, 689 ff.: Instrumente der Erschwerung sind dabei qualifizierte Mehrheiten („supermajorities") und Volksabstimmungen. Zum erwarteten Zusammenhang zwischen Schwierigkeit und Häufigkeit der Änderungen *Rasch/Congleton*, Constitutional Amendment Procedures, in: Congleton/Swedenborg (Hg.), Democratic Constitutional Design and Public Policy (2006), 319, 332 ff.

[125] *Masing*, Der Staat 44 (2005), 1, 1.

[126] *Dreier*, Art. 79 II, in: Dreier (Hg.), Grundgesetz-Kommentar, Bd. II, 3. Auflage (2015), Rn. 17.

[127] *Masing*, Der Staat 44 (2005), 1, 10; *A. Lorenz*, Substanzbezogenes und alternatives Nutzenmaximierungsverhalten von Akteuren und Auswirkungen auf das Grundgesetz, in: Hönnige et al. (Hg.), Verfassungswandel im Mehrebenensystem (2011), 76, 102; allgemein zur dominierenden Bedeutung von Eliten für die Verfassunggebung *Hirschl*, Comparative Matters (2014), 174.

[128] Zur Bedeutung der politischen Konstellation und insbesondere der „Großen Koalitionen" im Änderungsprozess *M. G. Schmidt*, Das politische System Deutschlands (2016), 291 ff.

[129] Kritisch *Dreier*, Gilt das Grundgesetz ewig? (2009), 43 ff.; *Dreier*, Art. 79 II, in: Dreier (Hg.), Grundgesetz-Kommentar, Bd. II, 3. Auflage (2015), Rn. 14; siehe auch die Kategorisierung Deutschlands in der vergleichenden Studie von *Lutz*, American Political Science Review 88 (1994), 355, 363.

[130] *Masing*, Der Staat 44 (2005), 1, 11, zufolge atmen die „Neufassungen zum Lauschangriff (Art. 13 Abs. 3–6 GG), zur Mitwirkung der Länder im Europarecht (Art. 23 Abs. 2–7 GG), dem Asylrecht (Art. 16a GG) oder den Fristen zur Gesetzesinitiative (Art. 76 Abs. 2 und 3 GG)" den „Geist der Bürokratie, nicht aber einer demokratisch gesetzten Grundsatzproklamation"; kritisch auch *Wittreck*, Geltung und Anerkennung von Recht (2014), 57 f., der „Detailhuberei" und „Überfrachtung der Verfassungsurkunde" moniert.

sungsänderung als „pragmatisch“ und konsensorientiert charakterisiert.[131] Verfassungsänderungen finden in Deutschland im Vergleich relativ häufig[132] und eher im Bereich von Materien statt, die für die politischen Parteien nicht „profilbildend“ sind.[133] Zentrale Strukturprinzipien werden hingegen eher selten berührt.[134]

c) Änderung durch Interpretation

Verfassungsgerichte legen den notwendig abstrakt gehaltenen[135] Verfassungstext aus.[136] Dabei passen sie ihre Interpretation den aktuellen Herausforderungen an.[137] Sie ergänzen damit den formalen Änderungsprozess[138] und stellen einen „Evolutionsmechanismus“ bereit.[139] Durch ihre ausgleichende Wirkung können Verfassungsgerichte gerade in „fragilen Demokratien“ eine entscheidende, stabilisierende Rolle spielen.[140]

Die Interpretationsbedürftigkeit von Rechtsnormen bietet die Chance zur Aktualisierung und Pflege der Inhalte einer Verfassung, schafft aber auch eine Spannungslage. Die Interpretation und Fortentwicklung durch das Verfassungsgericht tragen zum Verfassungswandel bei.[141] Dies lenkt die Aufmerksamkeit

---

[131] *Contiades/Fotiadou*, Models of Constitutional Change, in: Contiades (Hg.), Engineering Constitutional Change (2013), 417, 445 ff.

[132] *A. Lorenz*, Ordnung und Wandel des Grundgesetzes als Ergebnis des Wechselspiels von Politik und Recht, in: FS für Gert-Joachim Glaessner (2009), 205, 208: „Im Vergleich der Änderungsraten gehört die Bundesrepublik […] zu jenen Demokratien, die ihre Verfassung am häufigsten änderten.“

[133] *Lorenz*, Substanzbezogenes und alternatives Nutzenmaximierungsverhalten von Akteuren und Auswirkungen auf das Grundgesetz, in: Hönnige et al. (Hg.), Verfassungswandel im Mehrebenensystem (2011), 76, 102.

[134] So *Lorenz*, Ordnung und Wandel des Grundgesetzes als Ergebnis des Wechselspiels von Politik und Recht, in: FS für Gert-Joachim Glaessner (2009), 205, 212, die eine „Kontinuität der Grundnormen“ feststellt; siehe auch *Wittreck*, Geltung und Anerkennung von Recht (2014), 58, der die Tendenz zu einer „Zweiteilung des Grundgesetzes“ kritisiert.

[135] *Morlok/Michael*, Staatsorganisationsrecht (2017), Rn. 64.

[136] *C. Hillgruber*, ZJS (2008), 123, 124: „Die Auslegung ist unentrinnbares Schicksal des Juristen.“

[137] Dazu *A. Voßkuhle*, Stabilität, Zukunftsoffenheit und Vielfaltssicherung – Die Pflege des verfassungsrechtlichen „Quellcodes“ durch das Bundesverfassungsgericht, in: Hillgruber/Waldhoff (Hg.), 60 Jahre Bonner Grundgesetz – eine geglückte Verfassung? (2010), 97, 99: „Jede Verfassung ist nur so gut wie ihre Interpreten“.

[138] Zu diesem Verhältnis *Lutz*, American Political Science Review 88 (1994), 355, 365.

[139] *Dreier*, Gilt das Grundgesetz ewig? (2009), 40, führt als Beispiel die „aktive und kreative Judikatur des Supreme Court“ an und verweist auf *W. Brugger*, AöR 126 (2001), 337.

[140] So *Issacharoff*, Fragile Democracies (2015), 10: „The thesis is that the use of constitutionalism, and the accompanying institution of constitutional courts, has emerged as a primary means of managing conflict in the difficult national settings of so many of the world's democracies and of doing so in the service of state building.“

[141] Kritisch zum Begriff des „Verfassungswandels“ *A. Voßkuhle*, Der Staat 43 (2004), 450, 459: „Er verdeckt […] mehr, als dass er aufklärt, und sollte sparsam verwendet werden.“ Ansätze zu einer „Lehre vom Verfassungswandel […] als erkenntnisleitendes Mittel der Rekon-

wieder auf die Bedeutung der Schriftform.[142] Denn „stillschweigende" Verfassungsänderungen (oder „Verfassungstextdurchbrechungen") schließt Art. 79 Abs. 1 GG aus.[143] Damit ist Verfassungswandel nicht strikt verboten, wohl aber begrenzt.[144]

Die Unterscheidung zwischen geltendem Recht und „offen oder verdeckt betriebener, inhaltsverändernder [...] Rechtsproduktion" bleibt aber schwierig.[145] Angesichts dieser Schwierigkeit wird gefragt, ob durch die Verfassung überhaupt Inhalte vom politischen Prozess ausgenommen werden können.[146] Jedenfalls bedarf es einer entwickelten Dogmatik, damit die Interpretation des Verfassungsrechts in verlässlichen Bahnen verläuft.[147] Dieses Desiderat ändert jedoch nichts an dem Befund, dass gerade im Falle des Grundgesetzes Veränderungen jenseits der Verfassungstextänderung stattgefunden haben.[148]

d) Aktualisierung und Bestätigung durch demokratische Prozesse

Auch demokratische Prozesse wie Wahlen können als Aktualisierungsmechanismen einer Verfassung verstanden werden. Eine Verfassung hat programmatischen Charakter und blickt in die Zukunft. In Wahlen und Gesetzgebungs-

---

struktion von Verfassungsentwicklungen" sieht *Voßkuhle* aber bei *B.-O. Bryde*, Verfassungsentwicklung (1982).

[142] Vgl. *Möllers*, Die Möglichkeit der Normen (2015), 291, dem zufolge die Schriftform der Verfassung es möglich macht, in Fällen des Verfassungswandels überhaupt weiter von derselben Verfassung auszugehen.

[143] Dazu näher *Dreier*, Art. 79 I, in: Dreier (Hg.), Grundgesetz-Kommentar, Bd. II, 3. Auflage (2015), Rn. 19, der aber auch auf die Möglichkeit materieller Verfassungsänderungen ohne Textänderung kraft supranationalen Rechts aufmerksam macht (Rn. 26); zum Ganzen *K.-P. Sommermann*, Verfassungswandel im Prozess der europäischen Integration und der Globalisierung, in: FS für Udo Steiner (2009), 796.

[144] *Dreier*, Art. 79 I, in: Dreier (Hg.), Grundgesetz-Kommentar, Bd. II, 3. Auflage (2015), Rn. 39; zur Balance zwischen Beständigkeit und Offenheit in der Beurteilung von Verfassungswandel siehe auch *Morlok/Michael*, Staatsorganisationsrecht (2017), Rn. 89: Verfassungswandel als „kritisch zu hinterfragende, aber dennoch legitime und notwendige Figur".

[145] *Hillgruber*, ZJS (2008), 123, 123 f.

[146] *Hillgruber*, ZJS (2008), 123, 125: „Die Frage, deren Beantwortung darüber entscheidet, ob es tatsächlich Unabstimmbares in einer Demokratie gibt, lautet daher: Wie kann sich eine Rechtsordnung gegen interpretative Perversion unabdingbarer verfassungsrechtlicher Vorgaben wappnen?" *Hillgruber* plädiert angesichts dieser Schwierigkeit für eine Rehabilitation der subjektiv-historischen Auslegung (S. 125).

[147] *Voßkuhle*, Stabilität, Zukunftsoffenheit und Vielfaltssicherung – Die Pflege des verfassungsrechtlichen „Quellcodes" durch das Bundesverfassungsgericht, in: Hillgruber/Waldhoff (Hg.), 60 Jahre Bonner Grundgesetz – eine geglückte Verfassung? (2010), 97, 101.

[148] Siehe nur *Volkmann*, Grundzüge einer Verfassungslehre der Bundesrepublik Deutschland (2013), 30, der darauf hinweist, „dass das Grundgesetz heutzutage viel mehr Regelungen und Prinzipien umfasst als zur Zeit seines Erlasses, ohne dass es dafür jeweils förmlich geändert werden musste; tatsächlich machen die förmlichen Änderungen nur einen Bruchteil des wirklichen Wandels aus."

verfahren aktualisiert eine Verfassung ihr Programm und bietet der politischen Macht Rechtfertigungsmechanismen mit Bezug auf die Verfassung.[149]

In der Beteiligung an von ihr vorgesehenen demokratischen Prozessen kann auch eine tatsächliche Bewährungsprobe gesehen werden.[150] Durch die Annahme der von ihr angebotenen Mechanismen kann eine Verfassung ex post legitimiert werden. *Paul Kirchhof* zufolge vermittelt eine „kontinuierliche Verfassungspraxis“ noch „stärkere Legitimationskraft als ein einmaliger Akt förmlicher Verfassunggebung“.[151] Die Verfassung erscheint damit als stark selbstbezügliche Ordnung, die von „ihrem eigenen Erfolg“ lebt.[152]

e) Zwischenergebnis

Im Umgang des Rechts mit dem Zielkonflikt zwischen Rigidität und Flexibilität offenbart sich ein starkes Problembewusstsein. Ein gewisses Maß an Flexibilität ermöglicht die Elastizität, die als Bedingung für die Stabilität einer Verfassung gelten darf[153]: zum einen, um die Institution anpassungsfähig zu halten und einen Bruch zu vermeiden, zum anderen aber auch als mögliches Akzeptanzkriterium. Eine Verfassung wirbt mit ihrem Inhalt um die Anerkennung ihrer Adressaten.[154] Zu einem solchen Inhalt, der die Wahrscheinlichkeit der

---

[149] Siehe auch *Möllers*, Die Möglichkeit der Normen (2015), 332: „Demokratische Verfassungsordnungen kombinieren eine originäre, auf den Moment der Verfassunggebung bezogene Rechtfertigung stets mit einer Zukunftsperspektive. Verfassungen stecken voller expliziter und implizierter Versprechen und sie sind auf den Eindruck angewiesen, dass wir uns der Erfüllung der Versprechen annähern – dass es Fortschritt gibt. [...] Auch deswegen sehen Verfassungen aktualisierende Rechtfertigungstechniken wie Wahlen und Gesetzgebungsverfahren vor, deren Ursprungsbezug schwächer ist als die unmittelbare Referenz auf einen Verfassungstext. Das bedeutet keine Abkehr, sondern Ergänzung des Autorisierungsschemas, weil sich diese Verfahren ihrerseits aus der Verfassung ergeben.“

[150] *Hofmann*, Legitimität und Rechtsgeltung (1977), 74, spricht allgemein von der „demokratische[n] Probe der Anerkennung“.

[151] *Kirchhof*, § 21 Identität der Verfassung, in: Isensee/Kirchhof (Hg.), Handbuch des Staatsrechts, Bd. II, 3. Auflage (2004), 261, Rn. 5.

[152] *Morlok/Michael*, Staatsorganisationsrecht (2017), Rn. 76: „Eine Verfassung lebt von ihrem eigenen Erfolg. Anders formuliert: Nur eine gelebte Verfassung kann bewirken, was sie verspricht. Nur wenn eine Gesellschaft die Recht und Möglichkeiten einer Verfassung auch sinnvoll nutzt, gewinnt diese Wirklichkeit und Zustimmung.“

[153] *Gärditz*, Temporale Legitimationsasymmetrien, in: Hill/Schliesky (Hg.), Management von Unsicherheit und Nichtwissen (2016), 253, 269: „Die Elastizität einer Verfassung entscheidet darüber, ob sie den Zahn der Zeit verkraftet, sich bewährt und es gelingt, Verfassunggebung *ex post* durch ihre Akzeptanz zu legitimieren [Wiedergabe ohne Nachweise]“.

[154] *J. Isensee*, Das Volk als Grund der Verfassung (1995), 85: „[Der Verfassung] bleibt nichts anderes übrig, als sich nur durch ihren Inhalt auszuweisen: durch die Ideen und Institutionen, die sie sich zu eigen macht. Der Inhalt rechtfertigt, daß sie Zustimmung verdient; er wirbt dafür, daß sie tatsächlich Zustimmung erfährt.“ Siehe auch *Kirchhof*, § 21 Identität der Verfassung, in: Isensee/Kirchhof (Hg.), Handbuch des Staatsrechts, Bd. II, 3. Auflage (2004), 261, Rn. 18, wonach das positive Verfassungsrecht durch seine Ausgestaltung darauf abziele, „daß die Verfassung größtmögliche Wirkungskraft und Wirkungsdauer erreicht.“

Akzeptanz einer Verfassung erhöht, gehören auch die Möglichkeiten zur Weiterentwicklung. Das Vertrauen in die Zukunftsfähigkeit kann sogar als Grund der Verbindlichkeit geltender Ordnungen angesehen werden.[155] Gleichwohl droht eine Verfassung, die allzu leicht geändert werden kann, an Ausstrahlungskraft und Verbindlichkeit einzubüßen. Die Möglichkeit der Änderung jenseits förmlicher Verfahren macht jedenfalls deutlich, dass die Bestimmungskraft des Verfassungstextes begrenzt ist. Letztlich kommt es auf die Akzeptanz der Verfassung durch die Bürger an.

III. Ewigkeitsgarantie in Art. 79 Abs. 3 GG

Die unterschiedlichen Interpretationen von Art. 146 GG erhalten ihre Kontur erst in Auseinandersetzung mit der Ewigkeitsgarantie in Art. 79 Abs. 3 GG. Nach einer allgemeinen verfassungstheoretischen Einordung von Ewigkeitsklauseln[156], sollen daher die spezifische Funktion von Art. 79 Abs. 3 GG und mögliche damit verbundene Risiken angesprochen werden.

1. Allgemeines

In der verfassungsvergleichenden Literatur finden sich allgemeine Aussagen zu geschriebenen (und ungeschriebenen[157]) Ewigkeitsklauseln, in denen ein unveränderbarer Verfassungskern festgehalten wird.[158] Ewigkeitsklauseln können den „Geist" einer Verfassung oder einzelne Prinzipien konservieren.[159] Die Formulierung eines änderungsfesten Kerns schafft die paradox anmutende Kategorie des verfassungswidrigen Verfassungsrechts.[160] In Verfassungen rund um den Globus tauchen Ewigkeitsklauseln vermehrt und mit zunehmenden Inhalten auf.[161] *Peter Häberle* sieht darin Reaktionen auf vergangene oder zukünf-

---

[155] *Hofmann*, Legitimität und Rechtsgeltung (1977), 73.

[156] *Morlok/Michael*, Staatsorganisationsrecht (2017), 941, beurteilen schon den Begriff „vor dem Hintergrund eines säkularen Verfassungsstaates, der auf Volkssouveränität beruht", als problematisch.

[157] So *P. Häberle*, Verfassungsrechtliche Ewigkeitsklauseln als verfassungsstaatliche Identitätsgarantien, in: FS für Hans Haug (1986), 81, 81, 93.

[158] Prominente Beispiele bei *Dreier* sind Art. 112 Abs. 1 Satz 3 der Verfassung Norwegens von 1814, Art. 89 Abs. 5 der Verfassung Frankreichs von 1881 und Art. 139 der Verfassung Italiens von 1947; gleichwohl verweist *Dreier*, Gilt das Grundgesetz ewig? (2009), 61, darauf, dass die USA und Österreich ganz ohne solche Klauseln auskommen und die Schweiz es bei einer Bindung an Völkerrecht belässt (Art 139 Abs. 2, 193 Abs. 4, 194 Abs. 2 BV).

[159] Typisierende Darstellung bei *Häberle*, Verfassungsrechtliche Ewigkeitsklauseln als verfassungsstaatliche Identitätsgarantien, in: FS für Hans Haug (1986), 81, 83–92.

[160] Eingehend aus vergleichender Perspektive *Y. Roznai*, Unconstitutional Constitutional Amendments (2017).

[161] Schon *Häberle*, Verfassungsrechtliche Ewigkeitsklauseln als verfassungsstaatliche

tige Gefahren.[162] Nach *Samuel Issacharoff* zeigen sich in Ewigkeitsklauseln die „Geburtswehen" einer Gesellschaft.[163] Schon hieraus folgt, dass Ewigkeitsklauseln individuelle Besonderheiten aufweisen.[164] Dazu haben Ewigkeitsklauseln „Ausstrahlungswirkung"[165], indem sie verfassungsrechtlichen Inhalten ein besonderes Gewicht zusprechen.[166] Dazu kommt ein „symbolischer Wert"[167], der es möglich macht, die Bürger zu mobilisieren.

2. Funktion

Art. 79 Abs. 3 GG beschränkt die Kompetenz der verfassungsändernden Gewalt. Sie gilt als „klassische" Ewigkeitsklausel.[168] Art. 79 Abs. 3 GG nimmt die Gliederung des Bundes in Länder, die grundsätzliche Mitwirkung der Länder bei der Gesetzgebung und die in Art. 1 und 20 GG niedergelegten Grundsätze von der Änderung aus. Die Funktion dieser sog. Ewigkeitsgarantie ist ohne den historischen Kontext nicht zu rekonstruieren.

Die Weimarer Reichsverfassung (WRV) wurde von der damaligen in der Staatsrechtslehre herrschenden Auffassung als unbegrenzt inhaltlich abänderbar erachtet.[169] Hingegen ging *Carl Schmitt*[170] von der inhärenten Beschränkung der verfassungsändernden Gewalt zur Wahrung von „Identität und Kon-

---

Identitätsgarantien, in: FS für Hans Haug (1986), 81, 93, geht von einer Ausweitung und Differenzierung ihrer Inhalte aus und warnt vor einer damit einhergehenden Entwertung; siehe auch *Y. Roznai*, Unamendability and the Genetic Code of the Constitution (2015), 3, mit Blick auf Klauseln in 735 – teils historischen, teils aktuellen – Verfassungstexten: „in recent decades unamendable provisions have expanded in terms of their detail, currently covering a wide range of topics".

[162] *Häberle*, Verfassungsrechtliche Ewigkeitsklauseln als verfassungsstaatliche Identitätsgarantien, in: FS für Hans Haug (1986), 81, 81 f., gleichwohl mit dem Hinweis, dass sie „aber auch ein Stück ‚Prinzip Hoffnung' auf ein Dauern bestimmter Inhalte" darstellen.

[163] *Issacharoff*, Fragile Democracies (2015), 48: „Which provisions are off the table for internal change generally reflects the birth pangs of that particular society." *Morlok/Michael*, Staatsorganisationsrecht (2017), Rn. 26, sprechen vom „Gedächtnis einer politischen Gemeinschaft".

[164] So *Häberle*, Verfassungsrechtliche Ewigkeitsklauseln als verfassungsstaatliche Identitätsgarantien, in: FS für Hans Haug (1986), 81, 104 f., mit Hinweis auf unterschiedliche „Verfassungskulturen".

[165] *Häberle*, Verfassungsrechtliche Ewigkeitsklauseln als verfassungsstaatliche Identitätsgarantien, in: FS für Hans Haug (1986), 81, 101.

[166] Zur Möglichkeit, dass abgestufte Verfassungsänderungsvorschriften Normhierarchien abbilden, siehe auch *R. Albert*, McGill Law Journal 59 (2013), 225, 247 ff.

[167] *Häberle*, Verfassungsrechtliche Ewigkeitsklauseln als verfassungsstaatliche Identitätsgarantien, in: FS für Hans Haug (1986), 81, 103.

[168] *Tushnet*, Advanced Introduction to Comparative Constitutional Law (2014), 28.

[169] Siehe *M. Stolleis*, Geschichte des öffentlichen Rechts in Deutschland III (1999), 113, m. w. N.

[170] *C. Schmitt*, Der Hüter der Verfassung (1996), 113.

tinuität der Verfassung als eines Ganzen" aus.[171] Die Ansicht *Schmitts* ist auch im Nachhinein kritisiert worden.[172] *Häberle* zufolge sei Art. 79 Abs. 3 GG ohne dessen Verfassungslehre jedoch nicht denkbar.[173] *Dreier* spricht von einer „verqueren Schlachtordnung", da liberale Staatsrechtler von einer unbegrenzten Abänderbarkeit ausgingen, während ausgerechnet[174] *Schmitt* inhärente Schranken erkennt; gleichwohl sei kein Zusammenhang zwischen unbeschränkter Abänderbarkeit und der illegalen NS-Machtergreifung zu sehen.[175] Allerdings war es den Nationalsozialisten möglich, den Mythos von der Legalität zu pflegen.

Im Parlamentarischen Rat wurde Art. 79 Abs. 3 GG als Mittel zur Vorbeugung einer solchen Mythenbildung betrachtet. *Thomas Dehler* zufolge sollte die Einrichtung eines änderungsfesten Kerns verhindern, dass verfassungsfeindliche Kräfte unter einer schützenden „Maske der Legalität" operierten.[176] Ebenso machte *Carlo Schmid* die Funktion der Regelung im Schutz vor einer Scheinlegalität aus.[177] Dass eine solche Regelung allein nicht geeignet ist, Re-

---

[171] Hierzu *Dreier*, Gilt das Grundgesetz ewig? (2009), 51; auch *Hillgruber*, Der Staat 49 (2010), 167, 190 f.

[172] *Stolleis*, Geschichte des öffentlichen Rechts in Deutschland III (1999), 114: „Die von Carl Schmitt entwickelte Unterscheidung von Verfassung und Verfassungsgesetz – eine quasinaturrechtliche Aushebelung des positiven Rechts – mochte als theoretische Einsicht gepriesen werden, als rechtspolitisches Instrument war sie aber methodisch ganz ungesichert und in ihren praktischen Folgen unabsehbar."

[173] Siehe *Häberle*, Verfassungsrechtliche Ewigkeitsklauseln als verfassungsstaatliche Identitätsgarantien, in: FS für Hans Haug (1986), 81, 82, der mit einem „ganzheitlichen, an der Substanz orientierte[n] Ansatz" bei der Auslegung von Ewigkeitsklauseln an *Schmitt* anschließen will; *Dreier*, Art. 79 III, in: Dreier (Hg.), Grundgesetz-Kommentar, Bd. II, 3. Auflage (2015), Rn. 73, zufolge kann *Schmitt* aufrund seiner Ablehnung eines klar umrissenen Katalogs unantastbarer Regelungen „nicht als geistiger Vater der grundgesetzlichen Ewigkeitsgarantie gelten"; eingehend zum „Schatten von Weimar und Schmitt" *M. Polzin*, Der Staat 53 (2014), 61, 93, derzufolge die Auslegung von Art. 79 Abs. 3 GG „sich nie vollständig von dem Vokabular und den Ideen von Schmitt emanzipiert" habe.

[174] Siehe zu dessen Rolle in der Zeit des Nationalsozialismus nur *Stolleis*, Geschichte des öffentlichen Rechts in Deutschland III (1999), 258 f.

[175] *Dreier*, Gilt das Grundgesetz ewig? (2009), 54 ff.

[176] *Dehler* in den Materialien bei *M. F. Feldkamp*, Hauptausschuss. Bd. 14/II, in: Bundestag/Bundesarchiv (Hg.), Der Parlamentarische Rat 1948–1949. Akten und Protokolle (2009), 1118; dazu etwa *Polzin*, Der Staat 53 (2014), 61, 83.

[177] *Schmid* in den Materialien bei *Feldkamp*, Hauptausschuss. Bd. 14/II, in: Bundestag/Bundesarchiv (Hg.), Der Parlamentarische Rat 1948–1949. Akten und Protokolle (2009), 1118: „Ich trete der Ansicht des Kollegen Dehler bei. Es ist schon ein Unterschied ob […] jemand gezwungen ist, offen Revolution zu machen, oder ob man ihm die Möglichkeit gibt, unter dem Schutz einer Scheinlegalität effektiv Revolution zu machen, ohne sich dazu bekennen zu müssen. Er wird in diesem Fall die Dummen im Volk eher hinter sich bekommen, als wenn er von vornherein klipp und klar sagen muß: Ich will eine Tyrannei errichten und die Demokratie abschaffen. – Außerdem wird er so auch in die Illegalität mit allen ihren Nachteilen gedrängt."

volutionen zu verhindern, war dabei allen Beteiligten bewusst.[178] Ausgeschlossen werden sollten aber „legale Revolutionen".[179]

Richard Thoma zufolge soll Art. 79 Abs. 3 GG scheinlegale Diktaturen sowie den zentralistischen Einheitsstaat ausschließen und „von der humanitätswidrigen Barbarei der national-sozialistischen Gewaltherrschaft distanzieren".[180] Eine Ewigkeitsklausel in der WRV hätte die Machtergreifung durch die Nationalsozialisten nicht verhindert, hätte aber eine „‚optische' Markierung"[181] und womöglich eine andere Legitimation für Widerstand geboten.[182] Das Bedürfnis, Scheinlegalität abzuwenden, legt nahe, dass das schon fast sprichwörtliche deutsche Legalitätsbedürfnis[183] hier als Stabilitätsressource genutzt werden soll.

Angesichts dieser Prägung kann das Grundgesetz als identitätsstiftend angesehen werden.[184] Die Ewigkeitsgarantie schafft Kontinuität, „wo es um die identitätsstiftenden inhaltlichen Kernaussagen" geht.[185] Dementsprechend ist Art. 79 Abs. 3 GG als unabänderbare Identitätsgarantie interpretiert worden.[186] Dieses Konzept der „Verfassungsidentität", das so vom Verfassunggeber in Art. 79 Art. 3 GG nicht angedacht war, wird nunmehr vom Bundesverfassungsgericht als Kontrollmaßstab europäischer Integrationsschritte eingesetzt.[187]

---

[178] Siehe *Dreier*, Gilt das Grundgesetz ewig? (2009), 59; zu „Grenzen der Wirksamkeit von Ewigkeitsklauseln" allgemein *Häberle*, Verfassungsrechtliche Ewigkeitsklauseln als verfassungsstaatliche Identitätsgarantien, in: FS für Hans Haug (1986), 81, 103.

[179] *Dreier*, Gilt das Grundgesetz ewig? (2009), 59; *R. Thoma*, Über die Grundrechte im Grundgesetz für die Bundesrepublik Deutschland (1951), in: Dreier (Hg.), Rechtsstaat – Demokratie – Grundrechte (2008), 468, 470; *Dreier*, Art. 79 III, in: Dreier (Hg.), Grundgesetz-Kommentar, Bd. II, 3. Auflage (2015), Rn. 75; *Kirchhof*, § 21 Identität der Verfassung, in: Isensee/Kirchhof (Hg.), Handbuch des Staatsrechts, Bd. II, 3. Auflage (2004), 261, Rn. 42.

[180] *Thoma*, Über die Grundrechte im Grundgesetz für die Bundesrepublik Deutschland (1951), in: Dreier (Hg.), Rechtsstaat – Demokratie – Grundrechte (2008), 468, 470.

[181] *Häberle*, Verfassungsrechtliche Ewigkeitsklauseln als verfassungsstaatliche Identitätsgarantien, in: FS für Hans Haug (1986), 81, 103.

[182] In diese Richtung *Häberle*, Verfassungsrechtliche Ewigkeitsklauseln als verfassungsstaatliche Identitätsgarantien, in: FS für Hans Haug (1986), 81, 103, dem zufolge Ewigkeitsklauseln den Bürgern die Möglichkeit eröffnen, im Konfliktfall „Flagge" zu zeigen.

[183] Siehe auch *Möllers*, Die Möglichkeit der Normen (2015), 437, mit Hinweisen auf die „legalistische" Kultur in Deutschland.

[184] *Kotzur*, Constitutional Amendments and Constitutional Changes in Germany, in: Contiades (Hg.), Engineering Constitutional Change (2013), 125, 128.

[185] *Voßkuhle*, Stabilität, Zukunftsoffenheit und Vielfaltssicherung – Die Pflege des verfassungsrechtlichen „Quellcodes" durch das Bundesverfassungsgericht, in: Hillgruber/Waldhoff (Hg.), 60 Jahre Bonner Grundgesetz – eine geglückte Verfassung? (2010), 97, 100.

[186] *Kirchhof*, § 21 Identität der Verfassung, in: Isensee/Kirchhof (Hg.), Handbuch des Staatsrechts, Bd. II, 3. Auflage (2004), 261, Rn. 78.

[187] BVerfGE 123, 267, 347 ff.; die „euroskeptische Umdeutung" kritisiert *M. Jestaedt*, Der Staat 48 (2009), 497, 507: „Die grundgesetzliche ‚Ewigkeitsgarantie' richtet sich gegen die ‚Todfeinde' der freiheitlichen Demokratie; ihr fehlt aber jedwede europakritische Stoßrichtung. Sie gleichwohl insoweit zu thematisieren, bezeugt ein grundlegendes Missverständnis dieses ultimativen Halteankers grundgesetzlicher Verfassungstaatlichkeit."

3. Risiken

Ewigkeitsklauseln zielen auf die Bewahrung der Demokratie, gleichzeitig verursachen sie demokratische Kosten. Sie stehen in einem Spannungsverhältnis zur Idee demokratischer Selbstbestimmung.[188] Sie ziehen der Prozeduralisierung, mit der Gemeinwohl ständig neu definiert werden kann, materielle Grenzen.[189] Den Gerichten kann eine Ewigkeitsklausel die Möglichkeit bieten, ihre Rechtsprechung zu immunisieren.[190] Ähnliches gilt für Eliten, die die Verfassung maßgeblich prägen, und anschließend womöglich eine (neutrale) Rechtsprechung zur Sicherung ihrer Interessen einsetzen.[191] Auch die Stigmatisierung von politischen Alternativen[192] kann politischen Eliten nutzen.

Schon diese allgemeine Risikolage spricht für eine enge Auslegung des Art. 79 Abs. 3 GG.[193] Eine spezifische Kritik unternimmt *Horst Dreier*. Für *Dreier* übersteigt der Gehalt von Art. 79 Abs. 3 GG den Kerngehalt freiheitlicher demokratischer Grundordnung.[194] Art. 79 Abs. 3 GG schneide insbesonde-

---

[188] *Masing*, Der Staat 44 (2005), 1, 11, zufolge werden die Grundlagen der Verfassungsordnung in Deutschland „lieber als überpositiv verstanden und durch möglichst stark formulierte und gerichtliche überprüfbare Ewigkeitsgarantien wie in Art. 79 Abs. 3 GG von jedem demokratische voluntativen Akt abgelöst" (Wiedergabe ohne Nachweise); ähnlich zum Spannungsverhältnis von Selbstbestimmung und Materialisierung schon *E.-W. Böckenförde*, Entstehung und Wandel des Rechtsstaatsbegriffs, in: FS für Adolf Arndt (1969), 53, 75: „Ansatz zu Verfassungstotalitarismus".

[189] *Contiades/Fotiadou*, Models of Constitutional Change, in: Contiades (Hg.), Engineering Constitutional Change (2013), 417, 419: „They determine the balance between constitutionalism and democracy, shifting the weight towards constitutionalism. Creating an off-limits area, they narrow the scope of democratic deliberation."

[190] *Dreier*, Gilt das Grundgesetz ewig? (2009), 76; *Contiades/Fotiadou*, Models of Constitutional Change, in: Contiades (Hg.), Engineering Constitutional Change (2013), 417, 419.

[191] So *R. Hirschl*, Law & Social Inquiry 25 (2000), 91, 95: „[J]udicial empowerment through the constitutional fortification of rights may provide an efficient institutional way for hegemonic sociopolitical forces to preserve their hegemony and to secure their policy preferences even when majoritarian decision-making processes are not operating to their advantage."

[192] *Häberle*, Verfassungsrechtliche Ewigkeitsklauseln als verfassungsstaatliche Identitätsgarantien, in: FS für Hans Haug (1986), 81, 103 f.; siehe auch *Böckenförde*, Entstehung und Wandel des Rechtsstaatsbegriffs, in: FS für Adolf Arndt (1969), 53, 73: „Die materiell-rechtsstaatlich konzipierte Verfassung erhebt, der Logik des Wert- und Gerechtigkeitsdenkens folgend, einen unbedingten Geltungsanspruch, der in alle Bereiche des gesellschaftlichen Lebens übergreift; sie sanktioniert damit bestimmte politisch-ethische Grundüberzeugungen, denen sie allgemeine Rechtsgeltung verleiht, und diskriminiert andere, die diesen entgegenstehen. Freiheit gewährleistet sie nicht mehr unbedingt, im Wege rechtlich-formaler Ausgrenzung, sondern nur *innerhalb* der Wertgrundlage der Verfassung: wer sich außerhalb dieser sog. Wertgrundlage stellt, die u. a. in den Unantastbarkeitsklauseln positiviert wird (z. B. Art. 79 III i. V. m. Art. 20 GG), hat keinen Rechtsanspruch mehr auf politische Freiheit (Art. 21 II, 18 GG)".

[193] *Kotzur*, Constitutional Amendments and Constitutional Changes in Germany, in: Contiades (Hg.), Engineering Constitutional Change (2013), 125, 131.

[194] *Dreier*, Gilt das Grundgesetz ewig? (2009), 67 ff., mit Verweis auf Sozialstaatsprinzip, Republikprinzip und Föderalismus.

re die „veritable Alternative“ des Einheitsstaates zugunsten des Bundesstaates ab.[195] Darüber hinaus drohe eine zu extensive Interpretation der darin enthaltenen Grundsätze.[196] Der gewichtigste – und akuteste – Streit betrifft dabei die Frage, ob die Staatlichkeit der Bundesrepublik von Art. 79 Abs. 3 GG umfasst sei.[197]

In Art. 79 Abs. 3 GG schwinge „unüberhörbar eine Wahrheitsgewissheit mit“.[198] Die extensiven Gehalte könnten mit der prinzipiellen Vorläufigkeit des Grundgesetzes zusammengehangen haben.[199] *Dreier* diagnostiziert eine „Tendenz zu ‚normativen Zementierungen‘“[200] und zur „Verfassungsverheiligung“[201]. Eine solche könne eine Ordnung stabilisieren[202], auf der Kostenseite stehe aber eine Einschränkung des Gesetzgebers und ein illiberaler Umgang mit abweichenden Meinungen, da Abweichung zur „Sünde“ werde.[203] *Dreier*

---

195 *Dreier*, Gilt das Grundgesetz ewig? (2009), 68 f.; ähnlich *Volkmann*, Grundzüge einer Verfassungslehre der Bundesrepublik Deutschland (2013), 95; vgl. auch die Einordnung des Bundesstaatsprinzips bei *P. Häberle*, A Constitutional Law for Future Generations – the ‚Other‘ Form of the Social Contract: The Generation Contract, in: Tremmel (Hg.), Handbook of Intergenerational Justice (2006), 215, 94, als „weniger gewichtige Festschreibung“ des Art. 79 Abs. 3 GG, die aber eine historische Erfahrung widerspiegle; *J. F. Lindner*, BayVBl. (2014), 645, 651, zufolge wäre es aber selbst dem *pouvoir constituant* nicht möglich, ohne Beteiligung der Landesbevölkerungen, einen Einheitsstaat zu schaffen, da „sich die Souveränität des deutschen Volkes durch seine eigene Gliederung in Landesvölker begrenzt sieht“.

196 So *Dreier*, Gilt das Grundgesetz ewig? (2009), 69 ff., mit Blick auf die in der Staatsrechtslehre vertretenen Positionen zu Bundesratsmodell, Rückwirkungsrechtsprechung des Bundesverfassungsgerichts und zu Instrumenten direkter Demokratie. Im Bereich der Grundrechte sollen die Positionen in der Staatsrechtslehre zur Unaufhebbarkeit von Art. 16 GG und das Minderheitenvotum von *Renate Jaeger* und *Christine Hohmann-Dennhardt* in BVerfGE 109, 279, 382 ff. – Großer Lauschangriff, als Belege gelten; weiterer Beleg sei die Rechtsprechung des Bayerischen Verfassungsgerichtshofs, insbesondere in BayVerfGHE 42, 104, zu Art. 75 Abs. 1 der Bayerischen Verfassung (BayVerf), in dem die „demokratischen Grundgedanken“ der Verfassung unzulässiger Weise mit der aktuellen Ausgestaltung der BayVerf gleichgesetzt würden (S. 122 ff.).

197 Dazu m. w. N. *Dreier*, Art. 79 III, in: Dreier (Hg.), Grundgesetz-Kommentar, Bd. II, 3. Auflage (2015), Rn. 55.

198 *Dreier*, Gilt das Grundgesetz ewig? (2009), 64; siehe auch *Böckenförde*, Entstehung und Wandel des Rechtsstaatsbegriffs, in: FS für Adolf Arndt (1969), 53, 75.

199 *Dreier*, Gilt das Grundgesetz ewig? (2009), 77.

200 *Dreier*, Gilt das Grundgesetz ewig? (2009), 71, in Anschluss an die Wortwahl bei *T. Maunz*, Art. 79 Abs. 3 GG, in: Maunz/Dürig (Hg.), Grundgesetz-Kommentar (1960), Rn. 31.

201 *Dreier*, Gilt das Grundgesetz ewig? (2009), 101; ähnlich – in Erwiderung auf *Isensee*, NJW (1993), 2583 – *H.-P. Schneider*, NJW (1994), 558, 561: „Man bezeichnet das Grundgesetz mit Recht als die „freiheitlichste Verfassung auf deutschen Boden“, umgibt es aber zugleich mit einer Aura der Weihe wie den Heiligen Gral dergestalt, daß es in die Höhen eines unantastbaren „Wertehimmels“ entschwindet und Abweichungen vom Urtext nur noch in Kategorien von Boxkämpfen („mit einem blauen Auge davongekommen“) wahrgenommen werden können.“ Auch *Morlok/Michael*, Staatsorganisationsrecht (2017), 941, sprechen von „Sakralisierung“.

202 Vgl. *Madison*, Federalist Papers, No 49, Appeal to the People in Cases of Disagreement, in: Hamilton et al. (Hg.), The Federalist (2009), 330, 332.

203 *Dreier*, Gilt das Grundgesetz ewig? (2009), 107.

will vor diesem Hintergrund eine deutsche „Sehnsucht nach einem unpolitischen Konsens und einer unanfechtbaren Autorität" erkennen.[204]

All dies deutet schon auf das Bedürfnis eines normativen Kontrapunktes zu Art. 79 Abs. 3 GG hin.

IV. Historischer Hintergrund

Die Positionen um Art. 146 GG sind ohne Kenntnis des historischen und rechtspolitischen Hintergrunds der Vorschrift nicht nachvollziehbar.

1. Grundgesetz als Provisorium

Art. 146 GG aF[205], die Vorgängervorschrift des Art. 146 GG, war in das Grundgesetz eingefügt worden, um die legale Überwindung des schon ausweislich der aF seiner Präambel als Provisorium bzw. Übergangsverfassung konzipierten Grundgesetzes möglich zu machen.[206] Der gesamtdeutsche Verfassunggeber sollte dabei an keine materiell-rechtlichen Vorgaben gebunden sein.[207]

Das Grundgesetz entstand unter seinen eigenen besonderen Bedingungen. Das vorhergehende Regime war vollständig kollabiert[208] und Deutschland war von den alliierten Siegermächten besetzt. Eine deutsche Teilung sollte nicht durch eine „Verfassung" des Westteils unter Auslassung des sowjetisch besetzten Gebiets legitimiert werden. Zum anderen war die Rolle der Westalliierten bei der Verfassunggebung delikat.[209] Der Prozess wurde von diesen angestoßen

---

[204] So *Dreier*, Gilt das Grundgesetz ewig? (2009), 109; auch *C. Hillgruber*, JZ 71 (2016), 495, 501, warnt vor „innere[n] Selbstblockaden einer den Meinungskampf eher scheuenden Gesellschaft".

[205] Dieser lautete: „Dieses Grundgesetz verliert seine Gültigkeit an dem Tage, an dem eine Verfassung in Kraft tritt, die von dem deutschen Volke in freier Entscheidung beschlossen worden ist."

[206] *P. M. Huber*, Art. 146 GG, in: Sachs (Hg.), Grundgesetz (2014), Rn. 1.

[207] *E. Wiederin*, AöR 117 (1992), 410, 430, m. w. N.; siehe aber in Bezug auf Mindeststandards BVerfGE 5, 85, 130 f. – KPD-Verbot: „Vielmehr ist nach der in die Zukunft gerichteten Überleitungsnorm des Art. 146 GG die künftige gesamtdeutsche Verfassung schon dann ordnungsgemäß zustande gekommen, wenn sie „von dem deutschen Volke in freier Entscheidung beschlossen worden ist". Dies bedeutet, daß die Entscheidung des deutschen Volkes über eine gesamtdeutsche Verfassung frei von äußerem und innerem Zwang gefällt werden muß, und das heißt allerdings, daß ein gewisser Mindeststandard freiheitlich-demokratischer Garantien auch beim Zustandekommen der neuen gesamtdeutschen Verfassung zu wahren ist." Solche Mindeststandards dürften sich auf die beschlossene Verfassung niederschlagen, siehe *Dreier*, Art. 146, in: Dreier (Hg.), Grundgesetz-Kommentar, Bd. III, 2. Auflage (2008), Rn. 50.

[208] Aus vergleichender Perspektive beurteilt *Tushnet*, Advanced Introduction to Comparative Constitutional Law (2014), 16, einen solchen Fall als sehr selten.

[209] Zu den Risiken der Einflussnahme einer Besetzungsmacht auf den Verfassunggebungsprozess *Z. Elkins/T. Ginsburg/J. Melton*, William & Mary Law Review 49 (2007), 1139.

und begleitet.[210] Das Verhältnis zu den Westalliierten und das Erfordernis der Genehmigung durch diese belasteten den Entstehungsprozess im Parlamentarischen Rat.[211] So hielten diese ursprünglich ein Referendum für unverzichtbar, lenkten dann aber im Vorfeld der Einberufung des Parlamentarischen Rates ein und erklärten sich mit der Bezeichnung „Grundgesetz“ einverstanden.[212] Weiteres Problemfeld war die Forderung nach einem starken Föderalismus, was zumindest mit den Vorstellungen der CDU-Fraktion in Einklang stand.[213] Schon hier ist es aber auch eine Wertungsfrage, wie stark man den Einfluss der Westalliierten gewichten und welche Auswirkungen man ihm zuschreiben möchte.

Diese herausfordernden Umstände waren schon damals deutlich. Ob das Grundgesetz halten würde, war unklar.[214] So schreibt *Carl J. Friedrich* in seinem zeitgenössischen Bericht für das US-amerikanische Publikum: „Certainly the circumstances attendant upon the Basic Law's birth are perhaps the strangest, the most unprecedented, that have ever ushered in a democratic constitution. It is to be hoped that it will prove durable, precisely because it is the creation of so sober, not to say disillusioned, a mood as prevails in Germany today.“[215] Die allgemein beschriebenen Wissensdefizite in der Verfassunggebung erscheinen im deutschen Fall also verschärft.

2. Artikelstreit: Art. 23 GG aF versus Art. 146 GG aF

Im Zuge der deutschen Wiedervereinigung wurde heftig und teilweise quer durch die politischen Lager darüber gestritten[216], ob die Wiedervereinigung im Wege des Beitritts der „neuen“ Bundesländer nach Art. 23 GG aF oder mittels einer Volksabstimmung über eine neue gesamtdeutsche Verfassung nach Art. 146 GG aF zu vollziehen sei.[217] Für den Weg des Art. 146 GG aF sprach vor allem die Möglichkeit, die Bevölkerung der ehemaligen DDR in einer ge-

---

[210] Siehe nur *Lorenz*, Ordnung und Wandel des Grundgesetzes als Ergebnis des Wechselspiels von Politik und Recht, in: FS für Gert-Joachim Glaessner (2009), 205, 206 ff.; *Schmidt*, Das politische System Deutschlands (2016), 22 f.; *B. Schlink*, Deutsch-deutsche Verfassungsentwicklungen im Jahre 1990, in: Guggenberger/Stein (Hg.), Die Verfassungsdiskussion im Jahr der deutschen Einheit (1991), 19, 31 f., spricht von „alliierter Ingerenz“.

[211] *M. F. Feldkamp*, Der Parlamentarische Rat 1948–1949 (2008), 192.

[212] *Feldkamp*, Der Parlamentarische Rat 1948–1949 (2008), 33 ff.

[213] Zu den auf deutscher Seite widerwillig aufgenommen Memoranden der Westalliierten *Feldkamp*, Der Parlamentarische Rat 1948–1949 (2008), 122 ff., 151, 163, 176.

[214] *Schmidt*, Das politische System Deutschlands (2016), 20 f.

[215] *C. J. Friedrich*, American Political Science Review 43 (1949), 704, 719 f.

[216] *H. A. Winkler*, Der lange Weg nach Westen II (2014), 553; *H.-P. Schneider*, NJW (1999), 1497, 598.

[217] Dokumentation der „Artikeldebatte“ bei *Guggenberger/Stein* (Hg.), Die Verfassungsdiskussion im Jahr der deutschen Einheit (1991); gegen eine Anwendung von Art. 146 GG aF sprachen sich etwa aus: *J. Isensee*, VVDStRl 49 (1990); *C. Tomuschat*, VVDStRl 49 (1990), 70, 92 ff.; für eine „kombinierte Lösung“ *P. Häberle*, JZ 45 (1990), 359; detaillierter Überblick zu den Fronten bei *Winkel*, Zeitschrift für Parlamentsfragen 28 (1997), 475; zur Sondertagung

samtdeutschen Debatte politisch und gesellschaftlich einzubinden.[218] Für die Beitrittslösung sprach, dass sich das Grundgesetz bewährt hatte.[219] Aber gewichtiger waren politische und strategische Erwägungen: ein möglicher Führungswechsel in Moskau, die stetige Verschlechterung der wirtschaftlichen Lage und damit verbundenes Unruhepotential in der DDR und die Tatsache, dass die Mehrheit der Ostdeutschen gegen eine zeitliche Streckung des Einigungsprozesses waren.[220] Es bestand sogar die Sorge, eine Verfassungsdiskussion könnte die Wiedervereinigung verhindern.[221]

Das Ergebnis der ersten freien Volkskammerwahl vom 18. März 1990 in der DDR galt als Plebiszit für den Beitritt.[222] Denn die für eine Beitrittslösung plädierende „Allianz für Deutschland" unter Beteiligung der CDU gewann die Wahl mit 48,15 % der Stimmen, während die für einen Stufenplan mit späterer Volksabstimmung plädierenden SPD[223] und Bündnis 90 nur auf 21,84 bzw. 2,91 % der Stimmen kamen. Mit der Volkskammerwahl galt auch der Entwurf einer neuen Verfassung der DDR durch den Runden Tisch[224] als überholt.[225] Fraglich blieb dennoch, ob die Volkskammerwahl so interpretiert werden konn-

der Vereinigung der deutschen Staatsrechtslehrer *G. Gornig*, Der Staat 29 (1990), 371; aktuellerer Überblick über die rechtlichen Rahmenbedingungen bei *Schwarz*, JA (2015), 721.

218 Vor diesem Hintergrund beurteilt *C. Bickenbach*, JuS (2015), 891, 894, die Frage, ob die Entscheidung für die Beitrittslösung die bessere war, als diskussionswürdig.

219 Etwa *Tomuschat*, VVDStRl 49 (1990), 70, 93; kritisch *J. Habermas*, Die nachholende Revolution (1990), 216: „Ich verkenne nicht das Gewicht der Gründe, die für die Konservierung einer bewährten Verfassung sprechen. Aber Stabilitätserwägungen können normative Überlegungen nicht ersetzen." Kritisch auch *B. Guggenberger/T. Stein*, Das Grundgesetz – Verfassung für Deutschland, in: Guggenberger/Stein (Hg.), Die Verfassungsdiskussion im Jahr der deutschen Einheit (1991), 81, 83: „Jawohl, das Grundgesetz hat sich bewährt – für die Bundesrepublik Deutschland von 1949 bis 1990!".

220 *Winkler*, Der lange Weg nach Westen II (2014), 553 f.; siehe auch *Bickenbach*, JuS (2015), 891, 894.

221 *Isensee*, VVDStRl 49 (1990), 50: „Werden die Entscheidungen über die staatliche Einheit und die über die neue Verfassung nach Art. 146 GG miteinander verknüpft, so kann die nationale Frage in den politischen Streit um die richtige Verfassung hineingezogen und die Wiedervereinigung am Dissens über die Verfassung zunichte werden".

222 *Winkler*, Der lange Weg nach Westen II (2014), 559; *M. Stolleis*, Geschichte des öffentlichen Rechts in Deutschland IV (2012), 641; *S. Pfaff*, Exit-Voice Dynamics and the Collapse of East Germany (2006), 11.

223 Zur „Janusköpfigkeit" der SPD *Winkler*, Der lange Weg nach Westen II (2014), 528: „Ihr eines Gesicht war das patriotische von Brandt, das andere das postnationale von Lafontaine."

224 Siehe zu dessen Arbeit die gemischte Bilanz bei *Pfaff*, Exit-Voice Dynamics and the Collapse of East Germany (2006), 243: „The Round Table, like the civic movement, missed the opportunity to play a leading role."

225 *Schlink*, Deutsch-deutsche Verfassungsentwicklungen im Jahre 1990, in: Guggenberger/Stein (Hg.), Die Verfassungsdiskussion im Jahr der deutschen Einheit (1991), 19, 26; *D. Grimm*, Das Risiko Demokratie. Plädoyer für einen neuen Parlamentarischen Rat, in: Guggenberger/Stein (Hg.), Die Verfassungsdiskussion im Jahr der deutschen Einheit (1991), 261, 263; zum Misstrauen in der westdeutschen Staatsrechtslehre gegenüber dem Runden Tisch *Stolleis*, Geschichte des öffentlichen Rechts in Deutschland IV (2012), 642.

te, dass die Bevölkerung der DDR sich mit dem Grundgesetz in seiner damaligen Form voll einverstanden erklärte.[226] Jedenfalls bekam die im Einigungsvertrag vereinbarte sogenannte Beitrittslösung den Vorzug.[227]

Es gilt als „offenkundig", dass in der Entscheidung für den Beitritt die „Argumente westlicher Staatsrechtslehrer […] eine Rolle gespielt haben"[228]. Der rechtswissenschaftliche Diskurs über das Verhältnis von Art. 146 GG aF und Art. 23 GG aF stand im politischen Kontext. Es habe eine „politische Nachfrage" nach verfassungsrechtlichen Einlassungen bestanden.[229] Eine eigentlich politische Debatte habe unter dem „Tarngewand des wissenschaftlich-verfassungsrechtlichen Disputs" stattgefunden.[230] In der Tat finden sich wenige Beiträge, die eine klare Unterscheidung zwischen politischer und rechtlicher Äußerung treffen.[231]

---

[226] Kritisch *H. Meyer*, VVDStRl 49 (1990), 161, 162: „Ich bewundere den Mut derer, die wie Herr Isensee, genau wissen, was die Leute in der DDR am 18. März gewollt haben." Ähnlich kritisch zu einer Interpretation der Volkskammerwahl als Zustimmung zum Grundgesetz in seiner damaligen Form auch: *U. Storost*, Der Staat 30 (1991), 537, 540; *Grimm*, Das Risiko Demokratie. Plädoyer für einen neuen Parlamentarischen Rat, in: Guggenberger/Stein (Hg.), Die Verfassungsdiskussion im Jahr der deutschen Einheit (1991), 261, 265 f. Hingegen deutet *Pfaff*, Exit-Voice Dynamics and the Collapse of East Germany (2006), 243 f., das Ergebnis als Entscheidung für einen kollektiven „Exit" aus dem Sozialismus und weist auf die (signifikante) hohe Korrelation zwischen Flucht und Stimmen für die „Allianz" hin.

[227] Beitrittserklärung vom 23.08.1990, Beschluß der Volkskammer der Deutschen Demokratischen vom 23.08.1990, GBl. DDR S. 1324; Vertrag zwischen der Bundesrepublik Deutschland und der Deutschen Demokratischen Republik über die Herstellung der Einheit Deutschlands (Einigungsvertrag) vom 31.08.1990, BGBl. 1990 II S. 889; Gesetz zum Einigungsvertrag vom 23.09.1990, BGBl. II S. 885; Gesetz zum Vertrag zwischen der Deutschen Demokratischen Republik und der Bundesrepublik Deutschland über die Herstellung der Einheit Deutschlands – Einigungsvertrag – vom 31. August 1990 (Verfassungsgesetz) der DDR vom 20.09.1990, GBl. DDR S. 1627.

[228] *Stolleis*, Geschichte des öffentlichen Rechts in Deutschland IV (2012), 641.

[229] *Dreier*, Gilt das Grundgesetz ewig? (2009), 85; *Dreier*, Art. 79 I, in: Dreier (Hg.), Grundgesetz-Kommentar, Bd. II, 3. Auflage (2015), Rn. 15.

[230] *Guggenberger/Stein*, Das Grundgesetz – Verfassung für Deutschland, in: Guggenberger/Stein (Hg.), Die Verfassungsdiskussion im Jahr der deutschen Einheit (1991), 81, 84.

[231] Siehe aber *M. Sachs*, VVDStRl 49 (1990), 175, 175 f.: „Die Frage nach Art. 23/146 kann ich nur differenziert beantworten. *Verfassungstheoretisch*, glaube ich, müssen wir alle eine Volksabstimmung wünschen. *Verfassungspolitisch* kann ich das zur Zeit nicht, weder würde ich die Einheit an der Verfassungsfrage scheitern lassen oder auch nur verzögern lassen wollen, noch würde ich gern unsere Verfassung einer einfachen Zufallsmehrheit preisgeben sehen wollen […]. Nur: Verfassungstheorie und Verfassungspolitik sind noch nicht Verfassungsrecht. *Verfassungsrechtlich* scheint es mir nach allem, was gesagt worden ist, noch nicht einsichtig, warum der Art. 146 nach einem Beitritt nach Art. 23 nicht doch noch möglich sein sollte." Siehe auch die eindeutige Äußerung von *Meyer*, VVDStRl 49 (1990), 161, 164, hinter den restriktiven Interpretationen von Art. 146 GG stehe der „Wille, den status quo unserer sozialen Machtverteilung nach dem Grundgesetz festzuschreiben".

3. Nachgelagerte gesamtdeutsche Verfassung?

Mit der Volkskammerwahl und der Entscheidung für die Beitrittslösung war die Verfassungsfrage aber noch nicht erledigt. Es wurde diskutiert[232], ob eine neue gesamtdeutsche Verfassung nach Art. 146 GG nach dem Beitritt beschlossen werden sollte.[233] Teilweise wurde für eine solche gestufte Lösung mit einem damit verbundenen Volksentscheid plädiert.[234] In ihren Tendenzen erinnert diese Diskussion an die Debatte zwischen *Jefferson* und *Madison*.[235] Denn während für manche das legitimatorische und integrative[236] Potential eines gesamtdeutschen Verfassungsprozesses überwog[237], sahen andere überwiegend Risiken[238]. Eine wichtige warnende Stimme aus der Staatsrechtslehre war die von *Josef Isensee*, auf die noch näher einzugehen sein wird.[239]

---

232 Zum Bedürfnis nach dieser Diskussion *H. Simon*, Markierungen auf dem Weg zu einer gesamtdeutschen Verfassung, in: Guggenberger/Stein (Hg.), Die Verfassungsdiskussion im Jahr der deutschen Einheit (1991), 139, 154: „Man mag über den wünschenswerten Inhalt einer gesamtdeutschen Verfassung und über das Erfordernis einer Volksabstimmung unterschiedlicher Meinung sein. Aber es wäre ein unerträglicher und unwürdiger Politikverzicht und ein Substanzverlust an politische Kultur, wenn darüber nicht einmal öffentlich diskutiert, sondern das bekannte marxistische Vorurteil bestätigt wird, daß Rechtsfragen Machtfragen sind."

233 Dafür etwa *W. Ullmann*, Deutsche Einheit – aber was ist das?, in: Guggenberger/Stein (Hg.), Die Verfassungsdiskussion im Jahr der deutschen Einheit (1991), 66, 78: „Wir alle müssen öffentlich und politisch erklären, was wir Deutschen meinen, wenn wir rufen, wir seien ein Volk. Haben wir den Mut, es auch politisch zu sein?" Dezidiert dagegen *Isensee*, Braucht Deutschland eine neue Verfassung? (1992), 32 f., der von einer „Draufsatteltheorie" spricht, was *Dreier*, Gilt das Grundgesetz ewig? (2009), 85, als „polemische Diskreditierung" beurteilt.

234 *Grimm*, Zwischen Anschluß und Neukonstitution. Wie aus dem Grundgesetz eine Verfassung für das geeinte Deutschland werden kann, in: Guggenberger/Stein (Hg.), Die Verfassungsdiskussion im Jahr der deutschen Einheit (1991), 119, 129; für die *rechtliche* Notwendigkeit eines Volksentscheids im Falle einer Aktivierung des Art. 146 GG aF *J. A. Frowein*, VVDStRl 49 (1990), 7, 16; dagegen *Isensee*, VVDStRl 49 (1990), 53.

235 Siehe dazu oben unter B.II.1.b).

236 *Grimm*, Zwischen Anschluß und Neukonstitution. Wie aus dem Grundgesetz eine Verfassung für das geeinte Deutschland werden kann, in: Guggenberger/Stein (Hg.), Die Verfassungsdiskussion im Jahr der deutschen Einheit (1991), 119, 124.

237 *H.-P. Schneider*, Die Zukunft des Grundgesetzes. Bedarf die Verfassung einer Bestätigung?, in: Guggenberger/Stein (Hg.), Die Verfassungsdiskussion im Jahr der deutschen Einheit (1991), 130, 131: „Erst mit der demokratischen Abstimmung des ganzen Volkes gewinnt eine neue oder erheblich veränderte Verfassung jene Legitimität und Integrationskraft, deren sie um ihrer allgemeinen Anerkennung willen bedarf." So auch *Simon*, Markierungen auf dem Weg zu einer gesamtdeutschen Verfassung, in: Guggenberger/Stein (Hg.), Die Verfassungsdiskussion im Jahr der deutschen Einheit (1991), 139, 145; *B. Hohmann*, Verfassungsstreit um Einigkeit. Ein Beitrag zur gesamtdeutschen Verfassungsdiskussion, in: Guggenberger/Stein (Hg.), Die Verfassungsdiskussion im Jahr der deutschen Einheit (1991), 208; zum aktivierenden Potential von Art. 146 GG auch *K. Merkel*, Die verfassungsgebende Gewalt des Volkes. Grundlagen und Dogmatik des Artikels 146 GG (1996), 223.

238 *W. Hennis*, Die Chance einer ganz anderen Republik. Zur Verfassung des zukünftigen Deutschland, in: Guggenberger/Stein (Hg.), Die Verfassungsdiskussion im Jahr der deutschen Einheit (1991), 107, 107: eine Nationalversammlung sei „nur Forum für unnütze Zwistigkeiten".

239 Aufgrund ihrer weiterhin diskursprägenden Wirkung erfolgt dies zwar in diesem Ab-

Gleichzeitig mit dem Beitritt wurde uno actu[240] durch Art. 4 Nr. 6 des Einigungsvertrages[241] das Grundgesetz geändert. Der Wortlaut des neuen Art. 146 GG trägt seitdem der vollendeten Einheit Rechnung.[242] Gleichzeitig wurde in Art. 5 des Einigungsvertrages im Hinblick auf „künftige Verfassungsänderungen" u. a. festgehalten, dass die Regierungen der Vertragsparteien den „gesetzgebenden Körperschaften des vereinten Deutschlands" empfehlen, „sich innerhalb von zwei Jahren mit den im Zusammenhang mit der deutschen Einigung aufgeworfenen Fragen zur Änderung oder Ergänzung des Grundgesetzes zu befassen, insbesondere […] mit der Frage der Anwendung des Artikels 146 des Grundgesetzes und in deren Rahmen einer Volksabstimmung." Damit sollte die Option offengehalten werden, „aus Anlass der Wiedervereinigung eine breit angelegte Verfassungsdebatte zu führen, die in einer neuen Verfassung hätte münden können oder sollen".[243]

4. Gemeinsame Verfassungskommission

Eingesetzt wurde schließlich die Gemeinsame Verfassungskommission, deren Arbeit höchst unterschiedlich bewertet wurde. *Josef Isensee* lobt, dass es gelungen sei, Änderungsversuche abzuwehren und eine gute Verfassung zu bewahren.[244] Die Bestrebungen nach einer gesamtdeutschen Verfassung sieht er als Versuch der westdeutschen Linken, ihre Interessen durchzusetzen.[245] *Isensee* wertet es als Erfolg, dass die verfassunggebende Gewalt nicht aktiviert werde: „Selbst wenn der derzeit völlig unwahrscheinliche Fall eintreten sollte, daß, nach Schaffung der verfassungsrechtlichen Voraussetzungen, am Ende ein Volksentscheid durchgeführt werden würde, so entschiede das Volk nicht kraft seiner originären verfassunggebenden Gewalt, sondern das Volk in seiner staatsrechtlichen Verfaßtheit. Der pouvoir constituant wird nicht provoziert."[246] Grundlegend anders beurteilt *Hans-Peter Schneider* die Arbeit der

schnitt der Arbeit, aber in direkter Gegenüberstellung mit den aktuellen Stellungnahmen unter V.

240 Dazu *Dreier*, Gilt das Grundgesetz ewig? (2009), 80: „einmaliger Sonderfall."

241 Vertrag zwischen der Bundesrepublik Deutschland und der Deutschen Demokratischen Republik über die Herstellung der Einheit Deutschlands (Einigungsvertrag) vom 31.08.1990, BGBl. 1990 II S. 889; Gesetz zum Einigungsvertrag vom 23.09.1990, BGBl. II S. 885.

242 *Jarass*, Art. 146 GG, in: Jarass/Pieroth (Hg.), Grundgesetz für die Bundesrepublik Deutschland. Kommentar, 14. Auflage (2016), Rn. 1, der weiter darauf hinweist, dass damit auch der „völkerrechtliche Verzicht auf die früheren Ostgebiete innerstaatlich bekräftigt wird".

243 *Huber*, Art. 146 GG, in: Sachs (Hg.), Grundgesetz (2014), Rn. 6.

244 *Isensee*, NJW (1993), 2583, 2583 f.

245 *Isensee*, NJW (1993), 2583, 2584; umgekehrt beurteilt *J. Seifert*, Klassenkampf von rechts oder Modernisierung des Grundgesetzes?, in: Guggenberger/Stein (Hg.), Die Verfassungsdiskussion im Jahr der deutschen Einheit (1991), 230, 231, die Stellungnahmen der konservativen Staatsrechtslehre als „Klassenkampf von rechts".

246 *Isensee*, NJW (1993), 2583, 2584.

Kommission: „Nichts hat sich bewegen lassen auf den Gebieten der ‚sozialen' Staatsziele, der Verfahren unmittelbarer Demokratie, der längst überfälligen Parlamentsreform, der Friedensstaatlichkeit oder gar der so dringend erforderlichen Herstellung der inneren Einheit in Deutschland."[247] Sehr kritisch äußert er sich auch in Richtung der von *Isensee* formulierten Gegenposition: „Wer die Bedürfnisse der Menschen vor allem in den neuen Ländern nicht ernst nimmt und dahinter sozialistisches Teufelswerk wittert, hat die Herausforderungen des Einigungsprozesses überhaupt noch nicht begriffen. Wie sich gegenwärtig zeigt, sind Siegesparolen des Westens wenig geeignet, die innere Verständigung in Deutschland voranzubringen."[248]

Dies führt zur der Frage, was die Konsequenzen der Wiedervereinigung für die Verfassungslage in Deutschland waren und insbesondere, wo sich die in den „neuen" Ländern vertretenen Ansichten niederschlugen: *Astrid Lorenz* zufolge „fast ausschließlich in den ostdeutschen Landesverfassungen".[249] *Stephan Jaggi* will die Bewertung des Beitritts dahingehend qualifizieren, dass es sich nicht um einen „unbedingten" Beitritt gehandelt habe. Er interpretiert die Volkskammerwahl vom 18. März 1990 vor allem in Bezug auf die politischen Positionen *Lothar de Maizières* als Mandat zum Beitritt unter der Bedingung des Erhalts und Transfers von Errungenschaften der friedlichen Revolution.[250] Angesichts des massiven Wahlkampfs, den *Helmut Kohl* auf Seiten *de Maizières* führte und dessen, dass die Bürgerrechtsbewegungen in der Wahl eher abgestraft wurden[251], erscheint diese Interpretation zwar bedenkenswert, aber als sehr weitgehend.

---

[247] *Schneider*, NJW (1994), 558, 559; kritisches Resümee auch bei *Schuppert*, AöR 120 (1995), 32, 45, der die politische Einflussnahme bemängelt.

[248] *Schneider*, NJW (1994), 558, 559.

[249] *Lorenz*, Substanzbezogenes und alternatives Nutzenmaximierungsverhalten von Akteuren und Auswirkungen auf das Grundgesetz, in: Hönnige et al. (Hg.), Verfassungswandel im Mehrebenensystem (2011), 76, 93; sie folgert daraus allgemein, „dass ein Wandel der einheimischen gesellschaftlichen Rahmenbedingungen nicht zu Verfassungsänderungen führt, da für die Änderung der Verfassungsnormen (noch) kein Konsens mobilisiert werden kann und die großen etablierten Akteure in diesen Bereichen generell weniger initiativ werden. Der gesellschaftliche Wandel zeigt daher eher indirekte und verzögerte verfassungsrechtliche Effekte." Zur Bedeutung der Landesverfassungen der neuen Länder für die Formulierung von „postsozialistischen" Zukunftsvisionen siehe *H. F. Zacher*, § 28 Das soziale Staatsziel, in: Isensee/Kirchhof (Hg.), Handbuch des Staatsrechts, Bd. II, 3. Auflage (2004), 659, Rn. 140.

[250] *S. G. Jaggi*, German Law Journal 17 (2016), 579, 601 ff.; wichtige Forderungen der friedlichen Revolution seien zudem in Änderungsvertrag und Landesverfassungen umgesetzt und später insbesondere vom Bundesverfassungsgericht in die Verfassungsordnung des wiedervereinigten Deutschlands integriert worden (eingehend *S. G. Jaggi*, The 1989 Revolution in East Germany and Its Impact on Unified Germany's Constitutional Law (2016), 170 ff.).

[251] *Winkler*, Der lange Weg nach Westen II (2014), 559 f.

5. *Zwischenergebnis*

In diesen Debatten waren verfassungstheoretische, verfassungsrechtliche und verfassungspolitische Äußerungen eng ineinander verschränkt. Rechtsmeinungen korrespondierten mit politischen Desideraten und verfassungstheoretischen Vorverständnissen. Die politischen Desiderate waren dabei auch für die juristische Argumentation meist ausschlaggebend.[252] Es finden sich wenige Äußerungen, in denen klar zwischen verfassungsrechtlicher und verfassungspolitischer Aussage unterschieden wird. Diese Konstellation verschärft die Kontingenz von Art. 146 GG. Für die Verfassungsordnung allgemein zeigt sich, dass diese von allen Seiten auch als soziale Ordnung verstanden wurde, die es zu bewahren oder zu verändern galt.

V. Rechtliche Einordung von Art. 146 GG

Auch die heute vertretenen Auffassungen zu Art. 146 GG sind von der damaligen Debatte – sei es in Zustimmung oder Abgrenzung von damaligen Positionen – geprägt.[253] Sie lassen sich daher ausgehend von damaligen Stellungnahmen beschreiben. Besonderen Raum gebe ich hier zwei Stimmen, die ich als jeweils diskursprägend erachte. Die Stellungnahmen *Josef Isensees* zur Zeit der Einführung des Art. 146 GG hatten damals großes Gewicht und wirken auch in der heutigen Debatte nach, etwa in den Kommentierungen von *Matthias Herdegen*[254] und *Christian Hillgruber*[255]. Eine Nachwirkung *Isensees* ist auch in den sich hiervon abgrenzenden jüngeren Einschätzungen *Horst Dreiers* zu spüren. *Dreiers* Position, die heute vermehrt aufgegriffen und als diskursprägend erachtet werden kann, hatte aber auch wichtige Vorläufer, etwa mit

[252] Siehe hierzu *Möllers*, Der vermisste Leviathan (2008), 70 f., dem zufolge in der Debatte um die Wiedervereinigung „eine staatstheoretische Fundierung des positiven Verfassungsrechts allenfalls selektiv für die juristische Argumentation genutzt wurde und diese Selektion nach politischen, nicht nach juristischen Kriterien erfolgte".

[253] Dies deutete sich an, siehe *Wiederin*, AöR 117 (1992), 410, 411: „Was vor der Wiedervereinigung zu einem regelrechten Glaubenskrieg um den rechten Weg zu deutschen Einheit auszuarten drohte, scheint nach dem EinigungsV im Streit um die richtige Auslegung des neugefaßten Art. 146 GG eine Fortsetzung zu finden." Siehe hierzu den kritischen Hinweis bei *S. Broß*, Verfassungssystematische und verfassungspolitische Überlegungen zum Erfordernis eines nationalen Referendums über die Verfassung der Europäischen Union, in: FS für Hans Hablitzel (2005), 55, 58 f., dem zufolge den Darstellungen zu Art. 146 GG aus der Zeit nach der Wiedervereinigung für die heute interessierende Frage der europäischen Integration „allenfalls begrenzter Erkenntniswert" zukomme.

[254] *Herdegen*, Art. 146 GG, in: Maunz/Dürig (Begr.), Grundgesetz-Kommentar, 67. Erg. (2013).

[255] *C. Hillgruber*, Art. 146 GG, in: Epping/Hillgruber (Hg.), Beck'scher Online-Kommentar zum Grundgesetz, 32. Ed. (2017).

Ewald Wiederin[256]. Die Bandbreite der Positionen[257] zeigt, in welchem Maße eine verfassungsrechtliche Norm zur Projektionsfläche von Befürchtungen und Hoffnungen[258] werden kann und wie sich dies auf die rechtliche Einordnung niederschlägt.

1. Verfassungswidrigkeit

Ein Teil der Staatsrechtslehre behandelte Art. 146 GG in seiner neuen Fassung sogleich als verfassungswidriges Verfassungsrecht.[259] Die Kritik knüpft an die Unbestimmtheit der Vorschrift an. Art. 146 GG öffne verfassungsfeindlichen Mehrheiten Tür und Tor. So heißt es bei *Roellecke*: „Artikel 146 GG ermöglicht genau die Diktatur, die Artikel 79 GG verhindern will."[260] Der nächste Einwand betrifft die Kompetenz des verfassungsändernden Gesetzgebers. Dieser könne nicht Regelungen hinsichtlich einer Nachfolgeverfassung treffen.[261] Wie *Isensee* feststellt, ist aber die „Annahme einer verfassungswidrigen Verfassungsnorm […] ultima ratio".[262] *Isensee* selbst schlägt einen anderen Umgang mit der Norm vor.

2. Erschöpfungsthese

Isensee behandelt Art. 146 GG als obsolet. Unmittelbar nach der Wiedervereinigung galt die von ihm vertretene Ansicht „als völlig herrschend".[263] Später wurden seine Stellungnahmen als diskursprägend beurteilt.[264]

---

[256] *Wiederin*, AöR 117 (1992), 410.

[257] *Wiederin*, AöR 117 (1992), 410, 411: „kaum eine abstrakt vorstellbare Position, der sich im Schrifttum nicht auch konkrete Vertreter zuordnen ließen".

[258] *Michael*, Art. 146 GG, in: Kahl et al. (Hg.), Bonner Kommentar zum Grundgesetz, 163. Akt. (2013), Rn. 241.

[259] Etwa *R. Bartlsperger*, DVBl. (1990), 1285, 1300; *B. Kempen*, NJW (1991), 964; *G. Roellecke*, NJW (1991), 2441; so auch die aktuelle Kommentierung von *Hillgruber*, Art. 146 GG, in: Epping/Hillgruber (Hg.), Beck'scher Online-Kommentar zum Grundgesetz, 32. Ed. (2017), Rn. 8.1; dagegen *Wiederin*, AöR 117 (1992), 410, 417 ff.

[260] „Schockiert" *Roellecke*, NJW (1991), 2441, 2444; kritisch hierzu *Wiederin*, AöR 117 (1992), 410, 426 f., der darauf hinweist, dass auch schon „Art. 146 a. F. […] eine Grundlage für einen legalen Übergang in eine Diktatur [abgab], sofern sich nur das gesamtdeutsche Volk in freier Entscheidung für eine Abkehr von der Demokratie aussprach" und der Parlamentarische Rat darauf vertraut habe, „daß ein wiedervereinigtes deutsches Volk die ihm von der Geschichte erteilten Lehren nicht vergessen haben würde".

[261] *Kempen*, NJW (1991), 964, 967: „Nur der pouvoir constituant originaire entscheidet über den Anfang und das Ende der Verfassungsgeltung"; dagegen *Dreier*, Art. 146, in: Dreier (Hg.), Grundgesetz-Kommentar, Bd. III, 2. Auflage (2008), Rn. 34, mit dem Hinweis, dass die in Art. 146 GG aF geregelte Möglichkeit der Verfassungsablösung in Art. 146 GG fortbestehe.

[262] *Isensee*, Braucht Deutschland eine neue Verfassung? (1992), 53.

[263] So die Einordnung von *Wiederin*, AöR 117 (1992), 410, 432.

[264] *Dreier*, Gilt das Grundgesetz ewig? (2009), 82: „Prototypisch für diese Sichtweise sind etwa die zeitnahen Stellungnahmen von Josef Isensee, Paul Kirchhof und anderen, die von

Auch in seiner Behandlung der neuen Fassung von Art. 146 GG plädiert *Isensee* nachdrücklich gegen eine neue gesamtdeutsche Verfassung.[265] Die Schaffung einer neuen Verfassung sei betrieben worden

> in der Hoffnung, sie könne eine andere linkere Republik heraufführen, zugleich in dem Kalkül, daß die zu erwartenden innenpolitischen Zerreißproben in Ost und West den Willen zur nationalen Einheit zerstören und daß die langwierige Einigungsprozedur die einmalige historische Chance zur Wiedervereinigung verstreichen lassen könnte, wie weiland die Verfassungsberatungen der Paulskirche 1848. Als die Wiedereinigung trotzdem über das Beitrittsverfahren des Art. 23 lief, wurde die Taktik noch einmal umgestellt: die Verfassungsablösung nach Art. 146 sollte nun dem Beitritt nachgeschoben, „draufgesattelt" werden.[266]

Vor diesem Hintergrund beurteilt er Art. 146 GG „im System des Grundgesetzes als Fremdkörper, wenn nicht gar als Sprengkörper."[267] Gleichwohl will er sich der politischen Bedeutung der Norm zum Trotz „so weit wie möglich, [...] im Rahmen der konventionellen juristischen Auslegungsmöglichkeiten halten".[268] Er beurteilt Art. 146 GG im Wege verfassungskonformer Auslegung als erschöpft. Eine Erschöpfung der Vorschrift sei insbesondere dadurch eingetreten, dass das Grundgesetz nach der Wiedervereinigung gerade die neue Verfassung sei, die der ursprüngliche Art. 146 GG aF im Blick gehabt habe.[269] Es bestehe ein Bruch zwischen Art. 146 GG aF und der neuen Fassung, „weil sich die ursprüngliche Fassung mit der staatlichen Wiedervereinigung erledigt" habe.[270]

---

beeindruckender Durchschlagskraft waren und schon wegen verbreiteter, wenn auch diffuser Veränderungsängste auf denkbar große Aufnahmebereitschaft stießen."

265 *Isensee*, Braucht Deutschland eine neue Verfassung? (1992), 8: „Im Osten wie im Westen müssen die Deutschen derzeit ein vitales Interesse daran haben, daß der feste Grund des Grundgesetzes erhalten bleibt in den politischen, sozialen, wirtschaftlichen Erschütterungen, die der Übergang zur inneren Einheit auslöst." Zustimmend zu diesem Gedanken etwa *C. Degenhart*, DVBl. (1990), 973, 975.

266 *Isensee*, Braucht Deutschland eine neue Verfassung? (1992), 9.

267 *Isensee*, Braucht Deutschland eine neue Verfassung? (1992), 15.

268 *Isensee*, Braucht Deutschland eine neue Verfassung? (1992), 15. Eine Besinnung auf „staatsrechtliche" Methoden mahnen interessanterweise auch die Vertreter der Gegenansichten zu Art. 146 GG an, vgl. *Cramer*, Artikel 146 Grundgesetz zwischen offener Staatlichkeit und Identitätsbewahrung (2014), 192: „Es erscheint für eine objektivierte Interpretation des heutigen rechtlichen Gehalts von Art. 146 GG daher geboten, etwaige verfassungspolitische Vorverständnisse – soweit möglich – auszublenden und ausschließlich rechtliche Gesichtspunkte einfließen zu lassen."

269 *J. Isensee*, Schlußbestimmung des Grundgesetzes: Artikel 146, in: Isensee/Kirchhof (Hg.), Handbuch des Staatsrechts, Bd. VII (1992), 271, Rn. 47; aA *Dreier*, Gilt das Grundgesetz ewig? (2009), 91 f.: „besonders [kühner] Akt der Interpretation"; zustimmend aber *Degenhart*, DVBl. (1990), 973, 976.

270 *Isensee*, Braucht Deutschland eine neue Verfassung? (1992), 54: Neufassung als „echte Novation"; anders *Wiederin*, AöR 117 (1992), 410, 419: „Insbesondere zwingt Art. 23 Satz 2 GG nicht zum Schluß, daß mit dem Beitritt der dort bezogenen anderen Teile Deutschlands Art. 146 GG automatisch dahinfällt. Denn die beiden Bestimmungen betreffen ganz unterschiedliche Fragen."

Die neue Fassung sei nicht „originär".[271] Daher sei auch eine Verfassungsrevision nach Art. 146 GG an die Schranken des Art. 79 GG gebunden.[272]

Art. 146 GG aF habe zwar die Ablösung des Grundgesetzes durch den *pouvoir constituant* legalisiert[273], aber keine Spezifikationen enthalten, nach welchen Regeln eine Verfassunggebung abzulaufen habe. Eine solche Spezifikation sei auch nicht möglich: „Ob eine Verfassung auf das Volk zurückgeht oder nicht, darüber entscheidet nicht ein vorab geltendes Verfahrensrecht, sondern der nachträgliche reale Erfolg: die freie Annahme der Verfassung durch die Gesamtheit der Bürger".[274] Diese „freie Annahme" sei die „faktische Annahme" der Verfassung durch das Volk.[275]

Isensee weist auf die Diskrepanz hin, „daß die weniger einschneidende kontinuitätswahrende Revision strengeren Kautelen unterläge als die aufs Ganze gehende Ablösung."[276] Wenn ein Ablösungsvorbehalt nach der Wiedervereinigung weiter bestünde, sei die Verfassung beliebigen Mehrheiten ausgeliefert. Die Anforderungen in Art. 79 Abs. 2 GG ließen sich ebenso unterlaufen wie die Ewigkeitsgarantie in Art. 79 Abs. 3 GG. So würden legale Revolutionen ermöglicht. Es liege ein „Ermächtigungsgesetz neuer Art" vor.[277] Das Grundgesetz sei „von seiner Struktur her destabilisiert".[278]

Er greift die bereits in der Einigungsdebatte von ihm vertretene These auf, Art. 146 GG aF sei ausschließlich als „Wiedervereinigungsartikel" konzipiert gewesen.[279] Und äußert auch wieder seine Bedenken gegenüber einer Volks-

---

[271] So auch *T. Herbst*, ZRP (2012), 33, 35; *K. F. Gärditz/C. Hillgruber*, JZ 64 (2009), 872, 875 f.: „Der seit 1990 geltende Art. 146 GG ist folglich eine Neuschöpfung des verfassungsändernden Gesetzgebers und steht damit unter der verfassungsrechtlichen Kuratel des Art. 79 Abs. 3 GG."

[272] *Isensee*, Schlußbestimmung des Grundgesetzes: Artikel 146, in: Isensee/Kirchhof (Hg.), Handbuch des Staatsrechts, Bd. VII (1992), 271, Rn. 61: Art. 146 GG als „nicht originäre Verfassungsnorm, kann nur Bedeutung nach Maßgabe des Art. 79 GG zeitigen"; *Isensee*, Braucht Deutschland eine neue Verfassung? (1992), 54: „Im Unterschied zur ihrer Vorgängerin, einer originären Verfassungsnorm, ist sie derivativ in den Bahnen des Art. 79 GG durch Verfassungsänderung in das Grundgesetz gelangt und kann daher nur nach Maßgabe des Art. 79 GG gelten." Zustimmend *Herdegen*, Art. 146 GG, in: Maunz/Dürig (Begr.), Grundgesetz-Kommentar, 67. Erg. (2013), Rn. 49: „Nur die Bindung der Verfassungsneugebung an die Schranken des Art. 79 Abs. 3 GG entspricht der Bedeutung des wiederbelebten Ablösungsvorbehaltes. Art. 146 GG aF hat nur im Kontext der Wiedervereinigung in völliger Freiheit und Selbstbestimmung das Tor zu einer inhaltlich unbeschränkten Neugestaltung der Verfassungsordnung geöffnet."

[273] *Isensee*, Braucht Deutschland eine neue Verfassung? (1992), 16 ff.

[274] *Isensee*, Braucht Deutschland eine neue Verfassung? (1992), 21.

[275] *Isensee*, Braucht Deutschland eine neue Verfassung? (1992), 21.

[276] *Isensee*, Braucht Deutschland eine neue Verfassung? (1992), 29.

[277] *Isensee*, Braucht Deutschland eine neue Verfassung? (1992), 30.

[278] *Isensee*, Braucht Deutschland eine neue Verfassung? (1992), 30; ähnlich *Bartlsperger*, DVBl. (1990), 1285, 1287.

[279] *Isensee*, Braucht Deutschland eine neue Verfassung? (1992), 32 f.; siehe auch *Degenhart*, DVBl. (1990), 973, 976: die Option des Art. 146 GG erscheine mit der Ausübung der

abstimmung.[280] Zwar hat er keine Bedenken hinsichtlich der Rechtmäßigkeit eines solchen Verfahrens („belanglos und unbedenklich"), wohl aber hinsichtlich seiner tatsächlichen Wirkung; für den Fall einer niedrigen Beteiligung sieht er die Gefahr des Legitimationsentzuges.[281] Der Verfassungskonsens könnte zerbrechen. Letztlich sei Art. 146 GG „als Wurmfortsatz des Grundgesetzes: funktionslos, aber entzündlich".[282] Konsequenterweise plädiert *Isensee* für eine Streichung.

3. *Brückenthese*

Dagegen wird in jüngerer Zeit dem Art. 146 GG vermehrt ein Eigengehalt zugesprochen. Der verfassungsändernde Gesetzgeber habe Art. 146 GG schließlich gerade nicht gestrichen und ihm damit einen über die Wiedervereinigung hinausgehenden Regelungsgehalt beigemessen, den es nun zu bestimmen gelte.[283] In Art. 146 GG wird nunmehr ein Gegenpol zu Art. 79 Abs. 3 GG gesehen, der eine Totalrevision jenseits dieser materiellen Grenze ermögliche.[284] Es handele sich um die „zu Art. 79 III komplementäre Anerkennung der verfassungsgebenden Gewalt".[285] Art. 146 GG ermögliche also eine legale Verfassungsablösung im Sinne einer „normativen Brücke".[286] Diese Ablösung sei aber nur insofern legal, als sie den Anforderungen von Art. 146 GG genüge.

Ein prominenter Vertreter dieser Denkrichtung ist *Horst Dreier*.[287] Er geht von der schon in der Einigungsdebatte thematisierten Doppelfunktion[288] des ursprünglichen Art. 146 GG aF aus: Dieser „war zum einen gedacht als mög-

---

Option des Art. 23 Satz 2 GG konsumiert. So im jüngeren Schrifttum etwa auch *Herbst*, ZRP (2012), 33, 34: Wiedervereinigung als „der einzige Anwendungsfall, den der Parlamentarische Rat für legale Verfassunggebung vorgesehen hatte".

[280] Diese müsste auch erst als neue Form der Verfassungsänderung eingeführt werden, siehe *Isensee*, Braucht Deutschland eine neue Verfassung? (1992), 57.

[281] *Isensee*, Braucht Deutschland eine neue Verfassung? (1992), 58; so auch *Degenhart*, DVBl. (1990), 973, 976 f.

[282] *Isensee*, Braucht Deutschland eine neue Verfassung? (1992), 61.

[283] *Huber*, Art. 146 GG, in: Sachs (Hg.), Grundgesetz (2014), Rn. 7.

[284] *Huber*, Art. 146 GG, in: Sachs (Hg.), Grundgesetz (2014), Rn. 10.

[285] *Huber*, Art. 146 GG, in: Sachs (Hg.), Grundgesetz (2014), Rn. 11.

[286] *S. Blasche*, VR 56 (2010), 377, 383; *Huber*, Art. 146 GG, in: Sachs (Hg.), Grundgesetz (2014), Rn. 16; *Jarass*, Art. 146 GG, in: Jarass/Pieroth (Hg.), Grundgesetz für die Bundesrepublik Deutschland. Kommentar, 14. Auflage (2016), Rn. 2; zustimmend *Lindner*, BayVBl. (2014), 645, 648, der dies als „wohl im Vordringen befindliche Auffassung" ansieht; dagegen etwa *Herbst*, ZRP (2012), 33, 35.

[287] Maßgeblich ist hier die Kommentierung von Art. 146 GG bei *Dreier*, Art. 146, in: Dreier (Hg.), Grundgesetz-Kommentar, Bd. III, 2. Auflage (2008), und dazu der auf einem Vortrag bei der Carl-Friedrich-von-Siemens-Stiftung beruhende Essay *Dreier*, Gilt das Grundgesetz ewig? (2009).

[288] Siehe nur *Schlink*, Deutsch-deutsche Verfassungsentwicklungen im Jahre 1990, in: Guggenberger/Stein (Hg.), Die Verfassungsdiskussion im Jahr der deutschen Einheit (1991), 19, 31 ff.; *Wiederin*, AöR 117 (1992), 410, 421 ff.

licher Weg zur deutschen Einheit und enthielt insofern eine Antwort auf die *Wiedervereinigungsfrage*; zum zweiten sah er die Ablösung des Grundgesetzes in freier Entscheidung des ganzen deutschen Volkes ohne besatzungsrechtliche Bindungen vor und enthielt insofern eine Antwort auf die *Verfassungsfrage*."[289] *Dreier* beruft sich hier auf die Einlassungen *Carlo Schmids*[290] im parlamentarischen Rat.[291]

Nach *Dreier* sei die Verfassungsfrage mit der Bewältigung der Gebietsfrage nicht erledigt und demzufolge auch Art. 146 GG nicht erschöpft.[292] Das Grundgesetz habe sich nicht zur neuen gesamtdeutschen Verfassung gewandelt, auf die Art. 146 aF abgezielt habe. Der verfassungsändernde Gesetzgeber habe schon nicht die Befugnis gehabt, Art. 146 GG ganz abzuschaffen.[293] Der Sinn und Zweck der Vorschrift liege unverändert darin, zu erlauben, „was Art. 79 Abs. 3 GG verbietet: das Gehäuse des Grundgesetzes zu verlassen und eine (formell, keineswegs zwingend inhaltlich) neue Verfassung zu kreieren."[294] Dafür spreche schon die Gesetzessystematik, wonach Art. 146 GG nicht als einfache Revisionsnorm im Umfeld von Art. 79 GG konzipiert sei.[295]

---

[289] *Dreier*, Gilt das Grundgesetz ewig? (2009), 85; siehe auch *Wiederin*, AöR 117 (1992), 410, 424 f.

[290] *Carlo Schmid* in der achten Sitzung des Ausschusses für Grundsatzfragen vom 7. Oktober 1948, in den Materialien bei *E. Pikart/W. Werner*, Ausschuss für Grundsatzfragen. Bd. 5/I, in: Bundestag/Bundesarchiv (Hg.), Der Parlamentarische Rat 1948–1949. Akten und Protokolle (1993), 178; und in der neunten Sitzung des Plenums vom 6. Mai, in den Materialien bei *W. Werner*, Plenum. Bd. 9, in: Bundestag/Bundesarchiv (Hg.), Der Parlamentarische Rat 1948–1949. Akten und Protokolle (1996), 438: „Das Anwendungsgebiet des Grundgesetzes ist nicht ‚geschlossen'. Jeder Teil Deutschlands kann ihm beitreten. Aber auch der Beitritt aller deutschen Gebiete wird dieses Grundgesetz nicht zu einer gesamtdeutschen Verfassung machen können. Diese wird es erst dann geben, wenn das deutsche Volk die Inhalte und Formen seines politischen Lebens in freier Entschließung bestimmt haben wird." Weiter *Schmid* in den Materialien bei *Werner*, Plenum. Bd. 9, in: Bundestag/Bundesarchiv (Hg.), Der Parlamentarische Rat 1948–1949. Akten und Protokolle (1996), 443 f.: „Die letzte Bestimmung des Grundgesetzes ist ein Artikel, in dem gesagt ist, daß das Grundgesetz automatisch an dem Tage außer Kraft tritt, an dem eine Verfassung wirksam wird, die vom deutschen Volk in *freier Entscheidung* beschlossen worden ist. Die neue, die echte Verfassung unseres Volkes wird also nicht im Wege der Abänderung dieses Grundgesetzes geschaffen werden, sie wird *originär* entstehen, und nichts in diesem Grundgesetz wird die Freiheit des Gestaltungswillens unseres Volkes beschränken, wenn es sich an diese Verfassung machen wird. Wann dieser Tag sein wird, wissen wir nicht. Ich für meine Person möchte hoffen, daß ihm der *Gründungstag der Vereinigten Staaten von Europa* auf dem Fuße folgen wird."

[291] *Dreier*, Gilt das Grundgesetz ewig? (2009), 86 f.; zu dieser Ansicht kritisch *Isensee*, Braucht Deutschland eine neue Verfassung? (1992), 37: „Doch Schmid wird einseitig interpretiert. Er stellte nicht die Eignung des Grundgesetzes als gesamtdeutsche Verfassung in Zweifel; vielmehr galt ihm das Grundgesetz nur deshalb als provisorisch, weil bei seiner Schaffung den Deutschen die äußere Souveränität fehlte."

[292] *Dreier*, Art. 146, in: Dreier (Hg.), Grundgesetz-Kommentar, Bd. III, 2. Auflage (2008), Rn. 33; so auch *Wiederin*, AöR 117 (1992), 410, 425.

[293] *Dreier*, Gilt das Grundgesetz ewig? (2009), 88.

[294] *Dreier*, Gilt das Grundgesetz ewig? (2009), 90.

[295] *Dreier*, Gilt das Grundgesetz ewig? (2009), 90.

Die wichtigste rechtliche Konsequenz dieser Einordnung liegt darin, dass eine Grundgesetzänderung oder Verfassungneugebung über Art. 146 GG heute nicht an Art. 79 GG zu messen wäre.[296] Dank Art. 146 GG wäre eine Verfassungsablösung ohne juristische Revolution möglich. Bemühungen, den „originär rechtsschöpfenden *pouvoir constituant*" zu aktivieren, wären legal.[297] Dabei handele es sich auch nicht um einen *pouvoir constituant constitué*.[298] Dennoch liege mehr vor als eine rein deklaratorische Bestätigung der Lehre von der verfassunggebenden Gewalt.[299] Reguliert werde „die Ausübung der verfassunggebenden Gewalt, die sich in einem an bestimmte Voraussetzungen gebundenen Ablösungsvorgang des Grundgesetzes einbezogen sieht."[300] Die Vorschrift würde damit – wie schon erwähnt – als „normative Brücke" zwischen dem Grundgesetz und einer neuen Verfassung dienen.[301]

Letztlich ist Art. 146 GG laut *Dreier* eine Norm der Stabilisierung, „indem sie Schutz vor dem Zwang zur Revolution bietet und eine Normativitätsbrücke baut. Brücken verbinden – es ist unklug, sie zu sprengen. Und niemand zwingt uns, sie zu betreten."[302] Praktische Relevanz hätte Art. 146 GG dann vor allem in Bezug auf die Vertiefung der europäischen Integration.[303] Verfahrensfragen bleiben bei *Dreier* weitgehend offen.[304] Die Initiative könne aus dem Volk oder vom Gesetzgeber kommen.[305]

---

[296] *Dreier*, Gilt das Grundgesetz ewig? (2009), 90; auch *S. Blasche*, Die grundsätzliche Mitwirkung der Länder bei der Gesetzgebung (2006), 58.

[297] *Dreier*, Gilt das Grundgesetz ewig? (2009), 93; zur Aktivierung des ungebundenen *pouvoir constituant* auch *Huber*, Art. 146 GG, in: Sachs (Hg.), Grundgesetz (2014), Rn. 23.

[298] *Dreier*, Art. 146, in: Dreier (Hg.), Grundgesetz-Kommentar, Bd. III, 2. Auflage (2008), Rn. 21; *Blasche*, VR 56 (2010), 377, 383.

[299] *Dreier*, Gilt das Grundgesetz ewig? (2009), 90; *Dreier*, Art. 146, in: Dreier (Hg.), Grundgesetz-Kommentar, Bd. III, 2. Auflage (2008), Rn. 36; dagegen etwa *P. Badura*, Das Grundgesetz – Verfassung für Deutschland, in: Guggenberger/Stein (Hg.), Die Verfassungsdiskussion im Jahr der deutschen Einheit (1991), 325, 332 f.: Art. 146 GG verweise „nur auf die allgemein bestehende Möglichkeit einer zukünftigen Verfassunggebung"; dagegen auch *Herbst*, ZRP (2012), 33, 35: „allenfalls noch deklaratorische Bedeutung".

[300] *Dreier*, Gilt das Grundgesetz ewig? (2009), 91.

[301] *Dreier*, Gilt das Grundgesetz ewig? (2009), 93; *Dreier*, Art. 146, in: Dreier (Hg.), Grundgesetz-Kommentar, Bd. III, 2. Auflage (2008), Rn. 23.

[302] *Dreier*, Gilt das Grundgesetz ewig? (2009), 93; siehe auch *Michael*, Art. 146 GG, in: Kahl et al. (Hg.), Bonner Kommentar zum Grundgesetz, 163. Akt. (2013), Rn. 208: „Für die Geltung einer zukünftigen Verfassung könnte Art. 146 GG als Brückennorm ein wesentliches Moment der Kontinuität und damit der Stabilität stiften. Es könnte sich als fatal erweisen, in der Absicht, nie zu neuen Ufern aufbrechen zu wollen, eine Brücke beschädigt zu haben."

[303] *Dreier*, Gilt das Grundgesetz ewig? (2009), 95 f.; eindringlich *Wiederin*, AöR 117 (1992), 410, 444; siehe auch *Schäuble*, Grundordnung auf dem Weg durch die Zeit, in: Huber (Hg.), Das Grundgesetz zwischen Stabilität und Veränderung (2006), 65, 71; *Huber*, Art. 146 GG, in: Sachs (Hg.), Grundgesetz (2014), Rn. 18.

[304] *Dreier*, Art. 146, in: Dreier (Hg.), Grundgesetz-Kommentar, Bd. III, 2. Auflage (2008), Rn. 53 ff.

[305] *Dreier*, Art. 146, in: Dreier (Hg.), Grundgesetz-Kommentar, Bd. III, 2. Auflage (2008), Rn. 53.

Was eine Einbeziehung der verfassunggebenden Gewalt in den Ablösungsvorgang bedeutet, beschreibt *Wiederin*: Art. 146 GG kann den Übergang zu einer neuen Ordnung als rechtmäßig oder rechtswidrig qualifizieren.[306] Insoweit werde die verfassunggebende Gewalt eben doch zu verfasster Gewalt.[307] Diese Rechtmäßigkeit könne dabei nicht an Art. 79 GG und insbesondere nicht an Art. 79 Abs. 3 GG gemessen werden[308], da Art. 146 GG sonst sinnlos wäre[309]. Dass die Ausnahme von Art. 79 GG eine Ablösung mit einfacher Mehrheit ermögliche, sei als Nachteil schon „in den Jahren 1948/1949 bekannt [gewesen] und [...] damals bewußt in Kauf genommen worden".[310] Auf weitere Vorsichtsmaßnahmen habe der verfassungsändernde Gesetzgeber verzichtet.[311] Bemerkenswerterweise lag für *Wiederin* schon 1992 die besondere Bedeutung von Art. 146 GG darin, dass die Möglichkeit eines Beitritts zu einem europäischen Bundesstaates erhalten bleibt, die ein zementierter Art. 79 Abs. 3 GG verschließen würde.[312] Diese Möglichkeit drohe in einer emotionalen Diskussion nach „politischem Freund-Feind-Schema" aus dem Blick zu geraten.[313]

4. These von der verfassungsablösenden Gewalt

Lothar Michael interpretiert Art. 146 GG als Positivierung der „verfassungablösenden" Gewalt.[314] Dieses verfassungstheoretische Modell sei eine Fortentwicklung aus dem „dichotomischen Modell" von verfassunggebender und verfassungsändernder Gewalt.[315] Während Art. 146 GG aF die originäre ver-

---

306 *Wiederin*, AöR 117 (1992), 410, 416.

307 *Wiederin*, AöR 117 (1992), 410, 415: „Diese verfassunggebende Gewalt müßte [...] als *pouvoir constitutant constitué* bezeichnet werden."

308 *Wiederin*, AöR 117 (1992), 410, 421: „Nur insoweit, als das Grundgesetz überhaupt zu gelten beansprucht, kann es beanspruchen, ewig zu gelten." und S. 437: „Nach wie vor ist die gesamtdeutsche Verfassunggebung durch das dort angeordnete Außerkrafttreten des gesamten Grundgesetzes von den Bindungen des Art. 79 Abs. 3 freigestellt, und nach wie vor wird von ihr nur verlangt, daß sie auf eine freie Entscheidung des gesamten deutschen Volkes zurückgehen muß."

309 *Wiederin*, AöR 117 (1992), 410, 438; diesen systematischen Punkt greift auch *Volkmann*, Grundzüge einer Verfassungslehre der Bundesrepublik Deutschland (2013), 430, auf.

310 *Wiederin*, AöR 117 (1992), 410, 444.

311 Vgl. *Wiederin*, AöR 117 (1992), 410, 439, mit Hinweisen auf die Möglichkeit der Abschaffung von Art. 146 GG und eines vorhergehenden Beschlusses mit Zweidrittelmehrheit in Bundestag und Bundesrat.

312 *Wiederin*, AöR 117 (1992), 410, 444 ff.; *Broß*, Verfassungssystematische und verfassungspolitische Überlegungen zum Erfordernis eines nationalen Referendums über die Verfassung der Europäischen Union, in: FS für Hans Hablitzel (2005), 55, 65 f., sieht die Ablösung des Grundgesetzes auf Grundlage des Art. 146 als „letzten Lösungsweg" zur rechtlichen Bewältigung der europäischen Integration an.

313 *Wiederin*, AöR 117 (1992), 410, 447.

314 *Michael*, Art. 146 GG, in: Kahl et al. (Hg.), Bonner Kommentar zum Grundgesetz, 163. Akt. (2013), Rn. 9.

315 *Michael*, Art. 146 GG, in: Kahl et al. (Hg.), Bonner Kommentar zum Grundgesetz, 163. Akt. (2013), Rn. 251.

fassunggebende Gewalt gemeint habe, habe sich mit der neuen Fassung ein Bedeutungswandel vollzogen.[316] Letztere sei nun als Möglichkeit der „verfassten Verfassungsablösung" zu interpretieren.[317] Art. 146 GG schaffe als dauerhafter Ausdruck der Volkssouveränität einen Ausgleich zum gesetzgebungslastigen Verfahren der Verfassungsänderung. Art. 146 GG stelle also eine Alternative zu Art. 79 Abs. 2 GG dar[318], mit der auch die Grenzen des Art. 79 Abs. 3 GG überwindbar seien. Insbesondere enthalte Art. 146 GG ein Optimierungsgebot im Hinblick auf die Akzeptanz der zukünftigen Verfassung, die Voraussetzung ihrer Geltung sei.[319] Er charakterisiert Art. 146 GG als „respice finem" und „Krönung" des Grundgesetzes.[320]

Die Möglichkeit eine Alternative zum Verfahren in Art. 79 Abs. 2 GG zu schaffen, sei erforderlich. Denn das Verfahren in Art. 79 Abs. 2 GG sei den „spezifischen Organinteressen des Bundestages und des Bundesrates" verhaftet.[321] Dazu drohe die EU-Integrationsgesetzgebung angesichts der strengen Rechtsprechung des Bundesverfassungsgerichts in eine Sackgasse zu geraten.[322] Erst mit Art. 146 GG ergebe sich für das Grundgesetz „ein in sich stimmiges Konzept der Verfassungsrevision".[323] Möglich werde damit eine grundlegende Föderalismusreform, aber auch ein europäischer Bundesstaat.[324] Das Verfahren zur Verfassungsablösung wäre demnach nicht revolutionär, sondern „auf dem Boden des Grundgesetzes demokratisch und rechtsstaatlich auszugestalten".[325] Um Art. 146 GG zu operationalisieren, sei grundsätzlich eine verfassungsablö-

---

[316] *Michael*, Art. 146 GG, in: Kahl et al. (Hg.), Bonner Kommentar zum Grundgesetz, 163. Akt. (2013), Rn. 229: „Der Bedeutungswandel erfolgt [...] durch einen historischen Perspektivwechsel."

[317] *Michael*, Art. 146 GG, in: Kahl et al. (Hg.), Bonner Kommentar zum Grundgesetz, 163. Akt. (2013), Rn. 234.

[318] *Michael*, Art. 146 GG, in: Kahl et al. (Hg.), Bonner Kommentar zum Grundgesetz, 163. Akt. (2013), Rn. 218.

[319] *Michael*, Art. 146 GG, in: Kahl et al. (Hg.), Bonner Kommentar zum Grundgesetz, 163. Akt. (2013), Rn. 257.

[320] *Michael*, Art. 146 GG, in: Kahl et al. (Hg.), Bonner Kommentar zum Grundgesetz, 163. Akt. (2013), Rn. 245.

[321] *Morlok/Michael*, Staatsorganisationsrecht (2017), Rn. 119, mit Verweis auf die „Föderalismusreformen, die von Kuhhandel-Kompromissen zeugen, die das System des Grundgesetzes verschlimmbessert haben".

[322] *Morlok/Michael*, Staatsorganisationsrecht (2017), Rn. 119, mit Blick auf das Lissabon-Urteil, in dem das Bundesverfassungsgericht auf den „Ausweg des Art. 146 GG hingewiesen" habe.

[323] *Morlok/Michael*, Staatsorganisationsrecht (2017), Rn. 120.

[324] *Morlok/Michael*, Staatsorganisationsrecht (2017), Rn. 120.

[325] *Morlok/Michael*, Staatsorganisationsrecht (2017), Rn. 120. Im Bereich der Ausgestaltung ist in den Details vieles unklar und auch möglich. *Jarass*, Art. 146 GG, in: Jarass/Pieroth (Hg.), Grundgesetz für die Bundesrepublik Deutschland. Kommentar, 14. Auflage (2016), Rn. 4, etwa hält es für sachgerecht, „die Verfassungsablösung mit den Mehrheiten des Art. 79 Abs. 2 einzuleiten und das Verfahren festzulegen und nach Ausarbeitung der neuen Verfassung einen Volksentscheid durchzuführen".

sende Versammlung zu wählen und dann über deren Vorschlag ein Verfassungsplebiszit durchzuführen.[326] Denn „freie Entscheidung des deutschen Volkes" meine eine Volksabstimmung über die neue Verfassung.[327] Ein Plebiszit sei aber auch ohne vorhergehende Versammlung möglich, wenn es darum gehe „minimalinvasive" Änderungen am Grundgesetz vorzunehmen und einen Integrationsschritt zu gehen, der über das bisher Zulässige hinausgehe. *Michael* beruft sich insbesondere auf das Lissabon-Urteil des Bundesverfassungsgerichts[328], das mit seinem Hinweis auf Art. 146 GG konstruktiv einen Weg gewiesen habe, um die Grenzen des Art. 79 Abs. 3 GG zu überwinden. Diese Überwindung könne letztlich einen europäischen Bundesstaat ermöglichen.

5. Stellungnahme und Zwischenergebnis

Die Bandbreite der rechtlichen Bewertungen reicht von „Sprengladung" bis „Krönung". In diesen Bewertungen schlagen sich politische Befürchtungen oder Hoffnungen nieder. Die folgende Stellungnahme bezieht sich dementsprechend einerseits auf Rechtliches und andererseits auf Außerrechtliches.

Rechtlich haben die Vertreter der Brückenthese die überzeugenderen Argumente auf ihrer Seite. Eine Erledigung von Art. 146 GG durch die Wiedervereinigung kann schwerlich angenommen werden, wenn Art. 146 GG im Zuge dieser gerade beibehalten wurde. Die Annahme, die Vorschrift sei obsolet geworden, passt weder zu den beschriebenen Umständen der Entstehung des Grundgesetzes noch zu den Umständen der Wiedervereinigung. Es ging bei der Beibehaltung von Art. 146 GG in seiner neuen Fassung gerade darum, dass sich die Vorgängernorm nicht erledigt hatte. Die Beibehaltung in modifizierter Form geht auf einen politischen Kompromiss zurück.[329] Insbesondere wollte die SPD

---

326 *Morlok/Michael*, Staatsorganisationsrecht (2017), Rn. 120, 938; *Michael*, Art. 146 GG, in: Kahl et al. (Hg.), Bonner Kommentar zum Grundgesetz, 163. Akt. (2013), Rn. 671 ff.; aA *Huber*, Art. 146 GG, in: Sachs (Hg.), Grundgesetz (2014), Rn. 16a, der eine Verfassungsänderung, in der das Ablösungsverfahren bestimmt wird, und einen anschließenden Volksentscheid darüber fordert, ob das Volk „überhaupt in seiner Eigenschaft als Träger der verfassungsgebende bzw. -ablösenden Gewalt tätig werden will und ob das Grundgesetz durch eine andere Verfassungsordnung abgelöst werden soll." Dann erst könne es „auf einer dritten Stufe" zu einer Sachentscheidung über die Abänderung von Art. 79 Abs. 3 GG kommen.

327 *Michael*, Art. 146 GG, in: Kahl et al. (Hg.), Bonner Kommentar zum Grundgesetz, 163. Akt. (2013), Rn. 559 ff.; so auch *Dreier*, Art. 146, in: Dreier (Hg.), Grundgesetz-Kommentar, Bd. III, 2. Auflage (2008), Rn. 52; *Jarass*, Art. 146 GG, in: Jarass/Pieroth (Hg.), Grundgesetz für die Bundesrepublik Deutschland. Kommentar, 14. Auflage (2016), Rn. 3.

328 BVerfGE 123, 276.

329 *Isensee*, Braucht Deutschland eine neue Verfassung? (1992), 8: „Es waren die SPD-Länder des Westens, die kraft ihrer Bundesratsmehrheit die Fortschreibung der Schlußbestimmung erzwangen, mit der Drohung, sonst dem Einigungsvertrag nicht zuzustimmen, den Modus der Wiedervereinigung also, vielleicht die Wiedervereinigung selbst, scheitern zu lassen." Siehe auch *Bartlsperger*, DVBl. (1990), 1285, 1287, der von einem „versteckten Verfassungsdissens" im Beitrittsverfahren spricht; *Kirchhof*, § 21 Identität der Verfassung, in:

die Möglichkeit einer Volksabstimmung offenhalten.[330] Dass die Möglichkeit einer gesamtdeutschen Verfassunggebung offen gelassen werden sollte, war dabei angesichts dieser Debatte den Beteiligten gerade bewusst. Eine Option wird aber nicht schon dadurch obsolet, dass sie nicht gezogen wird.

Die These *Michaels*, bei Art. 146 GG handele es sich um die Positivierung der verfassungsablösenden Gewalt, hat für sich, dass sie aus expliziten verfassungstheoretischen Überlegungen entwickelt wird. Es wird deutlich, wie er zu seiner Interpretation gelangt. Fraglich bleibt, ob die Beurteilung von Art. 146 GG als „Krönung" nicht zu viel Hoffnung auf die Vorschrift projiziert. Die Hauptargumente *Michaels* liegen darin, Art. 146 GG schaffe ein Gegengewicht zum gesetzgebungslastigen Verfahren des Art. 79 GG und einen Ausweg aus der integrationspolitischen Sackgasse der Identitätskontrolle durch das Bundesverfassungsgericht. Beide Argumente sind gehaltvoll, aber womöglich zu idealistisch. Wenn man annimmt, dass Art. 146 GG eine Legalitätskontinuität zwischen zwei Verfassungen stiften kann, erscheint es nicht praktikabel, diese Kontinuität ohne Einbeziehung der gegenwärtigen Repräsentationsorgane umsetzen zu wollen. Diese enthalten immerhin das aktuellste politische Abbild der verfassten Gesellschaft. Organe mögen spezifische Interessen haben, die es einzuhegen gilt, die formgebundene Art, in der sie Legitimität vermitteln, könnte aber gerade in einem Übergangsszenario gefragt sein. Im Hinblick auf den Ausweg aus der integrationspolitischen Sackgasse stellt sich in ähnlicher Weise die Frage, ob das Bundesverfassungsgericht hiermit eine realistische Option hat aufzeigen wollen oder eher die Mauer am Ende der von *Michael* angesprochenen Sackgasse verstärkt hat. Auf diesen Aspekt wird zurückzukommen sein, wenn die tatsächlichen Wirkungen von Art. 146 GG thematisiert werden.[331]

Als Zwischenergebnis hinsichtlich der rechtlichen Einordnung kann also festgehalten werden, dass Art. 146 GG weiterhin von der Ewigkeitsgarantie dispensiert. Damit öffnet die Vorschrift den Weg zu einer völligen Neukonstruktion des Grundgesetzes. Dies schließt nicht den denkbaren Fall aus, dass über Art. 146 GG eine Verfassung erlassen werden könnte, die dem Grundgesetz sehr nahe kommt. Im eröffneten Verfahren stünde jedenfalls die gesamte Ver-

---

Isensee/Kirchhof (Hg.), Handbuch des Staatsrechts, Bd. II, 3. Auflage (2004), 261, Rn. 58; zum Kompromiss auch *Michael*, Art. 146 GG, in: Kahl et al. (Hg.), Bonner Kommentar zum Grundgesetz, 163. Akt. (2013), Rn. 241; *S.-I. G. Koutnatzis*, Kompromisshafte Verfassungsnormen (2010), 272 ff.

330 *Wiederin*, AöR 117 (1992), 410, 434 f.; *Dreier*, Art. 146, in: Dreier (Hg.), Grundgesetz-Kommentar, Bd. III, 2. Auflage (2008), Rn. 12: „die SPD akzeptierte die Herbeiführung der Einigung gemäß dem Beitrittsmodell, die Regierung verzichtete auf die Streichung des Art. 146 GG"; *G. Roellecke*, Was sind uns die Parteien wert?, in: Engel/Morlok (Hg.), Öffentliches Recht als ein Gegenstand ökonomischer Forschung (1998), 61, 67, wertet den „Streit um die Neufassung des Art. 146 GG" als empirischen Beleg dafür, dass Parteien „dazu [neigen], die Verfassung zu instrumentalisieren".

331 Siehe unter C.II.

fassung zur Disposition. Dies lenkt die Aufmerksamkeit auf zwei weitere Problemkreise.

Der erste Problemkreis betrifft die Frage, ob Art. 146 GG den Übergang zu jeglicher Ordnung legitimieren würde. Dies anzunehmen erscheint nicht richtig. Denn eine solche Lesart würde verkenne, dass der Begriff der „Verfassung" schon einen materiellen Mindestgehalt in sich trägt. Nach heutigem „anspruchsvolle[n], substanzhaltige[n] Begriff von Verfassung" muss eine Verfassung ihren Namen verdienen.[332] Dies führt zu Mindestpositionen im Bereich der Demokratie, der Rechtsstaatlichkeit und der Grundrechte.[333] Weiter fordert Art. 146 GG eine „freie Entscheidung des deutschen Volkes". Auch dies spricht dafür, dass Art. 146 GG von demokratischen Verfahren und Volkssouveränität ausgeht. Weiter erscheint es schwer vorstellbar, dass das Grundgesetz einen Übergang zu einer Verfassungsordnung legitimieren könnte, die hinter dem grundgesetzlichen Schutz der Menschenwürde zurückfällt. Es zeichnet sich also ab, dass zwar Art. 79 Abs. 3 GG das Verfahren nach Art. 146 GG nicht beschränkt, dafür aber einige seiner Garantien auch in einem Verfahren nach Art. 146 GG Berücksichtigung finden müssten.

Der zweite Problemkreis ist im Rahmen dieser Untersuchung von besonderem Interesse. Es geht darum, wie außerrechtliche Faktoren in die rechtliche Interpretation einer so fundamentalen Vorschrift hineinwirken. Zwar betonen die Interpreten, dass sie sich der Vorschrift mit „rein juristischem" Werkzeug nähern[334], aber die politische Dimension und die damit verbundenen Potentiale bleiben dennoch miteinbezogen. In allen Positionen zu Art. 146 GG spielen Annahmen über die tatsächlichen Auswirkungen einer solchen Norm eine entscheidende Rolle.[335] Hier berühren sich Verfassungsrecht und Verfassungstheo-

---

[332] *Volkmann*, Grundzüge einer Verfassungslehre der Bundesrepublik Deutschland (2013), 17 f.; vgl. auch die Legitimitätserwägungen aus transnationaler Sicht bei *Peters*, The Globalization of State Constitutions, in: Nijman/Nollkaemper (Hg.), New Perspectives on the Divide Between National and International Law (2007), 251, 255: „In any case, contemporary State constitutions need a minimum content in order to be considered legitimate: they must satisfy requirements of the rule of law and democracy; they must gear the State towards guaranteeing human rights, human security, and welfare; and they must organize the State territory efficiently, eventually by means of decentralization, devolution, or federalism. State constitutions which are more or less deficient in some or all of these respects are more or less illegitimate according to nascent global standards of legitimacy."

[333] Vgl. schon das „wegweisende" (*C. Gusy*, NJW (2017), 601) Urteil im KPD-Verbotsverfahren BVerfGE 5, 85, 130 f., zur Vorgängernorm Art. 146 GG aF, wonach ein „gewisser Mindeststandard freiheitlich-demokratischer Garantien auch beim Zustandekommen der neuen gesamtdeutschen Verfassung zu wahren" sei; siehe auch *B.-O. Bryde*, Art. 79, in: von Münch/Kunig (Hg.), Grundgesetz-Kommentar, Bd. II, 6. Auflage (2012), Rn. 3: „revolutionär wäre lediglich der Bruch mit den Grundlagen der rechtsstaatlichen Demokratie".

[334] *Isensee*, Braucht Deutschland eine neue Verfassung? (1992), 15; *Cramer*, Artikel 146 Grundgesetz zwischen offener Staatlichkeit und Identitätsbewahrung (2014), 192.

[335] Siehe auch das vorsichtige Fazit bei *Cramer*, Artikel 146 Grundgesetz zwischen offener Staatlichkeit und Identitätsbewahrung (2014), 191: „Angesichts der unkategorischen

rie.[336] Die Schlagwörter, unter denen diese Annahmen zusammengefasst werden können, sind *Stabilisierung* und *Destabilisierung*. Erkennt man in Art. 146 GG ein Destabilisierungspotential[337], liegt es nahe eine Auslegung zu befürworten, die diesem Potential begegnet. Wer in Art. 146 GG eine Sprengladung sieht, will diese entschärfen. Ein Mittel dazu ist die Bindung an Art. 79 Abs. 3 GG. Eine grundlegend andere Bewertung wird vorgenommen, wenn in Art. 146 GG funktional eine Norm der Stabilisierung gesehen wird.[338] Soll sich der stabilisierende Mechanismus dieser Vorschrift mit „Modellcharakter" entfalten, also ein gleitender Übergang zu einer neuen Verfassungsordnung ermöglicht werden, kann eine Bindung an Art. 79 Abs. 3 GG nicht angenommen werden.

Dazu hat die rechtliche Äußerung eine strategische Dimension, die in der Debatte um die Wiedervereinigung am sichtbarsten wird. In dem Streit um die rechtliche Einordnung von Art. 146 GG scheint die nicht einschränkende – „unbekümmerte" – Lesart in der Literatur immer stärker zu überwiegen, je weiter weg die nach der Wiedervereinigung empfundene „Risikolage" liegt. Jüngere Kommentierungen stehen der Vorschrift deutlich offener gegenüber als die restriktiven Auslegungen zur Zeit der Wiedervereinigung. Dies zeugt von der historischen Kontingenz der Vorschrift und auch von der Kontingenz ihrer Interpretation.[339] Die hier vertretene Ansicht, dass Art. 146 GG von Art. 79 GG freistellt, kann hiervon nicht ausgenommen werden.

Auch für die heutigen Interpretationen von Art. 146 GG gilt, dass sie mit Desideraten korrespondieren. *Herdegen* richtet dabei im Anschluss an *Isensee* sein

rechtstheoretischen Einordnung von Art. 146 GG als grundrechtliches Einfallstor für verfassungstheoretische Elemente wie die Figur vom pouvoir constituant und angesichts des bewegten historischen und politischen Hintergrunds des Art. 146 GG a. F. liegt die Gefahr nicht ganz fern, bei der Auslegung des heutigen Anwendungsbereichs von Art. 146 GG n. F. verfassungsrechtlichen Vorverständnissen und politischen Ausgangspositionen aufzusitzen".

336 Ähnlicher Hinweis bei *Isensee*, Braucht Deutschland eine neue Verfassung? (1992), 15: „Hier brechen Fragen auf, die über die juristische Verfassungsauslegung im Regelkreis des positiven Rechts hinausweisen auf metarechtliche Grundlagen der Verfassung, die Gegenstand der Staatslehre und der Verfassungstheorie sind."

337 *Herdegen*, Art. 146 GG, in: Maunz/Dürig (Begr.), Grundgesetz-Kommentar, 67. Erg. (2013), Rn. 3: „Den politischen Kräften ebenso wie der deutschen Staatsrechtslehre war und ist das Destabilisierungspotential der Neufassung des Art. 146 GG bewusst".

338 *Dreier*, Gilt das Grundgesetz ewig? (2009), 93: „Auch handelt es sich […] keineswegs um eine Norm der Destabilisierung, sondern der Stabilisierung, indem sie Schutz vor dem Zwang zur Revolution bietet und eine Normativitätsbrücke baut."

339 Diese Kontingenz beschreibt allgemein *Volkmann*, Grundzüge einer Verfassungslehre der Bundesrepublik Deutschland (2013), 166, dem zufolge „die Anwendung der Verfassung zugleich als Dialog mit der eigenen Vergangenheit" erscheine. Und weiter: „Das schließt ein, dass die je geschichtlich-aktuelle Interpretations- und Deutungsgemeinschaft die Verfassung in ihren Überlieferungszusammenhang einrückt und von hier aus zu verstehen versucht. Zugleich legt sie sie sich aber für ihre Situation neu zurecht und such in ihr Antworten auf die Fragen, die sie hier und jetzt bewegen. In dieser Erkenntnis liegt der ganze Kern der heutigen Verfassungsanwendung." Siehe dazu auch – vor allem mit Blick auf die Verfassungsgeschichte – *M. Stolleis*, Verfassungs(ge)schichten (2017), 20 ff.

Augenmerk weiterhin auf eine potentielle Destabilisierung der gegenwärtigen Verfassung, die es zu vermeiden gilt.[340] *Dreier* sieht die Vertreter einer gesamtdeutschen Verfassung zu Unrecht diskreditiert und will diese rehabilitieren. *Michael* beurteilt das Verfahren des Art. 79 GG als unbefriedigend und will die Volkssouveränität zur Entfaltung bringen. Was jedoch alle Interpreten umtreibt, ist die Sorge um die Stabilität und die dauerhafte Akzeptanz der verfassungsmäßigen Ordnung.[341]

---

[340] *Herdegen*, Art. 146 GG, in: Maunz/Dürig (Begr.), Grundgesetz-Kommentar, 67. Erg. (2013), Rn. 3.

[341] Vgl. auch *Volkmann*, Grundzüge einer Verfassungslehre der Bundesrepublik Deutschland (2013), 340: „Die Debatte darüber zeigt aber das Bestreben einer Verfassungsgemeinschaft, die Bindestrukturen, die sich in den Kommunikationen über Verfassung herausgebildet haben, in die Zeit zu verstetigen, sie dabei auch unabhängig zu stellen von dem Text, auf den sie ursprünglich bezogen wurden."

C. Verallgemeinerung der Problemstellung: von Art. 146 GG zur außerrechtlichen Bedingtheit der Verfassung

Die Debatte um Art. 146 GG berührt einen grundsätzlichen Punkt. Es geht um die Bedingungen des Gelingens freiheitlicher Verfassungsordnung. Wann ist eine solche Ordnung stabil? Wann also wird sie dauerhaft akzeptiert, regelmäßig befolgt und im Krisenfall verteidigt? Die Frage stellt sich im Verfassungsrecht aufgrund einer fehlenden äußeren Durchsetzungsinstanz unter besonderen Vorzeichen. In diesem Teil soll erst allgemein auf die Risiken einer freiheitlichen Ordnung und die Bedeutung der Meinungsfreiheit eingegangen werden (I), danach werden unter besonderer Berücksichtigung der Wiedervereinigung und des Lissabon-Urteils des Bundesverfassungsgerichts die tatsächlichen Wirkungen von Art. 146 GG thematisiert (II). Zum Abschluss dieses Abschnitts wird die Problemstellung verallgemeinert: Es soll um die außerrechtlichen Bedingtheit der Verfassung gehen (III).

I. Risiken freiheitlicher Ordnung: Beispiel Meinungsfreiheit

Eine freiheitliche Verfassung geht Risiken ein.[1] Ihre fundamentalste Begrenzung liegt darin, dass sie missachtet oder sogar abgeschafft werden kann.[2] Einen Durchsetzungsmechanismus, der ihre Existenz für immer garantiert, kann es nicht geben.[3] Betrachtet man eine demokratische Verfassung insgesamt als „riskante Ordnung“[4], ist ein Ablösungsvorbehalt wie Art. 146 GG nur eine Ausprä-

---

[1] *U. J. Schröder*, JZ 65 (2010), 869, 875, zufolge bringt sie dabei Vertrauen in die Bürger zum Ausdruck.

[2] Vgl. *Dreier*, RW 1 (2010), 11, 17.

[3] Vgl. *Kirchhof*, § 21 Identität der Verfassung, in: Isensee/Kirchhof (Hg.), Handbuch des Staatsrechts, Bd. II, 3. Auflage (2004), 261, Rn. 17: „Verfassungsrecht unterscheidet sich vom sonstigen Recht dadurch, daß es keine positivrechtliche Erkenntnisquelle für sein Entstehen und keine ihren Bestand garantierende Instanz gibt.“ Siehe auch *Volkmann*, Grundzüge einer Verfassungslehre der Bundesrepublik Deutschland (2013), 71: Die Geltung der Verfassung „hängt in Ermangelung eines speziell auf sie bezogenen Durchsetzungsstabes wesentlich von der Anerkennung derjenigen ab, die durch sie gebunden sind“. Ferner *Elkins/Ginsburg/Melton*, The Endurance of National Constitutions (2009), 7. Siehe auch unter C.III.

[4] *Dreier*, RW 1 (2010), 11.

gung davon.[5] Auch die Änderungsvorschriften in Art. 79 GG, die Garantie der Meinungsfreiheit oder die sehr hohen Hürden für ein Parteienverbot können als Elemente einer riskanten Ordnung verstanden werden. Kurzum gilt diese Charakterisierung für alle *legalen* Aktivitäten, die sich gegen die gegenwärtige Verfassungsordnung richten können. Gegen Aktivitäten, die über dieses legale Maß hinausgehen, werden die Grundsätze der wehrhaften Demokratie in Stellung gebracht.[6] Das Besondere dabei ist, dass diese freiheitlichen Elemente nicht nur einen rein normativen Wert haben. Sie legitimieren die Verfassung nicht nur theoretisch, sondern haben auch eine tatsächliche, funktionale Bedeutung.

Diese funktionale Bedeutung wird etwa in Bezug auf den Schutz der Meinungsfreiheit thematisiert.[7] Sie soll hier kurz beschrieben werden, damit im Anschluss daran Art. 146 GG funktional ähnlich eingeordnet werden kann. *Christian Hillgruber* zeichnet die Anerkennung dieser Bedeutung in der Rechtsprechung des Bundesverfassungsgerichtes nach: dort ist die Meinungsfreiheit nicht nur als individuelles Grundrecht geschützt, sondern auch „funktional als unverzichtbare Voraussetzung eines vitalen demokratischen politischen Willensbildungsprozesses".[8] Denn ihr kommt in einer Demokratie konstituierende Bedeutung zu. Meinungsfreiheit ist dabei immer auch Minderheitenschutz.[9] Ausdruck findet diese freiheitliche Konzeption etwa im Wunsiedel-Beschluss des Bundesverfassungsgerichtes:

> Die Bürger sind [...] rechtlich auch nicht gehalten, die der Verfassung zugrunde liegenden Wertsetzungen persönlich zu teilen. Das Grundgesetz baut zwar auf der Erwartung auf, dass die Bürger die allgemeinen Werte der Verfassung akzeptieren und verwirklichen, erzwingt die Werteloyalität aber nicht (vgl. BVerfG, Beschlüsse der 1. Kammer des Ersten Senats vom 24. März 2001 – 1 BvQ 13/01 –, NJW 2001, S. 2069 <2070> und vom 15. September 2008 – 1 BvR 1565/05 –, NJW 2009, S. 908 <909>).[10]

---

[5] Siehe auch *Schäuble*, Grundordnung auf dem Weg durch die Zeit, in: Huber (Hg.), Das Grundgesetz zwischen Stabilität und Veränderung (2006), 65, 71.

[6] Einführend *Morlok/Michael*, Staatsorganisationsrecht (2017), Rn. 293 ff.; grundlegend und in Reaktion auf den Faschismus *K. Loewenstein*, American Political Science Review 31 (1937), 417, 423: „If democracy is convinced that it has not yet fulfilled its destination, it must fight on its own plane a technique which serves only the purpose of power. Democracy must become militant."

[7] *Hillgruber*, JZ 71 (2016), 495, 495: „Das Grundgesetz gewährleistet Meinungsfreiheit in denkbar weitestem Umfang"; relativierend mit Blick auf den weitgehenderen Schutz der Meinungsfreiheit in den USA *W. Brugger*, AöR 128 (2003), 372.

[8] *Hillgruber*, JZ 71 (2016), 495, 495, mit Verweis auf BVerfGE 82, 272, 281 – Zwangsdemokrat, dort heißt es: „Art. 5 Abs. 1 Satz 1 GG schützt die Meinungsfreiheit sowohl im Interesse der Persönlichkeitsentfaltung des Einzelnen, mit der sie eng verbunden ist, als auch im Interesse des demokratischen Prozesses, für den sie konstitutive Bedeutung hat".

[9] *Hillgruber*, JZ 71 (2016), 495, 496, mit Verweis auf BVerfGE 111, 147, 156 – NDP-Demonstration gegen Synagogenbau.

[10] BVerfGE 124, 300, Rn. 49.

Hillgruber zufolge bildet ein kontrovers geführter Diskurs den „Resonanzboden der Demokratie".[11] Repräsentationslücken würden erst durch Protest sichtbar.[12] Eine Einzäunung politischen Protestes habe in einer Demokratie ein destabilisierendes Potential, da dies zu mehr Radikalisierung führen könne.[13] Damit gehört auch die öffentliche Meinungsäußerung zu den Verfassungsvoraussetzungen, die der Staat nicht garantieren kann.[14] An diese funktionalen Überlegungen kann mit Blick auf Art. 146 GG angeknüpft werden.

II. Stabilisierende Wirkungen von Art. 146 GG?

Art. 146 GG könnte eine ähnliche Wirkung entfalten. Indem er Widerspruch gegen die gegenwärtige Ordnung legalisiert, könnte er stabilisierend wirken. Ich möchte mein Augenmerk insbesondere darauf richten, wie möglicherweise eine Funktionalisierung von Art. 146 GG zur Akzeptanz und Durchsetzung der *gegenwärtigen* Verfassung beiträgt. Der Zweck des Art. 146 GG, der auch darin gesehen wird, „eine im öffentlichen Diskurs gereifte bewusste politische Entscheidung auf breitester demokratischer Grundlage sicherzustellen"[15], kann dabei in der Vorwirkung von Art. 146 GG zum Tragen kommen.

1. Wiedervereinigung

Eine stabilisierende Wirkung könnte sich im Zuge der Wiedervereinigung gezeigt haben. Denn selbst wenn dabei weder Art. 146 GG aF noch Art. 146 GG aktiviert wurden, gab es doch eine Debatte im Schatten dieser Normen. Hier sind mehrere mögliche Zusammenhänge von Interesse.

a) Enttabuisierung der Verfassungsablösung

Aufgrund von Art. 146 GG war die Debatte über eine neue Verfassung rechtlich gerade kein Tabu. Das Grundgesetz als Provisorium erteilte ein Mandat, öffentlich über eine gesamtdeutsche Verfassung nachzudenken. Die Debatte verlief schon aufgrund der politischen Drucksituation nicht unter idealen Bedingungen. Zumindest aber fand sie statt. Sie mag aus der Perspektive einiger Beteiligter einen enttäuschenden Verlauf genommen haben. Aus heutiger Sicht sollte eine verfassungsrechtlich legitimierte öffentliche Debatte über die Abschaffung der Verfassung jedoch nicht einfach gering geschätzt werden. Auch hier lohnt

---

[11] *Hillgruber*, JZ 71 (2016), 495, 497.
[12] *Hillgruber*, JZ 71 (2016), 495, 497.
[13] *Hillgruber*, JZ 71 (2016), 495, 497.
[14] *Hillgruber*, JZ 71 (2016), 495, 497.
[15] *Huber*, Art. 146 GG, in: Sachs (Hg.), Grundgesetz (2014), Rn. 21.

der Blick in einen Klassiker. *John Stuart Mill* fasst in seinem Essay „On Liberty“ die Gründe für die Gewährleistung von Meinungsfreiheit zusammen:

> First, if any opinion is compelled to silence, that opinion may, for aught we can certainly know, be true. To deny this is to assume our own infallibility.
>
> Secondly, though the silenced opinion be an error, it may, and very commonly does, contain a portion of truth; and since the general or prevailing opinion on any subject is rarely or never the whole truth, it is only by the collision of adverse opinions that the remainder of the truth has any chance of being supplied.
>
> Thirdly, even if the received opinion be not only true, but the whole truth; unless it is suffered to be, and actually is, vigorously and earnestly contested, it will, by most of those who receive it, be held in the manner of a prejudice, with little comprehension or feeling of its rational grounds. And not only this, but, fourthly, the meaning of the doctrine itself will be in danger of being lost, or enfeebled, and deprived of its vital effect on the character and conduct: the dogma becoming a mere formal profession, inefficacious for good, but cumbering the ground, and preventing the growth of any real and heartfelt conviction, from reason or personal experience.[16]

In Anlehnung hieran ruft eine grundsätzliche Debatte über die Verfassung erstens in Erinnerung, dass positives Recht keine endgültigen Wahrheiten enthalten kann. Zweitens kann sie, indem sie zur Kritik aufruft, mögliche institutionelle Schwächen zu Tage fördern. Dazu verhindert sie drittens, dass eine Idee zum Dogma erstarrt und ihre Bedeutung verliert. Dadurch verändert sie viertens auch die Bedeutung des Verhaltens nach der Debatte. In dieser und der nachfolgenden Zeit wurde das Grundgesetz als verfassungsmäßige Ordnung bestätigt. Auf diese Art könnte faktische Zustimmung generiert worden sein. Denn entscheidend für die ex post erfolgende Legitimierung wird „die demokratische Probe der Anerkennung, der direkten und der vielfach vermittelten Anerkennung aus der Freiheit und in der Ausschöpfung der verfassungsstaatlichen Freiheitsgarantien und durch die darin liegende beständige Erneuerung des Verfassungskonsenses“.[17] Eine kritische Diskussion, an deren Ende das Bekenntnis zum Grundgesetz steht, könnte – trotz allen Mängeln – als ein solcher Erneuerungsmechanismus angesehen werden.

b) Ermöglichung eines Kompromisses

Die Beibehaltung von Art. 146 GG ermöglichte den Kompromiss mit den politischen Kräften, die für eine gesamtdeutsche Verfassung plädiert hatten.[18] Damit wurde dieser Minderheit erleichtert, den veränderten Umständen zuzustimmen. Das Grundgesetz bekam so überhaupt erst die Gelegenheit, sich als gesamtdeutsche Verfassung zu bewähren. Diese Wirkung korrespondiert mit dem de-

---

16 *J. S. Mill*, On Liberty (2006), 60 f.

17 *Hofmann*, Legitimität und Rechtsgeltung (1977), 74.

18 *Wiederin*, AöR 117 (1992), 410, 427 ff., auch mit Hinweis auf die Perspektive der DDR; *Koutnatzis*, Kompromisshafte Verfassungsnormen (2010), 272 ff.

mokratietheoretischen Gedanken, dass der Minderheit rechtlich eine Chance gegeben wird, zur Mehrheit zu werden. Die Minderheit bekommt damit gleichzeitig einen Anreiz, Mehrheitsentscheidungen zu akzeptieren. Dazu wird die Mehrheit diszipliniert, weil dieser Mechanismus ansonsten nicht aufrechterhalten werden könnte. Insgesamt kann Art. 146 GG hier als stabilisierend interpretiert werden.

c) Vermeidung von Reaktanz

Eine Vorschrift wie Art. 146 GG kann noch eine weitere Wirkung haben, die Akzeptanz und politische Stabilität fördert. Sie kann dem Effekt der Reaktanz vorbeugen. Mit „Reaktanz" beschreiben Psychologen das Phänomen, dass sich ein Normadressat gegen eine Norm wehrt, nicht weil ihm diese Norm substantiell zuwider ist, sondern weil ihm die Idee der Bindung missfällt.[19] Dieser Gedanke wird im späteren Teil der Arbeit eingehender aufgegriffen werden.[20]

2. Lissabon-Urteil

Nachdem es lange um ihn still war, kam Art. 146 GG im Lissabon-Urteil des Bundesverfassungsgerichts zu erneuter Prominenz. Nach einem kurzen Überblick über die verschiedenen Bezugnahmen auf Art. 146 GG in diesem Urteil soll an dieser Stelle überlegt werden, welche funktionale Bedeutung diesen Bezugnahmen mit Blick auf die Stabilität der Verfassungsordnung zukommen könnte.

a) Teilhaberecht aus Art. 38 Abs. 1 iVm Art. 146 GG

Das Bundesverfassungsgericht hat in seiner Lissabon-Entscheidung Maßstäbe zum Schutz einer in Art. 79 Abs. 3 GG garantierten Verfassungsidentität[21] aufgestellt und auf Art. 146 GG Bezug genommen.[22] Das Gericht sieht in Art. 146 GG ein „Teilhaberecht des wahlberechtigten Bürgers". Hinsichtlich der Beschwerdebefugnis der den Verlust der Staatlichkeit rügenden Beschwerdeführer heißt es:

---

[19] *J. W. Brehm*, A Theory of Psychological Reactance (1966).

[20] Siehe dazu unter F.III.1.

[21] Zur Entwicklung dieses Konzepts in Deutschland bis zum Lissabon-Urteil *Polzin*, Der Staat 53 (2014), 61; zur europäischen Dimension von nationalen „(Verfassungs-)Identitäten" *I. Pernice*, AöR 136 (2011), 185; kritisch etwa *M. Nettesheim*, EuR-Beiheft 1 (2010), 101, 114: „Ästhetik der souveränen Staatlichkeit".

[22] BVerfGE 123, 276; für einen Ausschnitt aus den vielfältigen Reaktionen im Schrifttum siehe nur: *Gärditz/Hillgruber*, JZ 64 (2009), 872; *Grefrath*, AöR 135 (2010), 221; *D. Grimm*, Der Staat 48 (2009), 475; *D. Halberstam/C. Möllers*, German Law Journal 10 (2009); *Jestaedt*, Der Staat 48 (2009), 497; *C. Ohler*, AöR 135 (2010), 153; *Schönberger*, Der Staat 48 (2009), 535; *D. Thym*, Der Staat 48 (2009), 559; *R. Wahl*, Der Staat 48 (2009), 587.

Die Wahlberechtigten besitzen nach dem Grundgesetz das Recht, über den Identitätswechsel der Bundesrepublik Deutschland, wie er durch Umbildung zu einem Gliedstaat eines europäischen Bundesstaates bewirkt werden würde, und die damit einhergehende Ablösung des Grundgesetzes „in freier Entscheidung" zu befinden. Art. 146 GG schafft – wie Art. 38 Abs. 1 Satz 1 GG – ein Teilhaberecht des wahlberechtigten Bürgers: Art. 146 GG bestätigt das vorverfassungsrechtliche Recht, sich eine Verfassung zu geben, aus der die verfasste Gewalt hervorgeht und an die sie gebunden ist. Art. 38 Abs. 1 Satz 1 GG gewährleistet das Recht, an der Legitimation der verfassten Gewalt mitzuwirken und auf ihre Ausübung Einfluss zu nehmen. Art. 146 GG formuliert neben den materiellen Anforderungen des Art. 23 Abs. 1 Satz 1 GG die äußerste Grenze der Mitwirkung der Bundesrepublik Deutschland an der europäischen Integration. Es ist allein die verfassungsgebende Gewalt, die berechtigt ist, den durch das Grundgesetz verfassten Staat freizugeben, nicht aber die verfasste Gewalt.[23]

Die Verletzung dieses „Teilhaberechtes" sei in Verbindung mit Art. 38 Abs. 1 Satz 1 GG auch rügefähig.[24] Das Wahlrecht gebiete die „Achtung der verfassungsgebenden Gewalt des Volkes":

Das Wahlrecht begründet einen Anspruch auf demokratische Selbstbestimmung, auf freie und gleiche Teilhabe an der in Deutschland ausgeübten Staatsgewalt sowie auf die Einhaltung des Demokratiegebots einschließlich der Achtung der verfassungsgebenden Gewalt des Volkes. Die Prüfung einer Verletzung des Wahlrechts umfasst in der hier gegebenen prozessualen Konstellation auch Eingriffe in die Grundsätze, die Art. 79 Abs. 3 GG als Identität der Verfassung (vgl. BVerfGE 37, 271 [279]; 73, 339 [375]) festschreibt.[25]

Auch der verfassungsändernde Gesetzgeber könne hierüber nicht verfügen. Denn er sei an Art. 79 Abs. 3 GG gebunden.[26] Ob Art. 79 Abs. 3 GG auch für die verfassunggebende Gewalt gelte, also nach dem Verständnis des Gerichts für den Fall des Art. 146 GG, ließ das Gericht offen:

Ob diese Bindung schon wegen der Universalität von Würde, Freiheit und Gleichheit sogar für die verfassungsgebende Gewalt gilt, also für den Fall, dass das deutsche Volk in freier Selbstbestimmung, aber in einer Legalitätskontinuität zur Herrschaftsordnung des Grundgesetzes sich eine neue Verfassung gibt (vgl. Isensee, in: Isensee/Kirchhof, HStR VII, 1992, § 166 Rn. 61 ff.; Moelle, Der Verfassungsbeschluss nach Art. 146 GG, 1996, S. 73 ff.; Stückrath, Art. 146 GG: Verfassungsablösung zwischen Legalität und Legitimität, 1997, S. 240 ff.; vgl. auch BVerfGE 89, 155 [180]), kann offen bleiben. Innerhalb der Ordnung des Grundgesetzes jedenfalls sind die Staatsstrukturprinzipien des Art. 20 GG, also die Demokratie, die Rechts- und die Sozialstaatlichkeit, die Republik, der Bundesstaat sowie die für die Achtung der Menschwürde unentbehrliche Substanz elementarer Grundrechte in ihrer prinzipiellen Qualität jeder Änderung entzogen.[27]

---

[23] BVerfGE 123, 276, 331 f.
[24] BVerfGE 123, 276, 332.
[25] BVerfGE 123, 276, 340.
[26] BVerfGE 123, 276, 343.
[27] BVerfGE 123, 276, 343.

Die Verletzung der Verfassungsidentität sei „ein Übergriff in die verfassungsgebende Gewalt des Volkes“:

Die Verletzung der in Art. 79 Abs. 3 GG festgelegten Verfassungsidentität ist aus der Sicht des Demokratieprinzips zugleich ein Übergriff in die verfassungsgebende Gewalt des Volkes. Die verfassungsgebende Gewalt hat insofern den Vertretern und Organen des Volkes kein Mandat erteilt, über die Verfassungsidentität zu verfügen. Keinem Verfassungsorgan ist die Kompetenz eingeräumt, die nach Art. 79 Abs. 3 GG grundlegenden Verfassungsprinzipien zu verändern. Darüber wacht das Bundesverfassungsgericht. Mit der sogenannten Ewigkeitsgarantie reagiert das Grundgesetz einerseits auf historische Erfahrungen einer schleichenden oder auch abrupten Aushöhlung der freiheitlichen Substanz einer demokratischen Grundordnung. Es macht aber auch deutlich, dass die Verfassung der Deutschen in Übereinstimmung mit der internationalen Entwicklung gerade auch seit Bestehen der Vereinten Nationen einen universellen Grund besitzt, der durch positives Recht nicht veränderbar sein soll.[28]

Die souveräne Staatlichkeit Deutschlands sei von der Verfassungsidentität umfasst und stehe der verfassten Staatsgewalt nicht zur Verfügung.[29]

b) Reaktionen auf das Urteil

Das Urteil wurde sehr unterschiedlich aufgenommen.[30] Die Ausweitung von Art. 38 Abs. 1 GG wurde kritisch beurteilt.[31] Es herrschte Verwunderung über

---

[28] BVerfGE 123, 276, 344; eine letzte Nennung von Art. 146 erfolgt unter BVerfGE 123, 276, 349: „Nach Maßgabe der Integrationsermächtigung des Art. 23 Abs. 1 GG in Verbindung mit der Präambel, Art. 20, Art. 79 Abs. 3 und Art. 146 GG kann es für die europäische Unionsgewalt kein eigenständiges Legitimationssubjekt geben, das sich unabgeleitet von fremdem Willen und damit aus eigenem Recht gleichsam auf höherer Ebene verfassen könnte.“

[29] Zustimmend *Gärditz/Hillgruber*, JZ 64 (2009), 872, 875: „Die Garantie souveräner Staatlichkeit folgt letztlich mit zwingender immanenter Logik aus Art. 79 Abs. 3 selbst. Denn die unaufgebbare Verfassungssubstanz erhält sich nicht von selbst. Sie bedarf eines verlässlichen Gewährträgers.“ (Wiedergabe ohne Nachweise).

[30] *Jestaedt*, Der Staat 48 (2009), 497, 497: „Wenige Entscheidungen des Bundesverfassungsgerichts haben innerhalb und außerhalb Deutschlands, in Politik und Medien, nicht zuletzt innerhalb der Rechtswissenschaft ein so lebhaftes und so geteiltes Echo ausgelöst“. Siehe auch *Wahl*, Der Staat 48 (2009), 587, 588, dem zufolge im „Zuge der Auseinandersetzungen um das Urteil [...] auch die alten Fronten zwischen Europarechtlern und Verfassungsrechtlern massiv wieder aufzubrechen“ drohen.

[31] Siehe etwa *Schönberger*, Der Staat 48 (2009), 535, 540: „Was nach dem Grundgesetz eine konkrete Individualberechtigung im Hinblick auf die Einhaltung der Wahlrechtsgrundsätze bei der Wahl zum Deutschen Bundestag ist, wird in der Deutung des Bundesverfassungsgerichts zum Fundament einer faktischen Popularklage gegen alle zukünftigen Revisionen der europäischen Vertragsgrundlagen.“ *Jestaedt*, Der Staat 48 (2009), 497, 504: „maßstabsentgrenzende Handhabung“; *Schönberger*, Der Staat 48 (2009), 535, 539: „uferlose Entgrenzung“. *Gärditz/Hillgruber*, JZ 64 (2009), 872, hingegen begrüßen die Entscheidung: „Das *BVerfG* mobilisiert nunmehr den deutschen Bürger, sein Recht auf demokratische Selbstbestimmung gegenüber der deutschen Staatsgewalt selbst durchzusetzen.“

die Bezugnahme auf Art. 146 GG. Mittels eines „materiellen" Verständnisses von Art. 38 GG werde die Brücke vom Wahlrecht zur Souveränität geschlagen.[32] Die Bezugnahme auf Art. 146 GG ist dogmatisch so verstanden worden, dass der Lehre von der verfassunggebenden Gewalt Rechtsgeltung verliehen worden sei.[33] Danach schütze Art. 146 GG in Verbindung mit Art. 38 Abs. 1 GG das Recht der Bürger, an einer erneuten Verfassunggebung beteiligt zu werden. Eine „schleichende Verstaatlichung"[34] oder Verfassungneugebung durch die Hintertür durch eine Kompetenzverlagerung auf die EU soll ausgeschlossen werden.

Für Unverständnis sorgte auch, dass das Gericht davon auszugehen scheint, dass der *pouvoir constituant* seiner Prüfungskompetenz unterfalle.[35] Aus seiner rechtlichen vom Grundgesetz abgeleiteten Stellung lässt sich eine solche Kompetenz nicht schöpfen.[36] Dies schließt allerdings nicht aus, dass dem Bundesverfassungsgericht (oder seinen Mitgliedern) eine darüber hinausgehende Rolle angetragen wird. Dafür spricht schon, dass das Verfassungsgericht in einem entsprechenden Konfliktfall als Lösungsgeber naheliegt.[37] Dies würde aber eher auf der tatsächlichen Sichtbarkeit des Verfassungsgerichtes und dem Vertrauen gründen, das den Richterpersönlichkeiten dort entgegengebracht wird.

---

[32] *Grimm*, Der Staat 48 (2009), 475, 481.

[33] *Grefrath*, AöR 135 (2010), 221, 227: „Der Regelungsgehalt liegt einzig und allein darin, die Lehre von der verfassunggebenden Gewalt des Volkes in Bezug auf das Grundgesetz als richtig zu unterstellen, präziser: ihr Geltung im technischen Sinne zu verschaffen." Ähnlich in Bezug auf Art. 146 GG schon *Merkel*, Die verfassungsgebende Gewalt des Volkes. Grundlagen und Dogmatik des Artikels 146 GG (1996), 209.

[34] *Grimm*, Der Staat 48 (2009), 475, 486.

[35] Hierzu etwa *Nettesheim*, EuR-Beiheft 1 (2010), 101, 108: „Das Gericht scheint eine Revolution als eine rechtlich geordnete und von ihm selbst überwachte Veranstaltung zu begreifen. Über eine Versubjektivierung von Art. 146 GG will es (ex post) überprüfen, ob der Übergang von der alten zur neuen Ordnung den von ihm (noch zu entwickelnden) Vorstellungen entspricht." Kritisch *Jestaedt*, Der Staat 48 (2009), 497, 512: „Wie kann das BVerfG, welches doch nur auf der Grundlage und im Horizont der grundgesetzlichen Ordnung rechtliche Existenz hat und rechtserheblich operieren kann, etwas über rechtliche Anforderungen *jenseits* des Grundgesetzes sagen?" Abwägend *K.-P. Sommermann*, DÖV 66 (2013), 708: „Will man dem Gericht hier nicht einen rechtskonstruktiven Fehler unterstellen, so liegt die Deutung nahe, dass damit die Wegscheide zwischen einem noch in der Perspektive des Grundgesetzes liegenden evolutionären Übergang einerseits und einer revolutionären Abkehr von der Tradition des Grundgesetzes andererseits markiert werden soll."

[36] Siehe nur *Halberstam/Möllers*, German Law Journal 10 (2009), 1255 f.

[37] Betrachtet man die Verfassungspraxis als Lösung in einem Koordinationsproblem (näher dazu unter D.III.4), erscheint diese Lösung sogar wahrscheinlich; siehe auch den Hinweis auf „constitutional courts as mediators between interim and final constitutions in Hungary, as well as in South Africa" bei *A. Arato*, Post Sovereign Constitution Making (2016), 8, bei dem aber unklar bleibt, ob eine solche Rolle *rechtlich* begründet ist.

c) Das Urteil als strategische Handlung

Vor allem aber scheint das Urteil eher als politische Handlung zu bewerten zu sein denn als juristische.[38] So stellt *Christoph Schönberger* fest: „Die Verschiebung von der Normenkontrolle zur Verfassungsbeschwerde hat einen klaren politischen Sinn: Der übliche europapolitische Konsens der großen Bundestagsfraktionen soll die verfassungsgerichtliche Überprüfung nicht hindern."[39] Auch *Oliver Lepsius* sieht das Verfassungsgericht als politischen Akteur, der einer politisch nicht vertretenen Stimme Gehör verschafft.[40] In strategischer Hinsicht kann die Berufung auf Art. 146 GG einen integrationspolitischen Schachzug darstellen, um weitere Integrationsschritte (ohne gleichzeitige Erweiterung der demokratischen Legitimation der EU) zu erschweren.[41] Die Bezugnahme auf die verfassunggebende Gewalt des Volkes und das Volk als Legitimitätsgrundlage scheint selektiv.[42] Zwar wird der Verweis auf Art. 146 GG als konstruktiver Lösungsvorschlag und Weg aus einer potentiellen Sackgasse verstanden;[43] dabei ist aber zu berücksichtigen, dass dieser Weg alles andere als leicht zu gehen ist. Es erscheint nicht wahrscheinlich, dass sich politisch eine Mehrheit für eine Ablösung des Grundgesetzes findet.[44] In der Kontrolle der Integration ist das Verfassungsgericht darüber hinaus in einem Dilemma, wie *Schönberger* feststellt: „Die politische Legitimität des Verfassungsgerichts ist [...] nicht stark genug, als dass es die Verantwortung für das Scheitern einer grundlegenden Reform der europäischen Verträge auf sich nehmen und aushalten könnte. Will es seine institutionelle Position nicht mit unabsehbaren Konsequenzen gefährden, so ist das Gericht faktisch zu zustimmend tenorierten Urteilen gezwungen."[45] Diese Situation muss das Gericht berücksichtigen.[46] Innenpolitisch lässt sich

[38] Siehe *O. Lepsius*, JöR 63 (2015), 63; *Hirschl*, Comparative Matters (2014), 168.

[39] *Schönberger*, Der Staat 48 (2009), 535, 541.

[40] *Lepsius*, JöR 63 (2015), 63, 67 f.; in eine ähnliche Richtung *Nettesheim*, EuR-Beiheft 1 (2010), 101, 107: „Die (Selbst-) Verstümmelung des staatlichen Gemeinwesens wird von Repräsentanten vorangetrieben, die hierfür schon deshalb kaum zur Verantwortung gezogen werden können, weil Fragen der Europapolitik regelmäßig überparteilich und im Rahmen großer Koalitionen behandelt werden. Wer nicht eine Randpartei wählen will, hat als Wähler keine Sanktionsmöglichkeit."

[41] Dazu *N. N.*, The Economist, March 24th (2012), 31: „Some see the Article 146 discussion as a mere ploy to block further European integration".

[42] Vgl. schon *Möllers*, Der vermisste Leviathan (2008), 73: „Der Rekurs auf das Volk als Legitimationsgrundlage erschien besser geeignet, die europäische Integration aufzuhalten, als dem wiedervereinigten Deutschland eine neue rechtliche Grundlage zu geben."

[43] *Morlok/Michael*, Staatsorganisationsrecht (2017), Rn. 119. Umgekehrt beurteilt *Thym*, Der Staat 48 (2009), 559, 576, die Lissabon-Entscheidung als „verfassungsrechtliche Sackgasse für die Fortentwicklung der demokratischen Legitimation europäischer Hoheitsgewalt".

[44] Dagegen spricht schon die Tendenz zur „Verfassungsverheiligung", die *H. Dreier*, Die Zeit vom 7.5. (2009), 13, diagnostiziert.

[45] *Schönberger*, Der Staat 48 (2009), 535, 537; so auch *Volkmann*, Grundzüge einer Verfassungslehre der Bundesrepublik Deutschland (2013), 328.

[46] Hierzu weiter *Schönberger*, Der Staat 48 (2009), 535, 539: „Das strukturelle Dilemma

über eine dialektische Wirkung der Berufung auf Art. 146 GG nachdenken.[47] Zum einen wird „das ungelöste Problem der Finalität der Europäischen Union auf die Tagesordnung gesetzt".[48] Dazu wird, indem man die Ablösung des Grundgesetztes thematisiert, die tatsächliche Zustimmung zum Grundgesetz deutlich. Es ist jedenfalls nicht erkennbar, dass die Möglichkeit einer Verfassunggebung politisch ernsthaft erwogen wird. Der Verweis auf die mögliche Abschaffung des Grundgesetzes kann auch so verstanden werden, dass die Legitimationsgrundlage des Bundesverfassungsgerichtes selbst abgeschafft wird. Eine solche Argumentation wird nur von demjenigen geführt werden, der die Realisierung dieser Möglichkeit als hinreichend unwahrscheinlich einordnet. Das Bundesverfassungsgericht versteht sich also als tatsächlicher Veto-Spieler, der es sich erlauben kann, auf die eigenen Grundlagen seiner Legitimation zu verweisen.

III. Außerrechtliche Bedingtheit und Selbststand der Verfassung

In den Debatten um die Wiedervereinigung und um das Lissabon-Urteil des Bundesverfassungsgerichts wird deutlich, dass an Art. 146 GG Wirkungen geknüpft werden, die außerhalb des rein Rechtlichen liegen. Umgekehrt werden in der rechtlichen Interpretation von Art. 146 GG außerrechtliche Umstände berücksichtigt. Hier zeigt sich die Eigenart der Vorschrift als Grenznorm der Verfassung. Die außerrechtliche Bedeutung von Art. 146 GG korrespondiert mit der Bedeutung außerrechtlicher Faktoren in der rechtlichen Behandlung von Art. 146 GG.

In der Debatte um die rechtliche Einordung von Art. 146 GG klingt die außerrechtliche Bedingtheit des Verfassungsrechts an. Außerrechtliche Faktoren sind für die Stabilität einer Verfassung von besonderer Bedeutung.[49] Eine Ver-

---

der verfassungsgerichtlichen Kontrolle der Integrationsgewalt entsteht also aus der Kombination eines faktischen und eines rechtlichen Elements. Faktisch kann das Bundesverfassungsgericht das Inkrafttreten eines europäischen Vertragswerks nicht verhindern, und rechtlich kann es dessen Interpretation im Sinne seiner Rechtsprechung nicht erzwingen, sondern allenfalls versuchen, sie durch den Hinweis auf eine mögliche Versagung des deutschen Vertragsgehorsams in seien Richtung zu lenken. Institutionenpsychologisch ist diese Situation für das Gericht umso schwerer zu ertragen, als sie in extremer Diskrepanz zu der außerordentlichen Machtposition steht, in die es innerstaatlich – rechtlich wie tatsächlich – hineingewachsen ist. Der trotzig-aggressive Ton des Zweiten Senats über weite Strecken der Urteilsbegründung mag sich hieraus erklären."

[47] Angesichts dessen, dass die Grenze der Legitimation des Bundesverfassungsgerichts erreicht sein könnte, „geht es auch hier um die indirekte, subkutane und letztlich diffuse Beeinflussung des politischen Diskurses, um zu verhindern, dass genau die Situation eintritt", so *Volkmann*, Grundzüge einer Verfassungslehre der Bundesrepublik Deutschland (2013), 328.

[48] *Volkmann*, Grundzüge einer Verfassungslehre der Bundesrepublik Deutschland (2013), 328.

[49] Siehe nur *Grimm*, „Ich bin ein Freund der Verfassung" (2017), der von der „relativen

fassung muss ohne eine oberste Aufsicht auskommen, die ihre Durchsetzung gewährleistet.[50] Auch Verfassungsgerichte sind darauf angewiesen, dass ihre Urteile respektiert werden.[51] Die Verwirklichung ihrer Entscheidungen hängt von ihrer langsam aufgebauten Legitimität ab.[52] Die Stabilität der Verfassung im Sinne ihrer regelmäßigen Akzeptanz und Befolgung wird von Umständen abhängen, die mit der rechtlichen Ausgestaltung zusammenhängen mögen, von dieser aber nicht voll determiniert sein können.

1. Böckenförde-Diktum

Die außerrechtliche Bedingtheit der freiheitlichen Verfassung ist in Anknüpfung an das sogenannte Böckenförde-Diktum problematisiert worden. Diese Sentenz *Ernst-Wolfgang Böckenfördes* lautet: „Der freiheitliche, säkularisierte Staat lebt von Voraussetzungen, die er selbst nicht garantieren kann. Das ist das große Wagnis, das er um der Freiheit willen eingegangen ist."[53] Im Folgenden soll auf Kontext und Rezeption des Diktums eingegangen und dann die Bedeutung für meine Untersuchung erläutert werden.

Bedeutung des Verfassungstextes" und der „immensen Bedeutung des Kontextes, in dem eine Verfassung operiert", spricht.

[50] Siehe nur *Elkins/Ginsburg/Melton*, The Endurance of National Constitutions (2009), 7; *Kirchhof*, § 21 Identität der Verfassung, in: Isensee/Kirchhof (Hg.), Handbuch des Staatsrechts, Bd. II, 3. Auflage (2004), 261, Rn. 17: „Verfassungsrecht unterscheidet sich vom sonstigen Recht dadurch, daß es keine positivrechtliche Erkenntnisquelle für sein Entstehen und keine ihren Bestand garantierende Instanz gibt." Siehe auch *Morlok/Michael*, Staatsorganisationsrecht (2017), Rn. 71, zum „notwendigen Selbststand der Verfassung" unter Bezugnahme auf *R. Smend*, Verfassung und Verfassungsrecht (1928), in: Smend (Hg.), Staatsrechtliche Abhandlungen und andere Aufsätze, 3. Auflage (1994), 119, 195.

[51] Siehe hierzu *C. Hillgruber/C. Goos*, Verfassungsprozessrecht (2015), Rn. 31 ff., die aber auch auf die möglichen politischen Kosten der Nichtbefolgung eines Urteils aufmerksam machen; so auch *Volkmann*, Grundzüge einer Verfassungslehre der Bundesrepublik Deutschland (2013), 171, der auf die faktische Bindungswirkung von Verfassungsgerichtsurteilen hinweist: „Ingnorieren kann diese nur, wer insgesamt aus dem Verfassungskonsens ausbricht, der die Verfassung letzten Endes trägt".

[52] Hierzu *N. Petersen*, Verhältnismäßigkeit als Rationalitätskontrolle (2015), 144: „Die institutionelle Stärke eines Gerichts ist keine Konstante. Vielmehr ist davon auszugehen, dass sie sich über die Zeit entwickelt. Verfassungsgerichte müssen das Vertrauen der Bevölkerung und damit öffentliche Unterstützung erst erwerben. Sozialwissenschaftliche Studien zeigen, dass die Legitimität von Verfassungsgerichten grundsätzlich umso größer ist, je länger sie bestehen, da die Gerichte über die Zeit die Gelegenheit haben, öffentliche Unterstützung aufzubauen." Siehe auch *Lorenz*, Ordnung und Wandel des Grundgesetzes als Ergebnis des Wechselspiels von Politik und Recht, in: FS für Gert-Joachim Glaessner (2009), 205, 218.

[53] *Böckenförde*, Recht, Staat, Freiheit (2006), 112; laut *C. Möllers*, Zeitschrift für Ideengeschichte 4 (2010), 107, 108, ist der Satz „ohne Verschulden seines Autors zum Lieblingssprichwort bundesrepublikanischer Hobbyverfassungstheoretiker" geworden.

a) Kontext des Diktums

Der Kontext[54] des Diktums besteht in einer Diskussion, was der Vorgang der Säkularisierung – oder Verweltlichung – für den Staat bedeute:

> Die Substanz des Allgemeinen, das der Staat verkörpern und sichern soll, kann folglich nicht mehr in der Religion, einer bestimmten Religion gesucht, sie muß unabhängig von der Religion in weltlichen Zielen und Gemeinsamkeiten gefunden werden. Das Maß der Verwirklichung der Religionsfreiheit bezeichnet daher das Maß der Weltlichkeit des Staates.[55]

Böckenförde fragt „nach der sachlichen Bedeutung dieses Säkularisationsvorgangs."[56] Dies betrifft zum einen die Frage, ob mit der Entwicklung des Staates auch eine „Entchristlichung" einhergehe. Hiermit – gleichsam als Kehrseite – verwandt ist die folgende Frage:

> Woraus lebt der Staat, worin findet er die ihn tragende, homogenitätsverbürgende Kraft und die inneren Regulierungskräfte der Freiheit, deren er bedarf, nachdem die Bindungskraft aus der Religion für ihn nicht mehr essentiell ist und sein kann?[57]

Menschen- und Bürgerrechte verweisen den Einzelnen auf seine Freiheit. Wie aber sollen diese Emanzipierten nun zusammenfinden? Diese Leerstelle werde zeitweise von der Idee der Nation besetzt.[58] Der „Individualismus der Menschenrechte" emanzipiere sich aber „auch von der (volkhaften) Nation als homogenitätsbildender Kraft."[59] Einen Rekurs auf „Werte" zur Füllung dieser Lücke, sieht *Böckenförde* als problematisch an und kommt zum „eigentlichen Kern" der Frage „nach den bindenden Kräften".[60] Den Kern formuliert er mit dem eingangs zitierten Diktum. Hier liege das „Wagnis" des freiheitlichen Staates. „Rechtszwang" und „autoritatives Gebot" stehen diesem Staat hingegen nicht zur Verfügung, sonst fiele er in Totalität zurück.[61] Es stellt sich die Frage, wie der Staat auf diese Herausforderung reagiert. Soll er versuchen, es den Bürgern rechtzumachen?[62] *Böckenförde* bezweifelt, dass der Staat so Legitimität schöpfen könne. Das Problem sei damit nicht gelöst: „Worauf stützt sich die-

---

[54] *F. Meinel*, Ethik und Gesellschaft (2016), 1, 2, zufolge werde dieser selten bedacht. *Meinel* weist auf eine vorhergehende „esoterische Diskussion" zwischen *Ernst Forsthoff*, *Carl Schmitt* und *Joachim Ritter* hin.

[55] *Böckenförde*, Recht, Staat, Freiheit (2006), 108.

[56] *Böckenförde*, Recht, Staat, Freiheit (2006), 110.

[57] *Böckenförde*, Recht, Staat, Freiheit (2006), 111.

[58] *Böckenförde*, Recht, Staat, Freiheit (2006), 112.

[59] *Böckenförde*, Recht, Staat, Freiheit (2006), 112.

[60] *Böckenförde*, Recht, Staat, Freiheit (2006), 112.

[61] *Böckenförde*, Recht, Staat, Freiheit (2006), 113.

[62] *Böckenförde*, Recht, Staat, Freiheit (2006), 113: „Der Staat kann versuchen, diesem Problem zu entgehen, indem er sich zum Erfüllungsgaranten der eudämonistischen Lebenserwartung der Bürger macht und daraus die ihn tragende Kraft zu gewinnen sucht."

ser Staat am Tag der Krise?"[63] *Böckenförde* schließt seinen Beitrag mit dem Wunsch, „daß die Christen diesen Staat in seiner Weltlichkeit nicht länger als etwas Fremdes, ihrem Glauben Feindliches erkennen, sondern als die Chance der Freiheit, die zu erhalten und zu realisieren auch ihre Aufgabe ist."[64]

In einem späteren, anknüpfenden Beitrag fragt *Böckenförde* nach dem „ein bestimmtes Wir-Gefühl [vermittelnden einigenden] Band", das „selbstbezogener individueller Freiheit" „vorausliegt".[65] Berufungen auf die „Werteordnung des Grundgesetzes" sieht er kritisch als mögliches Einfallstor für eine intolerante Zivilreligion.[66] Potential zur Schaffung eines gemeinsamen „Bandes" verortet er im Kulturwesen. Letztlich wird die Freiheit wieder zum Schlüsselbegriff und die durch Säkularisierung geschaffene Leerstelle wird hier funktional von einem „Ethos der Gesetzlichkeit" besetzt:

> Geht der Staat in dieser Weise vor, schafft er eine Art von Gemeinsamkeit, die Pluralität und partielle Heterogenität zu übergreifen vermag: Das gemeinsame Leben unter freiheitsbezogenen Gesetzen, deren Grenzziehung von allen gleichermaßen zu befolgen ist. Anstelle von ausgreifenden Wertbekenntnissen wird Gesetzesloyalität zur Grundlage des gemeinsamen Zusammenlebens. Das zugehörige Ethos der Gesetzlichkeit vermag eine solche Ordnung mitzutragen und zu stabilisieren.[67]

Böckenförde nähert sich der Frage der außerrechtlichen Bedingtheit des Staatswesens vom Themenkreis der Säkularisierung an. Seine Diagnose ist aber allgemeiner. Denn der Staat kann die erforderliche Zustimmung auch aus anderen potentiell identitätsstiftenden Quellen wie der Idee der Nation[68] nicht dauerhaft verlässlich schöpfen.

Zwar betrifft der Kontext des berühmten Diktums das Verhältnis von Religion und Staatswesen. *Böckenförde* deutet aber auf den für meine Untersuchung wichtigen Aspekt hin, dass in der vermeintlichen Schwachstelle des freiheitlichen Staates auch seine Stärke liegt. *Böckenförde* spricht dabei durchgehend vom Staat. Der Staat aber ist ein verfasster und die Freiheitlichkeit des Staates rührt aus dessen Verfasstheit.

b) Rezeption und Kritik

Das Diktum sei massenhaft interpretiert[69], „bis zur Unkenntlichkeit zitiert"[70] und zum „Stoff von Werte-Reden verkommen".[71] Die Rezeption in der Debatte

---

63 *Böckenförde*, Recht, Staat, Freiheit (2006), 113.

64 *Böckenförde*, Recht, Staat, Freiheit (2006), 114.

65 *Böckenförde*, Der säkularisierte Staat (2015), 25.

66 *Böckenförde*, Der säkularisierte Staat (2015), 28 ff.

67 *Böckenförde*, Der säkularisierte Staat (2015), 36.

68 Zu dieser *B. Anderson*, Imagined Communities (2006).

69 *Meinel*, Ethik und Gesellschaft (2016), 1, 1; siehe auch *M. Künkler/T. Stein*, State, Law, and Constitution: Ernst-Wolfgang Böckenförde's Political and Legal Thought in Context, in: Künkler/Stein (Hg.), Ernst-Wolfgang Böckenförde. Vol. 1 (2017), 1, 1.

um „Verfassungsvoraussetzungen“ habe erst in den 1990er Jahren begonnen.[72] Die zeitgenössische Kritik setzt an verschiedenen Punkten an. So werde Religion zu einseitig thematisiert. *Hans Michael Heinig* weist auf „das desintegrative Konfliktpotential der jeweils – aus rechtlicher Perspektive legitimerweise – durch unbedingte Wahrheitsansprüche gekennzeichneten unterschiedlichen Religionen“ und „die selbststabilisierenden Integrationseffekte des freiheitlich-demokratischen Willensbildungsprozesses der sich als frei und gleich Anerkennenden“ hin.[73] Die Effekte von Religion seien ambivalent: einerseits könne sie zur sozialen Stabilität beitragen, anderseits könne religiöser Eifer Gesellschaften belasten, daher sei nicht einfach anzunehmen, der Staat lebe von der Religion.[74] *Christoph Möllers* zweifelt an der Begriffsbildung der „Voraussetzung“ und dazu an der Beurteilung des historischen Zusammenhangs:

> Dass der Staat seine eigenen Voraussetzungen nicht garantieren kann, hat vielleicht weniger mit seiner Staatlichkeit zu tun als schlicht mit der Definition von „Voraussetzung“. Warum ging der Staat ein „Wagnis“ ein, als er auf die Kontrolle der Religion verzichtete? Gab es eine Wahl, oder drohte die Ordnung nicht gerade wegen dieses Anspruchs zu versinken? Und wo in Europa war eigentlich ein solcher nach den Bürgerkriegen entstandener säkularer, neutraler und mit einem Gewaltmonopol ausgestatteter Staat, von dem der Aufsatz handelt? Auf der europäischen Landkarte des Jahres 1700 dürfte man keinen einzigen finden. Schließlich: Was folgt aus dem Satz? Dass der Staat keine Religionspolitik machen darf?[75]

Das Verdienst des Diktums liege darin, dass es vorsichtig mit Religion umgehe, obwohl *Böckenförde* selbst Katholik sei.[76] Das Diktum nimmt eine Selbstbescheidung des Verfassungsstaates an.

c) Bedeutung für meine Untersuchung

Im Zusammenhang dieser Arbeit ist interessant, dass *Böckenförde* eine funktionale Perspektive auf die Religion einnimmt. Er diskutiert Religion als unabhängige Variable, die sich auf eine abhängige Variable, nämlich die Stabilität des

---

70 *Möllers*, Zeitschrift für Ideengeschichte 4 (2010), 107, 108.

71 *Meinel*, Ethik und Gesellschaft (2016), 1, 1 f.; *L. Kähler*, Die asymmetrische Interdisziplinarität der Rechtswissenschaft, in: Rehberg (Hg.), Der Erkenntniswert von Rechtswissenschaft für andere Disziplinen (2018), 105, 136 f., erklärt die vielfache Rezeption außerhalb der Wissenschaft mit der hohen Allgemeinheit der Aussage.

72 So *Meinel*, Ethik und Gesellschaft (2016), 1, 3 f., unter Bezugnahme auf *H.-J. Große Kracht*, Fünfzig Jahre Böckenförde-Theorem. Eine bundesrepublikanische Bekenntnisformel im Streit der Interpretationen, in: Große Kracht/Große Kracht (Hg.), Religion – Recht – Republik. Studien zu Ernst-Wolfgang Böckenförde (2014), 155.

73 *H. M. Heinig*, Öffentlich-rechtliche Religionsgesellschaften (2003), 40 (Wiedergabe ohne Nachweise).

74 *Heinig*, Öffentlich-rechtliche Religionsgesellschaften (2003), 40.

75 *Möllers*, Zeitschrift für Ideengeschichte 4 (2010), 107, 108.

76 *Möllers*, Zeitschrift für Ideengeschichte 4 (2010), 107, 108: „Wenn die Formel trotzdem ihren Erfolg verdient, dann vor allem um desjenigen willen, was sie nicht sagt.“

Verfassungsstaates auswirkt. Damit beschreibt er einen funktionalen Zusammenhang,[77] der so aber nicht nur für die Frage der Religion gilt.[78] Er selbst hat die Aussage später als „analysierende und resümierende Feststellung“[79] charakterisiert. Sie hat aber normative Implikationen.[80] Denn dem Verfassungsstaat ist der Zugriff auf bestimmte Ressourcen verboten. Er darf schon nicht versuchen, Gesinnungen zu erzwingen. Wenn der freiheitliche Staat sich aber den Zugriff auf bestimmte Stabilisierungsressourcen verbieten muss, um ein freiheitlicher zu sein, fragt sich, welche anderen Ressourcen ihm dann zur Stabilisierung offenstehen. Das Böckenförde-Diktum hat damit einen deskriptiven Gehalt, weil es einen funktionalen Zusammenhang beschreibt, und einen normativen, weil es auf normativ bedingte Leerstellen verweist. Damit ist eine Aporie formuliert, was den Verfassungsstaat stabilisiert. Für meine weiteren Überlegungen ist diese Problembeschreibung von Bedeutung.

2. *Bedeutung tatsächlicher Akzeptanz*

In den unterschiedlichen Debatten und Kontexten, in denen die außerrechtliche Bedingtheit der Verfassung thematisiert wird, besteht zumindest Einigkeit, dass der Verfassungsstaat auf die Akzeptanz der Bürger angewiesen ist.[81] Dabei besteht eine Wechselwirkung zwischen der Ausprägung des Verfassungsstaates und der tatsächlichen Akzeptanz.[82] Diese Abhängigkeit von tatsächlicher Akzeptanz wird an unterschiedlichen Stellen anerkannt und gilt dabei schon

---

[77] *Große Kracht*, Fünfzig Jahre Böckenförde-Theorem. Eine bundesrepublikanische Bekenntnisformel im Streit der Interpretationen, in: Große Kracht/Große Kracht (Hg.), Religion – Recht – Republik. Studien zu Ernst-Wolfgang Böckenförde (2014), 155, 158, spricht von der „damals eher randständige[n] Ressourcenfrage“.

[78] *E.-W. Böckenförde*, „Der freiheitliche säkularisierte Staat …“, in: FS für Burkhard Reichert (2002), 19, 20, mit Hinweis auf andere „Grundlagen und Fermente des Zusammenlebens“; *Kähler*, Die asymmetrische Interdisziplinarität der Rechtswissenschaft, in: Rehberg (Hg.), Der Erkenntniswert von Rechtswissenschaft für andere Disziplinen (2018), 105, 136: „Dilemma, dem freiheitliche Rechtsordnungen generell ausgesetzt sind“.

[79] *Böckenförde*, „Der freiheitliche säkularisierte Staat …“, in: FS für Burkhard Reichert (2002), 19, 19.

[80] Siehe *C. Engel*, VVDStRl 68 (2009), 475, 476: „Die Verfassung lässt nicht zu, dass der Staat das, auf dem er beruht, selber zur Verfügung stellt.“

[81] Siehe *Volkmann*, Grundzüge einer Verfassungslehre der Bundesrepublik Deutschland (2013), 295, zur „Anerkennung der Verfassung durch die Bürger“ als Bedingung „permanenter Geltung“ der Verfassung.

[82] Vgl. hierzu auch *Volkmann*, Grundzüge einer Verfassungslehre der Bundesrepublik Deutschland (2013), 43: „Getragen wird der Gerechtigkeitsanspruch der Verfassung allerdings nicht allein von theoretischer Reflexion oder historischer Tradition. Er muss vielmehr, um wirksam zu werden, seinen Rückhalt in den Gerechtigkeitsüberzeugungen der Bürger finden, die die Verfassung als ihre Verfassung annehmen müssen. […] In der Sache bedeutet es, dass sich die in die Verfassung aufgenommenen Gerechtigkeitsgrundsätze mit den gesellschaftlichen Ordnungs- und Gerechtigkeitsüberzeugungen verschränken und diese nun in der Verfassung symbolische verkörpert erscheinen.“

fast als Gemeinplatz, was der nachfolgende Streifzug durch die Literatur verdeutlichen soll.

Paul Kirchhof rundet seine Aufzählung von Verfassungsvoraussetzungen[83], unter denen er „Geltungsvoraussetzungen des Verfassungstextes“[84] versteht, mit einer auf *Böckenförde* verweisenden Feststellung ab: „Auch der Verfassungsstaat baut auf Voraussetzungen, die einerseits von ihm selbst – auch in der Verfassung – gepflegt werden müssen, die der Staat andererseits teilweise um der Freiheit willen nicht selbst garantieren kann, sondern in die Hand der Freiheitsberechtigten geben muß.“[85] Die Ausführungen bei *Isensee* gehen in eine ähnliche Richtung. Er stellt bei einer Verfassung „Wechselbeziehungen“ „zwischen Sollen und Sein“ fest.[86] Die Legitimation der Verfassung ziele auf deren „Grund“, „wobei sich das Wort ‚Grund‘ in mehrfacher Bedeutung“ zeige: „als das Motiv für Akzeptanz, als das Argument, das Akzeptanz und Rechtfertigung herbeiführt, aber auch als die Grundlage, als der Baugrund, auf dem die Verfassung errichtet wird.“[87] Auch hier ist die außerrechtliche Bedingtheit der Verfassung angesprochen, auf die die Verfassung durch ihre Ausgestaltung Rücksicht nehmen kann. So müsse nach *Isensee* ein Abstimmungsverfahren zur Verfassung darauf abzielen, die Akzeptanz der Mehrheit zu erreichen. Es müsse vermieden werden, dass sich eine Minderheit „gerechten Grund hat, sich als Opfer eines Mehrheitsdiktats zu fühlen.“[88] Hier sei die verfassunggebende Gewalt des Volkes auf die „normative Kraft des Faktischen“ verwiesen.[89] Die Er-

[83] Zu den Geltungsvoraussetzungen des Grundgesetzes zählt *Kirchhof* neben Faktoren wie einer organisierbaren Gemeinschaft, Deutschsprachigkeit und einem vorgeformten Staatsvolk auch eine Form von allgemeinem Vertrauen; *Kirchhof*, § 21 Identität der Verfassung, in: Isensee/Kirchhof (Hg.), Handbuch des Staatsrechts, Bd. II, 3. Auflage (2004), 261, Rn. 66: „Auch ein Mindestmaß an Vertrauen ist Grundbedingung einer freiheitlich-demokratischen Ordnung. Diese Ordnung setzt voraus, daß die überwiegende Mehrheit der Bürger diese Verfassung bejaht, daß Parteien im anerkannten Rahmen dieser Verfassung konkurrieren, daß Richter dem Recht unabhängig zur Wirkung verhelfen.“ Kritisch hierzu *Meinel*, Ethik und Gesellschaft (2016), 1, 3 f., wenn er von der „sogenannten Theorie der ‚Verfassungsvoraussetzungen‘“ spricht, „einer recht eigenwilligen Gattung eher trivial-etatistischer Bekenntnisliteratur im Umkreis des berühmten *Handbuchs des Staatsrechts*“.

[84] *Kirchhof*, § 21 Identität der Verfassung, in: Isensee/Kirchhof (Hg.), Handbuch des Staatsrechts, Bd. II, 3. Auflage (2004), 261, Rn. 65.

[85] *Kirchhof*, § 21 Identität der Verfassung, in: Isensee/Kirchhof (Hg.), Handbuch des Staatsrechts, Bd. II, 3. Auflage (2004), 261, Rn. 66 (Wiedergabe ohne Nachweise).

[86] *Isensee*, Das Volk als Grund der Verfassung (1995), 14: „Die Geltung ist eine Frage des rechtlichen Sollens, die Wirksamkeit eine Frage des empirischen Seins. Als Norm vermag die Verfassung nur den *Anspruch* auf Geltung zu erheben. Ob der Anspruch eingelöst wird, entscheidet sich im Leben des Gemeinwesens.“

[87] *Isensee*, Das Volk als Grund der Verfassung (1995), 74, und weiter auf S. 85: Der Verfassung „bleibt nichts anderes übrig, als sich nur durch ihren Inhalt auszuweisen: durch die Ideen und Institutionen, die sie sich zu eigen macht. Der Inhalt rechtfertigt, daß sie Zustimmung verdient; er wirbt dafür, daß sie tatsächlich Zustimmung erfährt.“

[88] *Isensee*, Braucht Deutschland eine neue Verfassung? (1992), 21.

[89] *Isensee*, Braucht Deutschland eine neue Verfassung? (1992), 21.

klärung der Verfassung als Gesellschaftsvertrag sei insofern richtig, als zu den tatsächlichen Voraussetzungen der Verfassung eine „Grundeinigung aller politische relevanten Kräfte“[90] gehöre. Die tatsächliche Zustimmung der Bürger ist von entscheidender Bedeutung: „die demokratische Verfassung lebt und regeneriert sich aus dem plébiscite de tous les jours.“[91] Gemeinsam stellen *Isensee* und *Kirchhof* fest: „eigentlicher Geltungsgrund der Verfassung ist ihre Überzeugungskraft, die sich in der Zustimmung der Bürger erweist“[92].

Ähnlich klingen die Ausführungen bei *Martin Morlok* und *Lothar Michael*: „Man kann nicht hinter jeden Bürger einen Polizisten stellen. Die Beachtung der Verfassung ist zu guten Teilen auf freiwillige Befolgung angewiesen. Die tatsächliche Wirksamkeit einer Verfassung hängt also von ihrer eigenen Überzeugungskraft ab.“[93] Diese Akzeptanz müsse sich die Verfassung verdienen.[94] Ein reiner Rechtsakt genüge nicht: „Die Gesellschaftsstruktur, die Ökonomie, die Kultur, insbesondere auch die politische Kultur eines Landes spielen hierbei eine maßgebliche Rolle.“[95]

Aus rechtsvergleichender Perspektive bietet *Ran Hirschl* eine ähnliche Problembeschreibung: „[C]onstitutions neither originate nor operate in a vacuum. Their import cannot be meaningfully described or explained independent of the social, political, and economic forces, both domestic and international, that shape them. Indeed, the rise and fall on constitutional orders [...] are important manifestations of this idea“[96]. *Hirschl* stellt damit den Bezug zu den externen Bedingungen der Verwirklichung einer Verfassungsordnung her.

Diese externen Bedingungen thematisiert auch *Dieter Grimm*. Er weist darauf hin, dass sie im Fall der Weimarer Reichsverfassung gerade nicht günstig waren. Hier besteht ein Zusammenhang zu den wirtschaftlichen Bedingungen, unter denen eine Verfassung operieren muss.[97] Denn die Verfassung ist vom gesellschaftlichen Konsens abhängig: „Verfassungen sind zuallererst Ausdruck der

---

[90] *Isensee*, Braucht Deutschland eine neue Verfassung? (1992), 24.

[91] *Isensee*, Braucht Deutschland eine neue Verfassung? (1992), 24; mit einer Anleihe bei *E. Renan*, Qu'est-ce qu'une nation? (1882), 27, wo es heißt: „L'existence d'une nation est (pardonnez-moi cette métaphore) un plébiscite de tous les jours, comme l'existence de l'individu est une affirmation perpétuelle de vie.“

[92] *J. Isensee/P. Kirchhof*, Vorwort, in: Isensee/Kirchhof (Hg.), Handbuch des Staatsrechts, Bd. VII (1992), VII.

[93] *Morlok/Michael*, Staatsorganisationsrecht (2017), Rn. 71.

[94] *Morlok/Michael*, Staatsorganisationsrecht (2017), Rn. 74.

[95] *Morlok/Michael*, Staatsorganisationsrecht (2017), Rn. 101.

[96] *Hirschl*, Comparative Matters (2014), 152, mit Verweis auf den Befund bei *Elkins/Ginsburg/Melton*, The Endurance of National Constitutions (2009), 114, dass die Hälfte aller Verfassungen nicht älter wird als 19 Jahre.

[97] *Grimm*, Zwischen Anschluß und Neukonstitution. Wie aus dem Grundgesetz eine Verfassung für das geeinte Deutschland werden kann, in: Guggenberger/Stein (Hg.), Die Verfassungsdiskussion im Jahr der deutschen Einheit (1991), 119, 120; zur Bedeutung von Prosperität und wirtschaftlicher Stabilität ebenfalls im Kontext der Wiedervereinigungsdebatte auch *U. Storost*, Der Staat 29 (1990), 321, 327.

Selbstverständigung eines Volkes über seine politische Existenz und die Grundzüge der gesellschaftlichen Ordnung. Die juristische Form der Verfassung löst das Ergebnis dieses Verständigungsprozesses von der Entstehungssituation ab und verleiht ihm Bestimmtheit, Verbindlichkeit und Dauer. Dennoch bleibt die Verfassung auch in ihrer rechtlichen Wirksamkeit vom gesellschaftlichen Konsens abhängig. Schwindet er, dann ist es auch um ihre Durchsetzung schlecht bestellt.“[98]

Fraglich ist dies in Momenten der Krise. *Peter Lerche* bezweifelt, dass das Grundgesetz eine tatsächliche Bewährungsprobe zu bestehen hatte.[99] Auch die Wiedervereinigung sei keine solche gewesen. Denn: „Die entscheidende Bewährungsprobe besteht ein Verfassungswerk doch wohl erst dann, wenn es sich in Zeiten existenzieller Not und Gefahr, etwa elementarer Wirtschaftskrisen, zu behaupten vermag. Eine solche scharfe Kost bleib dem Grundgesetz bislang erspart.“[100]

IV. Zwischenergebnis

Die Akzeptanz der Verfassung ist Voraussetzung ihrer tatsächlichen Befolgung. Ein Mindestmaß an Befolgung kann sogar als Geltungskriterium angesehen werben.[101] Dementsprechend wirbt eine freiheitliche Verfassung um die Akzeptanz ihrer Adressaten. In der Debatte um die Grenznorm Art. 146 GG wird dieses Fundamentalproblem besonders deutlich.[102] Wir gelangen damit zur der Frage, welche Faktoren eine Verfassung stabilisieren. Denn es mag fast selbstverständlich erscheinen, dass eine Verfassung auf Akzeptanz angewiesen ist, die Akzeptanz selbst kann aber nicht einfach als selbstverständlich angesehen werden.[103] Die folgenden Abschnitte sollen das Problem der Akzeptanz einer verfassungsrechtlichen Ordnung und letztlich ihrer Stabilität vertiefen.

---

[98] *Grimm*, Das Risiko Demokratie. Plädoyer für einen neuen Parlamentarischen Rat, in: Guggenberger/Stein (Hg.), Die Verfassungsdiskussion im Jahr der deutschen Einheit (1991), 261, 263.

[99] *P. Lerche*, Fragen der Stabilität des Grundgesetzes, in: Huber (Hg.), Das Grundgesetz zwischen Stabilität und Veränderung (2006), 73, 74.

[100] *Lerche*, Fragen der Stabilität des Grundgesetzes, in: Huber (Hg.), Das Grundgesetz zwischen Stabilität und Veränderung (2006), 73, 74 f.

[101] Siehe nur *Mahlmann*, Rechtsphilosophie und Rechtstheorie (2015), § 23 Rn. 29; vgl. *Wittreck*, Geltung und Anerkennung von Recht (2014), 29; näher unter Fn. 46 des Abschnittes B.

[102] Ähnliches gilt auch für Art. 79 Abs. 3 GG, der auch nur soweit binden kann, wie die Verfassungsordnung als verbindlich angesehen wird; siehe hierzu auch *Volkmann*, Grundzüge einer Verfassungslehre der Bundesrepublik Deutschland (2013), 335.

[103] *Lorenz*, Ordnung und Wandel des Grundgesetzes als Ergebnis des Wechselspiels von Politik und Recht, in: FS für Gert-Joachim Glaessner (2009), 205, 227; *Storost*, Der Staat 30 (1991), 537, 539.

D. Ökonomische Theorie der Verfassungsstabilität

Nachdem die Frage nach der Stabilität der Verfassung aus der Sicht von Verfassungsrecht und -theorie aufgeworfen wurde, widmet sich dieses Kapitel ökonomisch geprägten Erklärungsansätzen. Dabei wird das eben beschriebene Problem der außerrechtlichen Bedingtheit und des notwendigen Selbststandes der Verfassung nachvollzogen.

Die Ökonomik bietet ein außerjuristisches Methodenarsenal, um rechtlich relevante Fragestellungen anzugehen. Insoweit reiht sie sich in das reiche Theorieangebot der juristischen Grundlagenfächer ein.[1] All diese Angebote haben unterschiedliche Stoßrichtungen. Schon daraus ergibt sich, dass eine generelle Überlegenheit eines ökonomisch geprägten Zugangs nicht angenommen werden kann.[2]

Im Folgenden soll zunächst in das für die Rechtswissenschaft bereits intensiv aufgearbeitete[3] ökonomische Paradigma der rationalen Wahl (Rational Choice – oder Rationaltheorie) eingeführt werden (I). Dieses Paradigma lässt sich auf vielfältige Arten in der Untersuchung von Verfassungen einsetzen (II). Mein Augenmerk wird sich vor allem auf die spieltheoretisch inspirierte Rekonstruktion einer Verfassung als Lösung eines Koordinationsproblems richten (III). Diese Rekonstruktion bildet einige wichtige Strukturmerkmale von Ver-

---

[1] Einen aktuellen Überblick zu den Grundlagenfächern bietet *J. Krüper* (Hg.), Grundlagen des Rechts (2017); den „konjunkturellen Aufschwung" der Grundlagenfächer diagnostiziert mit gebotener Vorsicht *J. Lüdemann*, Grundlagenforschung im Öffentlichen Recht, in: Funke et al. (Hg.), Konjunkturen in der öffentlich-rechtlichen Grundlagenforschung (2015), 1, 4.

[2] Für „Theorienpluralismus" plädiert auch *J. Lüdemann*, Die Grenzen des homo oeconomicus und die Rechtswissenschaft, in: Engel et al. (Hg.), Recht und Verhalten (2007), 7, 33: „Theoretischer Fundamentalismus ist bei der Rezeption rechtsexterner Theorie schon deshalb fehl am Platze, weil jede Art der sozialwissenschaftlichen Reflexion Vor- und Nachteile in sich vereint, ganz spezifische Elemente hervorhebt, andere hingegen ausblendet." Zum Imperialismusvorwurf an die Ökonomik *Kirchgässner*, Homo Oeconomicus (2013), 152 ff.

[3] Siehe nur *A. van Aaken*, „Rational Choice" in der Rechtswissenschaft (2003); *M. Bitter*, Spieltheorie und öffentliche Verwaltung (2004), 92 f.; *Lüdemann*, Die Grenzen des homo oeconomicus und die Rechtswissenschaft, in: Engel et al. (Hg.), Recht und Verhalten (2007), 7; *E. V. Towfigh/N. Petersen*, Ökonomische Methoden im Recht (2010); zu verhaltensökonomischen Qualifizierungen (behavioral economics) siehe etwa die Beiträge in den Sammelwerken *C. Engel/M. Englerth/J. Lüdemann/I. Spiecker gen. Döhmann* (Hg.), Recht und Verhalten (2007); *H. Fleischer/D. Zimmer* (Hg.), Beitrag der Verhaltensökonomie (Behavioral Economics) zum Handels- und Wirtschaftsrecht (2011).

fassungen ab, die auch in der rechtswissenschaftlichen Literatur hervorgehoben werden. Die Struktur dieser Rekonstruktion macht spezifische Risiken und Stabilitätsbedingungen sichtbar. Es soll aber nicht unterschlagen werden, dass neben Koordination auch Kooperation eine bedeutende Rolle für die Stabilität der Verfassung einnimmt. Die auf dem Paradigma der rationalen Wahl aufbauenden Theoriegerüste, an die ich dabei insbesondere anknüpfe, firmieren als positive politische Theorie[4] und Theorie der expressiven Wirkungen des Rechts[5]. Abschließend betrachte in diesem Kapitel die Stabilität deutscher Verfassungen vor dem Hintergrund der beschriebenen Theorien (IV). Durch die Einführung in das ökonomische Paradigma und die Erläuterung des Koordinationsmodells soll dieses Kapitel auch der im späteren Teil der Arbeit vorgestellten experimentellen Studie den Weg bereiten.

I. Das ökonomische Paradigma der rationalen Wahl

Das Paradigma der rationalen Wahl geht vom methodischen Individualismus aus.[6] Das bedeutet, dass das Individuum analytischer Ausgangspunkt ist[7]; das bedeutet hingegen nicht, dass sich auch das Erkenntnisinteresse auf Einsichten über das Individuum beschränkt. Eine auf individueller Ebene mikrofundierte Theorie soll vielmehr Makrophänomene erklären.[8] Außerhalb der ökonomischen Wissenschaft ist das Rationalmodell in den Sozialwissenschaften und insbesondere in der Politikwissenschaft stark rezipiert[9] worden.[10]

---

[4] *M.D. McCubbins/M.F. Thies*, Rebaiasan (Leviathan) 19 (1996), 7; *S.M. Amadae/B. Bueno de Mesquita*, Annual Review of Political Science 2 (1999), 269; *D. Diermeier*, Positive Political Theory, in: Gibbons (Hg.), The Encyclopedia of Political Thought (2015).

[5] Vgl. *R.H. McAdams*, The Expressive Powers of Law (2015).

[6] Zur Abgrenzung vom „methodologischen Kollektivismus" *Kirchgässner*, Homo Oeconomicus (2013), 99ff.; eingehend zu „individualistische[n] versus holistische[n] Sozialwissenschaften" *van Aaken*, „Rational Choice" in der Rechtswissenschaft (2003), 27ff.; *D. Satz/J. Ferejohn*, Journal of Philosophy 91 (1994), 71, 72, weisen aber auch auf die Bedeutung der äußeren Umstände für das Paradigma hin: „some rational-choice explanations gain their explanatory power from features of the agent's environment".

[7] Siehe nur *Kirchgässner*, Homo Oeconomicus, 12; *Bitter*, Spieltheorie und öffentliche Verwaltung (2004), 92f.

[8] Anschaulich *T.C. Schelling*, Micromotives and Macrobehavior (2006), 11ff.; dazu auch *Kirchgässner*, Homo Oeconomicus (2013), 26, der darauf aufmerksam macht, dass „eine Theorie des *individuellen* Verhaltens in aller Regel nicht und schon nicht notwendigerweise eine Theorie des Verhaltens *vereinzelter* Individuen" sei.

[9] Zur „Leidenschaftlichkeit" der Rezeption *A. Hindmoor/B. Taylor*, Rational Choice (2015), 3f.

[10] Eine rationaltheoretisch geprägte sozialwissenschaftliche Studie, die hier schon als Beispiel für diese Rezeption angeführt werden kann, ist die Untersuchung des Zusammenbruchs der DDR von *Pfaff*, Exit-Voice Dynamics and the Collapse of East Germany (2006).

Vorab ist zu sagen, dass die Rationaltheorie nicht einheitlich verstanden wird.[11] Als dominant wird die sogenannte neoklassische Standardtheorie angesehen.[12] Danach maximiert der homo oeconomicus seinen eigenen subjektiven Nutzen und handelt dabei rational.[13] Dabei wird streng unterschieden zwischen den Restriktionen, also den äußeren Gegebenheiten, zu denen er sich verhalten muss[14], und den davon unabhängigen Präferenzen, also seinen inneren Wertvorstellungen.[15] Damit das Verhaltensmodell Vorhersagen generieren kann, werden Annahmen über diese Präferenzen getroffen: Sie müssen vollständig, kontinuierlich und transitiv sein.[16] Das bedeutet, dass sich alle denkbaren dem homo oeconomicus zur Verfügung stehenden Optionen auf einer einheitlichen „inneren" Nutzenskala[17] für ihn in eine eindeutige Reihenfolge bringen lassen.

Dieser Nutzen muss dabei nicht nur in monetären oder materiellen Vorteilen liegen.[18] Diese Offenheit des Nutzenbegriffs kann als Vor- und Nachteil angesehen werden.[19] Denn einerseits ist so eine große Allgemeinheit erreicht, andererseits kann dies zu fast beliebigen Ergebnissen führen. Umstritten ist insbesondere, wie das Eigennutzaxiom zu verstehen ist. Im Gegensatz zu starken Konzeptionen wollen schwache Konzeptionen zulassen, dass auch altruistisches Handeln den Eigennutz des Akteurs fördert.[20] Mit einer solchen Konzeption kann jedoch so gut wie jedes Verhalten ex-post rationalisiert werden.[21] In der Regel wird daher in der Weise vom Eigennutzaxiom ausgegangen, dass Altruismus ausgeschlossen ist.[22] Auch hier soll von diesem Verständnis ausgegangen werden, wenn von Standardtheorie die Rede ist.

---

[11] *Bitter*, Spieltheorie und öffentliche Verwaltung (2004), 92; *R. B. Korobkin/T. S. Ulen*, California Law Review 88 (2000), 1051, 1055: „considerable debate within both the economics and law-and-economics communities about precisely what rational choice theory is and is not".

[12] *Bitter*, Spieltheorie und öffentliche Verwaltung (2004), 92.

[13] Einführend *Towfigh/Petersen*, Ökonomische Methoden im Recht (2010), 27 ff.; *Bitter*, Spieltheorie und öffentliche Verwaltung (2004), 96.

[14] Nach moderner Vorstellung ist er nur unvollständig über die äußeren Gegebenheiten informiert; siehe *Kirchgässner*, Homo Oeconomicus (2013), 17.

[15] *Kirchgässner*, Homo Oeconomicus (2013), 13.

[16] *Towfigh/Petersen*, Ökonomische Methoden im Recht (2010), 27 ff.; *Bitter*, Spieltheorie und öffentliche Verwaltung (2004), 94.

[17] *Bitter*, Spieltheorie und öffentliche Verwaltung (2004), 95.

[18] *Kirchgässner*, Homo Oeconomicus (2013), 16.

[19] *Bitter*, Spieltheorie und öffentliche Verwaltung (2004), 96.

[20] Hierzu *Korobkin/Ulen*, California Law Review 88 (2000), 1051, 1055; hierzu auch *Kirchgässner*, Homo Oeconomicus (2013), 47 ff.

[21] Kritisch zu einer solchen „definitorischen Korrektur" *M. Englerth*, Behavioral Law and Economics – eine kritische Einführung, in: Engel et al. (Hg.), Recht und Verhalten (2007), 60, 68; siehe auch *A. Rosenberg*, Philosophy of Social Science (2015), 100, der auf die damit einhergehende Nicht-Falsifizierbarkeit hinweist; siehe auch *Kirchgässner*, Homo Oeconomicus (2013), 60 ff.

[22] Hierzu *Kirchgässner*, Homo Oeconomicus (2013), 16 f., der das Eigennutzaxiom als empirische Annahme versteht und auf gebotene bereichsspezifische Anpassungen im Bereich

Das Rationalmodell soll es ermöglichen, Vorhersagen über Verhalten zu treffen.[23] Es geht es also nicht um eine Charakterisierung der menschlichen Natur. Vielmehr handelt es sich um eine Heuristik, also um ein Forschungsinstrument, mit dem man zu Einsichten gelangen kann.[24] Zum Menschenbild des Rechts besteht damit schon ein kategorischer Unterschied.[25] Menschliches Handeln erschöpft sich auch nicht in der Wahrnehmung von Interessen.[26] Das ökonomische Paradigma ist hingegen zweckrational, da es ihm auf den Zusammenhang zwischen Zweck und Mittel ankommt.[27] Eine Kritik am ökonomischen Verhaltensmodell, die ihm vorwirft, weiterreichende menschliche Natur nicht treffend zu charakterisieren, geht aber am heuristischen Anliegen des Modells vorbei.[28] Anders steht es um eine Kritik, die an der Fähigkeit der Rationaltheorie ansetzt, Vorhersagen zu treffen.[29]

Experimentelle Forschung[30] hat gezeigt, dass die Vorhersagen des Rationalmodells in vielen Situationen nicht eintreffen.[31] Paradigmatisch für ein solches Experiment ist das sogenannte Ultimatum-Spiel *Werner Güths*.[32] In diesem Experiment agieren zwei Teilnehmer als ein Sender und ein Empfänger. Der Sen-

---

der Definition des Eigennutzes hinweist (S. 64); *S. Magen*, Fairness, Eigennutz und die Rolle des Rechts, in: Engel et al. (Hg.), Recht und Verhalten (2007), 261, 269, weist auf die Doppeldeutigkeit der Eigennutzannahme hin, die den Inhalt der Präferenz betrifft, aber auch die Frage, wem die Präferenz zugeschrieben wird.

[23] *Kirchgässner*, Homo Oeconomicus (2013), 7; *Bitter*, Spieltheorie und öffentliche Verwaltung (2004), 99; *Lüdemann*, Die Grenzen des homo oeconomicus und die Rechtswissenschaft, in: Engel et al. (Hg.), Recht und Verhalten (2007), 7, 13 f.; *Hindmoor/Taylor*, Rational Choice (2015), 217 ff., differenzieren und ordnen die Gleichsetzung von Erklärung und Vorhersage den Naturwissenschaften zu und weisen darauf hin, dass *ceteris paribus*-Bedingungen Sozialwissenschaftlern nicht zur Verfügung stünden. Sie wollen die Rationaltheorie daher dahingehend verstehen, dass sie eher auf Erklärung denn auf Vorhersagen abzielt.

[24] *Bitter*, Spieltheorie und öffentliche Verwaltung (2004), 102.

[25] *Lüdemann*, Die Grenzen des homo oeconomicus und die Rechtswissenschaft, in: Engel et al. (Hg.), Recht und Verhalten (2007), 7, 16 f.; zu den unterschiedlichen Rationalitäten hinter Recht und Spieltheorie *Bitter*, Spieltheorie und öffentliche Verwaltung (2004), 181 ff.

[26] *Engel*, Rechtstheorie 32 (2001), 23, 25 f., warnt mit Hinweis auf die Bedeutung von Ideen vor dieser Einseitigkeit, aber auch umgekehrt vor der Einseitigkeit der Diskurstheorie.

[27] *Bitter*, Spieltheorie und öffentliche Verwaltung (2004), 98; *van Aaken*, „Rational Choice" in der Rechtswissenschaft (2003), 71 f.

[28] Zum methodologischen Status des Rationalparadigmas und zur schillernden Diskussion, wie realitätsnah das Rationalparadigma ist oder sein sollte, siehe *Bitter*, Spieltheorie und öffentliche Verwaltung (2004), 100 ff. Mit der Funktion des Modells als Heuristik ist auch nicht ausgeschlossen, dass es zu Wechselwirkungen zwischen den Modellannahmen und den Einstellungen derjenigen kommt, die diese Annahmen anwenden, so *Lüdemann*, Die Grenzen des homo oeconomicus und die Rechtswissenschaft, in: Engel et al. (Hg.), Recht und Verhalten (2007), 7, 17.

[29] So etwa *D. Green/I. Shapiro*, Pathologies of Rational Choice Theory (1994), 6.

[30] Näher zur Methodik unter F.I.

[31] Überblick bei *C. Camerer*, Behavioral Game Theory (2003).

[32] *W. Güth/R. Schmittberger/B. Schwarze*, Journal of Economic Behavior & Organization 3 (1982), 367; eingehende Würdigung dieses Experiments bei *E. van Damme et al.*, Journal of Economic Behavior & Organization 108 (2014), 292.

der darf über die Aufteilung eines vom Experimentator gestellten Geldbetrages zwischen ihm und dem Empfänger entscheiden. Der Empfänger ist vor die Wahl gestellt, die Teilung zu akzeptieren oder abzulehnen. Lehnt er ab, erhalten beide Teilnehmer nichts. Die Standardtheorie würde vorhersagen, dass der Sender den Großteil für sich behält und der Empfänger sich mit dem kleinsten Betrag zufrieden gibt, da er ansonsten leer ausginge. Tatsächlich teilen die Sender aber oftmals fast zur Hälfte[33] und die Empfänger geben sich nur mit substantiellen Anteilen zufrieden.[34] Offenbar ist es den Empfängern wichtig, dass die Teilung „fair" ist.

Auf Grundlage von experimenteller Forschung ist die neoklassische Standardtheorie auf vielfältige Art modifiziert worden.[35] *Werner Güth* spricht hintersinnig vom „neoclassical repair shop".[36] Eine Universaltheorie menschlichen Verhaltens ist hierbei nicht entstanden und dürfte wohl auch nicht zustande kommen.[37] Unterschiedliche theoretische Ansätze greifen unterschiedliche Abweichungen vom Rationalmodell auf. Ein Teil dieser Ansätze modifiziert die Präferenzen der Akteure, indem er Präferenzen modelliert, die im weitesten Sinne als „sozial" bezeichnet werden. Dies umfasst Präferenzen für Fairness[38], für Reziprozität[39] oder eine Abneigung gegen Ungleichheit[40]. Andere Ansätze konzentrieren sich auf das Entscheidungsverhalten. Hierzu zählen die Arbeiten

---

[33] *Magen*, Fairness, Eigennutz und die Rolle des Rechts, in: Engel et al. (Hg.), Recht und Verhalten (2007), 261, 283.

[34] Die Annahme wird ab Angeboten in Höhe von 30% wahrscheinlicher; vgl. *Magen*, Fairness, Eigennutz und die Rolle des Rechts, in: Engel et al. (Hg.), Recht und Verhalten (2007), 261, 283; siehe auch den interkulturellen Vergleich bei *J. Henrich et al.*, Foundations of Human Sociality (2004), 10: „no society in which experimental behavior is consistent with the canonical model from economics textbooks". Zur Rolle von Erfahrung im Verhalten der Empfänger siehe die Meta-Studie von *D. J. Cooper/E. G. Dutcher*, Experimental Economics 14 (2011), 519, 539: „high offers are more likely to be accepted and low offers are less likely to be accepted."

[35] Überblick zu *behavioral economics* bei *M. Englerth*, Verhaltensökonomie, in: Towfigh/Petersen (Hg.), Ökonomische Methoden im Recht (2010), 165.

[36] *W. Güth*, Journal of Economic Behavior & Organization 27 (1995), 329, 342.

[37] Hierzu *K. M. Schmidt*, Perspektiven der Wirtschaftspolitik 10 (2009), 14, 2: „The Holy Grail of behavioral economics is a universal theory of human behavior that applies to all circumstances. It may be that such a theory exists and that we will eventually find it. However, at present I do not think that we should strive for such a universal theory. The theoretical attempts of the last 15 years have shown that human behavior is too complex to be fully described by simple principles, so a universal theory is likely to be complicated." Siehe auch *Towfigh/Petersen*, Ökonomische Methoden im Recht (2010), 23.

[38] *M. Rabin*, American Economic Review 83 (1993), 1281; weitere Hinweise bei *Magen*, Fairness, Eigennutz und die Rolle des Rechts, in: Engel et al. (Hg.), Recht und Verhalten (2007), 261, 294 ff.

[39] *A. Falk/U. Fischbacher*, Games and Economic Behavior 54 (2006), 293.

[40] *E. Fehr/K. M. Schmidt*, Quarterly Journal of Economics 114 (1999), 817; weitere Hinweise wiederum bei *Magen*, Fairness, Eigennutz und die Rolle des Rechts, in: Engel et al. (Hg.), Recht und Verhalten (2007), 261, 299 ff.

Herbert Simons zu „beschränkter Rationalität".[41] Einflussreiches Beispiel für eine solche (kognitive) Modifikation ist auch die „Prospect Theory" von *Kahneman* und *Tversky*,[42] wonach Menschen ihre (finanziellen) Optionen anhand von Referenzpunkten relativ gewichten.

Die verhaltensökonomische Kritik erteilt dem homo oeconomicus jedoch keine generelle Absage.[43] Denn sein Einsatz kann weiterhin zweckmäßig und angemessen sein. In den Worten von *Klaus M. Schmidt*:

> We knew all along that mass points do not exist – as we knew that people are not purely motivated by self-interest. The mass point hypothesis and the self-interest hypothesis are idealizations that are made to keep the model simple and tractable. The question is not whether these assumptions are „true", but rather whether reducing objects to mass points and human motivation to self-interest is legitimate. This depends on the situation under consideration.[44]

Die Rationaltheorie bietet also trotz der Qualifikation durch die Verhaltensökonommik weiterhin einen sinnvollen Ausgangspunkt. Dies mag schon daran liegen, dass sie ein Kontrastmittel bietet, das Anomalien und Besonderheiten sichtbar macht. Dieses Argument ist aber nicht zwingend. Denn jede Theorie bietet ein Kontrastmittel im Hinblick auf Ergebnisse, die nicht zu ihr passen und damit zu Anomalien werden.[45] Wichtiger ist, dass sie in vielen Situationen nach wie vor das passende Modell bietet, also bei sparsamen Annahmen ein hohes Maß an Erklärungskraft besitzt.[46] Zumindest aber bleibt sie ein Analysewerkzeug, das dafür eingesetzt werden kann, um komplizierte Sachverhalte auf einen bestimmten, als entscheidend bewerteten Zusammenhang zu reduzieren.[47]

Mit Blick auf rechtliche Probleme bedeutet die ökonomische Rekonstruktion eine Vereinfachung, die nicht ohne Kosten ist.[48] Durch die Reduktion wird

---

[41] *H. A. Simon*, Models of Man (1957); *H. A. Simon*, Reason in Human Affairs (1983).

[42] *D. Kahneman/A. Tversky*, Econometrica 47 (1979), 263; einführend hierzu *Englerth*, Behavioral Law and Economics – eine kritische Einführung, in: Engel et al. (Hg.), Recht und Verhalten (2007), 60, 83 ff.

[43] Hierzu *Schmidt*, Perspektiven der Wirtschaftspolitik 10 (2009), 14, 14, der darauf verweist, dass die Markt-Experimente des Pioniers der experimentellen Wirtschaftstheorie *Vernon L. Smith* die auf dem homo oeconomicus aufbauende neoklassische Preistheorie zu bestätigen scheinen; siehe auch *van Aaken*, „Rational Choice" in der Rechtswissenschaft (2003), 85 f.; *Kirchgässner*, Homo Oeconomicus (2013), 230.

[44] *Schmidt*, Perspektiven der Wirtschaftspolitik 10 (2009), 14, 21.

[45] Auf diesen Einwand hat mich *Leonard Hoeft* aufmerksam gemacht.

[46] Siehe etwa für das Problem, dass bei Verbrauchern „rationale Apathie" herrscht, die von Unternehmen ausgenutzt wird, *E. V. Towfigh/K. Chatziathanasiou*, Ökonomische Aspekte der Durchsetzung des Verbraucherschutzrechts, in: Schulte-Nölke/Bundesministerium der Justiz und für Verbraucherschutz (Hg.), Neue Wege in der Durchsetzung des Verbraucherrechts (2017), 93; zur Bereichsprägung auch *van Aaken*, „Rational Choice" in der Rechtswissenschaft (2003), 86.

[47] *Hindmoor/Taylor*, Rational Choice (2015), 231.

[48] Entsprechende Kritik bei *P. Legrand*, University of Toronto Law Journal 59 (2009), 215; Übersicht über die Kritikpunkte bei *M. Morlok*, Vom Reiz und Nutzen, von den Schwierigkei-

vieles ausgeblendet, was eindeutig relevant ist. Dies geschieht jedoch nicht, weil die ausgeblendeten Zusammenhänge nicht von Bedeutung sind, sondern weil man hofft, dass durch die Reduktion der Problemstellungen neue Zusammenhänge deutlich werden.[49] Der fehlende Mehrwert einer Landkarte im Maßstab eins zu eins ist sprichwörtlich.[50] Die Rationaltheorie bietet hingegen ein Instrument, mit dem man versuchen kann, die wesentlichen Eigenschaften eines bestimmten Zusammenhanges in einem Modell interpretierend einzufangen. Ein solches Modell mag beschränkt sein, es kann trotzdem helfen, tatsächliche Zusammenhänge zu verstehen.[51]

II. Ökonomische Perspektiven auf die Verfassung

In den ökonomischen Wissenschaften gilt die Analyse von Verfassungsnormen als verhältnismäßig junges Forschungsfeld.[52] Auch in der Verfassungsrechtswissenschaft hat der Einsatz der Ökonomik noch keine lange Tradition; erst jüngst wird für die deutschsprachige Wissenschaft vom öffentlichen Recht ein vermehrtes Interesse an ökonomischer Theorie angenommen.[53]

---

ten und den Gefahren der Ökonomischen Theorie für das Öffentliche Recht, in: Engel/Morlok (Hg.), Öffentliches Recht als ein Gegenstand ökonomischer Forschung (1998), 1, 10 ff.; siehe auch *Lüdemann*, Die Grenzen des homo oeconomicus und die Rechtswissenschaft, in: Engel et al. (Hg.), Recht und Verhalten (2007), 7, 35, der darauf hinweist, dass die Entscheidung für ein sozialwissenschaftliches Ausgangsmodell nicht folgenlos bleibt.

[49] Vgl. *Bitter*, Spieltheorie und öffentliche Verwaltung (2004), 102; zum Einwand der „Unterkomplexität" auch *Lüdemann*, Die Grenzen des homo oeconomicus und die Rechtswissenschaft, in: Engel et al. (Hg.), Recht und Verhalten (2007), 7, 18 ff.; mit Blick auf das öffentliche Recht *Lepsius*, Themen einer Rechtswissenschaftstheorie, in: Jestaedt/Lepsius (Hg.), Rechtswissenschaftstheorie (2008), 1, 23.

[50] Zum Vergleich eines Modells mit einer Landkarte *A. Diekmann*, Empirische Sozialforschung (2012), 145; für eine Satire siehe *L. Carroll*, Sylvie und Bruno (2006), 388 f. (übersetzt von *Michael Walter* und *Sabine Hübner*): „Und dann hatten wir eine wahrhaft grandiose Idee! Wir haben von unserem Land wirklich eine Karte im Maßstab eins zu eins angefertigt!"

[51] Hierzu m. w. N. *Hindmoor/Taylor*, Rational Choice (2015), 2.

[52] So *S. Voigt*, Public Choice 146 (2011), 205, 205; grundlegend aber schon *J. M. Buchanan/G. Tullock*, The Calculus of Consent (1962); prototypisch *T. Hobbes*, Leviathan (1997).

[53] Für *Lüdemann*, Die Grenzen des homo oeconomicus und die Rechtswissenschaft, in: Engel et al. (Hg.), Recht und Verhalten (2007), 7, 9, sind die „Vorbehalte gegenüber einer ökonomischen Analyse des Rechts", insbesondere im öffentlichen Recht, „noch immer deutlich spürbar"; in jüngerer Zeit sieht *S. Magen*, Konjunkturen der Rechtsökonomie als öffentlichrechtlicher Grundlagenforschung, in: Funke et al. (Hg.), Konjunkturen öffentlich-rechtlicher Grundlagenforschung (2015), 103, 108, die ökonomische Analyse des öffentlichen Rechts aber im Aufwind. In der Zivilrechtswissenschaft gilt die ökonomische Analyse hingegen als etabliert; siehe dazu *Kirchgässner*, Homo Oeconomicus (2013), 141, der seine eigenen Einführungsbeispiele interessanterweise aber oft aus dem öffentlichen Recht schöpft.

1. Normative Strömungen

Wie für die Ökonomik allgemein sind auch für die Verfassungsökonomik normative und positive Strömungen zu unterscheiden. Eine normative Strömung befasst sich mit der Legitimation des Staates unter Effizienzgesichtspunkten.[54] Einflussreich sind hier die sog. Vertragstheorien, insbesondere die Arbeiten von *James Buchanan* und *Gordon Tullock*, die in Kontinuität zum kontraktualistischen Staatsverständnis von *Thomas Hobbes* stehen.[55] Diese Theorien erfahren unter Juristen oftmals größere Beachtung.[56] Dies liegt in erster Linie an ihrer Prominenz, aber auch daran, dass sie Juristen vor eine besondere Herausforderung stellen: Beim Effizienzkriterium handelt es sich oftmals lediglich um einen rechtlich-relevanten Belang unter vielen oder sogar um ein außerrechtliches normatives Kriterium.[57] Die Rezeption einer normativen Theorie bedarf gegebenenfalls besonderer Vorsichtsmaßnahmen.

2. Positive Strömungen

Die vorliegende Arbeit interessiert sich stärker für die positiven Perspektiven. Die positiven Strömungen möchten die Effekte von Verfassungsregeln und die Entstehung und den Wandel von Verfassungsregeln erklären.[58] Auch innerhalb dieser positiven Strömungen muss unterschieden werden, welcher Blick auf Verfassungen eingenommen wird. Es stellt sich die Frage, ob die Verfassung die abhängige (erklärte), also das explanandum, oder die unabhängige (erklärende) Variable, also das explanans, darstellt.

---

54 *J. M. Buchanan*, American Economic Review 77 (1987), 243, 249; hierzu *Voigt*, Public Choice 146 (2011), 205, 205 f.; *Kirchgässner*, Homo Oeconomicus (2013), 259 ff.; *van Aaken*, „Rational Choice" in der Rechtswissenschaft (2003), 235 ff.; zum Effizienzkriterium bei *Buchanan/Tullock* siehe *Hindmoor/Taylor*, Rational Choice (2015), 29.

55 Siehe die Einordnung bei *Hindmoor/Taylor*, Rational Choice (2015), 21 ff.

56 Siehe etwa *Morlok*, Vom Reiz und Nutzen, von den Schwierigkeiten und den Gefahren der Ökonomischen Theorie für das Öffentliche Recht, in: Engel/Morlok (Hg.), Öffentliches Recht als ein Gegenstand ökonomischer Forschung (1998), 1.

57 Vgl. auch *Lepsius*, Themen einer Rechtswissenschaftstheorie, in: Jestaedt/Lepsius (Hg.), Rechtswissenschaftstheorie (2008), 1, 23, der – neben der Vielzahl der relevanten Akteure – kompetentielle und materielle Bindungen als mögliche Rezeptionshindernisse im öffentlichen Recht aufführt; eingehend *H. Eidenmüller*, Effizienz als Rechtsprinzip (2015).

58 *Voigt*, Public Choice 146 (2011), 205, 206 f., behandelt die positive Verfassungsökonomik dabei als Teil der Neuen Institutionenökonomik und weist darauf hin, dass die gegenseitige Wahrnehmung von den Vertretern der beiden Richtungen vernachlässigt werde; als weitere Hindernisse einer stärkeren Integration in die Neue Institutionökonomik macht er die starke Fixierung auf normative Theorien aus, die vom Ideal eines Gesellschaftsvertrages ausgingen und dabei zu starke Annahmen hinsichtlich der Verhandlungsmöglichkeiten und Informationen der Akteure machten.

a) Verfassung als explanans

Behandelt man Verfassungsnormen als erklärende Variable, fragt man, wie sich die Wahl einer bestimmten Verfassungsnorm auf eine andere Variable auswirkt. Es kann etwa der Frage nachgegangen werden, welche Verfassungsregeln eine positive Wirtschaftsentwicklung mit sich bringen, was also die wirtschaftlichen Auswirkungen einer Verfassung sind.[59] Als Indikatoren für diese Auswirkungen können Pro-Kopf-Einkommen, Beschäftigungsraten oder Produktivität eines Landes gelten.[60] Zu den Verfassungsnormen, die auf solche Auswirkungen untersucht werden, gehören Normen über Steuern, Normen über Wahlsysteme[61], Normen über Gewaltenteilung oder unterschiedliche Regierungssysteme (präsidial oder parlamentarisch).[62] Weiter werden in dieser Forschungsrichtung untersucht[63]: die Effekte der Struktur des Gesetzgebers („bicameralism"), die Auswirkungen einer unabhängigen Rechtsprechung, die Auswirkungen des Föderalismus, die Auswirkungen vermehrter Veto-Spieler (wie Behörden, Agenturen, Zentralbanken), die Effekte von repräsentativer oder direkter Demokratie und die Effekte von Grundrechten. *Stefan Voigt* plädiert dafür, auch „fuzzy concepts" wie die Legitimität oder eben auch die Stabilität einer Verfassung als abhängige Variablen der Verfassungsökonomik zu behandeln; nicht zuletzt, weil auch Legitimität und Stabilität einer Verfassung wirtschaftliche Effekte haben können. Das liegt daran, dass eine stabile Verfassung die Ungewissheit über das Umfeld reduziert, in dem etwa Investitionen getätigt werden.[64]

b) Verfassung als explanandum

Eine Verfassung kann aus ökonomischer Sicht als erklärte Variable behandelt werden.[65] Dann wird der Frage nachgegangen, welche Umstände eine bestimmte Verfassungsnorm zustande bringen.[66] Dies lässt sich etwa dahingehend weiter eingrenzen, ob bestimmte prozedurale Regeln in der Verfassunggebung sich auf die Wahl der Verfassungsnormen auswirken.[67] Die gleiche Frage stellt sich

---

[59] *T. Persson/G. E. Tabellini*, The Economic Effects of Constitutions (2003); eingehend dazu *S. Voigt*, Journal of Economic Behavior & Organization 80 (2011), 319, 320 ff.

[60] Überblick bei *Voigt*, Public Choice 146 (2011), 205, 209.

[61] *B. Grofman/A. Lijphart* (Hg.), Electoral Laws and Their Political Consequences (1986).

[62] Dazu *Voigt*, Public Choice 146 (2011), 205, 217 ff., jeweils auch mit kritischen Hinweisen darauf, dass die Befunde in diesen Bereichen nicht robust seien und weitere Forschung erforderlich sei.

[63] Dazu jeweils m. w. N. *Voigt*, Public Choice 146 (2011), 205, 226 ff.

[64] *Voigt*, Public Choice 146 (2011), 205, 209 f.; siehe auch *Elster*, Texas Law Review 81 (2002), 1751, 1783: „The lack of stability and predictability in the political and economic environment would reduce the time horizon of the agents, to the detriment of economic efficiency."

[65] *Voigt*, Journal of Economic Behavior & Organization 80 (2011), 319, 320.

[66] So etwa der theoretische Ansatz von *J. Knight*, Institutions and Social Conflict (1992), der Wandel von Normen auf Verteilungskonflikte zurückführt.

[67] Unter der Annahme, dass Präferenzen exogen gegeben sind; Hinweise bei *Voigt*, Public

zu den Auswirkungen prozeduraler Regelungen auf Verfassungsänderungen.[68] In diese Kategorie gehört auch die Frage, wann eine Demokratie gewählt wird und was ein autokratisches Regime wahrscheinlicher macht.[69]

3. Erkenntnisinteresse dieser Untersuchung

Meine Untersuchung interessiert sich in einem positiven Sinne für die Stabilität einer Verfassung als explanandum. Worauf soll man abstellen, um die Stabilität einer Verfassung zu messen? In Frage kämen die Häufigkeit von (versuchten) Umstürzen oder die Wahlergebnisse verfassungskonformer Parteien. Zu denken ist auch an die bloße Dauerhaftigkeit der Verfassung.[70] Bloße Dauerhaftigkeit hat aber eine beschränkte Aussagekraft. Ein formaler Verfassungswechsel bedeutet nicht notwendigerweise, dass Chaos herrscht. Er kann sich in einem institutionell stabilen Umfeld und unter Wahrung demokratischer und rechtsstaatlicher Grundsätze vollziehen. Umgekehrt kann unter einem autoritären Regime eine Verfassung lange Zeit formal in Kraft sein, ohne dass sie tatsächlich herrschaftsbegrenzend wirkt.[71] Ich verstehe Stabilität als dauerhafte Akzeptanz und Befolgung der verfassungsmäßigen Ordnung. Diese dauerhafte Akzeptanz und Befolgung drückt sich in Dauerhaftigkeit aus, die jedoch zu qualifizieren ist. Damit liegt mein Interesse sehr nahe an der Frage, die *Voigt* als Kernfrage der Verfassungsökonomik beschreibt: „Do constitutions really matter?“[72] Wann werden Verfassungen tatsächlich respektiert und schaffen so ein stabiles Umfeld? Um sich dieser Frage zu nähern, soll die Verfassung erst positiv mit den Mitteln der ökonomischen Theorie beschrieben werden. Dieser Blickwinkel mag von der juristischen Kritik an der Einseitigkeit des Effizienzkriteriums nicht im selben Maße betroffen sein wie die oben angesprochenen Vertragstheo-

---

Choice 146 (2011), 205, 240 f., insbesondere auf *J. Elster*, University of Pennsylvania Journal of Constitutional Law 2 (1999), 345.

[68] *Voigt*, Public Choice 90 (1997), 11; *Rasch/Congleton*, Constitutional Amendment Procedures, in: Congleton/Swedenborg (Hg.), Democratic Constitutional Design and Public Policy (2006), 319; *Lutz*, American Political Science Review 88 (1994), 355; *J. Ferejohn*, Law & Social Inquiry 22 (1997), 501; *A. Lorenz*, Journal of Theoretical Politics 17 (2005), 339.

[69] Dazu *Voigt*, Public Choice 146 (2011), 205, 245; zur Stabilität eines repressiven Gleichgewichtes auch *Pfaff*, Exit-Voice Dynamics and the Collapse of East Germany (2006).

[70] Nahegelegt bei *Elkins/Ginsburg/Melton*, The Endurance of National Constitutions (2009).

[71] Siehe zu den Funktionen von Verfassungen in autoritären Regimen *T. Ginsburg/A. Simpser*, Constitutions in Authoritarian Regimes (2013), 15: „operating manuals, billboards, blueprints, and window dressing“; *G. Tsebelis/D. J. Nardi*, British Journal of Political Science 46 (2016), 457, reagieren hierauf, indem sie autoritäre Regime aus ihrer Stichprobe nehmen und sich nur auf Länder der OECD stützen; wohlgemerkt können Verfassungstext und tatsächliche Verfassungspraxis auch in Demokratien auseinanderklaffen.

[72] *Voigt*, Public Choice 146 (2011), 205, 247 f., und weiter: „What are the factors that change a few printed pages into a document around which collective decision making is organized? What are the factors that prevent the factual enforcement of constitutional rules?“

rien; nichtsdestotrotz handelt es sich auch hierbei um eine stark reduzierende Betrachtungsweise, die viel Relevantes ausblendet. Diese Reduktion soll aber den Blick dafür schärfen, welche rechtlichen und außerrechtlichen Faktoren die Stabilität der Verfassung beeinflussen.

III. Verfassung aus Sicht der positiven politischen Theorie

Die (polit-)ökonomische Literatur, auf die ich mich hier vor allem stütze, beschreibt sich selbst als „positive politische Theorie".[73] Sie ist positiv in dem Sinne, dass sie grundsätzlich erklären und vorhersagen will, anstatt normativ oder präskriptiv Ziele zu formulieren.[74] Methodisches Instrument ist die Spieltheorie, mit der sich die Struktur eines sozialen Problems ausdrücken lässt. In der positiven politischen Theorie wird eine Verfassung als Lösung in einem Koordinationsproblem interpretiert.[75] Das liegt zum einen daran, dass regelmäßig viele verfassungsrechtliche Lösungen in Betracht kommen, alle Beteiligten aber zumindest eine verfassungsrechtliche Ordnung der Anarchie oder der nicht-verfassten Herrschaft vorziehen; und zum anderen daran, dass aufgrund des fehlenden externen Durchsetzungsmechanismus eine Koordination mehrerer Akteure zur Durchsetzung der Verfassung erforderlich ist. Bevor diese Konzeptualisierung der Verfassung samt ihrer Implikationen für das Verständnis der Stabilität der Verfassung nachvollzogen wird, soll im Folgenden erst in die erforderlichen Grundlagen dieser Betrachtungsweise eingeführt werden. Dazu zähle ich erst einführende Worte zur Spieltheorie (1) und dann eine Beschreibung des Gefangenendilemmas (2). Zwar soll die Verfassung letztlich als Lösung eine Koordinationsproblems verstanden werden, doch sind Koordinationsspiele (3) erstens ausgehend von den bekannteren Kooperationsspielen besser zu verstehen; zweitens schließt das Koordinationsmodell der Verfassung (4) nicht aus, dass es innerhalb der Koordination auch zu Kooperationsproblemen kommt (5).[76] Der Teilabschnitt schließt, indem er auf Grundlage von experi-

[73] *McCubbins/Thies*, Rebaiasan (Leviathan) 19 (1996), 7, erklären, dass auch der Begriff „Rational Choice Theory" passend sei, aber Missverständnisse über den Begriff der Rationalität zur Folge habe. Die positive politische Theorie mache schwächere Annahmen zum Inhalt des Rationalitätsbegriffs und beschränke sich darauf anzunehmen, dass alles menschliche Verhalten sich auf den Gewinn von Genuss und die Vermeidung von Schmerz richte.

[74] *Diermeier*, Positive Political Theory, in: Gibbons (Hg.), The Encyclopedia of Political Thought (2015), 1.

[75] So *R. Hardin*, Why a Constitution?, in: Grofman/Wittman (Hg.), The Federalist Papers and the New Institutionalism (1989), 100, 101; *D. A. Strauss*, University of Chicago Law Review 63 (1996), 877, 910f.; *B. R. Weingast*, American Political Science Review 91 (1997), 245; *J. Bednar*, The Robust Federation (2009), 189; *G. K. Hadfield/B. R. Weingast*, Constitutions as Coordinating Devices (2013); *McAdams*, The Expressive Powers of Law (2015), 71.

[76] Dies betonen *N. Almendares/D. Landa*, Law and Philosophy 26 (2007), 501, 516ff., mit Hinweis auf ein „Battle of the rowers", also einen „Kampf der Ruderer". Diese müssen ihre

menteller Forschung (6) und der Theorie von *Jack Knight* (7) Risiken für die Stabilität der Verfassung identifiziert.

1. Spieltheorie

Die Spieltheorie[77] bietet ein Instrument, um die Struktur sozialer Probleme zu beschreiben.[78] Als Beschreibungsinstrument ist sie nicht alternativlos.[79] Die Leistungsstärke eines spieltheoretischen Modells liegt darin, dass es Probleme oder Konflikte sichtbar macht. Dies erreicht es, indem es Zusammenhänge reduziert.[80] Die Spieltheorie bietet eine Heuristik zur Bestimmung, welches Verhalten in einer strategischen Interaktion zu erwarten ist.[81] Als strategisch ist eine Interaktion zu verstehen, wenn der zu erwartende Nutzen nicht bloß vom eigenen Verhalten, sondern auch vom Verhalten mindestens eines weiteren Akteurs abhängt. Mit Hilfe der Spieltheorie lassen sich Vorhersagen treffen, wann sog. Gleichgewichte eintreten. Ein Nash-Gleichgewicht besteht bei gleichzeitigen (oder sequentiellen) Zügen der Spieler dann, wenn kein Spieler seine Position verbessern kann, indem er einseitig auf eine andere Strategie wechselt.[82] Dies setzt voraus, dass die Spieler das Spiel verstanden haben und sich rational[83] verhalten.

Ob das vorhergesagte Verhalten und das zu erwartende Gleichgewicht wünschenswert sind, wird von der Spieltheorie hingegen nicht adressiert.[84] Sie enthält sich einer derartigen Wertung. Spieltheoretische Vorhersagen sind deskrip-

---

Schläge koordinieren um voranzukommen – gleichzeitig gibt es einen individuellen Anreiz zum Trittbrettfahren.

[77] Einführend in die Grundbegriffe etwa *D. G. Baird/R. H. Gertner/R. C. Picker*, Game Theory and the Law (1994); aus der deutschsprachigen Literatur *Bitter*, Spieltheorie und öffentliche Verwaltung (2004), 51 ff.; *S. Magen*, Spieltheorie, in: Towfigh/Petersen (Hg.), Ökonomische Methoden im Recht (2010), 71.

[78] *Almendares/Landa*, Law and Philosophy 26 (2007), 501, 510.

[79] Siehe nur *D. Lewis*, Convention (2002), 3 f., der zur Beschreibung von Konventionen zwar auf Koordinationsspiele zurückgreift, diese aber als „Gerüst“ bezeichnet („the theory of games is scaffolding“) und letztlich auf die verbale Beschreibung von Konventionen bei *David Hume* zurückkommt.

[80] Bei *Baird/Gertner/Picker*, Game Theory and the Law (1994), 7, heißt es zum Potential spieltheoretischer Modelle: „hone our intuition by illuminating the basic forces that are at work but not plainly visible when we look at an actual case in all its detail“; zur Bedeutung der Reduktion eingehend auch *McCubbins/Thies*, Rebaiasan (Leviathan) 19 (1996), 7.

[81] *Almendares/Landa*, Law and Philosophy 26 (2007), 501, 505: „heuristic that provides an account of what behavior to expect in a given strategic interaction“.

[82] Zu diesem Konzept *Kirchgässner*, Homo Oeconomicus (2013), 231.

[83] Zu diesem Rationalitätsverständnis (kritisch) *A. Rapoport/A. M. Chammah*, Prisoner’s Dilemma (1965), 13.

[84] Anschaulich *Schelling*, Micromotives and Macrobehavior (2006), 26 f.: „The body of a hanged man is in equilibrium when it finally stops swinging, but nobody is going to insist that the man is all right. An unnecessary source of distrust of economic analysis is the assumption that when an economist discusses equilibrium he is expressing approval.“

tiv zu verstehen[85] und insoweit von den normativen Zweigen der Ökonomik prinzipiell zu unterscheiden.[86] *Nicholas Almendares* und *Dimitri Landa* betonen diesen Aspekt und die Unterscheidung zwischen Spieltheorie und Sozialtheorie: Von der spieltheoretischen Frage, welches Gleichgewicht in einem bestimmten Spiel eintreten wird, ist die sozialtheoretische Frage zu unterscheiden, welches Spiel vorliegt und welche (normativen) Implikationen die Vorhersage mit sich bringt.[87] Aus der spieltheoretischen Beschreibung können demnach aber Argumente entstehen, die die Erwartungen und Präferenzen der Akteure beeinflussen. Und natürlich kann die spieltheoretische Betrachtung auch den Ausgangspunkt einer Wohlfahrtsanalyse bilden. Dies stellt aber einen weiteren, zu unterscheidenden Schritt dar.

2. *Gefangenendilemma und öffentliche Güter*

Das wohl bekannteste spieltheoretisch beschriebene soziale Problem ist das sog. Gefangenendilemma.[88] Die folgende Illustration[89] dieses grundlegenden Dilemmas sozialen Verhaltens ist klassisch: Zwei gleichzeitig in Haft genommenen und getrennt gehaltenen Komplizen wird von der Staatsanwaltschaft jeweils ein Deal angeboten, wenn sie bereit sind zu gestehen und den Komplizen zu belasten. Gestehen beide und belasten sich gegenseitig, müssen beide für je drei Jahre ins Gefängnis. Schweigen beide, genügt das belastende Material für eine Gefängnisstrafe von je zwei Jahren. Gesteht nur der eine, während der andere schweigt, wird der Schweigende mit vier Jahren bestraft, während der andere mit nur einem Jahr davonkommt. In der Matrix sieht das Spiel mit den eben genannten Parametern (in Normalform) so aus:

		Spieler 2	
		schweigt	gesteht
Spieler 1	schweigt	2, 2	4, 1
	gesteht	1, 4	3, 3

Tabelle 1: Beispiel für ein Gefangenendilemma

[85] *Kirchgässner*, Homo Oeconomicus (2013), 3 ff.; *Hindmoor/Taylor*, Rational Choice (2015), 3, weisen aber darauf hin, dass auf die positive Analyse oftmals eine normative Forderung folgt: „Rational choice theorists want to use their models of how the world works to make recommendations about how it can be made to work better."

[86] *Lüdemann*, Die Grenzen des homo oeconomicus und die Rechtswissenschaft, in: Engel et al. (Hg.), Recht und Verhalten (2007), 7, 11 f.

[87] *Almendares/Landa*, Law and Philosophy 26 (2007), 501, 506 ff.

[88] Eingehend *Rapoport/Chammah*, Prisoner's Dilemma (1965); *Kirchgässner*, Homo Oeconomicus (2013), 51 ff.; zu seiner rechtswissenschaftlichen Rezeption *R. H. McAdams*, Southern California Law Review 82 (2008), 209.

[89] Die ursprüngliche Illustration als Geschichte über „Gefangene" stammt von *Albert Tucker*, siehe *Hindmoor/Taylor*, Rational Choice (2015), 26.

Die Gefangenen stehen damit vor einem Dilemma. Aus ihrer Sicht wird das soziale Optimum erreicht, wenn beide schweigen, also miteinander kooperieren. Gleichzeitig lockt die günstige Auszahlung von einem Jahr Haft, wenn der eine Spieler gesteht, also gegenüber dem Mitgefangenen defektiert, und der jeweils andere Spieler sich entscheidet zu schweigen, also mit dem Mitgefangenen zu kooperieren. Wenn aber beide gestehen, also gegenüber ihrem Mitgefangenen defektieren, trifft es beide insgesamt am schlechtesten.[90]

Die dominante Strategie, also die Strategie, die das individuell beste Ergebnis liefert ganz gleich, wofür sich der andere Spieler entscheidet, liegt hier darin zu gestehen. Denn so wird jedenfalls die negative Auszahlung in Höhe von vier Jahren vermieden, wenn sich der andere Spieler für die Defektion entscheiden sollte. Daraus ergibt sich, dass sich im Gleichgewicht des Spiels beide Spieler dafür entscheiden zu gestehen. In der Gesamtbetrachtung führt dies aus Sicht der Spieler zum sozial am wenigsten erwünschten Ergebnis. Kooperation kann jedoch rational werden, wenn sich die Interaktionen wiederholen.[91] Wenn die Spieler wiederholt aufeinandertreffen, besteht schließlich die Möglichkeit der direkten Reziprozität.[92]

Das Gefangenendilemma wurde nicht erst durch die Spieltheorie „entdeckt". Eine klassische Beschreibung eines Gefangenendilemmas findet sich schon bei *Thomas Hobbes*.[93] Im Naturzustand ist es rational sich nicht an einen Vertrag zu halten, weil man nicht darauf vertrauen kann, dass der Vertragspartner den Vertrag nicht bricht.[94] Erst die Einführung einer zentralen Macht löst dieses Problem auf.[95]

Ein Gefangenendilemma belastet auch die Bereitstellung öffentlicher Güter.[96] Das sind Güter, die nicht nach dem Ausschlussprinzip gehandelt werden

---

[90] *Rapoport/Chammah*, Prisoner's Dilemma (1965), 33 f., benennen diese Auszahlungen illustrativ: Bei der Strafe von nur einem Jahr handelt es sich um den Temptation-Payoff *T*, der sich aus einer einseitigen Defektion eines Spielers ergibt. Die zweitgünstigste Auszahlung ist der sogenannte Reward-Payoff *R*, der sich daraus ergibt, dass beide Spieler miteinander kooperiert haben. Darauf folgt der Punishment-Payoff *P*, also die Bestrafung dafür, dass beide Spieler defektiert haben, und schließlich der sogenannte Sucker-Payoff *S*, also die Auszahlung des Spielers, der sich entschieden hat zu kooperieren, während der andere Spieler defektiert. Ein Gefangendilemma liegt immer dann vor, wenn für die Auszahlungswerte gilt, dass $T > R > P > S$.

[91] *Kirchgässner*, Homo Oeconomicus (2013), 58 ff.

[92] Eingehend zum evolutionären Erfolg der Reziprozitätsstrategie *R. M. Axelrod*, The Evolution of Cooperation (1984), 169 ff.

[93] Siehe *W. Kersting*, Thomas Hobbes zur Einführung (1992), 114: In Hobbes' Naturzustandskonzeption sei „eine rudimentäre Spieltheorie avant la lettre am Werk". Auch *Almendares/Landa*, Law and Philosophy 26 (2007), 501, 508, sprechen von „Hobbes' proto-game-theoretic reasoning".

[94] Siehe *Hobbes*, Leviathan (1997), 96: „he that performeth first, has no assurance the other will performe after"; dazu *Hindmoor/Taylor*, Rational Choice (2015), 23.

[95] Hierzu *Kersting*, Thomas Hobbes zur Einführung (1992), 120 f.

[96] *Kirchgässner*, Homo Oeconomicus (2013), 55 f.; *Magen*, Spieltheorie, in: Towfigh/Pe-

oder deren Konsum nicht rivalisiert. Ihre Bereitstellung kann als *n-Personen* Gefangenendilemma verstanden werden.[97] Das Beispiel, mit dem *Gebhard Kirchgässner* diese Problematik illustriert, entstammt sogar dem rechtlichen Bereich:

> Die Herstellung von Rechtssicherheit ist z. B. ein solches öffentliches Gut. Kein Bürger eines Staates kann davon ausgeschlossen werden. Zur Herstellung und Bewahrung dieses Gutes sind jedoch erhebliche Aufwendungen nötig. Obwohl diese Aufwendungen zum Vorteil (fast) aller Bürger eines Staates gereichen, verlassen sich die Bürger in keinem Staat darauf, dass diese Aufwendungen durch freiwillige Beiträge zustande kommen, sondern die Finanzierung geschieht über Steuern, d. h. über mit hoheitlichem Zwang eingetriebene Zahlungen. Dabei ist es völlig rational, dass die gleichen Bürger, die keine freiwilligen Zahlungen zu leisten bereit sind, dafür stimmen, dass der Staat mit Zwangsgewalt die Steuern eintreibt, um die von allen befürworteten Leistungen erstellen (lassen) zu können.[98]

Kirchgässner spricht das Rechtssystem an und mag dabei auch an die Bereitstellung innerer und äußerer Sicherheit durch Militär und Polizei[99] denken. Diese Güter stehen jedem Bürger offen und zwar unabhängig davon, ob er sich an den Kosten ihrer Bereitstellung beteiligt. Individuell steht ein Bürger damit am besten da, wenn er von der Bereitstellung der inneren Sicherheit profitiert, ohne für ihre Kosten aufzukommen. Hierin liegt der Anreiz zur Steuerhinterziehung. Gleichzeitig kann aber kein Bürger wollen, dass überhaupt kein Bürger Steuern zahlt. Denn dann werden keine Mittel zur Verfügung stehen, um Sicherheit zu gewährleisten. Derselbe Bürger, der keine Steuern zahlen möchte, wird also dafür plädieren, dass der Staat Steuern eintreibt. Eine zentrale Zwangsgewalt beugt dann dem Trittbrettverhalten vor, zu dem im Fall öffentlicher Güter ein individueller Anreiz besteht.

Die Schaffung einer zentralen Zwangsgewalt ist aber nun eine weitere Herausforderung. Dieses Problem kann auf viele unterschiedliche Arten gelöst werden. Eine Herausforderung besteht erst recht, wenn diese Aufgabe nicht einfach von einem Monarchen erfüllt werden soll. Denn dann muss sich eine Vielzahl an Akteuren auf eine gemeinsame Vorgehensweise verständigen. Dies betrifft sowohl die Identifikation eines sanktionierungswürdigen Verhaltens als auch die Durchsetzung der Sanktionierung. Hier setzen die Theorien an, die

---

tersen (Hg.), Ökonomische Methoden im Recht (2010), 71, 111, weist darauf hin, dass es sich nicht in jedem Fall eines öffentlichen Guts um ein Gefangenen-Dilemma handelt, weil Fälle denkbar sind, in denen die Defektion nicht die dominante Strategie ist. Man denke an ein Umweltproblem, in dem die Kosten der Verschmutzung auch für den Verschmutzer den individuellen Nutzen überwiegen.

[97] *Kirchgässner*, Homo Oeconomicus (2013), 56, 194; *Magen*, Fairness, Eigennutz und die Rolle des Rechts, in: Engel et al. (Hg.), Recht und Verhalten (2007), 261, 274.

[98] *Kirchgässner*, Homo Oeconomicus (2013), 57.

[99] Hierzu auch *Magen*, Spieltheorie, in: Towfigh/Petersen (Hg.), Ökonomische Methoden im Recht (2010), 71, 110.

eine Verfassung als Lösung eines Koordinationsproblems verstehen.[100] Um diese Theorien verständlich zu machen, sollen erst Koordinationsspiele allgemein erläutert werden.

3. Koordination und Fokalpunkte

Im Gefangenendilemma besteht ein individueller Anreiz zur Defektion. Koordinationsprobleme stellen sich auch ohne einen solchen Anreiz. Dann liegt die Schwierigkeit darin, sich auf ein gemeinsames Vorgehen zu verständigen. Die Struktur der Auszahlungen ist in solchen Koordinationsspielen so definiert, dass zumindest ein Gleichgewicht existiert.[101] In einem solchen Fall purer Koordination ist die Lösung – zumindest in der Theorie – einfach. Neben puren Koordinationsspielen gibt es aber auch solche mit einem Interessenkonflikt. Eine besondere Bedeutung zur Lösung von Koordinationsproblemen haben sogenannte Fokalpunkte.

a) Pure Koordination und Koordination mit Konflikt

Häufiges Beispiel für pure (reine) Koordination ist die tatsächliche Befolgung von Verkehrsregeln, insbesondere des Rechtsfahrgebots.[102] Für einen Verkehrsteilnehmer ohne Vorerfahrung ist es gleichgültig, ob er auf der linken oder rechten Straßenseite fährt. Wichtig ist allein, dass sich alle Verkehrsteilnehmer auf eine bestimmte Handlungsweise koordinieren, um Unfälle zu vermeiden.[103] Das einfache pure Koordinationsspiel ist in der folgenden Matrix in Normalform dargestellt, deren Parametrisierung sich am Beispiel des Straßenverkehrs orientiert:

		Spieler 2 wählt	
		Links	Rechts
Spieler 1 wählt	Links	2, 2	–2, –2
	Rechts	–2, –2	2, 2

Tabelle 2: Beispiel für ein pures Koordinationsspiel

Die Interessen der Spieler 1 und 2 sind hier gleichgerichtet. Um den Unfall zu vermeiden, ist es prinzipiell gleichgültig, ob beide Spieler links oder rechts fahren. Es besteht schon keine Versuchung, sich antisozial zu verhalten. In diesem

[100] *Hindmoor/Taylor*, Rational Choice (2015), 39; zur Abgrenzung auch *Voigt*, Public Choice 90 (1997), 11, 29 f.
[101] *Almendares/Landa*, Law and Philosophy 26 (2007), 501, 513: „*ipso facto*".
[102] Etwa *Almendares/Landa*, Law and Philosophy 26 (2007), 501, 501 f.
[103] *Kirchgässner*, Homo Oeconomicus (2013), 232 ff.

einfachen Koordinationsspiel existieren also zwei Gleichgewichte mit reinen Strategien: (links, links) und (rechts, rechts).[104]

Auch Koordinationsspiele können aber einen Interessenkonflikt enthalten.[105] Einfacher Anschauungsfall ist das sogenannte Battle of the Sexes (BoS). Der klassische Anschauungsfall beruft sich auf einen stereotypen „Kampf der Geschlechter".[106] Ein Paar wünscht sich eine gemeinsame Abendgestaltung: Die Frau möchte in die Oper, der Mann zum Fußballspiel. Gehen sie in die Oper, hat sie davon einen größeren Nutzen als er. Gehen sie zum Fußballspiel, ist es umgekehrt. Beide bevorzugen aber irgendeine gemeinsame Abendgestaltung gegenüber dem Fall, dass gar keine gemeinsame Abendgestaltung zustande kommt. In der Matrix sieht dieses Spiels so aus[107]:

		Mann wählt	
		Oper	Fußball
Frau wählt	Oper	2, 1	0, 0
	Fußball	0, 0	1, 2

Tabelle 3: Beispiel für ein Battle of the Sexes

Es handelt sich um einen Fall eines Koordinationsspiels, in dem die beiden Spieler sich auf einem der beiden Felder treffen müssen, um überhaupt etwas zu gewinnen, die Gewinne aber unterschiedlich ausfallen. In unserem Eingangsbeispiel des Straßenverkehrs läge ein solcher Fall vor, wenn die Fahrer aufgrund ihrer Vorerfahrung im Links- oder Rechtsverkehr unterschiedlich starke Präferenzen für das jeweilige Verhalten hätten. Damit wird das Koordinationsspiel in seinen Auszahlungen asymmetrisch. Hier besteht ein Konflikt, da es zwei Gleichgewichte gibt, die die Spieler unterschiedlich bevorzugen. Jedes dieser beiden Gleichgewichte ist den Spielern aber lieber als ein Scheitern der Koordination. Daher spricht man von einem Spiel mit gemischten Motiven.[108]

b) Fokalpunkte

Auf welches Gleichgewicht sollen sich die Spieler koordinieren? Kommunikation bietet eine offensichtliche Erleichterung. Eine Lösung ließe sich verabreden bzw. aushandeln. Eine innovative Einsicht zum Verhalten in solchen Situationen verdankt sich einer Reduktion. *Thomas Schelling* diskutiert Situationen,

---

[104] Dazu kommt noch ein drittes Gleichgewicht in gemischten Strategien, wenn zumindest ein Spieler sich entscheidet, sich zufällig zu verhalten.

[105] Dazu auch *Magen*, Fairness, Eigennutz und die Rolle des Rechts, in: Engel et al. (Hg.), Recht und Verhalten (2007), 261, 334 f.

[106] *Kirchgässner*, Homo Oeconomicus (2013), 53 ff.

[107] Der Einfachheit halber verwende ich auch hier direkt ein parametrisiertes Beispiel.

[108] Siehe nur *Hindmoor/Taylor*, Rational Choice (2015), 39.

in denen Kommunikation nicht zur Verfügung steht, aber dennoch – stumm – verhandelt wird („tacit bargaining“).[109] In solchen Situationen wird die Bewältigung von Koordinationsproblemen durch Fokalpunkte erleichtert („Focal Points“).[110] Unter einem Fokalpunkt ist ein „äußerer Faktor“ zu verstehen, der für das Verhandlungsergebnis maßgeblich ist. *Schelling* schreibt dazu:

> People can often concert their intentions or expectations with others if each knows that the other is trying to do the same. Most situations – perhaps every situation for people who are practiced at this kind of game – provide some clue for coordinating behavior, some focal point for each person's expectation of what the other expects him to expect to be expected to do.[111]

In *Schellings* Beispiel zweier Generäle, die mit ihren Heeren nicht in das Gebiet des anderen vordringen vollen, ist der Fokalpunkt ein Fluss, der eine natürliche Grenze markiert. In seinem – später unter kontrollierten Bedingungen replizierten[112] – Klassenzimmer-Experiment fragte *Schelling* seine Studenten, wo und wann sie sich in New York treffen würden, wenn keine Kommunikation möglich sei. Die häufigste Antwort war 12:00 Uhr an der Grand Central Station, dem damaligen Hauptverkehrsknotenpunkt. Weitere Beispiele kommen bei *Schelling* aus den Bereichen der Politik, des Recht oder des organisiertes Verbrechens.[113] *Schelling* geht dabei auch einen Schritt weiter und stellt eine Analogie zwischen dem Verhandeln ohne Kommunikation und dem Verhandeln mit Kommunikation her.[114]

In Anschluss hieran ist von *Schelling*'scher Salienz die Rede.[115] Damit ist die Salienz einer Entscheidungsoption gemeint, die durch ein besonderes äu-

---

[109] *T. C. Schelling*, The Strategy of Conflict (1980); eine Einführung in das Werk *Schellings* findet sich bei *I. Pies*, Theoretische Grundlagen demokratischer Wirtschafts- und Gesellschaftspolitik – Der Beitrag von Thomas Schelling, in: Leschke/Pies (Hg.), Thomas Schellings strategische Ökonomik (2007), 1.

[110] Hierzu auch *Kirchgässner*, Homo Oeconomicus (2013), 233.

[111] *Schelling*, The Strategy of Conflict (1980), 57.

[112] Siehe die Studie von *J. Mehta/C. Starmer/R. Sugden*, American Economic Review 84 (1994), 658; die Bedeutung von „payoff irrelevant cues“ bestätigen darüber hinaus *M. Bacharach/M. Bernasconi*, Games and Economic Behavior 19 (1997), 1, und *A. Isoni/A. Poulsen/R. Sugden/K. Tsutsui*, European Economic Review 59 (2013), 167.

[113] *Schelling*, The Strategy of Conflict (1980), 74; siehe zu weiteren Beispielen, insbesondere zu sozialem Status als Koordinationshilfe, die sozialpsychologische Studie von *E. W. De Kwaadsteniet/E. Van Dijk*, Journal of Experimental Social Psychology 46 (2010), 515, in der mit manipulierten Fragebögen die Selbstwahrnehmung der Teilnehmer als Führungspersönlichkeit beeinflusst wurde.

[114] *Schelling*, The Strategy of Conflict (1980), 71; für diese These finden *A. Isoni/A. Poulsen/R. Sugden/K. Tsutsui*, American Economic Review 104 (2014), 3256, jedenfalls dann „qualifizierte Unterstützung“, wenn Effizienz nur auf Kosten von Gleichheit erreicht werden kann und die Spieler sich auf ein Gleichgewicht verständigen müssen, das einen Spieler besonders bevorzugt.

[115] Hierzu *J. Behnke*, Thomas Schelling und die Theorie der Focal Points, in: Leschke/Pies

ßeres Merkmal hervorsticht.[116] Eine andere Form der Salienz kann sich daraus ergeben, dass eine mit einer Entscheidung verbundene Auszahlung besonders attraktiv ist.[117] Die Koordination ist regelmäßig leichter zu erreichen, wenn die Auszahlungen für die Spieler identisch sind, also ein Fall eines reinen Koordinationsspiels vorliegt. Sind die Auszahlungen unterschiedlich, gibt es also einen Interessenkonflikt, wirken Fokalpunkte weniger stark.[118] Problematisch sind damit insbesondere die Fälle, in denen diese beiden Formen der Salienz miteinander konkurrieren – wenn also ein bestimmtes Entscheidungsfeld durch eine Markierung hervorsticht, ein anderes aber die profitablere Auszahlung verspricht.

In der Ökonomie wird im Bereich der Koordination und der Fokalpunkte weiterhin Forschungsbedarf gesehen; denn spieltheoretisch sind Fokalpunkte nicht eindeutig zu erfassen.[119] Aus rechtwissenschaftlicher Perspektive stellt sich die Frage, inwiefern Fokalpunkte konstruierbar sind und in den Institutionen des positiven Rechts erkannt werden können.[120]

4. *Verfassung als Lösung eines Koordinationsproblems*

Verschiedene Probleme, die durch Recht bewältigt werden, werden als Koordinationsprobleme konzeptualisiert.[121] Die Herausforderung liegt in Koordinationsproblemen darin, eine verlässliche Erwartung über das Verhalten der anderen Spieler zu formen. Das Recht kann in einer solchen Situation eine Hilfestellung bieten.[122] Im Beispiel des Straßenverkehrs liegt die rechtliche Lö-

(Hg.), Thomas Schellings strategische Ökonomik (2007), 155, 164 ff., der darauf hinweist, dass die Übersetzung von Salience mit „Wichtigkeit" unzureichend ist.

116 Siehe auch die Verwendung bei *V. P. Crawford/U. Gneezy/Y. Rottenstreich*, American Economic Review 98 (2008), 1443, 1444: „salience of decision labels".

117 Siehe wiederum *Crawford/Gneezy/Rottenstreich*, American Economic Review 98 (2008), 1443, 1444: „payoff salience".

118 Dies legen die Ergebnisse von *Crawford/Gneezy/Rottenstreich*, American Economic Review 98 (2008), 1443, nahe; auch *Behnke*, Thomas Schelling und die Theorie der Focal Points, in: Leschke/Pies (Hg.), Thomas Schellings strategische Ökonomik (2007), 155, 172 f., geht von einer abnehmenden Erklärungskraft der Fokalpunkt-Theorie aus.

119 *Kirchgässner*, Homo Oeconomicus (2013), 234 f. (Wiedergabe ohne Nachweise): „Die Frage, wie wir zu solchen Fokalpunkten kommen, ist trotz vieler Untersuchungen nach wie vor ungeklärt, wenn man sich nicht mit der einfachen Antwort zufrieden geben will, dass diese Punkte sich *irgendwie* von den anderen abheben, wobei man das ‚irgendwie' erst ex post genauer eruieren kann."

120 Siehe *Behnke*, Thomas Schelling und die Theorie der Focal Points, in: Leschke/Pies (Hg.), Thomas Schellings strategische Ökonomik (2007), 155, 169, insbesondere mit Hinweisen auf die Bedeutung von „Schiedsrichtern".

121 Zu den damit verbundenen Herausforderungen einführend *Kirchgässner*, Homo Oeconomicus (2013), 231 ff.; siehe auch *Almendares/Landa*, Law and Philosophy 26 (2007), 501, 526, die insbesondere vor einem „one size fits all"-Ansatz warnen.

122 *McAdams*, The Expressive Powers of Law (2015); kritisch *T. M. Benditt*, Law and Philosophy 23 (2004), 615, 623, der an der Nützlichkeit der Spieltheorie für die Analyse von

sung in der Normierung und Durchsetzung des Rechtsfahrgebotes in § 2 Abs. 2 StVO. Das Koordinationsmodell kann fruchtbar gemacht werden, um verschiedene Probleme zu beschreiben, die typischerweise mit Verfassungen verbunden sind.[123] Ausgangspunkt ist der Gedanke, dass es für die Mitglieder einer Gesellschaft (zumeist) besser ist, sich auf irgendeine verrechtlichte Lösung eines Konflikts zu einigen, als gar keine Lösung zu finden.[124] Denn damit sind die Bürger zumindest vor dem Schlimmsten geschützt.[125] Gleichwohl wird diese Aussage qualifiziert werden müssen: Wie sich zeigen wird, besteht eine geringere Wahrscheinlichkeit, ein stabiles Gleichgewicht zu beobachten, wenn die mit der Lösung verbundenen Auszahlungen zu ungleich sind.

a) Verfassung als übergeordnete Norm

Bei Verfassungen handelt es sich schon im Prinzip um Instrumente zur Bewältigung von Unsicherheit.[126] Es soll eine Verständigung über die Erwartungen an das Zusammenleben in einer Gesellschaft getroffen werden. Die Mitglieder der Gesellschaft müssen zu einer gemeinsamen Vorstellung gelangen, was in einer Gesellschaft als nicht verhandelbar gilt.[127] Darauf, was als verfassungswidrig zu verstehen ist und wann mit einer Widerstandsleistung zu rechnen ist, muss

Rechtsgestaltung allgemein und insbesondere an der These zweifelt, dass *eine* Lösung eines Problems allgemein als besser angesehen werden könne als keine, da dies in einer pluralistischen Gesellschaft ungeklärt sei. Koordination setze voraus, dass die Beteiligten dieselben Ziele hätten, also einen Konsens darüber, dass (irgend)eine Lösung aus Sicht aller vorzugswürdig sei. Diese Kritik verkennt, dass Koordinationsprobleme schon definitionsgemäß Spiele sind, in denen ein gemeinsames Interesse besteht. Hier werden also die Analyse-Ebenen vermengt.

[123] *Voigt*, Public Choice 90 (1997), 11, 29 f., beschreibt diese Ansätze als Theorien der Verfassung als „Konventions-Set" und sieht sie vor allem in Abgrenzung zu Vertragstheorien.

[124] Etwa *Almendares/Landa*, Law and Philosophy 26 (2007), 501, 501; *Magen*, Fairness, Eigennutz und die Rolle des Rechts, in: Engel et al. (Hg.), Recht und Verhalten (2007), 261, 334; *McAdams*, The Expressive Powers of Law (2015), 71; hierzu auch *Hindmoor/Taylor*, Rational Choice (2015), 39 f.

[125] Vgl. hierzu auch *Morlok/Michael*, Staatsorganisationsrecht (2017), Rn. 39: „Im Verfassungsstaat ist mit der regelmäßigen Befolgung der rechtlichen Anweisungen durch den Bürger auch deswegen zu rechnen, weil dieser gerade wegen der herrschaftsbeschränkenden Bedeutung der Verfassung vor dem Schlimmsten geschützt ist, übermäßige und untragbare Belastungen hält die Verfassung von ihm fern; für den Bürger streiten insofern die Grundrechte und insbesondere das Prinzip der Verhältnismäßigkeit."

[126] *Hirschl*, Comparative Matters (2014), 160 f., knüpft an diese Überlegung an, um den Sozialwissenschaften ein besonderes Potential bei der Untersuchung von Verfassungen zuzusprechen.

[127] Siehe nur *Hillgruber*, ZJS (2008), 123; zur Erzeugung von Normativität im Falle der Verfassung *Volkmann*, Grundzüge einer Verfassungslehre der Bundesrepublik Deutschland (2013), 287 f.: „Normativität verdankt sich unter dieser Prämisse aber einer paradoxen und aus sich heraus prekären Konstruktion; sie besteht und kann allenfalls rekonstruiert werden aus einer wechselseitigen Unterstellung von Verbindlichkeit, die sich als Folge dieser Anerkennung und sie selber verstärkend in langjähriger gemeinsamer Praxis ausbildet."

eine Gesellschaft sich aber koordinieren.[128] Eine Verfassung steht damit im materiellen Vorrangverhältnis zu einfachem Recht. Dieses Vorrangverhältnis kann strukturell verstanden werden. *Almendares/Landa* unterscheiden zwischen der Entscheidung für einzelne Rechtsnormen und der Entscheidung für eine Verfassungsordnung, *innerhalb* derer einzelne Rechtsnormen gewählt werden.[129] Die Idee eines solchen Meta-Spiels, das den Rahmen für Basisspiele darstellt, findet sich bereits bei *Schelling*.[130] Wie aber sollen die Regeln dieses Meta-Spiels bestimmt und durchgesetzt werden?

b) Unterschiedliche Präferenzen über Ausgestaltung

Rechtlich relevante Koordinationssituationen verlaufen zumeist nicht ohne Konflikt.[131] Symmetrische Situationen dürften hier selten anzunehmen sein. Dies ist schon im Grunderfordernis der Koordination angelegt, wird aber dadurch verstärkt, dass die Beteiligten unterschiedliche Interessen[132] und eine unterschiedliche Verhandlungsmacht mitbringen.[133] Dementsprechend wird angenommen, dass Verfassungen zu unterschiedlichen distributiven Ergebnissen für die Beteiligten führen.[134] Hier wird ein Verteilungskonflikt deutlich.[135] Eine Beschreibung dieses theoretischen Ausgangspunktes findet sich bei *Sonia Mittal* und *Barry R. Weingast*:

---

[128] Siehe *S. Mittal/B. R. Weingast*, Journal of Law, Economics, and Organization 29 (2013), 278, 297 f., zu dieser Konsensbedingung.

[129] *Almendares/Landa*, Law and Philosophy 26 (2007), 501, 504: „choice of constitutional regime that frames the choice of law".

[130] Siehe dazu *Pies*, Theoretische Grundlagen demokratischer Wirtschafts- und Gesellschaftspolitik – Der Beitrag von Thomas Schelling, in: Leschke/Pies (Hg.), Thomas Schellings strategische Ökonomik (2007), 1, 13 f.

[131] *McAdams*, The Expressive Powers of Law (2015), 23; siehe auch *Magen*, Fairness, Eigennutz und die Rolle des Rechts, in: Engel et al. (Hg.), Recht und Verhalten (2007), 261, 334: „Häufiger als mit reinen Koordinationsfragen wird das Recht mit Situationen befasst sein, in denen die Beteiligten gegenläufige Interessen bei der Auswahl zwischen den Gleichgewichten haben."

[132] Aus verfassungsvergleichender Sicht betont *Hirschl*, Comparative Matters (2014), 175, die Bedeutung von Interessen im Prozess der Konstitutionalisierung; siehe auch *Almendares/Landa*, Law and Philosophy 26 (2007), 501, 504: „constitutional regime" als „instance of (usually asymmetric) coordination".

[133] *Hirschl*, Comparative Matters (2014), 153; siehe auch *Knight*, Institutions and Social Conflict (1992); vgl. (zum sozialen Staatsziel in Deutschland) auch *Zacher*, § 28 Das soziale Staatsziel, in: Isensee/Kirchhof (Hg.), Handbuch des Staatsrechts, Bd. II, 3. Auflage (2004), 659, Rn. 119: „Die Offenheit und Ungewißheit des sozialen Staatsziels läßt weite Spielräume. Wie diese Spielräume ausgefüllt werden, ist eine Hervorbringung der gesellschaftlichen Verhältnisse und politischen Systems, kraft dessen sich die gesellschaftlichen Verhältnisse in Politik und Recht umsetzen."

[134] *Hirschl*, Comparative Matters (2014), 152.

[135] *McAdams*, Southern Califormia Law Review 82 (2008), 209; allgemein zu diesem Problemkreis die Beiträge in *S. Boysen/A.-B. Kaiser/F. Meinel* (Hg.), Verfassung und Verteilung (2015).

Our approach begins with citizens, who are assumed to have preferences and values about their own fundamental rights and the appropriate limits on the state. These preferences and values, in turn, define transgressions by the government – a violation of a fundamental right or limit on the state. Because citizens' social and economic situations vary significantly, they are unlikely to agree about the form of rights or bounds on the state. Farmers disagree with merchants, landlords with tenants, workers with capitalists, and urbanites with those from the country. The manifold divisions in society imply that no natural consensus exists about the nature of the citizen's rights, the bounds on the state, and generally, the constitution.[136]

Im Ausgangspunkt besteht der Minimalkonsens nur dahingehend, dass *irgendeine* Verfassungsordnung, die die Herrschaft des Rechts sicherstellt, besser ist als gar keine.[137] Die Erwartung an eine „legitime rechtliche und politische Ordnung ist, dass alle Bürger durch die bestimmte herrschende Form der Rechtsstaatlichkeit bessergestellt sind".[138]

Es geht hierbei im ersten Schritt um eine grundsätzliche Koordination, auch wenn im einzelnen Meinungsunterschiede bestehen und sogar Sanktionen eingesetzt werden müssen. Dieses grundsätzliche Erfordernis eines solchen Konsenses ist angesichts des damit verbundenen Verteilungskonfliktes voraussetzungsreich. Denn wenn die Konsequenzen für eine große Anzahl an Mitgliedern der Gesellschaft sehr ungleich sind – oder als sehr ungleich wahrgenommen werden –, ist ein stabiles Gleichgewicht unwahrscheinlich.

In der deutschen Verfassungsgeschichte mag die Weimarer Reichsverfassung (WRV) als Beispiel einer Verfassung gelten, die zwar herrschaftsbeschränkend wirken sollte, in einer zunehmend radikalisierten Gesellschaft von unterschiedlichen Gruppen aber jeweils als „Verfassung der Anderen"[139] wahrgenommen wurde und sich nicht als Minimalkonsens etablieren ließ.[140]

Konflikte über die Ausgestaltung einer Ordnung müssen sich dabei nicht auf Materielles beschränken. Das Ringen um eine Ordnung kann auch Werte und andere „normative Währungen"[141] betreffen. Konflikte über Werte können dahingehend als distributiver Konflikt verstanden werden, dass sich die Werteordnung eines Mitglieds der Gesellschaft stärker in den rechtlichen In-

---

136 *Mittal/Weingast*, Journal of Law, Economics, and Organization 29 (2013), 278, 283.

137 *McAdams*, The Expressive Powers of Law (2015), 71: „The creation of a particular government is mixed motive because nearly everyone shares a common interest in avoiding anarchy, but there are divergent interests in exactly what government structures are selected." Und weiter: „If the government's structure is defined by a constitution, then the selection of a constitution is also a coordination game. Those creating a constitution are likely to disagree about which constitutional version is best, even though they may agree that quite a few versions are better than the failure to create a constitution." Siehe auch *Hindmoor/Taylor*, Rational Choice (2015), 39 f.; vgl. *Morlok/Michael*, Staatsorganisationsrecht (2017), Rn. 39.

138 *Almendares/Landa*, Law and Philosophy 26 (2007), 501, 526 (meine Übersetzung).

139 So *Gusy*, Der Staat 55 (2016), 294.

140 Mehr zum Beispiel der WRV unter D.IV.1.

141 Vgl. *Engel*, Rechtstheorie 32 (2001), 23, 30 f.

stitutionen widerspiegelt als die eines anderen. Aber natürlich kann auch die Verwirklichung einer Werteordnung auch mit materiellen Konsequenzen einhergehen. Dazu werden sich solche Konflikte nicht auf den Moment der Verfassunggebung beschränken, sondern in der Interpretation von offenen Verfassungsbegriffen niederschlagen. Ein verfassungsrechtliches Beispiel, das sowohl einen Konflikt um Werte mit potentiellen materiellen Konsequenzen als auch die spätere Ausfüllung von offenen Verfassungsbegriffen illustriert, findet sich etwa in den Kontroversen um das Verhältnis von Rechts- und Sozialstaat in der frühen Bundesrepublik.[142]

c) Keine externe Durchsetzung

Das Koordinationsmodell bildet auch ab, dass einer Verfassung ein externer Durchsetzungsmechanismus fehlt.[143] Aus Sicht der Rechtsökonomik, die erst einmal nur denjenigen Normen verhaltenssteuernde Wirkung zuspricht, deren Verstoß formal sanktionsbewehrt ist,[144] liegt ein Vollzugsdefizit nahe. Demgegenüber wollen Theorien von den sog. „expressiven Wirkungen" von Recht gerade der Frage gerecht werden, wie das Recht ohne formale Sanktionen verhaltenssteuernde Wirkung entfalten kann.[145]

In einer Koordinationssituation signalisiert nach *Richard H. McAdams* das Recht durch seine „expressive Wirkung", welches Gleichgewicht gespielt werden soll.[146] Die expressive Wirkung von Recht sei dabei analytisch von seiner prozeduralen oder substantiellen Legitimität zu unterscheiden, die ebenfalls zu seiner Durchsetzung beiträgt.[147] Recht entfalte danach eine Suggestionskraft[148], die unabhängig von Sanktionen oder auch der Legitimität der dahinterstehenden Autorität wirke.[149] Die Wirkungen von Sanktionen, Legitimität

---

[142] Siehe hierzu mit weiteren Hinweisen *F. Meinel*, Verteilung als Verfassungsfrage, in: Boysen et al. (Hg.), Verfassung und Verteilung (2015), 19, 29 ff.; eingehend *J. P. Thurn*, Welcher Sozialstaat? (2013).

[143] Dies können die Vertragstheorien nicht einfangen; siehe *Hindmoor/Taylor*, Rational Choice (2015), 46.

[144] Siehe etwa *M. Polinsky/S. Shavell*, The Theory of Public Enforcement of Law, in: Polinsky/Shavell (Hg.), Handbook of Law and Economics I (2007), 403.

[145] *A. Lanni*, Law and Order in Ancient Athens (2016), 77 ff., diskutiert etwa die expressiven verhaltenssteuernden Wirkungen von Recht im alten Athen, dessen Rechtsordnung mit nur schwachen formalen Sanktionen auskam; einführend *Magen*, Fairness, Eigennutz und die Rolle des Rechts, in: Engel et al. (Hg.), Recht und Verhalten (2007), 261, 331 ff.

[146] Umfassend *McAdams*, The Expressive Powers of Law (2015); so auch *Almendares/Landa*, Law and Philosophy 26 (2007), 501, 520; *Magen*, Fairness, Eigennutz und die Rolle des Rechts, in: Engel et al. (Hg.), Recht und Verhalten (2007), 261, 332.

[147] Zur psychologischen Bedeutung von Verfahrensfairness *T. R. Tyler*, Crime and Justice 30 (2003), 283; *T. R. Tyler*, Why People Obey the Law (2006); zur psychologischen Bedeutung von Gerechtigkeitsempfinden *J. M. Darley*, Annual Review of Law and Social Science 5 (2009), 1.

[148] *McAdams*, The Expressive Powers of Law (2015), 5.

[149] *McAdams*, The Expressive Powers of Law (2015), 6 f.: „law has expressive powers in-

und Expressivität seien unabhängig voneinander, verstärkten sich aber gegenseitig.[150] Die Stabilität einer Institution verdanke sich der Koordination von Erwartungen, wie andere Akteure sich in bestimmten Situationen verhalten werden.[151]

Damit nach *McAdams* das Recht koordinierend wirkt, muss überhaupt eine Situation vorliegen, in der Koordination erforderlich ist, das Recht muss hinreichend eindeutig und hinreichend bekannt sein und es darf keinen anderen Fokalpunkt – oder konkurrierende Salienz – von stärkerer Wirkung geben.[152] Versteht man die Verfassung also als Fokalpunkt in diesem Sinne[153], sind die Legitimität und Würde der Institution „Verfassung" von der bloßen Existenz des Fokalpunktes zu unterscheiden. Hier besteht aber eine wichtige Wechselwirkung.[154]

Mangels einer äußeren Durchsetzungsinstanz[155] muss die Durchsetzung des Verfassungsrechts durch verschiedene Akteure geleistet werden, die sich miteinander koordinieren müssen. Diese Koordination erfolgt auf Grundlage der Verfassung, deren Inhalt weitgehend bekannt und bei Bedarf von einem Verfassungsgericht in eindeutiger und sichtbarer Weise weiter konkretisiert wird.[156] Die Befolgung von Urteilen lässt sich in diesem Modell dabei kaum sinnvoll von der Befolgung der konkretisierungsbedürftigen Verfassung insgesamt unterscheiden.[157] Vor allem ist aber auch das Verfassungsgericht ebenso wie die

---

dependent of the legal sanctions threatened on violators and independent of the legitimacy the population perceives in the authority creating and enforcing the law".

150 *McAdams*, The Expressive Powers of Law (2015), 49: „Legitimacy might strengthen the focal point effect, but is separate from it." Vgl. auch *Elkins/Ginsburg/Melton*, William & Mary Law Review 49 (2007), 1139, 1146.

151 *McAdams*, The Expressive Powers of Law (2015), 60.

152 *McAdams*, The Expressive Powers of Law (2015), 62.

153 Siehe schon *Elster*, Ulysses and the Sirens (1984), 95 ff.; *Elkins/Ginsburg/Melton*, William & Mary Law Review 49 (2007), 1139, 1145: „they provide focal points for coordinating enforcement efforts".

154 Vgl. *Elster*, Ulysses and the Sirens (1984), 95 ff.

155 Statt vieler *Kirchhof*, § 21 Identität der Verfassung, in: Isensee/Kirchhof (Hg.), Handbuch des Staatsrechts, Bd. II, 3. Auflage (2004), 261, Rn. 17: „Verfassungsrecht unterscheidet sich vom sonstigen Recht dadurch, daß es keine positivrechtliche Erkenntnisquelle für sein Entstehen und keine ihren Bestand garantierende Instanz gibt"; aus der verfassungsvergleichenden Literatur *Elkins/Ginsburg/Melton*, The Endurance of National Constitutions (2009), 7.

156 Hiervon scheint – zumindest implizit – *Möllers*, Der vermisste Leviathan (2008), 108 f., auszugehen, wenn er die Kosten der internen Differenzierung der Verfassungsrechtsprechung beklagt: „Zudem hat das Gericht damit begonnen, die Entscheidungen seiner kleineren Spruchkörper, der Kammern, systematisch zu veröffentlichen. Dass mit dieser Entscheidung eine Zerfaserung der Rechtsprechung, oder genauer ihrer Wahrnehmung in der politischen und wissenschaftlichen Öffentlichkeit, einhergeht, ist kaum zu bezweifeln. Damit wird die gesamtgesellschaftliche Orientierungsleistung des Gerichts sicher eingeschränkt."

157 In diese Richtung allgemein *Volkmann*, Grundzüge einer Verfassungslehre der Bundesrepublik Deutschland (2013), 171.

Verfassung auf die Anerkennung seiner Urteile durch andere Akteure angewiesen. Seine institutionelle Stärke ist voraussetzungsvoll.[158] Schon deshalb war man am Bundesverfassungsgericht von Anfang an darauf bedacht, als höchstes Verfassungsorgan überhaupt erst sichtbar zu werden.[159]

Wenn sich im Verhalten der sich koordinierenden Spieler ein Gleichgewicht eingestellt hat, ist eine Abweichung vom Gleichgewicht mit Opportunitätskosten verbunden, da auf eine funktionierende Ordnung verzichtet wird. Die übrigen Spieler haben dann individuelle Anreize dieses abweichende Verhalten zu sanktionieren und eine politische Autorität zu akzeptieren.[160] In einem Bürgerkrieg existieren diese individuellen Anreize hingegen gerade nicht und ein stabiles Gleichgewicht ist unwahrscheinlich.[161]

Damit eine Koordination erfolgreich ist, bedarf es also einer kritischen Mehrheit. Für diese Mehrheit darf in einem ersten Schritt kein Anreiz bestehen, Handlungen außerhalb der verfassungsmäßigen Ordnung vorzunehmen.[162] Sie muss sich innerhalb der verfassungsrechtlichen „Normalität" als bessergestellt wahrnehmen. In einem nächsten Schritt muss sie bereit sein, die verfassungsmäßige Ordnung weitergehend zu verteidigen. Die Beschreibung einer Verfassungsordnung als ein solches Meta-Spiel ist in der Sache identisch mit dem, was in der Verfassungstheorie unter Bestimmung des Grundsätzlichen oder „Unabstimmbaren" verstanden wird.[163]

d) Selbst-vollziehender Mechanismus

Wann wird eine freiheitliche Verfassung ein stabiles Gleichgewicht schaffen? Insbesondere *Barry R. Weingast* weist darauf hin, eine Verfassung müsse „selbst-vollziehend" sein („self-enforcing").[164] Für die Wirksamkeit selbst-

---

[158] Siehe nur *Petersen*, Verhältnismäßigkeit als Rationalitätskontrolle (2015), 144.

[159] Siehe die Denkschrift des Bundesverfassungsgerichts vom 27. Juni 1952, JöR 6 (1957), 144, 146: „Erst wenn es gelingt, dem Volk die repräsentative Stellung des Bundesverfassungsgerichts auch bildhaft einzuprägen, wird das Bundesverfassungsgericht seine zugleich politisch integrierende Funktion innerhalb des Staats- und Volksganzen voll erfüllen können." Dazu *Volkmann*, Grundzüge einer Verfassungslehre der Bundesrepublik Deutschland (2013), 173: „protokollarische und institutionelle Selbstermächtigung"; so in der Sache auch *Hillgruber/Goos*, Verfassungsprozessrecht (2015), Rn. 8.

[160] *Almendares/Landa*, Law and Philosophy 26 (2007), 501, 520 f.

[161] Daher könne es nach der weitgehenden Ansicht von *Almendares/Landa*, Law and Philosophy 26 (2007), 501, 521 f., zur Bewältigung dieser Probleme eines autoritären Regimes bedürfen: „These individual incentives are, in fact, the reason why regime changes in midst of „nation-building" may need to rely on the exercise of absolute power: to punish deviators, and, most importantly, to create an unambiguous set of institutions on which to coordinate."

[162] *Mittal/Weingast*, Journal of Law, Economics, and Organization 29 (2013), 278, 279.

[163] Siehe *Hillgruber*, ZJS (2008), 123, 131: „Es führt [...], so paradox dies auf den ersten Blick erscheinen mag, kein Weg daran vorbei, dass Mehrheiten organisiert werden müssen, um das Unabstimmbare in einer Demokratie unabstimmbar zu halten oder doch wenigstens in seiner Substanz zu erhalten."

[164] Siehe nur *Weingast*, American Political Science Review 91 (1997), 245; hierauf auf-

vollziehender Regeln ist es von entscheidender Bedeutung, dass die Akteure es in ihrem Eigeninteresse sehen, diese zu befolgen.[165]

Die Akteure, um die es hier geht, sind alle diejenigen, die Einfluss auf die Durchsetzung der Verfassung nehmen können, also bereit sind, im Falle eines Verfassungsbruchs dem Transgressor die Unterstützung zu entziehen und Widerstand zu leisten.[166] Dies betrifft sowohl die Bürger, die mit öffentlichen Ämtern betraut sind, als auch die, die bereit sind, gegen Verfassungsverstöße zu demonstrieren und ihren Unmut kundzutun. Es müssen also Anreize bestehen, die Institution zu bewahren und Schutzmechanismen zu aktivieren.[167] Es muss eine entsprechende rechtsstaatliche, koordinierende Kultur unter den Bürgern geben.[168] In den Worten von *Weingast*:

> [D]emocratic stability occurs when citizens and elites construct a focal solution that resolves their coordination dilemmas about limits on the state. The focal solution results in a set of mass behavior that creates a „civic culture," including a consensus on values and stable democracy.[169]

Elkins, *Ginsburg* und *Melton* schließen sich dieser Beobachtung an.[170] Auch in ihrer Beschreibung erfolgt die Durchsetzung einer Verfassung dadurch, dass eine hinreichende Menge an Akteuren den verfassungsrechtlichen Konsens respektiert und bereit ist, diesen im Krisenfall zu verteidigen.[171] Diejenigen, die

---

bauend etwa *Elkins/Ginsburg/Melton*, William & Mary Law Review 49 (2007), 1139, 1143 ff.; auch *Voigt*, Journal of Economic Behavior & Organization 80 (2011), 319, 328: „[I]dentifying the determinants of observed gaps between de jure and de facto constitutional rules is key. [...] no such theory is available as of yet. But a sensible starting point for such a theory is explicit recognition of the fact that constitutions need to be self-enforceable. This implies that the interests of the most relevant societal groups need to be explicitly recognized. If they do not find their interests reflected in the constitution, the will have incentive to work around it."

165 Allgemein *Knight*, Institutions and Social Conflict (1992), 171.

166 *Weingast*, American Political Science Review 91 (1997), 245, 251.

167 *Bednar*, The Robust Federation (2009), 170: „someone must have the incentive to pull the trigger"; *Elkins/Ginsburg/Melton*, William & Mary Law Review 49 (2007), 1139, 1144; *D. C. North*, Understanding the Process of Economic Change (2005), 104 f.: „Consensual political order requires that, in equilibrium, all members of society have an incentive to obey and enforce the rules and that a sufficient number are motivated to punish potential deviants"

168 *C. Mantzavinos*, Individuals, Institutions, and Markets (2004), 252 f., spricht von einer trivial anmutenden Wahrheit „of tremendous importance for the maintenance of [...] institutional stability".

169 *Weingast*, American Political Science Review 91 (1997), 245, 246.

170 *Elkins/Ginsburg/Melton*, The Endurance of National Constitutions (2009), 76: „When all potential enforcers can coordinate by generating common expectations that others will join in the confrontation, however, the threat of defection is minimized. When those who would breach recognize that their breach will be met with coordinated resistance, they restrain themselves from acting in the first place." Siehe auch ausführlicher in *Elkins/Ginsburg/Melton*, William & Mary Law Review 49 (2007), 1139, 1143 ff.

171 *Elkins/Ginsburg/Melton*, William & Mary Law Review 49 (2007), 1139, 1144 f., weisen auf die hier lauernden Probleme kollektiven Handels hin; siehe auch *Bednar*, The Robust Federation (2009), 170.

auf die Bewahrung Einfluss nehmen können, müssen der Ansicht sein, dass es ihnen selbst besser geht, wenn die Institution bestehen bleibt.[172]

Wenn mit Widerstand zu rechnen ist, besteht auch für diejenigen, die von der Verfassung mit Macht ausgestattet sind, ein geringerer Anreiz diese Macht zu missbrauchen. Die Wahrscheinlichkeit einer Verteidigung und die Entstehung von selbst-vollziehenden Mechanismen kann institutionell begünstigt werden. Dem Föderalismus und den Grundsätzen der Gewaltenteilung wird ein solches Potential zugerechnet.[173]

Der Anreiz den Status quo zu verändern, entsteht, wenn wegen der Verteilungsfolgen des bestimmten Gleichgewichts ein anderes Gleichgewicht bevorzugt wird.[174] Die Befolgung des Status quo kann dabei etwa als Gefangenendilemma interpretiert werden, welches Spiel aber im Einzelfall vorliegt, ist situationsspezifisch zu bestimmen.[175] Die Hauptgefahr für die Stabilität des Status quo besteht in veränderten Anreizen zugunsten der Nichtbefolgung einer Norm.[176] Die selbst-vollziehende Norm ist stabil, wenn die von ihr benachteiligten Gruppen zumindest nicht über die Möglichkeit verfügen, ihr Verhalten hinsichtlich eines Umsturzes zu koordinieren. In den Worten von *Jack Knight*:

> Social institutions are self-enforcing if they constitute an equilibrium outcome for the individual actors. As long as an individual actor cannot do better by pursuing a different strategy – given the strategies of the other actors – he or she will continue to act in accordance with that institution. And the individual actor will continue to respect the institution's constraints, even though he reaps fewer benefits from the institution than do other actors with whom he is involved. He does so because without the ability to coordinate the strategies of others toward a different equilibrium, he has no other rational choice. This logic suggests that even those rules producing significant distributional consequences can be self-enforcing.[177]

Dies kann als Ansatz gesehen werden, um auch die Stabilität von autoritären Regimen zu erklären, die nur zugunsten einer bestimmten Elite wirken.[178] Es ist kein Zufall, dass solche Regime gerade Wege suchen, die Kommunikation

---

[172] *Elkins/Ginsburg/Melton*, The Endurance of National Constitutions (2009), 7.

[173] So *Hindmoor/Taylor*, Rational Choice (2015), 47; *S. Oeter*, Integration und Subsidiarität im deutschen Bundesstaatsrecht (1998), 566, stellt zwar institutionenökonomische Ansätze zur Analyse des Föderalismus dar, ist aber skeptisch hinsichtlich ihrer Übertragbarkeit auf das deutsche Bundesstaatsrechts mangels eines deutschen Konkurrenzföderalismus.

[174] *Knight*, Institutions and Social Conflict (1992), 174.

[175] *Knight*, Institutions and Social Conflict (1992), 175; siehe hierzu auch die Hinweise zur Interpretation sozialer Probleme bei *Almendares/Landa*, Law and Philosophy 26 (2007), 501.

[176] *Knight*, Institutions and Social Conflict (1992), 177.

[177] *Knight*, Institutions and Social Conflict (1992), 177.

[178] Zur „Kaderpolitik" in der DDR *Pfaff*, Exit-Voice Dynamics and the Collapse of East Germany (2006), 46 ff.

innerhalb und unter benachteiligten Gruppen zu überwachen oder ganz zu unterbinden. Die DDR bietet hier ein naheliegendes Beispiel.[179]

5. Zum Verhältnis von Koordination und Kooperation

Die Konzeptualisierung einer Verfassung als Lösung in einem Koordinationsproblem bedeutet nicht, dass es sich bei der Stabilisierung einer Ordnung nicht *auch* um ein Kooperationsproblem handelt. Denn auch in einer stabilen Demokratie müssen nicht alle zur Stabilisierung beitragen. Auch hier ist Trittbrettverhalten denkbar. Eine Situation als Koordinationsproblem aufzufassen, bedeutet nicht, dass es keine Trittbrettfahrer gibt, die zur Koordination zwar nicht beitragen, aber gleichwohl von der Koordinationsleistung profitieren. Schon wenn es sich um eine Koordination mit mehr als zwei Spielern handelt, genügt für die Stabilisierung die Koordination einer kritischen Masse. *Almendares/Landa* illustrieren diesen Gedanken mit einem „Battle of the Rowers“:

> There is a crew of three rowers in a galley. All of the rowers are identical and are in identical positions. They all prefer that the boat get to its destination, but they also understandably prefer a leisurely ride to actually rowing. In order to move the boat, two rowers must row, which leaves the potential for a third to take advantage of the other two rowers rowing by slacking off himself.[180]

Die Entscheidung, ob man die Koordination akzeptiert und zu dieser beiträgt, gestaltet sich in einem solchen Rahmen dann also wiederum als Kooperationsproblem.

Auf die Verfassung übertragen bedeutet das, dass sich Verfassungsverstöße im Wesentlichen analytisch in zwei Kategorien unterteilen lassen. Die erste betrifft den singulären Verfassungsverstoß durch einen Akteur, der sich davon einen höheren Nutzen verspricht. Die Verfassungsordnung insgesamt soll dabei aber bestehen bleiben. Dies entspricht dem Ruderer, der nicht kooperiert, sondern sich zur Defektion entscheidet. Die allgemeine Koordinationslösung soll dabei noch nicht infrage gestellt werden. Stattdessen sucht ein Akteur im Rahmen dieser Meta-Ordnung einen besseren Platz für sich.

Die zweite Kategorie betrifft Verfassungsverstöße, die auf eine Veränderung der Meta-Ordnung abzielen, also eine Koordination auf ein neues Gleichgewicht bezwecken. Auch hier kann es einen einzelnen Verfassungsverstoß geben, dieser zielt aber gleichzeitig auf eine größere Veränderung. Eindeutiges Beispiel wäre der Aufruf zur Revolution. Zwischen dem einzelnen Verfassungsverstoß und dem strukturändernden Verfassungsverstoß dürfte eine Grauzone

---

179 *Pfaff*, Exit-Voice Dynamics and the Collapse of East Germany (2006), 5: „[T]he GDR's system of coercive surveillance ensured that there were no internal forces capable of mobilizing a serious challenge against the regime.“

180 *Almendares/Landa*, Law and Philosophy 26 (2007), 501, 516 ff.

anzunehmen sein. Wiederholte Verstöße können schließlich zur Anpassung der Ordnung führen.[181] Die Bestrebungen zur Abschaffung der Verfassung, wie sie durch Art. 146 GG legitimiert werden, fallen sachlich in diese zweite Kategorie der Neu-Koordination. Das schließt nicht aus, dass sich im Rahmen der Verwirklichung dieser Bestrebungen wiederum Kooperationsprobleme auftun.

6. Experimentelle Evidenz: Crawford/Gneezy/Rottenstreich

Welche Risiken bestehen nach diesem Verständnis für die Stabilität einer Verfassung? Einen ersten Hinweis gibt die experimentelle Forschung zu Koordinationsspielen. Koordination funktioniert nämlich tatsächlich schlechter, wenn die Auszahlungswerte („Payoffs") asymmetrisch sind.[182] *Crawford/Gneezy/Rottenstreich* lassen in ihrem Experiment ein „Battle of the Sexes" spielen und variieren dabei die Asymmetrie der Auszahlungen. Schon leichte Asymmetrie genügt, damit nicht dem Fokalpunkt gefolgt wird, sondern die höhere Auszahlung für das Entscheidungsverhalten der Teilnehmer den Ausschlag gibt. Dennoch findet Koordination statt, was die Autoren der *Schelling*'schen Salienz oder einem „team reasoning" zuschreiben.[183] Hier zeigt sich das kooperative Element im Rahmen einer Koordinationsleistung. Die Abneigung dagegen, das Gleichgewicht zu wählen, das einen anderen Spieler stärker bevorzugt, könnte auch damit erklärt werden, dass Spieler bereit sind, auf Einkommen zu verzichten, weil sie eine Aversion gegen Ungleichheit – und erst recht gegen Ungleichheit zu ihren Lasten – haben.[184]

Wenn wir diesen Gedanken für Verfassungen aufgreifen, bedeutet das, dass eine Verfassung eine höhere Wahrscheinlichkeit hat, anerkannt zu werden bzw. selbst-vollziehend zu sein, wenn der Zustand, den sie markiert, keine – oder zumindest weniger – Ungleichheiten schafft. In dieser Allgemeinheit lässt sich dies nicht nur für wirtschaftliche Verhältnisse, sondern auch für Werte und

---

[181] Diese Wirkung beschreibt *D. Langewiesche*, Recht und Revolution. Verfassungsstiftung durch Verfassungsbruch, in: Starck (Hg.), Recht und Willkür (2012), 27.

[182] *Crawford/Gneezy/Rottenstreich*, American Economic Review 98 (2008), 1443; vgl. auch *Magen*, Fairness, Eigennutz und die Rolle des Rechts, in: Engel et al. (Hg.), Recht und Verhalten (2007), 261, 323: „Vermutlich haben die nicht wenigen sozialen Normen, die dem Schema der Äquität folgen, eine Mikrofundierung in den Fairnesspräferenzen der Beteiligten. Diese Normen werden stabiler sein als Koordinations-Gleichgewichte, die von starken Ungleichheiten geprägt sind."

[183] *Crawford/Gneezy/Rottenstreich*, American Economic Review 98 (2008), 1443, 1448; *M. Parravano/O. Poulsen*, Games and Economic Behavior 94 (2015), 191, bestätigen diese Ergebnisse unter Bedingungen, unter denen für die Teilnehmer mehr Einkommen auf dem Spiel steht; *McAdams*, The Expressive Powers of Law (2015), 51, beurteilt das Fazit von *Crawford/Gneezy/Rottenstreich*, American Economic Review 98 (2008), 1443, dass die Wirkkraft von Fokalpunkten beschränkt sei, als übertrieben.

[184] Siehe hierzu das einflussreiche Modell von *Fehr/Schmidt*, Quarterly Journal of Economics 114 (1999), 817.

Überzeugungen formulieren. Damit ist ein Faktor eingegrenzt, der geeignet ist, die Stabilität einer Verfassung zumindest teilweise zu erklären.

7. Machtverschiebungen: Jack Knight

Wann aber wird es zu Veränderungen einer stabilisierten Institution kommen? Im Modell von *Jack Knight* entstehen die Anreize zu bewussten Veränderungen durch Veränderungen in den Machtasymmetrien zwischen den Akteuren oder durch Veränderungen in den Verteilungseffekten der Institutionen.[185] Von besonderer Bedeutung ist der Fall, wenn diese Änderungen auf der Seite der Nicht-Begünstigten eintreten. Sollen sie ihre neue Macht einsetzen, um zu verhandeln, oder sich organisieren und den formalen Wandel selbst herbeiführen?[186] Es wird jedenfalls auf den Vergleich zwischen den langfristigen Vorteilen der unterschiedlichen Regeln ankommen.[187] Weiter wird es auf die Kosten der Formalisierung ankommen.[188] Formalisierung ist dabei für *Knight* gleichbedeutend mit der Etablierung einer Durchsetzungsinstanz: „The logic of informal institutionalization is to constrain the actions of others through our own commitments. The logic of formal institutionalization is to constrain the actions of others through actions of a third party."[189] Mangels einer zentralen Durchsetzungsinstanz fällt die Verfassung zwischen diese Kategorien: Es handelt sich um eine formale Institution, die aber auf „self-commitment" angewiesen ist.[190]

Dies wirft die nächste Frage auf: Wann ist mit Veränderungen in der Machtverteilung unter den betroffenen Gruppen zu rechnen? Denkbar wären Fälle, in denen einer Gruppe eine Ressource zufällt. Noch einfacher wäre der Fall, dass eine Gruppe sich vergrößert. Ein Beispiel für eine solche potentielle Machtverschiebung ist durch die sachliche Eingrenzung meiner Untersuchung mittels Art. 146 GG naheliegend: Die Wiedervereinigung hat das Wahlvolk in der Bundesrepublik mit einem Schlag erheblich vergrößert. Das beinhaltete das Potential für neue Mehrheiten und damit die realistische Möglichkeit zur Schaffung neuer Institutionen. Hierauf wird im Rahmen der nachfolgenden Zwischenbetrachtung näher einzugehen sein.

---

185 *Knight*, Institutions and Social Conflict (1992), 183.

186 *Knight*, Institutions and Social Conflict (1992), 183.

187 *Knight*, Institutions and Social Conflict (1992), 184: Der Ausgang dieses Vergleiches wird davon abhängen, wie stark Zukünftiges gewichtet wird, und von der Wahrscheinlichkeit, dass die neue Regel befolgt wird.

188 *Knight*, Institutions and Social Conflict (1992), 185.

189 *Knight*, Institutions and Social Conflict (1992), 188.

190 Siehe hierzu eingehend *J. Elster*, Ulysses Unbound (2000), 88 ff.

8. Zwischenergebnis

Die positive politische Theorie bietet eine Beschreibung des Problems, dass eine Verfassung von Voraussetzungen abhängig ist, die sie nicht selbst garantieren kann. Gleichzeitig wird erkennbar: Die Verfassung kann so ausgestaltet sein, dass die Akteure es als lohnend betrachten, sie zu respektieren. Umgekehrt bedeutet dies: Wenn die Auszahlungen, die mit einem institutionellen Arrangement verbunden sind, sehr ungleich sind, wird schon kein stabiles Gleichgewicht zu beobachten sein.

Diese Betrachtung legt nahe, dass zum einen die Verfassung dann stabiler ist, wenn sie Gruppen nicht unterschiedlich stark bevorzugt oder benachteiligt. Was sich nämlich als wichtigste Einsicht dieser Betrachtung gezeigt hat, ist, dass die Durchsetzungsstruktur einer Verfassung und damit auch ihre Stabilität eng mit Verteilungsfragen verbunden sind. Eine offene Frage bleibt allerdings: Auch in der positiven politischen Theorie hängt die Durchsetzung letztlich von einer „civic culture" ab, die als Begriff nicht weiter aufgelöst wird.[191]

IV. Verfassungsstabilität in Deutschland

Diese Überlegungen bieten ein theoretisches Gerüst, um die Stabilität von Verfassungen in Deutschland näher zu betrachten. Da eine Verfassung nur dezentral und durch ein gewisses Maß an Koordination durchgesetzt werden kann und im Grunde jede Koordination mit Verteilungseffekten verbunden ist, wird es darauf ankommen, dass die Bevölkerung mit den Verteilungseffekten der Verfassung gut leben kann. Eine Koordination auf ein bestimmtes durch eine Verfassungsordnung markiertes Gleichgewicht wird mithin weniger wahrscheinlich zu beobachten sein, wenn das Gleichgewicht starke Ungleichheiten zur Folge hat.[192] Die Stabilität einer Verfassung wird letztlich davon abhängen, welche tatsächlichen Auswirkungen ihr die Bürger zuschreiben: Zwar mag das normative Programm einer Verfassung auf Ausgleich bedacht sein, dieses Programm muss aber auch die Lebenswirklichkeit der Bürger erreichen. Es kommt also auf die Überzeugungen in der Bevölkerung an.[193] Die Bedeutung dieser fast trivial anmutenden Einsicht kann kaum überschätzt werden.[194]

---

[191] Siehe nur *Weingast*, American Political Science Review 91 (1997), 245, 251; siehe in Bezug auf die Robustheit föderaler Systeme auch *Bednar*, The Robust Federation (2009), 185 ff., dort werden die mit dem Begriff der Kultur verbundenen Unklarheiten aber anerkannt („enigmatic concept").

[192] *Crawford/Gneezy/Rottenstreich*, American Economic Review 98 (2008), 1443; *Magen*, Fairness, Eigennutz und die Rolle des Rechts, in: Engel et al. (Hg.), Recht und Verhalten (2007), 261, 323.

[193] Unterscheidet man wie *Volkmann*, Grundzüge einer Verfassungslehre der Bundesrepublik Deutschland (2013), 95 f., in Anschluss an *Tushnet* und *Bryde* zwischen „Bürgerverfas-

Einen ergiebigen Ausgangspunkt für eine Diskussion bietet zwar die Weimarer Reichsverfassung (WRV), ich möchte sie im Rahmen dieser Arbeit aber nur streifen (1). Entsprechend meiner thematischen Eingrenzung anhand von Art. 146 GG möchte ich in diesem Abschnitt vielmehr die Stabilität des Grundgesetzes (2) und die Bedingungen der Wiedervereinigung (3) thematisieren. Im Anschluss daran möchte ich die Frage aufwerfen, inwiefern Risiken für die vorgezeichneten Stabilitätsbedingungen bestehen. Hier lässt sich über die heutige Bedeutung sozialer Ungleichheit nachdenken (4). Es soll auch deutlich werden, dass das Koordinationsmodell mit Einschätzungen aus der Verfassungsrechtswissenschaft korrespondiert.

1. Weimarer Reichsverfassung

Das Scheitern der Weimarer Republik kann als eigene Fallstudie für eine fehlende Koordinationsleistung zur Bewahrung einer Verfassungsordnung herangezogen werden. Das Scheitern wird auf verschiedene Faktoren zurückgeführt: Die Weimarer Republik war von Anfang an durch Geschichtslegenden belastet und faktisch delegitimiert.[195] In den Begriffen der Theorie der expressiven Wirkung von Recht war die Salienz der WRV als Koordinationspunkt zumindest nicht gestärkt.[196] Dazu kam eine Verschlechterung der wirtschaftlichen Verhältnisse.[197] Das Vertrauen in die demokratische Staatsform war schwach.[198] Die breite Bevölkerung sah sich durch die Ordnung der Weimarer Republik nicht bessergestellt. Es kam zur politischen Radikalisierung und die WRV erschien „[a]us Sicht der Linken wie der Rechten […] als Verfassung der Anderen“.[199] Die Notstandsbefugnisse aus Art. 48 WRV wurden ausgeweitet und es wurde

sung“ und „Juristenverfassung“, wird es also noch stärker auf die „Bürgerverfassung“ ankommen.

194 So auch *Mantzavinos*, Individuals, Institutions, and Markets (2004), 252 f.

195 *H. A. Winkler*, Der lange Weg nach Westen I (2014), 402: Kriegsunschuldlegende und Dolchstoßlegende.

196 Vgl. die Begrifflichkeiten bei *McAdams*, The Expressive Powers of Law (2015), 49; vgl. zur bewussten Schwächung eines Fokalpunktes durch einen Antidemokraten *A. Z. Huq/T. Ginsburg*, UCLA Law Review 65 (2018), 78, 119: „The absence of a focal point will render popular and oppositional resistance to the antidemocratic consolidation of political power more costly and less effective. In short, it is precisely because it does not come dressed as a wolf that the threat of constitutional retrogression is so grave. Like the proverbial boiling frog, a democratic society in the midst of retrogression may not realize its predicament until matters are already beyond redress.“

197 Siehe *Winkler*, Der lange Weg nach Westen I (2014), 480, zur steigenden Arbeitslosigkeit im Jahr 1929.

198 *Winkler*, Der lange Weg nach Westen I (2014), 550, führt dies letztlich auf die „Ungleichzeitigkeit der politischen Modernisierung Deutschlands“ zurück: „der frühen Demokratisierung des Wahlrechts und der verspäteten Demokratisierung des Regierungssystems“.

199 So *Gusy*, Der Staat 55 (2016), 294; siehe auch *Hillgruber*, Der Staat 49 (2010), 167, 188 f.

gegen Parlament und Parteien regiert.[200] Kurzum: Die damaligen Eliten konnten sich nicht auf eine gemeinsame Rahmenordnung verständigen[201] und ließen den Aufstieg Adolf Hitlers zu, der die Verfassung ausnutzte, um scheinbar legal zu agieren.[202]

Bemerkenswert ist hierbei, dass die WRV durchaus als Verfassung gedacht war, die mit einem schwierigen Umfeld umgehen sollte. *Christoph Möllers* würdigt sie als

> eine sehr gut gemachte Verfassung, die das Grundproblem der Weimarer Republik, die fehlende Beliebtheit des parlamentarischen Regierungssystems bei der Mehrheit der deutschen Bevölkerung, scharf erkannte und konstruktiv zu lösen versuchte: mit der gleichzeitigen Einrichtung einer parlamentarischen Regierung einerseits und einem starken, direkt gewählten Reichspräsidenten und Volksabstimmungen andererseits.[203]

Es mangelte ihr gerade nicht an der Verwundbarkeit[204], die ich in dieser Arbeit als möglichen stabilisierenden Faktor diskutiere. Sie wurde aber schon nicht als das Meta-Spiel akzeptiert, innerhalb dessen Gesetze verwirklicht werden. Es gab zwar teilweise Widerstand gegen radikale Kräfte, aber keine kritische Masse, die die Verfassungsordnung als bewahrenswert ansah und bereit war, sie zu verteidigen.[205] Dies lag auch daran, dass diese Ordnung mit politischen Verfehlungen gleichgesetzt wurde[206] und delegitimiert war. Dazu kam ein institutionelles Arrangement, das eine Machtverschiebung zugunsten eines Präsidialsystems zumindest zuließ. Die Bedingungen eines selbst-vollziehenden Mechanismus, also einer dezentralen Durchsetzung der Verfassungsordnung, waren nicht erfüllt. Gesellschaftliche Gruppen wollten ihr Maximalziel verwirklichen und wähnten es in greifbarer Nähe. Die Kosten verfassungsfeindlicher Handlungen waren relativ gering.[207] Entscheidend mag schließlich gewesen sein, dass für größere Bevölkerungsgruppen und ihre Vertreter mit der

---

[200] *Gusy*, Der Staat 55 (2016), 295 f.

[201] Siehe *Winkler*, Der lange Weg nach Westen I (2014), 488 f., zur Ablehnung des „Brüning-Kompromisses“ durch die SPD und zur Duldung und Förderung Hitlers durch die „alten Eliten“ (S. 549 f.).

[202] Siehe *Winkler*, Der lange Weg nach Westen I (2014), 550 f.

[203] *Möllers*, Das Grundgesetz (2009), 15 f.

[204] *E.-W. Böckenförde*, Der Zusammenbruch der Monarchie und die Entstehung der Weimarer Republik, in: Jeserich et al. (Hg.), Deutsche Verwaltungsgeschichte, Bd. IV (1985), 1, 19, beschreibt im Anschluss an *Hermann Heller* die „offene politische Form“ der WRV: „Sie erlaubte es den rivalisierenden, in den Grundfragen nicht einigen politischen Kräften, sich zunächst auf den Boden der Verfassung zu stellen, um auf den in ihr offen gehaltenen Wegen grundlegende Veränderungen anzustreben, die aus dem Kompromiß hinausführten.“

[205] Vgl. *Böckenförde*, Der Zusammenbruch der Monarchie und die Entstehung der Weimarer Republik, in: Jeserich et al. (Hg.), Deutsche Verwaltungsgeschichte, Bd. IV (1985), 1, 22: „Die Republik und ihre Verfassung hatten auch von Anfang an in der Mentalität der Menschen, die in und unter ihr lebten, keinen hinreichenden Bundesgenossen.“

[206] Zu dieser Identifikation *Gusy*, Der Staat 55 (2016).

[207] Vgl. nur *Winkler*, Der lange Weg nach Westen I (2014), 450, zur vorzeitigen Haftentlassung Adolf Hitlers nach dessen gescheitertem Putschversuch.

Weimarer Republik keine Prosperitätserfahrung einherging.[208] Die Verfassung traf als „Gesellschaftsverfassung“ zwar Regelungen für das Sozial- und Wirtschaftsleben[209]; das durch die Verfassung „vorgeschlagene“ Gleichgewicht war aber für einen Großteil der Bevölkerung nicht mit tatsächlich spürbaren günstigen Verteilungseffekten verbunden. Eine Wahrnehmung der Verfassung als Ordnung, die Gerechtigkeit schafft, kam nicht zustande.

2. Grundgesetz

Warum ist unter dem Grundgesetz eine Stabilisierung eingetreten, die der vorhergehenden Verfassung nicht möglich war? In der Theorie besteht ein Zusammenhang zwischen der Stabilität einer institutionellen Ordnung und den mit ihr verbundenen Verteilungseffekten. „Verteilung“ ist dabei keine verfassungsrechtliche Kategorie.[210] Gleichwohl trifft die Verfassung verteilungsrelevante Regelungen[211]; ihre tatsächliche Akzeptanz ist mit der Wirkweise dieser Regelungen verbunden. Eine Prosperitätserfahrung von weiten Teilen der Bevölkerung kann der Stabilität der Verfassung zugutekommen. Die Wirklichkeit, die durch das Recht geschaffen wird, wirkt damit auf dessen Stabilität zurück.[212]

Im Ausgangspunkt unterscheidet sich das Grundgesetz von der WRV in seinem „limitierte[n] Charakter als Staatsverfassung mit liberalen Grundrechten“.[213] Das Grundgesetz enthält im Gegensatz zur WRV keine sozialen Grundrechte und keine materiellen Direktiven für das Wirtschaftsleben. In dieser Konzeption des GG bleibt das Gegenüber von Staat und Gesellschaft erhalten.[214] Das soziale Staatsziel findet sich in Art. 20 Abs. 1 GG und Art. 28 Abs. 1

---

[208] *Volkmann*, Grundzüge einer Verfassungslehre der Bundesrepublik Deutschland (2013), 299, zählt ein „notwendige[s] Maß an wirtschaftlicher Stabilität und Prosperität“ zu den externen „Geltungsressourcen“ der Verfassung, über deren „wirkliche Bedeutung für die normative Kraft einer Verfassung Genaues“ sich nicht sagen lasse.

[209] Siehe zu „Weimar und Vergesellschaftung des Verfassungsbegriffs“ mit weiteren Hinweisen *Meinel*, Verteilung als Verfassungsfrage, in: Boysen et al. (Hg.), Verfassung und Verteilung (2015), 19, 25 ff.; zur umfassenden und differenzierten sozialen Programmatik auch *Zacher*, § 28 Das soziale Staatsziel, in: Isensee/Kirchhof (Hg.), Handbuch des Staatsrechts, Bd. II, 3. Auflage (2004), 659, Rn. 11.

[210] Dazu *Meinel*, Verteilung als Verfassungsfrage, in: Boysen et al. (Hg.), Verfassung und Verteilung (2015), 19, 19 f., mit dem Hinweis, dass Verteilungsfragen Sache des Gesetzgebers sind.

[211] *Boysen/Kaiser/Meinel* (Hg.), Verfassung und Verteilung (2015).

[212] Zur Kontextabhängigkeit einer Verfassung siehe wiederum die prägnant formulierte und zu Beginn dieser Arbeit zitierte Aporie bei *Grimm*, „Ich bin ein Freund der Verfassung“ (2017), 317.

[213] *Meinel*, Verteilung als Verfassungsfrage, in: Boysen et al. (Hg.), Verfassung und Verteilung (2015), 19, 27.

[214] *Zacher*, § 28 Das soziale Staatsziel, in: Isensee/Kirchhof (Hg.), Handbuch des Staatsrechts, Bd. II, 3. Auflage (2004), 659, Rn. 26.

S. 1 GG. Die Ewigkeitsgarantie in Art. 79 Abs. 3 GG erklärt das Prinzip der Sozialstaatlichkeit für unabänderlich.[215] Gleichzeitig wird vom Grundgesetz nicht ausgeführt, was unter dem Sozialstaat zu verstehen ist.[216] Sozialpolitische Aussagen werden in den weiten Bundesgesetzgebungskompetenzen erkannt.[217] Schon dies legt nahe, dass Sozialstaatlichkeit sich nicht monolithisch verwirklicht.[218] *Hans F. Zacher* beschreibt diesen Verwirklichungsprozess:

Die Verwirklichung des sozialen Staatsziels läßt sich – wenn nicht vollständig, so doch weitgehend – verstehen als eine Summe helfender, ausgleichender, sonstwie korrigierender Interventionen. Die *rechtliche* Intervention steuert, sichert oder verändert die sozialen Verhältnisse durch Recht: durch Gesetze, durch Richtersprüche, durch rechtliche Anordnungen der Verwaltung.[219]

Dieser Vorgang sei in ständiger Bewegung. Offenheit und Prozesshaftigkeit seien dem Sozialen wesentlich.[220] Die Suche der Mitte des Sozialen führe zu den elementaren Grundlagen der Verfassung:

Zu ihrem Menschenbild: zur Ausprägung der Menschenwürde durch Gleichheit, Freiheit und Individualität. Zu ihrem Staatsbild: zu Bundesstaat, Rechtsstaat und Demokratie. Sie führt hin zu der Einsicht, daß Gleichheit, Freiheit und Individualität nicht gelebt werden können, wenn Staat und Gesellschaft nicht Verantwortung übernehmen für die realen Voraussetzungen einer menschenwürdigen Existenz – jener Einsicht, welche die Entwicklung der sozialen Bewegung und die Entwicklung des Verfassungsstaates miteinander verbunden haben. Und ebenso führt sie zu der Einsicht, daß, wenn dieses Menschenbild verwirklicht werden soll, Bundesstaat, Rechtsstaat und Demokratie der „sozialen" Integration und der sozialen Legitimation bedürfen. Dieser Zusammenhang macht die verfassungspolitische und verfassungsrechtliche Würde des sozialen Staatsziels aus.[221]

---

[215] Dazu *Zacher*, § 28 Das soziale Staatsziel, in: Isensee/Kirchhof (Hg.), Handbuch des Staatsrechts, Bd. II, 3. Auflage (2004), 659, Rn. 95, dem zufolge der Schutz auf „eindeutige" Inhalte des Sozialstaatprinzips zu beschränken sei, da die Verfassungsnorm sonst in einen „unerträglichen Konflikt mit ihrer eigenen wesenhaften Entwicklungsoffenheit" zu geraten drohe.

[216] *Zacher*, § 28 Das soziale Staatsziel, in: Isensee/Kirchhof (Hg.), Handbuch des Staatsrechts, Bd. II, 3. Auflage (2004), 659, Rn. 2: „Das Mißverhältnis zwischen der Fülle gesellschaftlicher Verhältnisse und Entwicklungen und dem einzigen Wort ‚sozial', das den Maßstab liefern soll, sie zu beurteilen, ist offensichtlich".

[217] *Meinel*, Verteilung als Verfassungsfrage, in: Boysen et al. (Hg.), Verfassung und Verteilung (2015), 19, 28; *Zacher*, § 28 Das soziale Staatsziel, in: Isensee/Kirchhof (Hg.), Handbuch des Staatsrechts, Bd. II, 3. Auflage (2004), 659, Rn. 17.

[218] Kritisch *Zacher*, § 28 Das soziale Staatsziel, in: Isensee/Kirchhof (Hg.), Handbuch des Staatsrechts, Bd. II, 3. Auflage (2004), 659, Rn. 128: „Verweigerung gesamthafter Rationalität".

[219] *Zacher*, § 28 Das soziale Staatsziel, in: Isensee/Kirchhof (Hg.), Handbuch des Staatsrechts, Bd. II, 3. Auflage (2004), 659, Rn. 74 (Wiedergabe ohne Nachweise).

[220] *Zacher*, § 28 Das soziale Staatsziel, in: Isensee/Kirchhof (Hg.), Handbuch des Staatsrechts, Bd. II, 3. Auflage (2004), 659, Rn. 84.

[221] *Zacher*, § 28 Das soziale Staatsziel, in: Isensee/Kirchhof (Hg.), Handbuch des Staatsrechts, Bd. II, 3. Auflage (2004), 659, Rn. 23 (Wiedergabe ohne Nachweise).

Die Verhältnisbestimmung dieser Grundlagen in Form von Recht- und Sozialstaat kam in der frühen Bundesrepublik nicht ohne erbitterte Kontroversen aus.[222] Den gegenwärtigen und konsolidierten Rechtszustand charakterisiert *Florian Meinel* als eine „relative Konstitutionalisierung des Verteilungsstaates“[223]:

Diese für das Verfassungsrecht der Bundesrepublik typische relative Konstitutionalisierung ist dadurch gekennzeichnet, dass hoheitliche Verteilungsentscheidungen zwar einerseits verfassungsgebunden sind, dass die bei der (verfassungsgerichtlichen) Kontrolle zur Anwendung kommenden Maßstäbe aber andererseits nicht schon selbst einen Verteilungsmaßstab vorgeben. Es handelt sich vielmehr typischerweise um unformale, materiale, wertungsoffene Maßstäbe einer weniger gesetzgebungsleitenden als vielmehr nachvollziehenden verfassungsgerichtlichen Stimmigkeits- und Gleichmäßigkeitskontrolle.[224]

Meinel stützt seinen Befund insbesondere auf die Dogmatik des allgemeinen Gleichheitssatzes als Willkürverbot[225] und den Umgang mit der Eigentumsgarantie.[226] Die Wertungsoffenheit dieser Konzeption ermöglicht jedenfalls eine hohe Anpassungsfähigkeit. Hier kann ein institutioneller Stabilisierungsfaktor gesehen werden[227] und zugleich ein Beitrag zur Erhöhung der Akzeptanz der Verfassung.[228]

Die Idee einer verfassungsmäßigen Ordnung, die in materiellen und gerade auch in Wert-Fragen einen gesellschaftlichen Ausgleich sucht, entfalten *Andreas Voßkuhle* und *Thomas Wischmeyer*: Das Grundgesetz verkörpere nach den Erfahrungen der Weltkriege[229] und dem mahnenden Scheitern der Weima-

---

222 *Zacher*, § 28 Das soziale Staatsziel, in: Isensee/Kirchhof (Hg.), Handbuch des Staatsrechts, Bd. II, 3. Auflage (2004), 659, Rn. 109, mit Hinweisen auf die (politischen) Fronten und die Protagonisten *Ernst Forsthoff* und *Wolfgang Abendroth*; dazu auch *U. K. Preuß*, Rechte auf Verteilung, in: Boysen et al. (Hg.), Verfassung und Verteilung (2015), 151, 161 ff.; *Meinel*, Verteilung als Verfassungsfrage, in: Boysen et al. (Hg.), Verfassung und Verteilung (2015), 19, 29 ff.; eingehend und mit Fokus auf die Debatten der Staatsrechtslehrervereinigung *Thurn*, Welcher Sozialstaat? (2013), 35 ff.

223 *Meinel*, Verteilung als Verfassungsfrage, in: Boysen et al. (Hg.), Verfassung und Verteilung (2015), 19, 22.

224 *Meinel*, Verteilung als Verfassungsfrage, in: Boysen et al. (Hg.), Verfassung und Verteilung (2015), 19, 22.

225 *Meinel*, Verteilung als Verfassungsfrage, in: Boysen et al. (Hg.), Verfassung und Verteilung (2015), 19, 36 ff.

226 *Meinel*, Verteilung als Verfassungsfrage, in: Boysen et al. (Hg.), Verfassung und Verteilung (2015), 19, 40 f.

227 Siehe zur Bedeutung der Anpassungsfähigkeit *North*, Understanding the Process of Economic Change (2005), 77; *S. Mittal/B. R. Weingast*, University of Pennsylvania Journal of Constitutional Law 13 (2010), 337, 339.

228 Vgl. *Morlok/Michael*, Staatsorganisationsrecht (2017), Rn. 39.

229 *A. Voßkuhle/T. Wischmeyer*, Die Verfassung der Mitte (2016), 10.

rer Republik[230] „geradezu die Idee einer Verfassung der Mitte".[231] Zu dieser Idee führen sie aus:

[Die Mitte ist] kein Ort des Stillstands und der Lähmung, sondern existiert in ständiger Bewegung. In einer offenen Gesellschaft lässt sich die Mitte nicht mit einem vorgegebenen ethischen, kulturellen, politischen oder religiösen Konsens oder einem bestimmten Konzept vom „guten Leben" identifizieren. Vielmehr setzt die Idee der Mitte eine Pluralität von Werten und Interessen voraus, zwischen denen zu vermitteln ist. Das Argument der Mitte kann daher auch nicht abstrakt der Freiheitsbetätigung des Einzelnen entgegengesetzt werden. Es verweist stattdessen auf die Möglichkeit einer dialogischen Begegnung und benennt die Notwendigkeit einer Relationierung und Mäßigung der jeweiligen Positionen. Die Mitte spannt so einen normativen Raum auf, in dem Gegensätze miteinander bestehen können.[232]

Dieser Raum sei auf Integration ausgerichtet und durch „Vermittlungskonzepte" geprägt.[233] Diese reichen über das ebenfalls angeführte Sozialstaatsprinzip hinaus. Genannt werden im Übrigen: die Grundsätze der wehrhaften Demokratie, die „offene Neutralität" in Religionsfragen, der „kooperative Föderalismus", der Grundsatz der „offenen Staatlichkeit" sowie der Verhältnismäßigkeitsgrundsatz in der Grundrechtsprüfung[234]. Den methodischen und funktionalen Status dieser Vermittlungskonzepte beschreiben sie folgendermaßen:

Keine Zweifel bestehen, dass die Vermittlungskonzepte nicht unmittelbar subsumtionsfähig sind. Im Gegenteil erzeugen sie durch die Integration gegenläufiger Prinzipien Binnenkomplexität – und damit Spannung. Sie fordern die praktische Urteilskraft des Rechtsanwenders heraus und erinnern ihn an den Auftrag der Verfassung der Mitte, einen sachgeleiteten Ausgleich zwischen widerstreitenden Belangen zu suchen. In der Aktualisierung der Vermittlungsbegriffe wird die Verfassung so als „Selbstverständigung des Gemeinwesens über die verbindlichen Grundlagen seiner Ordnung" (Martin Morlok) operationalisiert. Zugleich verweisen die Vermittlungskonzepte aber auch auf die Notwendigkeit, eben jene Bedingungen zu stabilisieren, unter denen ein Prozess des Ausgleichs weiter gewährleistet ist. Insoweit ist die Idee der Mitte nicht nur Einladung zum Gespräch, sondern Verpflichtung zum Argument. Insbesondere der Verfassungsgerichtsbarkeit obliegt es, diesen Prozess zu strukturieren und Extrempositionen zu sanktionieren, die auf eine Beseitigung der Ausgleichsmechanismen zielen.[235]

---

[230] *Voßkuhle/Wischmeyer*, Die Verfassung der Mitte (2016), 15: Die Anziehungskraft der Mitte beruhe „auf den traumatisierenden Erfahrungen der ersten Jahrhunderthälfte, die tiefe Spuren bei den Betroffenen und in den sozialen und geistigen Strukturen Deutschlands hinterlassen haben."

[231] *Voßkuhle/Wischmeyer*, Die Verfassung der Mitte (2016), 9.

[232] *Voßkuhle/Wischmeyer*, Die Verfassung der Mitte (2016), 20 f. (Wiedergabe ohne Nachweise).

[233] *Voßkuhle/Wischmeyer*, Die Verfassung der Mitte (2016), 28 ff.

[234] *Voßkuhle/Wischmeyer*, Die Verfassung der Mitte (2016), 45 ff., mit Hinweisen auf das Erfordernis der Herstellung praktischer Konkordanz in Kollisionslagen.

[235] *Voßkuhle/Wischmeyer*, Die Verfassung der Mitte (2016), 48 f. (Wiedergabe ohne Nachweise).

Mit den von *Voßkuhle/Wischmeyer* beschriebenen Vermittlungsmechanismen korrespondieren jeweils Verteilungsfragen, die von der Verfassungspraxis bewältigt werden müssen. Das Grundgesetz ist hier auf Ausgleich bedacht. Aus Sicht der Koordinationstheorien ist dies auch geboten. Denn wie oben beschrieben wird eine Koordination auf ein Gleichgewicht, das keine Ungleichheiten zur Folge hat, mit größerer Wahrscheinlichkeit stabil bleiben. Damit ein Gleichgewicht stabil bleibt, müssen die Beteiligten der Ansicht sein, dass sie durch die Verfassung bessergestellt sind und dass es sich nicht lohnt, eine andere Verfassungsordnung anzustreben. In spieltheoretisch inspirierten Begrifflichkeiten markiert die Verfassung der Mitte ein Gleichgewicht, in dem *Schelling*'sche Salienz und Auszahlungssalienz gerade nicht auseinanderfallen.

Nach einem Krieg und einer militärischen Niederlage, die auf Klassenunterschiede nivellierend gewirkt haben[236], ist die Einsicht, dass ein solches Gleichgewicht erstrebenswert ist, schon im Ausgangspunkt naheliegender. Anders als die Weimarer Republik konnte die Bundesrepublik dazu nach der militärischen Niederlage von einer Prosperitätserfahrung profitieren.[237] Dies wirkte sich auf die Stabilität des Grundgesetzes aus.[238] *Gert-Joachim Glaeßner* würdigt diese Wirkung der sozialen Marktwirtschaft aus politikwissenschaftlicher Sicht:

Ende der 40er, Anfang der 50er Jahre war es in erster Linie um Ordnungspolitik, d. h. um die Errichtung eines neuen institutionellen und normativen Rahmens wirtschaftlicher Tätigkeit gegangen. Der ungeahnte Wirtschaftsaufschwung der 50er Jahre schien die Grundthese des Konzepts sozialer Marktwirtschaft zu bestätigen, daß sich wirtschaftliche Freiheit und Leistungsfähigkeit mit sozialer Gerechtigkeit verbinden lasse. Es waren vor allem die außerordentlich günstigen wirtschaftlichen und sozialen Rahmenbedingungen der 50er und frühen 60er Jahre, die dazu beitrugen, daß sich die ordnungspolitischen Entscheidungen der Jahre 1948/49 als tragfähige Grundlage für den zweiten Versuch

236 Siehe hierzu *Zacher*, § 28 Das soziale Staatsziel, in: Isensee/Kirchhof (Hg.), Handbuch des Staatsrechts, Bd. II, 3. Auflage (2004), 659, Rn. 125: „Die sozialen Probleme hatten eine einzigartige Vielfalt erreicht. Sie hielt sich nicht an alte Klassenunterschiede. [...] Waren früher soziale Leistungen eine klassen- oder schichtbezogene Ausnahme gewesen, so waren sie nun potentielle Jedermanns-Sache.“ Grundlegend zur sozial nivellierenden Wirkung des zweiten Weltkriegs *W. Scheidel*, The Great Leveler (2017), 137: „Especially among industrialized nations, World War II generated a very powerful leveling effect that greatly exceeded anything that has happened since. There is no better way to highlight the fundamental discontinuity in the evolution of income inequality in war and peace.“

237 Vgl. *Grimm*, „Ich bin ein Freund der Verfassung“ (2017), 317.

238 In diese Richtung auch *Schmidt*, Das politische System Deutschlands (2016), 21: „Verantwortlich für die Verwurzelung der Demokratie in der Bundesrepublik waren nicht zuletzt das ‚Wirtschaftswunder‘, der in der deutschen Geschichte beispiellose wirtschaftliche Aufschwung vor allem der 1950er und 1960er Jahre, und eine Sozialpolitik, die tatkräftig zum Abbau der Hypotheken der NS-Diktatur, des Krieges und der Nachkriegszeit beitrug. Durch Wirtschaftsaufschwung und Sozialpolitik wurde ‚Wohlstand für alle‘, so die griffige Formel des damaligen Bundeswirtschaftsministers Ludwig Erhard, für die große Mehrheit der Bürger fassbar. Das kam der Anerkennungswürdigkeit der demokratischen Staatsform und ihrer faktischen Anerkennung zugute.“

erwiesen, in einem Teil Deutschlands eine funktionierende demokratische Ordnung zu etablieren.[239]

Glaeßner erkennt jedoch auch, dass die wirtschaftliche und soziale Entwicklung nicht allein für die Stabilisierung der neuen verfassungsmäßigen Ordnung verantwortlich waren. Diese Faktoren haben vielmehr mit einer geeigneten institutionellen Basis zusammengewirkt:

Es wäre aber verkürzt, allein diesen Zusammenhang ins Visier zu nehmen. Von mindestens gleicher Bedeutung wie glückliche historische Umstände war die Tatsache, daß, obwohl es keinen Masterplan für diese neue Ordnung gegeben hatte, die verfassungsrechtlichen Regelungen und das institutionelle Gefüge der Bundesrepublik eine solide Basis für eine Konsolidierung der Demokratie boten, die in den Anfangsjahren auf äußerst schwachen Füßen stand. Insofern sind verfassungs- und institutionenpolitische Entscheidungen und Weichenstellungen als wesentliches Element der Stabilität und Kontinuität der zweiten deutschen Demokratie anzusehen.[240]

Im Fall des Grundgesetzes lässt sich nicht nur darüber nachdenken, ob diese Stabilisierung ohne den wirtschaftlichen Aufschwung denkbar gewesen wäre; von entscheidender Bedeutung dürften auch die Vorerfahrungen gewesen sein, die die Kosten von Radikalisierung überdeutlich vor Augen geführt haben.[241]

Jedenfalls scheint die Verfassungsordnung von Zuschreibungen zur profitieren. In diese Richtung geht das Fazit *Uwe Volkmanns* in seiner Diskussion der Bedeutung von Leitbildern[242] in der Auslegung des Sozialstaatsprinzips. Zum Verhältnis von Verfassungs- und Sozialstaat heißt es dort:

So könnte es am Ende sein, dass es weniger der Sozialstaat ist, der von seiner Verankerung in der Verfassung, als vielmehr die Verfassung, die von ihrer Verzahnung mit den gesellschaftlichen Diskursen über ihn profitiert. Indem all diese Diskurse ihrerseits auf die Verfassung rückbezogen und mit ihr vermittelt werden, erscheint sie nun selber als diejenige Ordnung, in die die Bürger ihre jeweiligen Ordnungs- und Gerechtigkeitsvorstellungen projizieren, so dass diese darin nun selber verkörpert erscheinen. Und gerade dies ist es dann, was die Verfassung hier und in allen anderen Fragen von gesellschaftlicher Bedeutung – den Debatten über den Umgang mit der Religionsfreiheit in einer

239 *G.-J. Glaeßner*, Demokratie und Politik in Deutschland (1999), 46.

240 *Glaeßner*, Demokratie und Politik in Deutschland (1999), 47.

241 Vgl. *Schmidt*, Das politische System Deutschlands (2016), 21.

242 *U. Volkmann*, Leitbilder des Sozialstaats, in: Boysen et al. (Hg.), Verfassung und Verteilung (2015), 217, 218 f.: „In ihnen vermengen sich typischerweise drei Momente, mit denen sie ihrerseits bestimmte Steuerungsleistungen für die Rechtsanwendung erbringen und im Laufe dieser Rechtsanwendung selber zu Recht gerinnen: ein juristisch-normatives Moment, mit dem sie aus der Rechtsordnung (einer bestimmten Norm der Verfassung, einem Anhaltspunkt im Text etc.) entwickelt werden und von hier aus die weitere Rechtsanwendung prägen; ein empirisch-soziologisches Moment, das aus einer vorgefundenen Realität (dem Erscheinungsbild einer politischen Institution, vorhandenen Strukturen, eingeübten Verhaltensweisen etc.) gewonnen wird; schließlich und am stärksten ein moralisch-ethisches Moment, das an allgemeine Ordnungs- und Gerechtigkeitsvorstellungen der Gesellschaft (moralische Intuitionen, verbreitete Richtigkeitsüberzeugungen, Kondensate politische Theorie etc.) anknüpft."

Phase gesellschaftlicher Pluralisierung, über die Zukunft der Demokratie im weiteren Fortgang der europäischen Integration, über die Bewahrung der Menschenwürde im Zeitalter der Biotechnologie – trägt und erhält, ihr die Zustimmung und Anerkennung der Bürger sichert, die frühere Verfassung in Deutschland nie haben erlangen können. Mit alldem ist aber die Verfassung am Ende vielleicht selbst nicht mehr als das Bild, das man sich von ihr macht.[243]

In dieser Verzahnung liegt also ein Stabilisierungsbeitrag. Die „symbolische[n] Ausrichtung der politischen Kultur der Bundesrepublik auf das Grundgesetz als eine Ordnung, die Gerechtigkeit verspricht“[244], hat damit tatsächliche Bedeutung im Hinblick auf Akzeptanz, Durchsetzung und Befolgung der Verfassung. Denn dank der Verwirklichung des sozialen Staatszieles kann die Ordnung dahingehend wahrgenommen werden, dass sie ihr Versprechen grundsätzlich[245] einlöst.

Zu den Ausgleichsmechanismen kann auch das föderale System gezählt werden, dass Parteien in Bund und Ländern abwechselnd Erfolge und Niederlagen beschert und damit zur Entspannung beiträgt.[246] Die ausgleichenden Wirkungen „der Verfassung“ können dabei auch nicht von der Verfassungsrechtsprechung getrennt werden. Das Bundesverfassungsgericht trägt durch die Verortung der Mitte zur Stabilisierung der Verfassung bei.[247] Es profitiert einerseits von der Akzeptanz des Grundgesetzes[248], andererseits ist es dessen maßgeblicher Interpret. Diese Rolle füllt es mit einem entsprechenden Zeremoniell aus, das zum Erfolg des Gerichts beiträgt.[249]

---

[243] *Volkmann*, Leitbilder des Sozialstaats, in: Boysen et al. (Hg.), Verfassung und Verteilung (2015), 217, 233.

[244] *Morlok/Michael*, Staatsorganisationsrecht (2017), Rn. 84; zur weitgehenden Identifikation der Verfassung mit den „politischen Ordnungsideen und Gerechtigkeitsvorstellungen der Bürger“ *Volkmann*, Grundzüge einer Verfassungslehre der Bundesrepublik Deutschland (2013), 165.

[245] Zu „Einseitigkeiten, die das soziale Staatsziel normativ nicht zu kontrollieren, geschweige denn zu korrigieren vermag“, aber *Zacher*, § 28 Das soziale Staatsziel, in: Isensee/Kirchhof (Hg.), Handbuch des Staatsrechts, Bd. II, 3. Auflage (2004), 659, Rn. 119.

[246] So *Schmidt*, Das politische System Deutschlands (2016), 21 f.

[247] *Schmidt*, Das politische System Deutschlands (2016), 22.

[248] Siehe hierzu nur *Hillgruber/Goos*, Verfassungsprozessrecht (2015), Rn. 45.

[249] Vgl. *Hillgruber/Goos*, Verfassungsprozessrecht (2015), Rn. 45a: „Intransparenz verschafft Würde, und Würde begründet Legitimität. Nicht Nähe und Durchschaubarkeit, sondern Distanz und Würde, die Respekt gebieten, sind dann das Geheimnis des Erfolges, auch des BVerfG.“ (Wiedergabe ohne Nachweise). Das ist ein bewährtes Erfolgsrezept: Über die Arbeitsweise des Orakels von Delphi lässt sich trotz seiner mehr als tausendjährigen Existenz nichts Genaues sagen – siehe nur *H. Bowden*, Classical Athens and the Delphic Oracle (2005), 21: „Scholars disagree about exactly what happened in the actual consultation, and no ancient writer gives an explicit account.“

3. Wiedervereinigung und Art. 146 GG

Ein bestehendes Gleichgewicht kann destabilisiert werden. Die Wiedervereinigung barg womöglich ein entsprechendes Potential. Die Überwindung der deutschen Teilung allein nach ökonomischen Kriterien beurteilen zu wollen, würde der Sache nicht gerecht werden. Dass die Überwindung der deutschen Teilung aber Verteilungsfragen aufwirft, war schon damals deutlich und den Beteiligten bewusst.[250]

Verschiedene (zusammenhängende) Aspekte institutioneller Stabilität sind hier von Bedeutung.[251] Ausgangspunkt ist die Destabilisierung der DDR. Dann lässt sich fragen, wieso die Reformkräfte *innerhalb* der DDR nicht erfolgreich waren; schließlich, wieso die Stabilisierung gerade im Rahmen der bereits etablierten bundesrepublikanischen Ordnung erfolgt ist. Das beschriebene Koordinierungsmodell lenkt die Aufmerksamkeit auf die Anziehungskraft der jeweiligen Gleichgewichte. Diese bestimmt sich nicht ausschließlich aber doch auch nach wirtschaftlichen Kriterien.

Offenbar gab es innerhalb der DDR keine strukturelle Mehrheit, die sich auf eine neue DDR-Verfassung hätte koordinieren wollen. Hierin kann sich die Unzufriedenheit mit einem Regime ausgedrückt haben, das Wenige privilegiert hatte.[252] Schon vorher hatte sich der fehlende Rückhalt in der Bevölkerung in den Flüchtlingswellen aus der DDR abgezeichnet. *Winkler* beschreibt diesen Zusammenhang:

> Zur Unzufriedenheit mit den wirtschaftlichen Verhältnissen kam Erbitterung über das Ausbleiben politischer Reformen, wie sie in der Sowjetunion, in Polen und Ungarn stattfanden. Infolgedessen sank die Bereitschaft, sich mit dem Regime der SED zu arrangieren, beträchtlich. Der Wunsch nach Ausreise war ein Ausdruck von Protest – und einstweilen *der* Ausdruck, der innerhalb und außerhalb der DDR das größte Aufsehen erregte.[253]

Aufbauend auf den Arbeiten von *Albert Hirschman*[254] analysiert *Steven Pfaff* den Zusammenhang zwischen „Exit", also der Flucht aus der DDR, und „Voice", also dem in der DDR geäußerten Protest. Er beschreibt diesen Zusammenhang theoretisch:

> The positive effect of exit on voice is a trigger for collective action. Exit signifies regime vulnerability, makes popular grievances manifest, and activates pressure to reform. Cer-

---

[250] Dazu *Wolfgang Schäuble* in der Hauptstadtdebatte: „Wir haben oft davon gesprochen, daß wir, um die Teilung zu überwinden, zu teilen bereit sein müssen."(*Winkler*, Der lange Weg nach Westen II (2014), 610).

[251] Siehe zu allen diesen Punkten, insbesondere zur Störung eines „repressiven Gleichgewichts", die instruktive Studie von *Pfaff*, Exit-Voice Dynamics and the Collapse of East Germany (2006), 99 ff.

[252] *Winkler*, Der lange Weg nach Westen II (2014), 514 ff.

[253] *Winkler*, Der lange Weg nach Westen II (2014), 489.

[254] *A. O. Hirschman*, Exit, Voice, and Loyalty (1970); daneben aber insbesondere *A. O. Hirschman*, World Politics 45 (1993), 173.

tain conditions do have to obtain in order for exit to trigger voice. There has to be an exit destination that can provide rival resources and opportunities, thus changing the balance of incentives that produced inactivity. In order for voice to emerge in a mono-organizational setting, citizens have to be widely dissatisfied with the performance of the state and share many common grievances. Disaffection cannot be limited to the most alert and resourceful citizens.[255]

Die Fluchtbewegung macht die Unzufriedenheit erkennbar. Sie wirkt als Signal für alle diejenigen, die sich über ihre Unzufriedenheit mit dem Regime nicht austauschen können.[256] Gleichzeitig wird sichtbar, dass das Regime geschwächt ist:

Tens of people quietly slipping away do not make an exiting crisis; but thousands fleeing the country do. The perception of the crisis and with it social recognition of generalized grievances and governmental incapacities intensify with further increases in the level of exit. As the level of exit increases above the crisis point, however, additional incidents of exit would have an increasingly diminished impact. It does not make much difference how many thousands of people have opted to exit. The crisis has made the message clear and unmistakable.[257]

Diese Botschaft hilft, das Kollektivhandlungsproblem zu überwinden, das im Protest gegen ein repressives Regime liegt. Dieses Problem liegt zum einen daran, dass Protest mit Kosten verbunden ist:

So long as the regime can set the balance of incentives such that potential costs outweigh the individual benefits, and makes clear that it will not surrender without a fight, it can establish a repressive equilibrium such that most people will never rebel. Even a weakened regime that is still willing to use force should encourage citizens to adopt a „wait-and-see“ attitude rather than join protest in massive numbers.[258]

Hierin bestehen ein Gefangenendilemma und ein Trittbrettfahrerproblem.[259] Es ist zwar im Interesse vieler, dass Proteste stattfinden; wenn diese aber mit Kosten verbunden sind, ist es individuell rational, nicht selbst daran teilzunehmen. Die Kosten sinken aber, wenn sich mehr Demonstranten auf ein gemeinsames Vorgehen koordinieren. Hierbei halfen in praktischer Hinsicht zeitliche und örtliche Fokalpunkte wie Montagsdemos und die Nikolaikirche[260], die „spontane Kooperation“[261] in Netzwerken von Freunden und Bekannten[262] ermöglichten. Im Oktober 1989 überstieg die Anzahl der Demonstranten erstmals die der

255 *Pfaff*, Exit-Voice Dynamics and the Collapse of East Germany (2006), 29.

256 *Pfaff*, Exit-Voice Dynamics and the Collapse of East Germany (2006), 147 f.

257 *Pfaff*, Exit-Voice Dynamics and the Collapse of East Germany (2006), 148.

258 *Pfaff*, Exit-Voice Dynamics and the Collapse of East Germany (2006), 144.

259 *Pfaff*, Exit-Voice Dynamics and the Collapse of East Germany (2006), 125; siehe allgemein zu diesem Problem oben unter D.III.2.

260 *Pfaff*, Exit-Voice Dynamics and the Collapse of East Germany (2006), 99 ff.

261 *K.-D. Opp/C. Gern*, American Sociological Review 58 (1993), 659.

262 *Pfaff*, Exit-Voice Dynamics and the Collapse of East Germany (2006), 130; im Anschluss an die Arbeiten von *Karl-Dieter Opp*.

Flüchtlinge.[263] Eine umkehrte Entwicklung hätte eine negative Dynamik zur Folge gehabt, weil Netzwerke möglicherweise erodiert wären.[264]

Am Phänomen der Ausreise wird deutlich, dass das Unvermögen die DDR zu reformieren aus zwei Richtungen erklärt werden kann: Der Unzufriedenheit mit den Verhältnissen in der DDR steht die Anziehungskraft des Prosperitätsversprechens[265] des Westens gegenüber. Diese beiden Motivationen lassen sich schwerlich voneinander trennen. Während also die DDR keine Unterstützung fand, war das Grundgesetz – spieltheoretisch inspiriert – als auszahlungssalient zu bezeichnen. Eine Fortsetzung der DDR in reformierter Form versprach keine wesentliche Veränderung der wirtschaftlichen Verhältnisse. Eine Aussicht auf Erweiterung des Wohlstandes bestand hingegen im Falle eines Zusammengehens mit dem Westen. *Pfaff* versteht das Wahlergebnis der ersten freien Wahlen in der DDR damit auch als Votum für einen „kollektiven Exit" aus dem System der DDR.[266]

Auch nach der Wiedervereinigung wäre eine neue Verfassung unter legitimatorischen Aspekten denkbar gewesen. Unter Verteilungsgesichtspunkten bestand jedoch kein Druck eine solche Veränderung herbeizuführen. Die Möglichkeit, dass es zu einem solchen Druck kommen könnte, wurde gesehen[267], entsprechende Maßnahmen verhinderten aber, dass Vorschläge von links Aufwind bekamen. Zu den eindeutigen verteilungsrelevanten Maßnahmen gehörten die Währungsumstellung und die direkte Integration der ostdeutschen Bevölkerung in das Rentensystem. Die Einkommen wuchsen anschließend im Osten in den 1990er Jahren auch tatsächlich auf immerhin knapp 82 % des West-Niveaus

263 *Pfaff*, Exit-Voice Dynamics and the Collapse of East Germany (2006), 137.

264 *Pfaff*, Exit-Voice Dynamics and the Collapse of East Germany (2006), 255: „How the opportunity to emigrate affects protest in a particular historical instance depends on institutional conditions that determine the balance of incentives between exit and voice and which effect of exit becomes predominant, its signaling or its network-erosion effect. The theory of exit-voice-dynamics suggests that it is the volume of exit that matters most directly in how protest movements fare. If exit occurs to an extent large enough to be unambiguously recognizable as a crisis, it is likely to have a protest-facilitating effect even in a repressive polity. If exit occurs en masse, however, additional flight beyond the recognizable crisis level will undermine the further expansion of the movement by reducing a community's social capital. If a movement is to expand after this point, other processes must supplant exit-voice dynamics."

265 Vgl. *Pfaff*, Exit-Voice Dynamics and the Collapse of East Germany (2006), 222.

266 *Pfaff*, Exit-Voice Dynamics and the Collapse of East Germany (2006), 11: „In early 1990, uniting the aspirations of individual exit and anti-regime voice, East German voters exited the old GDR in toto by supporting unification with the Federal Republic of Germany."

267 Siehe nur *Storost*, Der Staat 30 (1991), 537, 541: „Allein schon die existenziellen Probleme der Menschen im östlichen Teil des vereinten Deutschland infolge des raschen Beitritts zum Geltungsbereich des Grundgesetzes, aber auch die absehbaren Folgewirkungen dieser Probleme auf die Menschen im westlichen Bundesgebiet werden zu neuartigen inneren Belastungen und Spannungen für den jetzt aus heterogenen Teilen bestehenden Staat führen, die den bisherigen hohen Akzeptanzgrad der geltenden Verfassungsordnung als keineswegs dauerhaft gesichert erscheinen lassen."

an.[268] Von einer „Neuorientierung des sozialen Staatsziels“ kann hingegen nicht gesprochen werden.[269]

Die Aspirationen der Opposition wurden aber nicht nur direkt materiell aufgefangen. Die demokratische Ordnung versprach die Möglichkeit, sich in einem „wiederholten Spiel“ zukünftig in der privilegierten Rolle wiederzufinden.[270] Dies erkennt Art. 146 GG auf der Ebene der Verfassung an. Insofern wird der Anreiz zur Abweichung vom etablierten Gleichgewicht erst einmal verringert. Dies kann sich ändern, wenn die (zugeschriebenen) distributiven Konsequenzen des Grundgesetzes sich für eine Gruppe zum Schlechteren wenden. Dann kann ein neues Gleichgewicht attraktiv werden, vorausgesetzt, dass das neue Gleichgewicht auch die Kosten der Neu-Koordinierung aufwiegt.[271] In einer solchen Situation könnte sich eine Gruppe Art. 146 GG, der eine Verfassungneugebung in den Blick rückt, zunutze machen. Ein verfassungsrechtlicher Ablösungsvorbehalt, der Kontinuität zu einer neuen Verfassung herstellt, könnte die ersten Kosten verringern, da die neue Verfassung potentiell mit einem „Legitimitätsbonus“[272] ausgestattet wäre. Darüber hinaus könnten die politischen Kosten dadurch verringert sein, dass es leichter ist, das Thema auf die politische Agenda zu setzen, wenn die Möglichkeit verfassungsrechtlich schon zugelassen ist. Gleichwohl erscheinen die politischen Kosten einer Verfassungneugebung extrem hoch. Eine Interessengruppe müsste sich sehr viel von der Ablösung des Grundgesetzes durch eine neue Verfassung versprechen, um sich in Berufung auf Art. 146 GG für eine solche einzusetzen. Eine neue Verfassung ist regelmäßig mit höheren politischen Kosten verbunden, da mehr Themen neu verhandelt werden müssen als im Fall eine bloßen Änderung und dazu die Kosten eines Scheiterns höher sind.[273] Es lässt sich aber auch darüber nachdenken, ob Art. 146 GG nicht auch Anreize für die Nicht-Opposition geschaffen hat, es nicht so weit kommen zu lassen, dass der Opposition ein Anreiz entsteht, sich auf diesen zu berufen.

---

[268] *M. Fratzscher*, Verteilungskampf (2016), 144 f.: „Tatsache ist, dass selten zuvor eine Volkswirtschaft so erfolgreich und so schnell eine derart fundamentale Umstrukturierung und einen Neustart bewältigen konnte.“ Gleichwohl beständen Unterschiede im individuellen Nettovermögen (S. 146): „Der Medianwert für das Nettovermögen westdeutscher Haushalte liegt bei über 70 000 €, der der ostdeutschen jedoch nur bei 21 000 €, also um mehr als zwei Drittel darunter.“

[269] *Zacher*, § 28 Das soziale Staatsziel, in: Isensee/Kirchhof (Hg.), Handbuch des Staatsrechts, Bd. II, 3. Auflage (2004), 659, Rn. 139.

[270] Vgl. *Issacharoff*, Fragile Democracies (2015), 215: „The key is that the parties believe they are participating in what may be termed a repeat game and that being ahead or behind at any point does not mean that the roles will not be reversed in the future.“

[271] Vgl. *Knight*, Institutions and Social Conflict (1992), 183 ff., für den die Verhandlungsmacht der interessierten Gruppen und die Verteilungsfolgen der betreffenden Institution für die Vorhersage eines Normwandels entscheidend sind.

[272] BVerfGE 123, 276, 343: „Legalitätskontinuität“; *Herdegen*, Art. 146 GG, in: Maunz/Dürig (Begr.), Grundgesetz-Kommentar, 67. Erg. (2013), Rn. 24.

[273] *Elkins/Ginsburg/Melton*, The Endurance of National Constitutions (2009), 74.

4. Ungleichheit als Risiko

Nach dieser Rückschau stellt sich die Frage, ob gegenwärtig Risiken für die Stabilität des Grundgesetzes bestehen. Diese Frage ist komplex und lässt sich auf unterschiedliche Arten angehen. Hier soll ein Aspekt angesprochen werden, der aufgrund des bisherigen Untersuchungsgangs naheliegt: Ein wesentliches Risiko für eine Verfassung ist anzunehmen, wenn sie Ungleichheiten schafft und perpetuiert. Das Risiko besteht dabei auch, wenn ihr solche Ungleichheiten zugeschrieben werden, also das Versprechen der Verfassung als Gerechtigkeitsordnung als nicht eingelöst empfunden wird.[274]

Eine Aufarbeitung des Themenkomplexes der sozialen Ungleichheit soll hier nicht versucht werden. Es kann aber festgehalten werden, dass soziale Ungleichheit gegenwärtig als globale Herausforderung erkannt und diskutiert wird.[275] Auch in Deutschland findet eine kontroverse Debatte statt.[276] Davon soll die nachfolgende Zusammenstellung zumindest einen Eindruck vermitteln.

Stephan Leibfried zufolge gilt Deutschland als „Land moderater bzw. gesamtgesellschaftlich *moderierter* Ungleichheit".[277] Die Ungleichheit in Deutschland nehme „seit einer Weile zu, wenn auch vielleicht letzthin nicht mehr ganz so stark".[278] Für *Leibfried* sind damit Herausforderungen für die Verfassung verbunden.[279] Das Risiko wachsender Ungleichheit wird auch von *Voßkuhle* und *Wischmeyer* – neben der europäischen Integration und der Zuwanderung[280] – als wichtige Herausforderung für das Grundgesetz als „Verfassung der Mitte" angesehen.[281]

---

[274] Hierzu aus US-amerikanischer Sicht nun *G. Sitaraman*, The Crisis of the Middle-Class Constitution. Why Economic Inequality Threatens our Republic (2017).

[275] Siehe nur die jüngeren Diskussionsbeiträge: *T. Piketty*, Capital in the 21st Century (2014); *A. B. Atkinson*, Inequality: What Can Be Done? (2015); *B. Milanovic*, Global Inequality (2016); *Scheidel*, The Great Leveler (2017).

[276] *Fratzscher*, Verteilungskampf (2016), 9, warnt: „Die neue deutsche Marktwirtschaft zeigt ihr wahres Gesicht in einer stark zunehmenden Ungleichheit. In kaum einem Industrieland der Welt sind vor allem Chancen, aber auch zunehmend Vermögen und Einkommen ungleicher verteilt als in Deutschland." Dagegen sprechen *L. P. Feld/C. M. Schmidt*, FAS vom 6.3. (2016), 24, von einer „Skandalisierung des Unspektakulären".

[277] *S. Leibfried*, Zum Strukturwandel des Sozialstaats und zur Umleitung seiner Energien und Verteilungsströme, in: Boysen et al. (Hg.), Verfassung und Verteilung (2015), 1, 1.

[278] *Leibfried*, Zum Strukturwandel des Sozialstaats und zur Umleitung seiner Energien und Verteilungsströme, in: Boysen et al. (Hg.), Verfassung und Verteilung (2015), 1, 1.

[279] *Leibfried*, Zum Strukturwandel des Sozialstaats und zur Umleitung seiner Energien und Verteilungsströme, in: Boysen et al. (Hg.), Verfassung und Verteilung (2015), 1, 6, fragt insbesondere nach einer „sozial-ökonomischen Geschäftsgrundlage" des Grundgesetzes.

[280] *Voßkuhle/Wischmeyer*, Die Verfassung der Mitte (2016), 55: „Solidarität auf der Probe".

[281] *Voßkuhle/Wischmeyer*, Die Verfassung der Mitte (2016), 51.

Prominent warnt *Marcel Fratzscher* vor einer Verschärfung des „Verteilungskampfes".[282] Er sieht durch soziale Ungleichheit Wachstumspotentiale[283] verloren gehen. Es bestehe Potential für soziale Konflikte und durch die Reduzierung politischer Teilhabe auch eine Gefahr für die Demokratie.[284] In Industrieländern bestehe eine signifikante Korrelation zwischen Wahlbeteiligung und Einkommen; in Deutschland sei diese noch stärker.[285] Zwar verteile der deutsche Staat „ungewöhnlich viel" über Steuern und Transferzahlungen um, sei dabei aber ineffizient, weil die Umverteilung nicht die Bedürftigen erreiche.[286]

Die Einordnung der einzelnen Indikatoren sozialer Ungleichheit ist umstritten. Zu diesen Indikatoren zählen die sog. Armutsquote[287], Unterschiede im Einkommen[288], geringe soziale Mobilität[289] und Unterschiede in der Verteilung von Vermögen. Verbreiteter Indikator für Ungleichheit ist der Gini-Koeffizient.[290] Er bildet die Vermögensverteilung in einer Gruppe ab. Beträgt er 1, bedeutet dies, dass das gesamte Vermögen bei einem einzigen Akteur liegt, während 0 eine vollkommene Gleichheit bedeutet. In Deutschland beläuft sich der Gini-Koeffizient für das sog. Markteinkommen auf 0,51; der Gini-Koeffizient für das *verfügbare Einkommen* beläuft sich auf 0,29; die Ungleichheit wird also durch staatliche, aber auch private Transferleistungen um 22 Prozentpunkte verschoben.[291]

---

[282] *Fratzscher*, Verteilungskampf (2016), 117 ff.

[283] Aus Sicht der Ökonomie sei Ungleichheit nicht zwingend negativ, sondern erst, wenn sie zu Ineffizienz führe, weil Menschen ihre Potentiale nicht nutzen könnten; zum Problem der Chancenungleichheit *Fratzscher*, Verteilungskampf (2016), 143 ff.

[284] *Fratzscher*, Verteilungskampf (2016), 14.

[285] *Fratzscher*, Verteilungskampf (2016), 92.

[286] *Fratzscher*, Verteilungskampf (2016), 15.

[287] *Fratzscher*, Verteilungskampf (2016), 11, sieht sie als wichtigen Indikator; *Feld/ Schmidt*, FAS vom 6.3. (2016), 24, weisen aber darauf hin, dass der Anteil der Empfänger von Mindestsicherungsleistungen in jüngeren Jahren tatsächlich gesunken ist.

[288] *Fratzscher*, Verteilungskampf (2016), 11, 51 ff.

[289] *Fratzscher*, Verteilungskampf (2016), 12, 159 ff., mit besonderem Hinweis auf „Bildungsbarrieren" und Betonung der Bedeutung von Investitionen in frühkindliche Bildung.

[290] Hierauf stützt sich auch *Leibfried*, Zum Strukturwandel des Sozialstaats und zur Umleitung seiner Energien und Verteilungsströme, in: Boysen et al. (Hg.), Verfassung und Verteilung (2015), 1, 1; dies missfällt wohl *M. Fuchs*, DVBl. (2016), 494, 494: „Mag man noch darüber hinweg sehen, dass der erste Satz im ersten Beitrag eines verfassungsrechtlichen Kolloquiums dem „Gini-Koeffizienten" gilt, der soziale Ungleichheit messen soll."

[291] *Fratzscher*, Verteilungskampf (2016), 203 f., und weiter auf S. 207 ff. (m. w. N.): „Den wichtigsten Beitrag zur Senkung der Einkommensungleichheit in Deutschland stellen mit 11 Prozentpunkten, also mehr als der Hälfte der gesamten Reduktion der Einkommensungleichheit, die monetären Sozialleistungen dar – also vor allem die gesetzlichen Rentenzahlungen. Den zweitgrößten Beitrag leistet die Einkommensteuer mit 6 Prozentpunkten." Siehe auch *Leibfried*, Zum Strukturwandel des Sozialstaats und zur Umleitung seiner Energien und Verteilungsströme, in: Boysen et al. (Hg.), Verfassung und Verteilung (2015), 1, 1: „[D]ie Länder Schweden : Deutschland : USA verhalten sich etwa wie 0,25 : 0,29 : 0,35." *Fratzscher* und *Leibfried* beziehen sich für ihre Daten beide auf den Report der OECD „Divided We Stand: Why Inequality Keeps Rising" (2011).

Der Kritik *Fratzschers* stehen die Stellungnahmen von *Lars P. Feld* und *Christoph M. Schmidt* gegenüber. Sie werten die Kritik an wachsender Ungleichheit als ein Ablenkungsmanöver weg vom „eigentlichen Problem staatlichen Handelns [...], seiner schrumpfenden Kraft, der Sicherung der künftigen wirtschaftlichen Leistungsfähigkeit des Landes eine hohe Priorität zu verleihen".[292] Seit 2005 sei die Ungleichheit nicht gestiegen. Zwar sei die Vermögensungleichheit größer als in anderen OECD-Ländern, aber es gebe konzeptionelle Probleme bei der Messung von Vermögen: vermögensähnliche Ansprüche wie Renten müssten aufgrund ihres Zwangscharakters zum Vermögen gerechnet werden.[293] Damit vermindere sich die rechnerische Ungleichheit erheblich.

Jedenfalls wird zwischen der bestehenden Einkommensungleichheit und der Zustimmung zur Marktwirtschaft ein Zusammenhang angenommen.[294] Es stellt sich die Frage, wie stark eine Wirtschaftsordnung mit der Verfassungsordnung identifiziert wird. Hier bestehen zumindest Interaktionen. Die vorgenannten Diskussionsbeiträge und das vermehrte Interesse an Fragen der Sozialstaatlichkeit auch in der verfassungsrechtlichen Diskussion verdeutlichen, dass aktuell zumindest eine Sensibilität für Verteilungsfragen und ihre Auswirkungen auf die existierenden Institutionen besteht.[295]

5. Zwischenergebnis

Sozialstaatliche und sonstige Ausgleichsmaßnahmen leisten einen Beitrag zur institutionellen Stabilisierung – auch indem sie einem „schwindenden Vertrauen in die Marktwirtschaft"[296] entgegenwirken. Die Summe dieser Maßnahmen schafft die beschworene „Verfassung der Mitte". Damit ist die Verfassung gemeint, wie sie sich als soziale Praxis und Gesellschaftsordnung verwirklicht.

---

[292] *Feld/Schmidt*, FAS vom 6.3. (2016), 24.

[293] *Feld/Schmidt*, FAS vom 6.3. (2016), 24; dagegen *Fratzscher*, Verteilungskampf (2016), 215 ff.

[294] Eingehend der Beitrag von *C. Engel*, Das schwindende Vertrauen in die Marktwirtschaft und die Folgen für das Recht, in: FS für Klaus J. Hopt (2010), 2733.

[295] Siehe wiederum die Beiträge in *Boysen/Kaiser/Meinel* (Hg.), Verfassung und Verteilung (2015); aufgeschlossen gegenüber dieser Perspektive zeigt sich *C. Krönke*, AöR 141 (2016), 456: „Die anfängliche Verwunderung über die scheinbar ungewöhnliche Verknüpfung von ‚Verfassung und Verteilung' weicht rasch dem Eindruck, dass unser Verständnis von Verfassung damit grundlegend auf die Probe gestellt wird." Ablehnend reagiert hingegen *Fuchs*, DVBl. (2016), 494, 494: „Alles dieses ist schwer zu lesen, weil v. a. politisch und ideologisch unheimlich aufgeladen." Einen Eindruck von der internationalen Debatte vermitteln die Beiträge von *R. Dixon/J. Suk*, University of Chicago Law Review 85 (2018), 369, und *A. Peters*, Global Constitutionalism: The Social Dimension. MPIL Research Paper Series, No. 2017–25 (2017).

[296] *Engel*, Das schwindende Vertrauen in die Marktwirtschaft und die Folgen für das Recht, in: FS für Klaus J. Hopt (2010), 2733.

Die Vermeidung extremer Verteilungsergebnisse mag auch dazu geführt haben, dass das Grundgesetz auch nach der Wiedervereinigung und trotz legitimatorischen Bedenken weiterbestanden hat. Im Moment der Wiedervereinigung mag ein Anreiz zur Abweichung bestanden haben; dieser war aber nicht stark genug bzw. betraf nicht eine ausreichende Menge an Mitgliedern der Gesellschaft. Umgekehrt bestand für die Eliten ein Anreiz, es nicht zu extremen Ungleichheiten kommen zu lassen, um eine Veränderung nicht zu riskieren.

Diese Eindrücke entstehen zumindest, wenn man sich auf eine Betrachtung nach materiellen Verteilungskriterien beschränkt. Eine solche Betrachtung ließe sich um weitere Dimensionen erweitern. Die Wiedervereinigung eines Landes ist weit mehr als eine Verteilungsfrage. Auch ließe sich die Betrachtung von gegenwärtigen Risiken um eine Diskussion von möglichen Wertkonflikten erweitern.[297] An dieser Stelle lässt sich aber nur wiederholen: die ökonomische Reduktion ist ein Analysewerkzeug, das einen bestimmten Zusammenhang – unter mehreren – verdeutlicht.[298]

[297] Siehe dazu, dass auch in der Verwirklichung von Wertvorstellungen ein distributiver Konflikt gesehen werden kann, schon unter D.III.4.b).

[298] *Bitter*, Spieltheorie und öffentliche Verwaltung (2004), 102 f.

E. Rechtsvergleichende quantitative Zugänge

Nach diesen theoretischen Überlegungen zur Stabilität der Verfassung stellt sich die Frage nach dem Beitrag empirischer Zugänge. Der Beitrag meiner eigenen Untersuchung soll letztlich in einem modellhaften Experiment liegen. Das Experiment folgt zum einen dem dargestellten ökonomischen Paradigma; zum anderen liegt die Begründung von Experimenten in den Grenzen empirischer Feldforschung. In diesem Kapitel biete ich daher einen kursorischen Überblick über quantitative verfassungsvergleichende Studien (I). Insbesondere wende ich mich dabei Studien zu, die sich dem Verhältnis von Rigidität und Flexibilität einer Verfassung widmen (II). Besonderen Raum gebe ich der Arbeit von *Elkins*, *Ginsburg* und *Melton* (III). Da eine Hinführung zur experimentellen Methode geleistet werden soll, werden in diesem Abschnitt eher die Begrenzungen dieses Ansatzes hervorgehoben (IV).[1]

I. Überblick

Empirische sozialwissenschaftliche Zugänge zum Recht können viele Formen annehmen.[2] Hier spiegelt sich die Vielfalt der empirischen Sozialforschung.[3] Es verbietet sich, die generelle Überlegenheit eines bestimmten Zugangs anzunehmen.[4] Jede Methode hat unterschiedliche Stärken und Schwächen, die es zu berücksichtigen gilt. Gerade, was die Untersuchung von Verfassungsrecht angeht, ist Methodenpluralismus geboten.[5] An dieser Stelle sollen rechtsvergleichende quantitative empirische Studien thematisiert werden.[6] Anders als die dogmati-

---

[1] Zu Problemen empirischer Sozialforschung allgemein, insbesondere zu den Problemen selektiver Wahrnehmung, *Diekmann*, Empirische Sozialforschung (2012), 47 ff.

[2] Einen Überblick bieten *F. L. Leeuw/H. Schmeets*, Empirical Legal Research (2016); *H. Hamann*, Evidenzbasierte Jurisprudenz (2014).

[3] Einführend – wohl unter Bevorzugung quantitativer Ansätze – *Diekmann*, Empirische Sozialforschung (2012); kritisch zu „Quantizentrismus" in der Sozialforschung *S. Hirschauer*, Soziologische Revue 40 (2017), 319.

[4] *Hirschl*, Comparative Matters (2014), 18.

[5] So auch *D. S. Law*, Constitutions, in: Cane/Kritzer (Hg.), The Oxford Handbook of Empirical Legal Research (2010), 376; *Hirschl*, Comparative Matters (2014), 18, 224 ff., 277; *A. von Bogdandy*, Der Staat 55 (2016), 103, 107.

[6] Einen Überblick über diese Literatur bietet *H. Spamann*, Annual Review of Law and

sche Rechtswissenschaft behandeln solche Studien das Recht nicht aus einer anwendungsorientierten Innenperspektive, sondern als Institution von außen.[7] Sie sind kein Substitut für klassische rechtsvergleichende Forschung.[8] Die Analyse von Felddaten[9] kann aber einen neuen Blick auf Verfassungen vermitteln. Denn mittels solcher Studien lässt sich ein Überblick gewinnen, der bestimmte Entwicklungen feststellt und Erklärungen dafür zumindest nahelegt.[10] Dies kann wiederum Anlass geben, Verfassungstheorie zu überdenken und weiterzuentwickeln.

Die vergleichende (politikwissenschaftliche) Verfassungsforschung erlebt seit den 1990er Jahren einen Aufschwung.[11] Im Bereich der quantitativen Verfassungsvergleichung unter Beteiligung von Rechtswissenschaftlern sticht heute das „Comparative Constitutions Project" (CCP) heraus; hier sind Daten zu allen geschriebenen Verfassungen der Welt seit 1789 gesammelt.[12] Daneben haben Wissenschaftler wie *Mila Versteeg* eigene Datensätze zusammengestellt. Weitere Datensätze, die neben Verfassungstexten auch Konventionen und Praktiken berücksichtigen sollen, sind in Entwicklung.[13] Schon der kurze nachfolgende Streifzug durch die Arbeiten unter Beteiligung *Versteegs* macht deutlich, dass diese Studien auf allgemeine Trends abzielen.

Benedikt Goderis und *Mila Versteeg* untersuchen, inwiefern sich transnationale Einflüsse in den Rechtekatalogen von Verfassungen wiederfinden.[14] Sie

Social Science 11 (2015), 131, 132: „literature that uses cross-country legal data to test causal theories in an explicit hypothesis-testing framework".

[7] Siehe *K. Pistor*, ZVglRWiss 109 (2010), 348, 349 f., die aber auch auf mögliche Überschneidungen zwischen den beiden Ansätzen hinweist, etwa im Bereich der ökonomischen Analyse des Rechts.

[8] *Pistor*, ZVglRWiss 109 (2010), 348, 360.

[9] *Hirschl*, Comparative Matters (2014), 194: „‚large-N' studies that draw upon multivariate statistical analyses of a large number of observations, measurements, data sets, etc. in order to determine correlations among pertinent variables".

[10] *Spamann*, Annual Review of Law and Social Science 11 (2015), 131, 132, spricht von der Reduktion der Anzahl plausibler Effekte.

[11] So und zum Stand der Forschung aus Sicht der Politikwissenschaft *A. Lorenz*, Verfassungen in der Vergleichenden Politikwissenschaft, in: Lauth et al. (Hg.), Handbuch Vergleichende Politikwissenschaft (2016), 373.

[12] Das von *Elkins*, *Ginsburg* und *Melton* verantwortete „Survey Instrument" fragt nach 669 Eigenschaften von Verfassungen (http://www.comparativeconstitutionsproject.org/files/surveyinstrument.pdf; Stand vom 19. 9. 2016; zuletzt abgerufen am 16. 8. 2018); Hinweise auf weitere Datenquellen bei *Spamann*, Annual Review of Law and Social Science 11 (2015), 131, 134 f.

[13] Siehe das von *Adam Chilton* und *Mila Versteeg* unternommene „Expert Survey on Constitutional Rights Protection" (https://uchicago.co1.qualtrics.com/jfe/form/SV_3DD2RRzEDCGvbA9; zuletzt abgerufen am 16. 8. 2018) und dazu den Blog-Eintrag auf I-CONnect „Global Survey for Constitutional Law Experts on Small-c Constitutions" vom 17. 7. 2017 (http://www.iconnectblog.com/2017/07/global-survey-for-constitutional-law-experts-on-small-c-constitutions; zuletzt abgerufen am 16. 8. 2018).

[14] *B. Goderis/M. Versteeg*, International Review of Law and Economics 39 (2014), 1.

vollziehen dabei die Verbreitung von Grundrechten seit dem zweiten Weltkrieg nach und bieten mittels eines statistischen Schätzverfahrens[15] eine Erklärung für diese Verbreitung an:

> Our results show that the decision of countries to adopt a right is correlated with past adoption by their former colonizer, countries with the same legal origin, the same religion, the same former colonizer, and the same aid donor. These transnational correlations are strongest when a nation adopts its first constitution.[16]

Die Analyse lässt keine kausalen Aussagen zu[17] und ist beschränkt auf Verfassungstexte. Die Befunde regen aber zu konkreter weiterer Forschung und insbesondere kontextualisierenden Fallstudien an.

Tom Ginsburg und *Mila Versteeg* untersuchen auf Grundlage der Daten aus dem CCP die Verbreitung von Verfassungsgerichtsbarkeit.[18] Sie finden Hinweise, dass knappe politische Mehrheiten sich durch die Einrichtung einer Verfassungsgerichtsbarkeit für die Zukunft absichern wollen.[19] Anders als in der Studie von *Mila Versteeg* und *David S. Law* zur Verbreitung („Diffusion") von verfassungsrechtlich verbürgten subjektiven Rechten[20] finden sie keine Hinweise auf eine solche Diffusion der Verfassungsgerichtsbarkeit.[21]

In einer anderen Studie beschreiben *Mila Versteeg* und *Emily Zackin* einen Trend zur immer weiteren Spezifizierung von Verfassungstexten. Sie sprechen von „constitutional micromanagement".[22] Dies betrifft die Verfassungen der US-Bundesstaaten und alle nationalstaatlichen Verfassungen. Spezifizierung[23] korreliert dabei mit Flexibilisierung, was hier vermehrt zu beobachtende Verfassungsänderungen meint.[24] Damit ist ein interessanter Kontrast zur Idee der allgemeingehaltenen und „verewigenden" Verfassung ausgemacht. Die Studie legt nahe, dass die Praxis von diesem Ideal abweicht.

---

15 *Goderis/Versteeg*, International Review of Law and Economics 39 (2014), 1, 10 ff.: Sie verwenden ein „spatial lag model", was mit „räumlich verzogenes Regressionsmodell" übersetzt werden kann.

16 *Goderis/Versteeg*, International Review of Law and Economics 39 (2014), 1, 1.

17 *Goderis/Versteeg*, International Review of Law and Economics 39 (2014), 1, 11: Dies liegt schon an der Wahl des Modells, das aufgrund der Endogenität der „spatial lags" keine Kausalaussagen ermöglicht.

18 *T. Ginsburg/M. Versteeg*, Journal of Law, Economics, and Organization 30 (2014), 587.

19 *Ginsburg/Versteeg*, Journal of Law, Economics, and Organization 30 (2014), 587, 606 ff.

20 *D. S. Law/M. Versteeg*, California Law Review 99 (2011), 1163.

21 *Ginsburg/Versteeg*, Journal of Law, Economics, and Organization 30 (2014), 587, 609.

22 *M. Versteeg/E. Zackin*, Americal Political Science Review 110 (2016), 657, 658.

23 Gemessen an der Anzahl der in einer Verfassung enthaltenen Worte (*Versteeg/Zackin*, Americal Political Science Review 110 (2016), 657, 661).

24 Gemessen in einem „entrenchment score", der sich aus der gesamten Lebensdauer einer politischen Einheit geteilt durch die Anzahl der Jahre, in denen eine Verfassungsänderung oder ein Verfassungswechsel stattgefunden haben, ergibt; siehe *Versteeg/Zackin*, Americal Political Science Review 110 (2016), 657, 661.

Schon dieser kurze Überblick macht deutlich, dass quantitative Verfassungsvergleichung Potentiale birgt, diese aber eher in der Betrachtung von Trends aus einer Art Vogelperspektive liegen. Im Folgenden soll das Augenmerk auf Studien gerichtet werden, die in näherem Zusammenhang mit dem Untersuchungsgegenstand dieser Arbeit stehen, ehe wir uns den Beschränkungen dieser Vorgehensweise zuwenden.

II. Studien zu Rigidität und Flexibilität

Eine Reihe von Studien widmet sich der Frage, wovon die Änderungshäufigkeit einer Verfassung abhängt. Pionierarbeit leistete hier die Studie von *Donald S. Lutz*, die die US-Bundesstaatsverfassungen und eine (relativ kleine) Auswahl an nationalen Verfassungen[25] untersucht und zu dem Schluss kommt, dass sich die Änderungsrate einer Verfassung mit der Interaktion aus den Variablen Länge einer Verfassung und Schwierigkeit („Rigidität") des Änderungsprozesses erklären lässt, wobei der Rigidität entscheidendes Gewicht zukommt.[26] Später wurde diese Beobachtung von *Bjørn Erik Rasch* und *Roger D. Congleton* dahin weiterentwickelt, dass es auf die Anzahl der von der Verfassung vorgesehen Veto-Spieler ankomme.[27] Gleichwohl halten auch *Rasch* und *Congleton* fest, dass die Anzahl von Verfassungsänderungen nicht ohne den politischen Kontext und die Nachfrage nach Änderungen zu erklären sei.[28] Jedenfalls wird im Allgemeinen davon ausgegangen, dass hohe Änderungshürden die Häufigkeit von Verfassungsänderungen dämpfen.[29] Verfassungsänderungen treten *Astrid Lorenz* zufolge aber häufiger auf, wenn sich entsprechende politische Konstel-

[25] *Lutz*, American Political Science Review 88 (1994), 355, 356, beschränkt sich dabei auf „echte Verfassungsstaaten" und lässt „Schein-Verfassungen", die Herrschaft nicht effektiv limitieren, außen vor; so auch die Studie von *Rasch/Congleton*, Constitutional Amendment Procedures, in: Congleton/Swedenborg (Hg.), Democratic Constitutional Design and Public Policy (2006), 319, 321 f.

[26] *Lutz*, American Political Science Review 88 (1994), 355, 365; anders *Lorenz*, Journal of Theoretical Politics 17 (2005), 339, und *Lorenz/Seemann*, Verfassungspolitische Konjunkturzyklen?, in: Bräuninger et al. (Hg.), Jahrbuch für Handlungs- und Entscheidungstheorie: Bd. 5 (2009), 55, 70, wonach die Rigidität einer Verfassung die Häufigkeit von Änderungen nicht zu erklären vermag.

[27] *Rasch/Congleton*, Constitutional Amendment Procedures, in: Congleton/Swedenborg (Hg.), Democratic Constitutional Design and Public Policy (2006), 319, 334: „Amendment rates fall as the number of veto players increases and with requirements for intervening elections and/or referenda."

[28] *Rasch/Congleton*, Constitutional Amendment Procedures, in: Congleton/Swedenborg (Hg.), Democratic Constitutional Design and Public Policy (2006), 319, 338.

[29] *Lorenz/Seemann*, Verfassungspolitische Konjunkturzyklen?, in: Bräuninger et al. (Hg.), Jahrbuch für Handlungs- und Entscheidungstheorie: Bd. 5 (2009), 55: „Die prointuitive Annahme, dass eine hohe Hürde die Änderungsneigung dämpft, hält sich hartnäckig in der Literatur".

lationen entwickelt haben: „Jede Verfassungsänderung senkt die Produktionskosten der nächsten, weil sich eine Verhandlungsinfrastruktur etabliert".[30]

Einen skeptischen Beitrag leisten *Tom Ginsburg* und *James Melton*. Mit einer Regressionsanalyse schätzen sie den Effekt von verschiedenen Änderungsverfahren auf die Änderungswahrscheinlichkeit.[31] Sie bezweifeln aber, inwiefern die Ausgestaltung der Änderungsregel einer Verfassung überhaupt geeignet ist, eine Änderungsrate vorherzusagen.[32] Es sei nämlich schon schwierig für die Flexibilität, also die Einfachheit der formalen Änderung des Verfassungstextes, einen brauchbaren Index zu bilden.[33] *Ginsburg/Melton* diskutieren und vergleichen die unterschiedlichen gängigen Messwerte[34] für die Änderungsschwierigkeit einer Verfassung. Ein Problem zeigt sich, wenn *Ginsburg/Melton* die Korrelation dieser Werte prüfen:

Only three combinations yield a correlation greater than 0.5: Anckar and Karvonen with Lijphart, Lijphart with Lorenz, and Lorenz with Lutz. The other correlations are all smaller than 0.5, and the correlation between the CCP and Lorenz measures is even negative. Typically, in political science, measures of the same concept tend to be highly correlated, which suggests a high degree of what is called convergent validity.[35]

---

[30] *Lorenz*, Verfassungen in der Vergleichenden Politikwissenschaft, in: Lauth et al. (Hg.), Handbuch Vergleichende Politikwissenschaft (2016), 373, 380; eine „mikroökonomische Sicht auf Rigiditätseffekte" bieten *Lorenz/Seemann*, Verfassungspolitische Konjunkturzyklen?, in: Bräuninger et al. (Hg.), Jahrbuch für Handlungs- und Entscheidungstheorie: Bd. 5 (2009), 55, 71 ff.

[31] *Ginsburg/Melton*, International Journal of Constitutional Law 13 (2015), 686, 695: „We use a conditional logit estimator to estimate the effect of several amendment procedure variables on the probability of amendment: the number of actors involved in various stages of the amendment process, the margin necessary to pass amendments through the legislature, and dummy variables to indicate the role of different bodies in the process. After estimating the model, we predict the probability of amendment by constraining all variables except those related to the amendment procedure to their mean. The resulting measure is available for all constitutions coded by the CCP. The predicted amendment rate varies from zero amendments per year to 0.92 amendments per year (with a mean of 0.19 and standard deviation of 0.20)."

[32] *Ginsburg/Melton*, International Journal of Constitutional Law 13 (2015), 686.

[33] *Ginsburg/Melton*, International Journal of Constitutional Law 13 (2015), 686, 692: „Scholars have attempted to assess this intuition by measuring the rigidity of the amendment procedure, which we will call *amendment difficulty*. The idea underlying measures of amendment difficulty is deceptively simple: onerous procedures should lead to lower levels of constitutional amendment. Such measures assume that the institutional barriers are predictable determinants of stability or flexibility: if things like the political configuration, the rate of environmental change, and the content of the constitution are held constant, we could use a valid measure of amendment difficulty to predict how much constitutional change will occur over a constitution's life span.".

[34] Darunter die Werte bei: *A. Lijphart*, Patterns of Democracy (2012); *Lorenz*, Journal of Theoretical Politics 17 (2005), 339; *Rasch/Congleton*, Constitutional Amendment Procedures, in: Congleton/Swedenborg (Hg.), Democratic Constitutional Design and Public Policy (2006), 319.

[35] *Ginsburg/Melton*, International Journal of Constitutional Law 13 (2015), 686, 697.

Ginsburg/Melton nehmen diese Diskrepanz zum Anlass, um über eine weitere Variable nachzudenken, die sie „Änderungskultur" nennen:

> We define amendment culture as the set of shared attitudes about the desirability of amendment, independent of the substantive issue under consideration and the degree of pressure for change. In other words, we posit a baseline level of resistance to formal constitutional change in any particular system; as this baseline level increases, the viscosity of the constitutional amendment process decreases *even under identical institutional arrangements*. Conversely, the presence of amendment culture suggests that, even if institutional arrangements change, we might not observe a change in the level of demand for amendment.[36]

Ginsburg/Melton nehmen also an, dass die Hürden für Verfassungsänderungen nicht nur regeltechnisch sein können. In manchen Ländern seien „politische Hürden" „Quelle der Stabilität".[37] Eine weitere Hürde könne daher rühren, welchen Stellenwert die Verfassung in einer Gesellschaft einnimmt. Etwa wenn die Verfassung als „heilig" und „unantastbar" angesehen werde.[38] Als Proxy für Einstellungen zur Verfassungsänderung und damit für die „Änderungskultur" verwenden sie die „Rate, mit der die vorhergehende Verfassung eines Landes geändert wurde".

Auch hinsichtlich der abhängigen Variablen, also der Änderungsrate, sind *Ginsburg/Melton* kritisch.[39] Diese werde zumeist als Häufigkeit umgesetzt; das sage aber nichts über das Ausmaß der Änderungen.[40] Daher bilden sie einen Messwert, der die Häufigkeit der Änderung mittels des Ausmaßes der Änderungen in den Daten des CCP gewichtet.[41] Einzig mit dem Prädiktor „Änderungskultur" gelangen sie bei der Prüfung, welcher Wert die Änderungsrate vorhersagt, zu signifikanten Ergebnissen. Die „Rate, mit der die vorhergehende

---

[36] *Ginsburg/Melton*, International Journal of Constitutional Law 13 (2015), 686, 699.

[37] *Ginsburg/Melton*, International Journal of Constitutional Law 13 (2015), 686, 699 f., mit Hinweisen auf Großbritannien, Neuseeland und Israel: „some cultural barrier". Siehe zur Bedeutung der politischen Konstellation für die Häufigkeit von Verfassungsänderungen *Lorenz/Seemann*, Verfassungspolitische Konjunkturzyklen?, in: Bräuninger et al. (Hg.), Jahrbuch für Handlungs- und Entscheidungstheorie: Bd. 5 (2009), 55.

[38] *Ginsburg/Melton*, International Journal of Constitutional Law 13 (2015), 686, 700, mit Hinweis auf Italien; zum jüngsten dortigen Versuch einer umfassenden Verfassungsänderung siehe die Beiträge in *P. Passaglia* (Hg.), The 2016 Italian Constitutional Referendum (2017); zu „Verheiligungstendenzen" in Bezug auf das Grundgesetz *Dreier*, Die Zeit vom 7.5. (2009), 13.

[39] *Ginsburg/Melton*, International Journal of Constitutional Law 13 (2015), 686, 694: „Like amendment difficulty, the *amendment rate* is a deceptively simple concept: it refers to the amount of constitutional change, or frequency of amendment, that results from formal constitutional amendments over some predetermined period of time. Measuring this concept implies determining the total „amount of change" over some period of time and dividing that amount by the length of time. This requires decisions about the period of time upon which the measure is based and operationalizing the magnitude of constitutional change."

[40] *Ginsburg/Melton*, International Journal of Constitutional Law 13 (2015), 686, 704.

[41] *Ginsburg/Melton*, International Journal of Constitutional Law 13 (2015), 686, 704.

Verfassung eines Landes geändert wurde", generiere bessere Vorhersagen als die institutionellen Variablen:

> The only consistently significant predictor is amendment culture. None of the procedural variables have an effect, and the other constitutional variables do not have a consistent effect across models. […] From a constitutional design perspective, this result is a bit depressing. The results suggest, quite strongly, that constitutional designers have little influence over the observed flexibility of their product.[42]

Dieses pessimistische Fazit gibt zu denken. Gleiches gilt für die Kritik an den unterschiedlichen verwendeten Indikatoren. Meines Erachtens ist aber auch die Aussagekraft des Ergebnisses fraglich, dass die „Änderungskultur" die Häufigkeit von Verfassungsänderungen vorhersage. Das Argument mutet als Zirkelschluss an. Die Änderungen der Vergangenheit sollen Prädiktor für die Änderungen der Zukunft sein. Wir lernen daraus gerade nicht, welche Faktoren für gehäufte Änderungen sorgen, und noch weniger, wie sich die Änderungsraten beeinflussen lassen. Schon die Bedeutung von regelungstechnischen Merkmalen lässt sich damit nicht überzeugend ausschließen. Zur Kontingenz einer Verfassung gehört schließlich auch ihre mögliche inhaltliche Verwandtschaft mit ihren Vorgängerverfassungen. Die Studie legt aus meiner Sicht aber nahe, dass historische Erfahrungen womöglich eine Variable darstellen, die Änderungsraten beeinflusst. Jedenfalls ist Skepsis dahingehend geboten, dass sich die Entwicklung einer Verfassung anhand eines Index' vorhersagen ließe.[43] Dafür sind historische, politische und kulturelle Faktoren zu vielfältig.

III. Die Lebensdauer von Verfassungen: Elkins/Ginsburg/Melton

Im Rahmen meiner Untersuchung von besonderem Interesse ist die grundsätzliche, weit rezipierte[44], auf dem CCP basierende Studie von *Elkins, Ginsburg* und *Melton*. Danach beträgt die tatsächliche Lebensdauer von Verfassungen im Median[45] lediglich 19 Jahre.[46] Die Autoren fragen, welche Faktoren die Lebensdauer beeinflussen.[47] Das Erkenntnisinteresse liegt dabei insbesondere auf Fragen des „Designs" in Abgrenzung von äußeren Umständen. Die Studie un-

---

[42] *Ginsburg/Melton*, International Journal of Constitutional Law 13 (2015), 686, 711.

[43] So auch *Contiades/Fotiadou*, Models of Constitutional Change, in: Contiades (Hg.), Engineering Constitutional Change (2013), 417, 420.

[44] Einen Anhaltspunkt bietet Google Scholar, wo 505 Zitationen gezählt sind (Suche vom 8.11.2018).

[45] *J. Bortz/C. Schuster*, Statistik für Human- und Sozialwissenschaftler (2011), 583: „Derjenige Wert einer Verteilung, der die Gesamtzahl der Fälle halbiert, sodass 50% aller Werte unter dem Median und 50% aller Fälle über ihm liegen."

[46] *Elkins/Ginsburg/Melton*, The Endurance of National Constitutions (2009), 129.

[47] *Elkins/Ginsburg/Melton*, The Endurance of National Constitutions (2009), 2: „Why, in short, do some constitutions endure, whereas others fail?"

ternimmt eine Verlaufsdatenanalyse („survival analysis"). Abhängige Variable ist die Ausfallrate („hazard rate").[48] Es wird die Wahrscheinlichkeit geschätzt, dass eine Verfassung in einem bestimmten Alter „stirbt" – gesetzt den Fall, dass sie bis zu diesem Zeitpunkt „überlebt" hat.[49] Die Studie kommt u. a. zu dem Ergebnis, dass Verfassungen von einem demokratischen Staatswesen profitieren:

Democracy, it appears, is measurably more hospitable to constitutions – roughly thirty percent more hospitable than the authoritarian situation is, in fact. The life expectancy of a constitution in democracy, on average, is twenty-one years, whereas that in an authoritarian situation is fifteen years. [...] Shifts to democracy increase the risk for the constitution even more than do shifts to authoritarianism. However, once in power, democrates are considerably less likely than are authoritarians to replace the constitution.[50]

Aus der Überlegung, dass die öffentliche Diskussion die Sichtbarkeit von Verfassungen und die Anteilnahme der Bürger erhöhe[51], leiten *Elkins/Ginsburg/Melton* die Hypothese ab, dass Öffentlichkeitsbeteiligung die Widerstandsfähigkeit der Verfassung erhöht.[52] Und tatsächlich haben Verfassungen, die mit einem Referendum verabschiedet wurden, eine acht Prozent höhere Wahrscheinlichkeit zu überleben.[53] Auch zur bereits angesprochenen Flexibilität, also der Leichtigkeit, mit der eine Verfassung geändert werden kann[54], nehmen sie Stellung. Die Autoren rechnen mit einer anfänglich[55] positiven Wirkung von Flexibilität. Tatsächlich beobachten sie, dass die Wahrscheinlichkeit der Ersetzung einer Verfassung geringer wird, wenn die Flexibilität zunimmt. Eine sehr hohe Flexibilität erhöhe hingegen das Sterberisiko.[56] Angesichts der oben be-

---

[48] *Elkins/Ginsburg/Melton*, The Endurance of National Constitutions (2009), 126: „median survival time".

[49] *Elkins/Ginsburg/Melton*, The Endurance of National Constitutions (2009), 129.

[50] *Elkins/Ginsburg/Melton*, The Endurance of National Constitutions (2009), 137.

[51] *Elkins/Ginsburg/Melton*, The Endurance of National Constitutions (2009), 78: „constitutions whose provisions are publicly formulated and debated will more likely be able to generate the common knowledge and attachment essential for self-enforcement." Siehe auch den Verweis auf die brasilianische Verfassung (S. 79): „The Brazilian charter is an unwieldly document to be sure, but a highly public one in its origin and provisions. Already, it has endured significantly longer than has the typical Latin American constitution."

[52] *Elkins/Ginsburg/Melton*, The Endurance of National Constitutions (2009), 79: „Constutional durability should increase with the level of public inclusion during both stages of constitutional design."

[53] *Elkins/Ginsburg/Melton*, The Endurance of National Constitutions (2009), 139: „constitutions that are subject to public ratification are eight percent more likely to survive than those that are not".

[54] *Elkins/Ginsburg/Melton*, The Endurance of National Constitutions (2009), 100.

[55] *Elkins/Ginsburg/Melton*, The Endurance of National Constitutions (2009), 82: „below some threshold, flexibility would clearly enhance constitutional endurance; beyond that threshold, increased flexibility will have unpredictable – perhaps even life-shortening – consequences. The optimal location of that threshold, however, is not obvious a priori."

[56] *Elkins/Ginsburg/Melton*, The Endurance of National Constitutions (2009), 139.

schriebenen Schwierigkeiten bei der Bildung eines Flexibilitätsindex' ist hier aber Vorsicht geboten.

Auch die Autoren konzedieren die Beschränkungen ihrer Vorgehensweise. Diese beginnen schon damit, dass nur geschriebene Verfassungen untersucht werden, Verfassungstext und Verfassungswirklichkeit aber auseinanderfallen können.[57] Die Autoren gehen jedoch zumindest von einer Korrespondenz dieser beiden Kategorien aus:

> [R]uptures in the formal system represented by constitutional births and deaths are likely to correspond with changes in informal constitutional understandings. Formal constitutional replacement may *reflect* underlying ruptures that have already occurred or may *cause* changes in informal understandings, but either way we expect that there will be *some* change in the underlying intersubjective view of the constitution when formal change occurs. This assumption is not critical to our enterprise, but it is useful to assess the relationship between the written charter and behavioral aspects of the constitutional order.[58]

Sie nehmen an, dass zumindest schon die geschriebene Verfassung es wert sei, vergleichend untersucht zu werden, auch wenn informelle Regeln die geschriebene Verfassung überlagern mögen.[59] Hier offenbart sich eine Schwierigkeit bei der Isolierung der unabhängigen Variablen. Notwendigerweise muss hier ein Kriterium gewählt werden. Der Text einer Verfassung ist zugänglich und bestimmbar. Identisch mit der tatsächlichen Verfassungspraxis ist er aber nicht.[60]

Es gibt aber eine noch gravierendere Beschränkung: das Problem der Endogenität in den Daten. Nicht alle relevanten Variablen sind in den Daten abgebildet. In den Worten der Autoren:

> Because many of the key design elements will be a product of choices of constitutional designers, they are likely to reflect underlying conditions that may themselves be conducive to constitutional endurance. To illustrate, elites bargaining over the constitution might choose an inclusive process only if their own level of agreement is high, and so we would observe a positive association between processes and endurance that is not directly caused by inclusion itself. […] This is a missing variable problem that is, alas, unavoidable because the underlying level of agreement of constitutional bargainers is hardly observable.[61]

Diese Beschränkungen sind der Methode, die nicht alles einfangen kann, inhärent. Dennoch liefert eine solche Studie eine wertvolle Betrachtung aus der bereits angesprochenen Vogelperspektive. Jedenfalls deuten die Faktoren Inklusi-

---

[57] Zu dieser Herausforderung *Voigt*, Public Choice 146 (2011), 205, 211: „potential divergence between a constitution's formal provisions and their actual implementation."

[58] *Elkins/Ginsburg/Melton*, The Endurance of National Constitutions (2009), 53.

[59] *Elkins/Ginsburg/Melton*, The Endurance of National Constitutions (2009), 20.

[60] Mehr zu aktuellen Bemühungen einen umfassenderen Datensatz zu erstellen unter Fn. 13 dieses Abschnittes.

[61] *Elkins/Ginsburg/Melton*, The Endurance of National Constitutions (2009), 89 f.

vität und Flexibilität auf eine erhöhte Lebensdauer von Verfassungen zumindest hin. Dabei sollte die bloße Dauerhaftigkeit als normatives Ziel aber auch nicht überbetont werden.[62] Der Wechsel einer Verfassung kann schließlich auch in Folge eines grundsätzlich erwünschten demokratischen Prozesses erfolgen, der auch die Grundwerte einer Gesellschaft mitumfassen kann.

IV. Allgemeine Grenzen

In der vorhergehenden Darstellung prominenter Studien der letzten Jahre zeigt sich, dass Verfassungen als empirischer Untersuchungsgegenstand eine besondere Herausforderung darstellen. Die statistische Untersuchung von Verfassungsmerkmalen stößt an Grenzen. Zentral sind die Probleme der Kontingenz (1) und der Messung (2); herausragend ist das methodische Identifikationsproblem (3).

1. Kontingenz und Abstraktion

Verfassungen sind kontingente Institutionen.[63] *Ran Hirschl*, der für einen erklärenden[64] und stark sozialwissenschaftlichen Ansatz in der Rechtsvergleichung plädiert[65], beschreibt die Kontingenz verfassungsmäßiger Ordnung:

> [C]onstitutions neither originate nor operate in a vacuum. Their import cannot be meaningfully described or explained independent of the social, political, and economic forces, both domestic and international, that shape them. Indeed, the rise and fall on constitutional orders […] are important manifestations of this idea.[66]

Vergleichende statistische Studien sind jedoch abstrakt. Sie behandeln unterschiedliche Kriterien ohne den dazugehörigen Kontext. Jedenfalls muss man solchen Studien zugutehalten, dass sie einen neuen Blick vermitteln, der sich nicht auf die Diskussion einiger bekannter Fälle beschränkt.[67] Um mit *Hirschl*

---

[62] *Contiades/Fotiadou*, Models of Constitutional Change, in: Contiades (Hg.), Engineering Constitutional Change (2013), 417, 463; siehe auch unter D.II.3.

[63] Hierzu das Fazit bei *C. Skach*, Borrowing Constitutional Design (2005), 128: „For constitutions do indeed matter, but whether they matter as individual structures, or because they have coevolved with supportive partner institutions, such as political parties and exceptional leaders, still remains a crucial, unexplored question in political science and constitutional law." Siehe auch *Hirschl*, Comparative Matters (2014), 152.

[64] *Hirschl*, Comparative Matters (2014), 226 ff., weist mit Blick auf richterliches Entscheiden darauf hin, dass Aussagen über Kausalität dem Recht gerade nicht fremd sind (S. 228).

[65] *Hirschl*, Comparative Matters (2014), 166 ff., der sich jedoch gegen die Behauptung verwehrt, dass ein erklärender Zugang die einzige mögliche Herangehenweise sei (S. 228).

[66] *Hirschl*, Comparative Matters (2014), 152, mit Verweis auf den erwähnten Befund bei *Elkins/Ginsburg/Melton*, The Endurance of National Constitutions (2009), 114, dass die Hälfte aller Verfassungen nicht älter wird als 19 Jahre.

[67] *Hirschl*, Comparative Matters (2014), 230 f., 267.

zu sprechen: Solche Studien blicken auf allgemeinere Trends und eher auf den „Wald statt auf die Bäume“.[68] Dabei wird vieles ausgeblendet[69]:

> Scientific behavioralism, upon which large-N quantitative studies are based, focuses on observable phenomena but lacks the tools to deal with non-observable ones. Consequently, quantitative studies tend to focus on questions and phenomena that lend themselves a priori to quantitative analysis of concrete observations. Traditions, culture, local knowledge, power relations, and other crucial yet fuzzy factors often get lost or are not adequately accounted for.[70]

Solchen Studien beziehen aber auch Fälle ein, die sonst weniger berücksichtigt werden. Damit werde ein Auswahlfehler im Sinne eines „availability bias“[71] überwunden. *Armin von Bogdandy* kritisiert hierzu jedoch, dass die Deutungshoheit über das Material gleichwohl im „Nordosten Nordamerikas“ verbleibe.[72] Allgemein gilt für vergleichende Länderstudien, dass Ideologien die Ergebnisse verzerren können.[73]

Die historische Kontingenz von Verfassungen macht einen Vergleich der Regelungen noch schwieriger.[74] Dazu handelt es sich gerade nicht einfach um Regelungen, die eine Materie „technisch“ regeln und aufgrund dessen einfacher zu vergleichen sind.[75] Die Kluft zwischen Funktion und „technischer Umsetzung“ ist größer.[76] Dies liegt schon an der Prinzipienprägung vieler Verfassungsnormen.[77] Es betrifft aber auch verstärkt die Situationen, in denen

---

[68] *Hirschl*, Comparative Matters (2014), 267 (meine Übersetzung).

[69] Siehe auch *Voigt*, Journal of Economic Behavior & Organization 80 (2011), 319, 326; *Lorenz*, Verfassungen in der Vergleichenden Politikwissenschaft, in: Lauth et al. (Hg.), Handbuch Vergleichende Politikwissenschaft (2016), 373, 378.

[70] *Hirschl*, Comparative Matters (2014), 268.

[71] *Hirschl*, Comparative Matters (2014), 269.

[72] Siehe die Kritik an *Hirschls* Comparative Matters bei *von Bogdandy*, Der Staat 55 (2016), 103, 110: „Wohlgemerkt: Das Buch arbeitet mit Material aus jenen Staaten: Ägypten, Indien, Kuweit, Malaysia, Pakistan, den Philippinen, Südafrika, Uganda. Die Deutungshoheit aber liegt beim Norden, genauer: im Nordosten Nordamerikas.“

[73] Eindringlich *J. J. Donohue*, American Law and Economics Review 17 (2015), 313; siehe auch *Pistor*, ZVglRWiss 109 (2010), 348, 351: „Die theoretische Untermauerung wird oftmals durch ideologisch motivierte Annahmen ersetzt.“

[74] Vgl. auch zur Bedeutung von „Kulturen“ in der Rechtsvergleichung mit weiteren Hinweisen *F. Reimer*, German Law Journal 18 (2017), 255, 262: „[D]ealing with the diversity of legal system necessitates a closer or deeper investigation than mere legal comparison between single or indeed numerous provisions in the sense of the letter of the law; rather, this investigation entails exploring the law in action – by looking, for example, at the law's implicit premises, attitudes, routines, behavioral schemes, and divisions of labor, etc.“

[75] Wie etwa im Fall des Vergleichs von „technischeren“ Prozessrechtsordnungen, siehe *K. Chatziathanasiou/C. Hartmann*, JURA 37 (2015), 911.

[76] Die von *Spamann*, Annual Review of Law and Social Science 11 (2015), 131, geäußerten Bedenken gelten also erst recht; siehe auch *R. Wahl*, Verfassungsvergleichung als Kulturvergleichung, in: FS für Helmut Quaritsch (2000), 163.

[77] Zur Unterscheidung zwischen Rechtsprinzipien und Prinzipien im Sinne der Prinzipientheorie *Robert Alexys* siehe *R. Poscher*, RW 1 (2010), 349.

Verfassungen nicht nur Regelungsprobleme lösen, sondern sinnstiftend wirken.[78]

2. Messproblem und Stichprobenbildung

Eine weitere – verwandte – Schwierigkeit ergibt sich aus der Frage, mit welchen Daten man arbeiten sollte und was diese Daten eigentlich messen. Schließlich erfüllen Institutionen, die möglicherweise ähnlich benannt sind, in unterschiedlichen nationalen Kontexten unterschiedliche Funktionen.[79] Man mag positivrechtliche Vorschriften kodieren, dabei ist aber unklar, inwieweit diese Vorschriften tatsächlich die Praxis beeinflussen.[80] Bei Verfassungen ergibt sich das bereits angesprochene Problem der Bedeutung von ungeschriebenen Elementen.[81] Damit ist unklar, inwieweit die Daten in der Stichprobe überhaupt miteinander vergleichbar sind.[82] Bei der Bildung der Stichprobe stellt sich insbesondere die Frage, ob auch Autokratien einzubeziehen sind, in denen die Verfassung nicht wirksam Macht limitiert.[83]

3. Methodisches Identifikationsproblem

Die größte Herausforderung aber stellt sich in Anbetracht des methodischen Identifikationsproblems.[84] *Holger Spamann* beschreibt das Problem prägnant:

> The basic idea of inferring causation from comparative data is a *ceteris paribus* argument. If countries *A* and *B* are alike in all relevant respects except *X* and *Y*, and *X* precedes *Y*, then any difference in *Y* must be caused by the difference in *X*. The large variation of interesting attributes across countries presents a distinct advantage for such an argument,

---

[78] Siehe als Beispiel „verfassungspatriotische" Deutungen des Grundgesetzes; dazu *D. Sternberger*, Verfassungspatriotismus (1990); für den Fall der U. S.-amerikanischen Verfassung *Levinson*, Constitutional Faith (2011).

[79] *Spamann*, Annual Review of Law and Social Science 11 (2015), 131, 144.

[80] *Pistor*, ZVglRWiss 109 (2010), 348, 351; ähnlich *Lorenz*, Verfassungen in der Vergleichenden Politikwissenschaft, in: Lauth et al. (Hg.), Handbuch Vergleichende Politikwissenschaft (2016), 373, 378.

[81] *Rasch/Congleton*, Constitutional Amendment Procedures, in: Congleton/Swedenborg (Hg.), Democratic Constitutional Design and Public Policy (2006), 319, 321; allgemein zur „besonderen Situation der Verfassungsvergleichung" *Wahl*, Verfassungsvergleichung als Kulturvergleichung, in: FS für Helmut Quaritsch (2000), 163, 182: „Verfassungsvergleichung beginnt zwar mit knappen Texten, führt aber in die Tiefe der Grundordnung, die die Verfassung in jedem Staat ist. Als Kulturvergleichung führt sie außerdem auf die normalerweise nicht theoretisierten und oft auch nicht mehr bewußten kulturellen Grundlagen in Recht und Verfassung einer Gesellschaft und auf die vorrechtlichen Grundverständnisse."

[82] *Pistor*, ZVglRWiss 109 (2010), 348, 352.

[83] Siehe *Rasch/Congleton*, Constitutional Amendment Procedures, in: Congleton/Swedenborg (Hg.), Democratic Constitutional Design and Public Policy (2006), 319, 321 f., die sich auf Demokratien beschränken wollen; ähnlich *Tsebelis/Nardi*, British Journal of Political Science 46 (2016), 457.

[84] Siehe auch *von Bogdandy*, Der Staat 55 (2016), 103, 110 ff.

in that many attributes, such as judicial review, differ only across, but not within, countries. Unfortunately, this large variation is also comparative data's biggest disadvantage: There are never two countries that differ only in the attributes (*X*, *Y*) of interest.[85]

Die Frage, ob eine bestimmte Institution dafür sorgt, dass ein demokratisches Gemeinwesen stabilisiert wird, lässt sich kaum beantworten, denn es kann immer einen dritten Faktor geben, der für den Effekt sorgt. Es kann also zu Scheinkorrelationen kommen, wenn eine dritte, nicht beobachtete Variable einen Zusammenhang zwischen zwei scheinbar voneinander unabhängigen Variablen herstellt.[86] Das Identifikationsproblem stellt sich in der Verfassungsvergleichung besonders scharf.[87]

Auch dürfte die Richtung von Effekten nicht eindeutig sein: So hat nach *Roll/Talbott* das Vorliegen von Demokratie Auswirkungen auf das Einkommen in dem jeweiligen Land – zumindest bestehe hier eine Korrelation.[88] *Stefan Voigt* fragt in Bezug auf diese Studie aber zu Recht: „Is income high because the country is democratic or the country democratic because income is high?"[89] Es kann also nicht bestimmt werden, was Ursache und was Wirkung ist. Das gilt auch für das in dieser Arbeit diskutierte Verhältnis von Felxibilität und Stabilität einer Verfassung: Ist eine Verfassung stabil, weil sie flexibel ist, oder kann sich eine Gesellschaft mehr Flexibilität in ihrer Verfassung leisten, weil die Umstände ohnehin stabil sind?

Durchschnittliche Unterschiede wären hingegen aussagekräftig, wenn die Unterschiede zufällig auf die Staaten verteilt wären. Das ist die Logik hinter randomisierten kontrollierten Studien.[90] Dem kann man sich annähern. Natürliche Experimente sind aber rar.[91] Kontrollstrategien, wie etwa Matching[92], sind in der Rechtsvergleichung schwer umzusetzen, weil nicht genug Länder vor-

---

85 *Spamann*, Annual Review of Law and Social Science 11 (2015), 131, 138 (Wiedergabe ohne Nachweise).

86 *Hirschl*, Comparative Matters (2014), 268; allgemein zu diesem Problem statistischer Verfahren *N. Petersen*, Empirische Methoden, in: Towfigh/Petersen (Hg.), Ökonomische Methoden im Recht (2010), 201, 204.

87 *Voigt*, Public Choice 90 (1997), 11, 19 f.; *Voigt*, Public Choice 146 (2011), 205, 207: „Constitutional choice systematically takes place under very special circumstances and there are dozens of potentially relevant determinants. Although quite a few impressive case studies have been done, we are still a far cry away from a ‚general' theory that can even be tested empirically. Indeed, some might question the ‚theorizability' of this issue altogether."

88 *J. Talbott/R. Roll*, Why Many Developing Countries Just Aren't (2001).

89 *Voigt*, Public Choice 146 (2011), 205, 244.

90 Einführend *P. Sedlmeier/F. Renkewitz*, Forschungsmethoden und Statistik in der Psychologie (2008), 132; mehr zu Kontrolle und Randomisierung unter F.I.2.

91 *Spamann*, Annual Review of Law and Social Science 11 (2015), 131, 139; aus der Perspektive der Geschichtswissenschaft *J. Diamond/J. A. Robinson*, Using Comparative Methods in Studies of Human History, in: Diamond/Robinson (Hg.), Natural Experiments of History (2011), 257.

92 Ein Beispiel für eine solche Kontrolltechnik findet sich in der vieldiskutierten Studie von *E. Towfigh/C. Traxler/A. Glöckner*, ZDRW 1 (2014), 8, 20.

handen und diese auch zu unterschiedlich sind.[93] Auch der Einsatz von „Rechtsfamilien“ als Instrumentvariable wird als problematisch beurteilt.[94] Dazu gibt es keine Möglichkeit, Studien mit anderen Stichproben zu replizieren.[95]

Jonathan Klick zieht die Konsequenz, dass sich die quantitative Rechtsforschung in Anbetracht des Mangels starker Identifikationsstrategien kausaler Aussagen vollständig enthalten sollte; mit deskriptiven Aussagen sei schon viel gewonnen.[96] Grundsätzlich kritisiert *Armin von Bogdandy*, dass Kausalität zwar ein berechtigtes Erkenntnisziel sein, hierauf aber nicht zu einseitig fokussiert werden sollte; eine Verengung der Rechtswissenschaft auf Kausalitätsaussagen wäre nicht erstrebenswert.[97]

V. Zwischenergebnis

Das Identifikationsproblem ist für quantitative vergleichende Studien eine Herausforderung, die womöglich nie ganz zu bewältigen ist. Der Erkenntniswert solcher Studien ist dadurch aber nicht eliminiert.[98] Um erneut *Spamann* zu zitieren: „Even if comparative data cannot identify any single causal theory, however, they are extremely important in narrowing down the set of plausible theories.“[99] Dazu können deskriptiv allgemeine Trends beschrieben werden. So wird der Blick auf bestimmte Zusammenhänge gelenkt, die dann mit anderen Methoden untersucht werden können. Die abstrakte Betrachtung kann dabei angereichert werden, was dann auch zu Verfeinerungen vergleichender Studien führen kann.[100]

---

93 Hierzu *Spamann*, Annual Review of Law and Social Science 11 (2015), 131, 140, der auf die beschränkten Möglichkeiten der ökonometrischen Kontrolltechniken hinweist.

94 *Pistor*, ZVglRWiss 109 (2010), 348, 356 f.

95 *Spamann*, Annual Review of Law and Social Science 11 (2015), 131, 146.

96 *J. Klick*, Journal of Institutional and Theoretical Economics 166 (2010), 166, 167 ff.

97 Siehe *von Bogdandy*, Der Staat 55 (2016), 103, 111, der im Anschluss an *Hegel* darauf hinweist, dass Kausalität nur ein möglicher Erkenntnisgegenstand unter vielen sei: „Bereits der deutsche Idealismus von Kant bis Hegel hat jedoch überzeugend nachgewiesen, dass die Kausalität nur eine von vielen Kategorien menschlicher Erkenntnis ist, und es ein Fehler wäre, ihr den höchsten oder gar einzigen Platz hierbei zuzuweisen. So folgt in Hegels *Wissenschaft der Logik* auf den Begriff der Kausalität derjenige der Wechselwirkung. Diese Kategorie bestätigt das Ziel eines hermeneutischen Vorgehens in der Rechtsvergleichung, das sich nicht auf isolierbare Relationen von Ursache und Wirkung ausrichtet, sondern auf ein Verständnis, das sich aus der Zusammenschau vieler Elemente in ihrer Wechselwirkung ergibt.“

98 Dazu *Spamann*, Annual Review of Law and Social Science 11 (2015), 131, 138: „I argue here that comparative evidence alone will hardly ever be sufficient to establish a causal claim and that statistical methods that purport to do so are likely to do more harm than good in comparative settings.“

99 *Spamann*, Annual Review of Law and Social Science 11 (2015), 131, 138.

100 Von Seiten der Politikwissenschaft plädiert *Lorenz*, Verfassungen in der Vergleichenden Politikwissenschaft, in: Lauth et al. (Hg.), Handbuch Vergleichende Politikwissenschaft (2016), 373, 381, für mehr Kooperation mit der Rechtswissenschaft.

F. Experimentelle Zugänge

Komplementär zur Arbeit mit Beobachtungsdaten ist die Arbeit mit experimentellen Daten.[1] Diese Komplementarität ergibt sich schon aus den unterschiedlichen Stärken und Schwächen der beiden Ansätze. Im Folgenden soll erst in die experimentelle Methodik eingeführt werden – dabei folge ich dem experimentalökonomischen Paradigma (I). Dann diskutiere ich – im Anschluss an das Plädoyer von *Stefan Voigt*[2] – das Potential dieser Methodik für die Verfassungstheorie. Es wird dabei nicht darum gehen, eine abschließende Behandlung des Themas zu bieten. Dafür sind die experimentelle Methodik und auch die denkbaren möglichen Querverbindungen zur Verfassungstheorie zu vielfältig. Ich gehe vielmehr erst auf allgemeine Bedenken ein (II) und entwickle danach mögliche Anknüpfungspunkte für einen verfassungstheoretisch relevanten Einsatz von experimenteller Forschung (III). Ich betrachte eine Auswahl an experimentell untersuchten Verhaltenseffekten, die für das Verständnis von Verfassungen eine Rolle spielen können. Als Bezugspunkt der Diskussion dienen mir dabei wiederum Art. 146 GG und die mit diesem zusammenhängenden Fragen institutioneller Stabilität.[3]

I. Methodik

Hier soll es um Laborexperimente gehen, wie sie vor allem in der experimentellen Ökonomik üblich sind.[4] Das stärkste Argument für Laborexperimente liegt darin, dass sie Kausalschlüsse zulassen. Sie bewältigen im Labor das im vorherigen Kapitel beschriebene methodische Identifikationsproblem. Der Fokus von Laborexperimenten ist somit eng. Sie finden in einer stilisierten Umgebung statt. Juristen empfinden Unbehagen hinsichtlich ihrer Aussagekraft.[5] Diesem

---

[1] Zu diesem Gedanken *Falk/Heckman*, Science 326 (2009), 535.

[2] Siehe *Voigt*, Journal of Economic Behavior & Organization 80 (2011), 319, 327 ff., der den vermehrten Einsatz von Experimenten in der Verfassungsökonomik anregt.

[3] Eine Einführung in die experimentelle Ökonomik und eine (breitere) Diskussion möglicher Einsatzgebiete in der Rechtswissenschaft biete ich auch in einem Beitrag mit *Monika Leszczynska*, siehe *Chatziathanasiou/Leszczynska*, RW 8 (2017), 314.

[4] Hiervon zu unterscheiden sind Feldexperimente – dazu einführend etwa *Sedlmeier/Renkewitz*, Forschungsmethoden und Statistik in der Psychologie (2008), 149.

[5] Siehe nur *H. Fleischer/K. U. Schmolke/D. Zimmer*, Verhaltensökonomik als Forschungs-

Unbehagen lässt sich begegnen, indem man einen näheren Blick auf die Methodik wirft.[6]

1. Überblick

Historisches Ziel experimentalökonomischer Forschung war der Test ökonomischer Theorien, insbesondere der Test der Annahmen der Neoklassik.[7] Hierzu ist nunmehr auch die Entdeckung[8] und Modellierung sozialer Phänomene getreten.[9] Ökonomische Experimente setzen in der Regel monetäre Anreize ein.[10] Hier liegt ein Unterschied zu der experimentellen Forschung in der Psychologie.[11] Die Teilnehmer eines ökonomischen Experiments wissen, wie sich ihre Entscheidung innerhalb des Experiments auf die Auszahlung am Ende des Experiments auswirkt. Eine Täuschung hierüber verbieten die Regeln der Disziplin.[12]

Das Interesse der Rechtswissenschaft an der Verhaltensökonomik ist belegt.[13] In jüngerer Zeit hat die Verhaltensökonomik die Wissenschaft vom öf-

---

instrument für das Wirtschaftsrecht, in: Fleischer/Zimmer (Hg.), Beitrag der Verhaltensökonomie (Behavioral Economics) zum Handels- und Wirtschaftsrecht (2011), 9, 45 f.: „Welche Aussagekraft soll man Laborexperimenten beimessen, die auf weit gehender Dekontextualisierung beruhen, während juristische Entscheidungen immer kontextgebunden sind?"

[6] Eine allgemeine Einführung in experimentelle Techniken bietet *Sedlmeier/Renkewitz*, Forschungsmethoden und Statistik in der Psychologie (2008); aus der einführenden Literatur für Juristen: *C. Camerer/E. Talley*, Experimental Study of Law, in: Polinsky/Shavell (Hg.), Handbook of Law and Economics, Bd. 2 (2007), 1619; *Engel*, Legal Experiments (2013); *Chatziathanasiou/Leszczynska*, RW 8 (2017), 314; zu Fallstricken der Rezeption, aber auch warnend vor Über-Vorsicht *C. Engel*, Verhaltenswissenschaftliche Analyse, in: Engel et al. (Hg.), Recht und Verhalten (2007), 363, 397.

[7] Siehe nur m. w. N. *Englerth*, Behavioral Law and Economics – eine kritische Einführung, in: Engel et al. (Hg.), Recht und Verhalten (2007), 60.

[8] *Schmidt*, Perspektiven der Wirtschaftspolitik 10 (2009), 14, 22: „regularities in behavior or in outcomes that are often not obvious at first glance".

[9] *Schmidt*, Perspektiven der Wirtschaftspolitik 10 (2009), 14, 15, spricht vom „materiellen Modell": „A ‚material' model is a model of flesh and blood the exogenous variables of which are controlled by the experimental design in order to see how the endogenous variables react to changes in the treatment variables. These experiments often start out without much connection to economic theory. However, if they are successful, if they demonstrate the existence of robust phenomena or if the observed behavior corresponds well with behavior in the natural world, then they challenge economic theorists to explain them."

[10] Kritisch *F. Guala*, The Methodology of Experimental Economics (2005), 231 ff.

[11] Zu weiteren Unterschieden *R. Hertwig/A. Ortmann*, Behavioral and Brain Sciences 24 (2001), 383.

[12] *A. Ortmann/R. Hertwig*, Experimental Economics 5 (2002), 111.

[13] Siehe nur *Engel/Englerth/Lüdemann/Spiecker gen. Döhmann* (Hg.), Recht und Verhalten (2007); *Fleischer/Schmolke/Zimmer*, Verhaltensökonomik als Forschungsinstrument für das Wirtschaftsrecht, in: Fleischer/Zimmer (Hg.), Beitrag der Verhaltensökonomie (Behavioral Economics) zum Handels- und Wirtschaftsrecht (2011), 9; siehe auch die jüngeren experimentellen Studien unter Beteiligung von Juristen, exemplarisch: *C. Engel/L. Zhurakhovska*,

fentlichen Recht über die Debatte um „Nudging“ erreicht.[14] Für das Recht haben Experimente im Wesentlichen drei Funktionen[15]: erstens bieten sie ein Instrument um rechtlich relevante (ökonomische) Theorien zu testen; zweitens beschaffen sie Daten, zu denen im Feld keine (interpretierbaren) Beobachtungen gemacht werden können; drittens bieten sie eine Art Windkanal, in dem Interventionen auf ihre (ungewollten) Wirkungen getestet werden können[16].

In einem Experiment werden Hypothesen über das Verhalten der Teilnehmer getestet. Damit kann *pars pro toto* eine ganze (ökonomische) Theorie geprüft werden. Strenggenommen ist dabei nur die Falsifikation möglich. Darüber hinaus spricht aber *Klaus M. Schmidt* von der Möglichkeit der „schwachen“ Bestätigung durch Experimente, wenn diese die Vorhersagen einer Theorie in gewisser Regelmäßigkeit bestätigen. Gerade unter durch den Experimentator bewusst erschwerten Bedingungen lässt sich die Robustheit und das Erklärungsvermögen einer Theorie prüfen.[17] Eine Entdeckung kann dann gemacht werden, wenn Experimente etwas zeigen, was mit der Theorie nicht vorhersagbar war.[18] Wenn keine Theorie getestet, sondern eine soziale Situationen modelliert und untersucht werden soll, werden aber auch gängige Theorien herangezogen, um Hypothesen über das erwartete Verhalten der Teilnehmer zu formulieren.[19]

2. Kontrolle und Randomisierung

Laborexperimente sind auf Kausalitätsaussagen ausgerichtet.[20] Untersucht wird die Auswirkung einer manipulierten unabhängigen Variablen auf eine abhängi-

---

Journal of Legal Studies 46 (2017), 1; *Y. Hermstrüwer/S. Dickert*, International Review of Law and Economics 51 (2017), 38; *M. Kleine/P. Langenbach/L. Zhurakhovska*, Economics Letters 171 (2016), 173.

14 Siehe dazu die Beiträge in *A. Kemmerer/C. Möllers/M. Steinbeis/G. Wagner* (Hg.), Choice Architecture in Democracies (2016); eingehend *J. Wolff*, RW 6 (2015), 194.

15 Ich lehne mich an dieser Stelle bei *Camerer/Talley*, Experimental Study of Law, in: Polinsky/Shavell (Hg.), Handbook of Law and Economics, Bd. 2 (2007), 1619, 1625, an.

16 *Camerer/Talley*, Experimental Study of Law, in: Polinsky/Shavell (Hg.), Handbook of Law and Economics, Bd. 2 (2007), 1619, 1625: „[t]he inspiration here is very much akin to experimentation in the physical sciences, such as testing of airplane wing designs in wind tunnels, or testing ship designs in „tow tanks“ with simulated oceanic waves. These experiments do not guarantee that a wing or ship which performs well in a wind tunnel or tow tank will be the best design in the air or at sea, but they can weed out bad designs at a low cost.“ Zur Idee des Windkanals auch *Schmidt*, Perspektiven der Wirtschaftspolitik 10 (2009), 14, 26.

17 *Schmidt*, Perspektiven der Wirtschaftspolitik 10 (2009), 14, 17 f.

18 *Schmidt*, Perspektiven der Wirtschaftspolitik 10 (2009), 14, 27.

19 Zum Verhältnis von (ökonomischer) Theorie und Experiment siehe auch *Chatziathanasiou/Leszczynska*, RW 8 (2017), 314, 326 ff.

20 Diese Ausrichtung ist in den Sozialwissenschaften alles andere als zwingend; zum Ganzen aus philosophischer Perspektive *Rosenberg*, Philosophy of Social Science (2015); aus rechtswissenschaftlicher Sicht *von Bogdandy*, Der Staat 55 (2016), 103, 107.

ge Variable.[21] Das bedeutet, dass vom Experimentator eine Veränderung vorgenommen wird, deren Auswirkungen geprüft werden sollen. Dies geschieht unter kontrollierten Bedingungen. Im Falle einer Manipulation können andere Erklärungen (Störvariablen) außer der Manipulation ausgeschlossen werden.[22] Wichtigste Kontrolltechnik ist dabei sogenanntes Random Assignment[23]: Die Versuchspersonen werden zufällig aus einer Datenbank ausgewählt und zum Experiment eingeladen; sie werden dann zufällig auf die Bedingungen des Experiments verteilt. Damit wird ausgeschlossen, dass ein bestimmtes Merkmal der Teilnehmer als Störvariable zwischen den Bedingungen des Experiments wirkt. Dabei wird anerkannt, dass Kontrolle nie perfekt sein kann und ein gewisses hinnehmbares Maß an Unsicherheit bestehen bleibt.[24]

3. *Interne und externe Validität*

Bei Experimenten wird zwischen zwei Gütekriterien unterschieden: der internen und der externen Validität. Die interne Validität ist Gütekriterium für das Experiment an sich. Hier kommt es darauf an, ob der Versuchsaufbau tatsächlich geeignet ist, einen bestimmten Kausalschluss zuzulassen.[25] Die interne Validität fordert den weitestmöglichen Ausschluss von Störfaktoren.[26] Dieser wird im Wesentlichen durch das Random Assignment geleistet.[27] Für den Kausalschluss ist zusätzlich erforderlich, dass in der Manipulation nur eine Variable verändert wird. Die externe Validität meint die Übertragbarkeit der Ergebnisse aus dem Labor auf die Welt außerhalb des Labors[28], also die Frage nach ihrer Generalisierbarkeit.[29] Hier knüpfen die Bedenken vieler Juristen an.[30]

---

[21] Einführend *Sedlmeier/Renkewitz*, Forschungsmethoden und Statistik in der Psychologie (2008), 126 ff.

[22] *Sedlmeier/Renkewitz*, Forschungsmethoden und Statistik in der Psychologie (2008), 134 ff.

[23] *Sedlmeier/Renkewitz*, Forschungsmethoden und Statistik in der Psychologie (2008), 132; *Engel*, Legal Experiments (2013), 13: „hallmark of experiments"; hierzu auch *Schmidt*, Perspektiven der Wirtschaftspolitik 10 (2009), 14, 20.

[24] *Schmidt*, Perspektiven der Wirtschaftspolitik 10 (2009), 14, 17.

[25] *Schmidt*, Perspektiven der Wirtschaftspolitik 10 (2009), 14, 26: „Internal validity refers to the question whether we are drawing the right inferences within the experiment. Does the change of the treatment variable X cause the observed change of the variable Y, or do we observe a mere correlation?"

[26] In Bezug auf Validitätskriterien verweist *Diekmann*, Empirische Sozialforschung (2012), 344, auf den instruktiven Beitrag von *D. T. Campbell/J. C. Stanley*, Experimental and quasi-experimental designs for research (1966).

[27] *Diekmann*, Empirische Sozialforschung (2012), 345.

[28] *Schmidt*, Perspektiven der Wirtschaftspolitik 10 (2009), 14, 26 f.: „External validity refers to the question whether we are drawing the right conclusions from the experiment about the real world. Does the situation in the lab capture all relevant factors that affect behavior in the real world situation that we want to explain? Can we transfer the experimental results to the real world?"

Eine wichtige Sorge rührt daher, dass der Großteil der Teilnehmer experimenteller Studien Studenten sind.[31] Wenn eine allgemeine Theorie getestet werden soll, stellt dies – jedenfalls im Falle ihrer Widerlegung – kein Problem dar.[32] Schließlich soll die Geltung einer allgemeinen Theorie nicht von bestimmten Eigenschaften der Teilnehmer abhängen. Problematischer ist es aber, wenn die Vorhersagen einer Theorie bestätigt werden. Dann kann nicht ausgeschlossen werden, dass gerade Studenten ein bestimmtes Merkmal nicht besitzen, das zur Widerlegung der Theorie führen würde. Problematisch ist es auch, wenn die Forschungsfrage auf das Verhalten einer bestimmten Gruppe abzielt. Etwa wenn es darum geht, das Entscheidungsverhalten von Richtern zu untersuchen. In einem solchen Fall sind Studien mit spezifischen Teilnehmern aussagekräftiger.[33] Immerhin finden sich aber Ähnlichkeiten zwischen dem Verhalten von Studenten und dem von spezifischen Berufsgruppen.[34] Dennoch wäre es wünschenswert, wenn der Kreis der Beteiligten erweitert werden könnte.[35] Eine Möglichkeit hierzu bieten Online-Experimente, die einen weiteren Teilnehmerkreis erschließen; allerdings wird hier ein gewisses Stück an Kontrolle aufgegeben.[36]

Auch bei einem Experiment gilt es, sich darüber zu vergewissern, dass man es mit einer Modellierung zu tun hat und wo das Potential eines solchen Ansatzes liegt. Es gilt, die in der Versuchsanordnung umgesetzten Annahmen zu diskutieren.[37] Dies ist mit einem juristischen Analogieschluss vergleichbar.[38] Für *Ingeborg Puppe* ist die Beurteilung zweier Fälle der „eigentliche Knackpunkt jedes Analogieschlusses".[39] Ähnlich liegt es in der Diskussion um die Vergleichbarkeit eines Experiments mit einem tatsächlichen Lebenssachver-

---

29 *Diekmann*, Empirische Sozialforschung (2012), 345; siehe hierzu die optimistische Einschätzung bei *G. Charness/E. Fehr*, Science 350 (2015), 512.

30 Siehe nur *Fleischer/Schmolke/Zimmer*, Verhaltensökonomik als Forschungsinstrument für das Wirtschaftsrecht, in: Fleischer/Zimmer (Hg.), Beitrag der Verhaltensökonomie (Behavioral Economics) zum Handels- und Wirtschaftsrecht (2011), 9, 45 f.; eingehend zu den von juristischer Seite vorgebrachten Bedenken *Engel*, Legal Experiments (2013).

31 Hierzu mit Blick auf psychologische Forschung *Diekmann*, Empirische Sozialforschung (2012), 345.

32 *Falk/Heckman*, Science 326 (2009), 535, 537; *Diekmann*, Empirische Sozialforschung (2012), 345.

33 Siehe etwa die Studie von *H. Spamann/L. Klöhn*, Journal of Legal Studies 45 (2016), 255.

34 Siehe *G. Charness/P. Kuhn*, Lab Labor: What Can Labor Economists Learn from the Lab?, in: Orley/David (Hg.), Handbook of Labor Economics, Vol. 4, Part A (2011), 229.

35 *Falk/Heckman*, Science 326 (2009), 535, 537.

36 Ein Beispiel für eine Studie, die Labor- und Online-Experiment kombiniert, findet sich bei *J. Arlen/S. Tontrup*, Journal of Legal Studies 44 (2015), 143.

37 Vgl. auch *Hellwig*, Neoliberales Sektierertum oder Wissenschaft? (2015).

38 Der Vergleich mit einem juristischen Analogieschluss stammt von *Christoph Engel*.

39 *I. Puppe*, Kleine Schule des Juristischen Denkens (2008), 99; für *R. Alexy*, Theorie der juristischen Argumentation (2008), 345, bezeichnet die Analogie die formale Struktur inhaltlicher Argumente, „die erst in dieser Struktur ihre Wirkung entfalten können".

halt. Der erste Schritt ist auch hier die Frage, ob auf der Tatbestandsseite die Situationen vergleichbar sind. Der Abgleich ermöglicht es, die Lösung, die für einen bestimmten Fall vorgesehen war, auch für einen anderen Fall für instruktiv zu halten.

II. Experiment und Verfassung

Die Frage der externen Validität stellt sich verschärft für Experimente, die einen Beitrag zu verfassungsrelevanten Fragestellungen leisten sollen. Die Rezeption in der Verfassungsökonomik ist *Stefan Voigt* zufolge – entgegen *Voigts* eigenem anfänglichen Optimismus[40] – bisher zurückhaltend:

> Today experimental economics is a highly successful branch [...], but it certainly has not made an inroad into constitutional political economy, possibly because the experiments that are carried out appear too far removed from any real-world constitutional choice process and their external validity is hence doubtful.[41]

Die externe Validität stehe einer stärkeren Rezeption womöglich im Wege. Die Kluft zwischen Entscheidungslabor und tatsächlichem Verfassungsleben wirke unüberbrückbar. Eine pauschale Einschätzung der externen Validität von Experimenten lässt sich aber nicht treffen. Denn es wird immer darauf ankommen, inwiefern in einem bestimmten Experiment ein bestimmter verfassungstheoretisch relevanter Aspekt treffend abgebildet ist. Bevor ich mich aber dem verfassungstheoretischen Potential einzelner (robuster) experimenteller Befunde zuwende, lassen sich dennoch einige allgemeine Bemerkungen machen.

Verfassungsrecht ist historisch und kulturell kontingent.[42] Für Experimente stellt sich schon allgemein die Frage, ob Kontexte aufgegriffen werden sollten oder versucht werden sollte, Kontext weitestgehend auszublenden. Für eine Dekontextualisierung spricht, dass in einem kontextualisierten Experiment Vorerfahrungen der Teilnehmer eine weitaus größere Rolle spielen als in einem abstrakten Experiment, das sich auf den Kern des sozialen Problems konzentriert. Die Bezugnahme auf Kontexte führt also zu einem Verlust von Kontrolle.[43] Für Experimente, in den es um „Recht" geht, kann es also sinnvoll sein,

[40] Siehe *Voigt*, Public Choice 90 (1997), 11, 19 ff.

[41] *Voigt*, Public Choice 146 (2011), 205, 247; *Voigt* stellt zur Experimentalökonomik gleichwohl fest: „Several other papers can be viewed as contributions to constitutional economics, most of which deal with public good games experiments that include a sanctioning mechanism (which is the institution)".

[42] Siehe dazu schon unter E.IV.

[43] Siehe hierzu grundsätzlich *V. L. Smith*, American Economic Review 66 (1976), 274, 278: „with or without monetary rewards, the experimenter may be tempted to add ‚realism' by giving the abstract experimental commodity a name such as ‚wheat,' or otherwise attempt to use instructions to simulate the alleged circumstances of a particular market. This runs the danger of so enriching induced values that control over valuation is lost."

eine möglichst neutrale Ausgestaltung zu wählen, damit nicht Erfahrungen aktiviert werden, die die Teilnehmer außerhalb des Labors gemacht haben.[44] Aber natürlich kann der Einsatz von Kontext auch sinnvoll sein[45], insbesondere wenn es gerade darum geht, zu untersuchen, welche Auswirkungen die Aktivierung einer bestimmten Vorerfahrung hat.[46] Weiter soll die Rede von der Dekontextualisierung nicht implizieren, dass es so etwas wie eine „saubere" Umgebung für die Durchführung von Experimenten gibt.[47]

Auch dem möglichen Einwand der Trivialität ist zu begegnen. Das Ergebnis eines Experiments mag einfach und vorhersehbar wirken.[48] Der untersuchte Zusammenhang ist aber zumindest klar gezeigt. Darüber hinaus wurde eine Intuition nach intersubjektiv nachvollziehbaren Kriterien geprüft.[49] Der Trivialitätseinwand muss auch mit dem Gegeneinwand zurechtkommen, dass es leicht ist, hinterher klüger zu sein. Im Übrigen sind überraschende Ergebnisse nicht ausgeschlossen.[50]

Ob ein Experiment einen Beitrag zur Verfassungstheorie leistet, lässt sich abstrakt nicht beantworten. Die Formulierung eines Modells ist eine interpretative Übung. Die Überzeugungskraft hängt davon ab, ob das Modell einen Mechanismus beschreibt, dem auch im Bereich einer Verfassung Gewicht zukommt. Es wird darauf ankommen, ob das Experiment eine überzeugende „Analogie"[51] formuliert. Die Erkenntnis, die sich aus der Modellierung eines Zusammenhangs ergibt, ist dabei nicht identisch mit der Behauptung, das einzig „richtige" Modell gefunden zu haben. Erkenntnis kann sich gerade auch aus der Differenz des Modells zu den gemachten Beobachtungen ergeben; sei es, dass diese Beobachtungen dem Labor oder der echten Welt entstammen. Hier zeigt sich, dass eine Modellierung nicht Selbstzweck ist, sondern ein Instrument, um zu Einsichten zu gelangen.

---

44 Im Hinblick auf rechtlich relevante Experimente mit Fokalpunkten warnt *McAdams*, The Expressive Powers of Law (2015), 63: „As soon as one mentions ‚law' in an experimental narrative, one creates a problem: the perceived legitimacy of law may cause individuals to prefer to obey it for reasons other than its focal point effect."

45 Allgemein zum potentiellen Nutzen von Kontext siehe *A. Alekseev/G. Charness/U. Gneezy*, Journal of Economic Behavior & Organization 134 (2017), 48.

46 Siehe etwa die Vignette-Studie von *A. S. Chilton*, Chicago Journal of International Law 15 (2014), 110, die untersucht, ob die Bezugnahme auf internationale Menschrenrechtsabkommen Auswirkungen auf die Haltung der Versuchsteilnehmer zum Einsatz von Isolationshaft in US-amerikanischen Gefändnissen hat.

47 Siehe dazu die Studie von *C. Engel/D. G. Rand*, Economics Letters 122 (2014), 386, wonach die Teilnehmer auf die dekontextualisierte Auszahlungsstruktur eines Gefangenendilemmas einen kooperativen Deutungsrahmen (*Frame*) projizieren.

48 Zu diesem Einwand *Engel*, Legal Experiments (2013), 34: „Would my grandmother have told you?"

49 Allgemein zu „Alltagswissen und Sozialforschung" *Diekmann*, Empirische Sozialforschung (2012), 25 f.: „Nur ist Plausibilität noch kein Wahrheitskriterium."

50 *Engel*, Legal Experiments (2013), 34.

51 Hierzu nur *McCubbins/Thies*, Rebaiasan (Leviathan) 19 (1996), 7.

Die institutionellen Zusammenhänge, die für die Stabilität einer Verfassung sorgen, sind vielfältig. Experimentelle Studien können hier verschiedenartig ansetzen. Es geht jeweils um die Beschreibung eines basalen Mechanismus. Wenn ein Gedanke grundsätzlich ist, lässt er sich auch in einer abstrakten Umgebung testen. Im Folgenden diskutiere ich einige mögliche Ansatzpunkte, bevor ich zu meiner eigenen Studie übergehe, die an die Konzeptualisierung einer Verfassung als Lösung in einem Koordinationsproblem anknüpft.

III. Potential der Rezeption experimenteller Befunde

Juristen, die sich auf experimentelle Forschung einlassen, müssen nicht das Rad neu erfinden. Das Design eines neuen Experiments kann sinnigerweise in Anschluss an bestehende verhaltenswissenschaftliche Forschung erfolgen.[52] Dies gilt auch für Experimente, die von verfassungstheoretischen Fragen inspiriert sind.[53] Es mag sein, dass bestehende experimentelle Forschung nicht von sich aus vorgibt, einen Beitrag zu verfassungsrechtlich relevanten Fragen zu leisten. Welche Experimente ein solches Potential haben, liegt vielmehr im Auge des juristisch vorgebildeten Betrachters.

Im Folgenden sollen unterschiedliche verhaltenswissenschaftliche Perspektiven und robuste experimentelle Befunde dargestellt werden, die für das Verständnis und die Erforschung verfassungsrechtlich relevanter Sachverhalte ergiebig sein können. Die nachfolgenden Befunde illustrieren den verhaltenswissenschaftlichen Kontext und weiterhin die Richtungen, in die experimentelle Projekte, die auf verfassungstheoretische Fragen bezogen sind, entwickelt werden können. Mit gebotener Vorsicht können diese Befunde als Heuristiken dienen, um interpretativ zu verfassungstheoretischen Einsichten zu gelangen. Als Bezugspunkt der Diskussion soll mir weiterhin Art. 146 GG dienen.

1. Reaktanz

Jon Elster diskutiert Verfassungen als Instrumente, mit denen sich Gesellschaften auf kollektiver Ebene selbst binden.[54] Er nähert sich Verfassungen aus einer

[52] *Engel*, Legal Experiments (2013), 25, sieht hier aber auch ein Risiko: „Most experimental research is path dependent."

[53] Zum Anschluss der Verfassungsökonomik an bestehende experimentelle Forschung siehe auch *Voigt*, Journal of Economic Behavior & Organization 80 (2011), 319, 327 f., der Anschluss an die experimentelle Public Good-Literatur sucht; einführend zu Public Good-Spielen *J. O. Ledyard*, Public Goods: A Survey of Experimental Research, in: Kagel/Roth (Hg.), Handbook of Experimental Economics (1995), 111; *A. Chaudhuri*, Experimental Economics 14 (2011), 47.

[54] *Elster*, Ulysses and the Sirens (1984), 93 ff.; siehe auch *Elster*, Texas Law Review 81 (2002), 1751.

rationaltheoretischen Sicht, bezieht aber auch Einsichten aus der Psychologie in seine Überlegungen ein. Hier interessiert mich seine Bezugnahme auf das Phänomen der Reaktanz. Das psychologische Phänomen der Reaktanz beschreibt den Umstand, dass Menschen manchmal einer eigentlich nicht präferierten Option den Vorzug geben. Sie wehren sich damit gegen eine zu enge Beschränkung ihres Handlungsspielraums oder handeln so bloß, um diese Option nicht zu verlieren: Selbst wenn sie also eine Präferenz für Option A haben, wählen sie aus Reaktanz allein deshalb B, um Option B nicht zu verlieren. Grundlegend für die Beschreibung dieses Phänomens waren die Untersuchungen von *Jack Brehm*.[55] *Elster* schließt an *Brehm* an und beschreibt die politische Dimension dieser Einsicht: „By lowering the drawbridge and offering them the opportunity to leave, the ruler might reduce their desire to use it."[56] Als historisches Beispiel führt er dabei die Überlegungen zur Einführung der Ausreisefreiheit in der Spätphase der DDR an[57] und beruft sich auf das folgende Zitat *de Tocquevilles*:

> I have long thought that, instead of trying to make our forms of government eternal, we should pay attention to making methodical change an easy matter. All things considered, I find that less dangerous than the opposite alternative. I thought one should treat the French people like those lunatics whom one is careful not to bind lest they become infuriated by the constraint.[58]

Für die Verfassungsgestaltung legen diese Überlegungen nahe, dass man – trotz bestehender Risiken – Türen nicht schließen sollte. *Dreier* fasst seine Überlegungen zu Art. 146 GG in einem ähnlichen Bild zusammen wie *Elster*: „Brücken verbinden – es ist unklug, sie zu sprengen. Und niemand zwingt uns, sie zu betreten."[59]

Die bloße Möglichkeit hat hier schon eine eigenständige Bedeutung: Eine Möglichkeit, die pauschal ausgeschlossen sein soll, kann womöglich durch den bloßen Ausschluss an Attraktivität gewinnen. Umgekehrt kann sich eine Mög-

---

55 Grundlegend *Brehm*, A Theory of Psychological Reactance (1966); siehe auch *M. T. Crawford/A. R. McConnell/A. C. Lewis/S. J. Sherman*, Journal of Experimental Social Psychology 38 (2002), 56.

56 *Elster*, Ulysses Unbound (2000), 95 f.

57 *Elster*, Ulysses Unbound (2000), 95; mehr zu den paradox anmutenden Versuchen der DDR-Eliten, die DDR durch Lockerung der Ausreise zu retten, bei *Winkler*, Der lange Weg nach Westen II (2014), 508 ff.; folgt man der Beschreibung von *Pfaff*, Exit-Voice Dynamics and the Collapse of East Germany (2006), kann hierin auch der Versuch gesehen werden, das Protestelement der Ausreise zu entschärfen.

58 *A. de Tocqueville*, Recollections (1995), 181, im Kontext seiner Erinnerungen an die Teilnahme an der Verfassungskommission von 1848. Im französischen Original lautet die Stelle: „Je pensais, depuis longtemps, qu'au lieu de viser à rendre nos gouvernements éternels, il fallait tendre à ce qu'on pût les changer d'une manière facile et régulière. Je trouvais cela, à tout prendre, moins dangereux que le système contraire; et je pensais qu'il convenait de traiter le peuple français comme ces fous qu'il faut se garder de lier, de peur qu'ils ne deviennent furieux par la contrainte." (*A. de Tocqueville*, Souvenirs (1893), 282).

59 *Dreier*, Gilt das Grundgesetz ewig? (2009), 93.

lichkeit bewähren, die gar nicht die intendierte war – gerade weil es eine alternative Option gab. Das Grundgesetz hat sich im Zuge der Wiedervereinigung selbst zur Disposition gestellt. Schon die Möglichkeit der Abschaffung könnte der bestehenden Verfassung zugutegekommen sein, da nach einer intensiven Diskussion letztlich das Bekenntnis zum Grundgesetz stand.[60] Andererseits kann die Anerkennung der Abschaffungsmöglichkeit eine höhere Akzeptanz erzeugen, da somit das Problem antizipiert wird, dass eine Verfassung nach einer Zeit als Fremdbindung wahrgenommen werden könnte.[61] Im Hinblick auf den empirischen Teil der Untersuchung lässt sich daraus die Hypothese ableiten, dass eine flexible Institution schon aufgrund ihrer Flexibilität eine höhere Akzeptanz genießt.

2. Status quo-Bias

Als Status quo-Bias im menschlichen Entscheidungsverhalten versteht man die systematische Verzerrung zugunsten der Dinge, wie sie sind.[62] Dieser kognitive Befund stellt einen der wichtigsten Ausgangspunkte für die verhaltensökonomische Analyse des Rechts dar.[63] Zwei Erklärungen für diesen Befund sind gängig: zum einen eine Abneigung gegen mögliche Verluste (*loss aversion*)[64] und alternativ eine Abneigung dagegen, eine Entscheidung bereuen zu müssen (*regret aversion*)[65].

In ihrer bereits vorgestellten Studie beziehen sich *Elkins/Ginsburg/Melton* auf dieses kognitive Phänomen.[66] Sie sehen hierin eine potentielle Begründung, um möglicherweise die wiederholte Auseinandersetzung mit fundamentalen Verfassungsprinzipien institutionell zu verankern.[67] Damit soll verhindert werden, dass eine Trägheit eintritt, die eine Verbesserung des institutionellen

---

60 Dazu oben unter C.II.

61 Dazu oben unter B.II.2.a).

62 Grundlegend *D. Kahneman/J. L. Knetsch/R. H. Thaler*, Journal of Economic Perspectives 5 (1991), 193, 868 ff.

63 Er führt zu einem „endowment effect" oder Besitzeffekt, dazu *Kahneman/Knetsch/Thaler*, Journal of Economic Perspectives 5 (1991), 193. Dies ist schwer zu vereinbaren mit dem für die Rechtsökonomik grundlegenden Theorem von *R. H. Coase*, Journal of Law and Economics 3 (1960), 1, wonach in einer Welt ohne Transaktionskosten aber mit klaren Verfügungsrechten alle Güter den Weg zu demjenigen finden, der ihnen den höchsten Wert beimisst; siehe auch *H. Eidenmüller*, JZ 66 (2011), 814, 817; *R. B. Korobkin*, Wrestling with the Endowment Effect, or How to Do Law and Economics without the Coase Theorem, in: Zamir/Teichman (Hg.), The Oxford Handbook of Behavioral Economics and the Law (2014), 300.

64 Dazu *Kahneman/Knetsch/Thaler*, Journal of Economic Perspectives 5 (1991), 193.

65 Einen Überblick dazu geben *M. Zeelenberg/R. Pieters*, Journal of Consumer Psychology 17 (2007), 3; siehe auch *Arlen/Tontrup*, Journal of Legal Studies 44 (2015), 143, 145 f.

66 *Elkins/Ginsburg/Melton*, The Endurance of National Constitutions (2009), 14.

67 *Elkins/Ginsburg/Melton*, The Endurance of National Constitutions (2009), 15: „Given the possibility of a suboptimal starting point and the existence of powerful inertial forces, one can make a case in favor of forcing the polity to *re*engage with fundamental principles."

Status quo verhindert. Die Wirkung einer solchen Verzerrung sollte aber nicht überschätzt werden: Ein kognitiver Status quo-Bias tritt in eng umrissenen Situationen auf. Dazu zeigen *Jennifer Arlen* und *Stephan Tontrup* in ihrer Studie, dass rechtliche Institutionen dieser Verzerrung schon entgegenwirken können; zu diesen Institutionen gehören die Stellvertretung durch Agenten und das Handeln im Kollektiv durch Abstimmungen.[68] Schon daher dürfte ein Status quo-Bias im stark von repräsentativen und kollektiven Vorgängen geprägten Verfassungsrecht eher nicht geeignet sein, ein suboptimales Festhalten an alten Regeln zu erklären.

Die Diskussion dieses Effekts hat eher heuristisches Potential und lenkt die Aufmerksamkeit auf den grundsätzlichen Punkt, dass Befürchtungen institutionelle Veränderungen verhindern können.[69] Verfassungsregeln, die wie Art. 146 GG auf die Änderbarkeit einer positiv-rechtlichen Institution hinweisen, können bewirken, dass sich eine Auseinandersetzung auf rationale Art vollzieht. Hierbei stellt sich die Frage, ob dies so weit reichen sollte, dass eine Neuverhandlung vorgeschrieben wird, so wie es Reformvorschläge zu sich wiederholenden Verfassungskonventen ins Gespräch bringen.[70] Es kann schon bezweifelt werden, ob eine solche vorgeschriebene Neuverhandlung tatsächlich andere Ergebnisse bringen würde.[71] Sie könnten aber eine Reaktion auf das Risiko der Reaktanz darstellen. Hier scheinen aber die Risiken einer unnötigen Destabilisierung den potentiellen Nutzen zu überwiegen. Sensible Kapitel könnten zur Unzeit geöffnet werden und wechselnde Mehrheiten könnten die Gunst der Stunde nutzen, um Partikularinteressen zu verfolgen.[72] Die Salienz vermittelnde Wirkung der Verfassung als Fokalpunkt, der die Erwartungen der Akteure koordiniert, könnte ohne Not geschwächt werden.

Eine Art Bereuens-Aversion könnte aber für die Stabilität von Institutionen eine Rolle spielen. Flexibilitätsvorschriften können auch die Angst adressieren, Handlungsoptionen zu verlieren. Einer Verfassung Gefolgschaft zu leisten, die sich nicht als absolut sieht, kann von den Adressaten – seien es interessierte Bürger oder politische Akteure – als weniger risikoreich empfunden werden. Die Gefahr, die Entscheidung für eine neue Verfassung „bereuen" zu müssen, erscheint geringer, da eine Anpassungsmöglichkeit zumindest nicht ausgeschlossen ist. Es lässt sich – mit gebotener Zurückhaltung – darüber nachdenken, inwiefern dies für die Akzeptanz des Grundgesetzes nach der Wieder-

---

[68] *Arlen/Tontrup*, Journal of Legal Studies 44 (2015), 143 – diese Studie verwenden wir auch in *Chatziathanasiou/Leszczynska*, RW 8 (2017), 314, 330 ff., als Referenzstudie und Anschauungsmaterial.

[69] Vgl. *Dreier*, Gilt das Grundgesetz ewig? (2009), 82, der „diffuse Veränderungsängste" in der Diskussion um eine neue Verfassung für das wiedereinigte Deutschland anspricht.

[70] Mit diesem Vorschlag setze ich mich auseinander in *Chatziathanasiou*, Intergenerational Justice Review 10 (2017), 32, 35 f.

[71] *Elkins/Ginsburg/Melton*, The Endurance of National Constitutions (2009), 14.

[72] Hierzu auch *Elster*, Ulysses and the Sirens (1984), 94 ff.

vereinigung eine Rolle gespielt haben könnte. Immerhin hat Art. 146 GG hier einen Kompromiss möglich gemacht.[73]

3. Demokratie-Effekt

Stefan Voigt bringt eine Reihe von Experimenten in das verfassungsökonomische Gespräch, die endogene Institutionen untersuchen und die Frage stellen, inwiefern ein „Demokratie-Effekt" festgestellt werden kann.[74] Diese Experimente zeigen, wie Beteiligungsrechte einen positiven Einfluss auf Kooperation haben können.[75] Dies betrifft etwa den Fall, in dem der institutionelle Mechanismus, mit dem kooperatives Verhalten durchgesetzt werden soll, von den Teilnehmern selbst („endogen") bestimmt wurde.[76] Die untersuchten Institutionen nehmen verschiedene Formen an. Manchmal geht es um einen Sanktionsmechanismus („punishment mechanism"), manchmal um eine Veränderung der Payoffs[77] hin zu einer kooperationsfreundlicheren Variante. Die Endogenität wird dabei zumeist durch einen Abstimmungsmechanismus hergestellt. Ein Selektionseffekt dergestalt, dass diejenigen, die für einen gewissen Mechanismus gestimmt haben, sich auch anschließend anders verhalten, etwa weil es sich um besonders kooperationsbereite Teilnehmer handelt, kann zumindest in der Studie von *Pedro Dal Bó*, *Andrew Foster* und *Louis Putterman* ausgeschlossen werden.[78]

Der Effekt ist robust. Fraglich ist, welche Bedeutung ihm auf Verfassungsebene zukommen kann. Die erwähnte Studie von *Elkins/Ginsburg/Melton* kann einen Hinweis hierauf geben. Danach können Inklusion und Volksabstimmungen einen positiven Einfluss auf die Verfassungsdauer haben: Verfassungen, über die mittels eines Referendums entschieden wurde, haben eine höhere Wahrscheinlichkeit zu überdauern.[79] Dies ließe sich zum einen damit erklären, dass so mehr mögliche Konflikte in einer Gesellschaft antizipiert und im Vor-

---

[73] Siehe dazu oben unter C.II.1.b).

[74] *Voigt*, Journal of Economic Behavior & Organization 80 (2011), 319, 327.

[75] *J.-R. Tyran/L. P. Feld*, Scandinavian Journal of Economics 108 (2006), 135; *P. Dal Bó/A. Foster/L. Putterman*, American Economic Review 100 (2010), 2205; *M. Sutter/S. Haigner/M. G. Kocher*, Review of Economic Studies 77 (2010), 1540; *O. P. Hauser/D. G. Rand/A. Peysakhovich/M. A. Nowak*, Nature 511 (2014), 220.

[76] *Tyran/Feld*, Scandinavian Journal of Economics 108 (2006), 135; *Sutter/Haigner/Kocher*, Review of Economic Studies 77 (2010), 1540; *T. Markussen/L. Putterman/J.-R. Tyran*, Review of Economic Studies 81 (2014), 301.

[77] *Dal Bó/Foster/Putterman*, American Economic Review 100 (2010), 2205, 2226, die jedoch Zurückhaltung im Hinblick auf die Übertragbarkeit ihrer Ergebnisse auf Staaten üben.

[78] Siehe zur Kontrollstrategie *Dal Bó/Foster/Putterman*, American Economic Review 100 (2010), 2205, 2206.

[79] *Elkins/Ginsburg/Melton*, The Endurance of National Constitutions (2009), 139: „constitutions that are subject to public ratification are eight percent more likely to survive than those that are not".

hinein geklärt werden. Es lässt sich aber darüber nachdenken, inwiefern der auf der individuellen Ebene beobachtete positive Effekt von Demokratie auch auf der kollektiven Ebene eine Rolle spielt.

Bei der Frage, ob ein solcher Effekt eine Rolle spielen kann, ist zu berücksichtigen, dass es im Falle einer Verfassung nicht zu einer Abstimmung kommt, da eine Verfassung zumeist von einer Vorgängergeneration „geerbt" wird. *Pascal Langenbach* und *Franziska Tausch* zeigen in ihrer Studie, dass die Reichweite des Demokratie-Effekts beschränkt ist.[80] Haben die Versuchsteilnehmer nicht selbst für oder gegen den Sanktionsmechanismus gestimmt, sondern werden sie bloß über das Abstimmungsverhalten ihrer Vorgänger informiert, hat ein positives Votum ihrer Vorgänger keinen Effekt auf das Kooperationsverhalten. Ein negatives Votum der Vorgänger wirkt sich aber sehr wohl negativ auf das Kooperationsverhalten aus.[81] Dies deutet auf das Bedürfnis nach Erneuerung von demokratischer Legitimation hin.[82] Es wirft auch die Frage auf, ob der Inklusions-Effekt oder die Demokratie-Dividende durch einen anderen Mechanismus als eine Abstimmung generiert werden kann. Hier kommen öffentliche Diskurse in den Sinn. Zum anderen kann man die Möglichkeit, die Verfassung grundlegend zu verändern, dahingehend betrachten, dass damit ein ähnliches Potential der Selbst-Bestimmung aktiviert wird. Es lässt sich also darüber nachdenken, ob die Möglichkeit der Abschaffung einer Institution auch zu einem Demokratie-Effekt führt.

4. Vertrauen

Es ist fast ein Gemeinplatz, dass eine funktionierende Demokratie auf Vertrauen angewiesen ist.[83] Zwischen Vertrauen, Demokratie und Verfassung bestehe eine Dreiecksbeziehung.[84] Thematisiert wird das Vertrauen der Bürger un-

---

80 *P. Langenbach/F. Tausch*, Inherited Institutions (2017).

81 *Langenbach/Tausch*, Inherited Institutions (2017), 16: „Contributions are significantly lower if the inherited sanctioning institution was endogenously rejected by the previous generation than if the rejection was exogenous."

82 *Langenbach/Tausch*, Inherited Institutions (2017), 18.

83 Siehe zu „politischem Vertrauen" nur *T. W. G. van der Meer/S. Zmerli*, The Deeply Rooted Concern with Political Trust, in: Zmerli/van der Meer (Hg.), Handbook on Political Trust (2017), 1, 1: „Representative democracies all share a common concern: in order to maintain stability, viability and legitimacy, one pivotal source – political trust – may not run dry. There is widespread conviction that a reservoir of political trust helps preserve fundamental democratic achievements in times of economic, social and political crises. Similarly, a citizenry that puts trust in the competence and commitment of its elected representatives as well as in the effectiveness of political institutions facilitates the implementation of policies even when disagreeing with them. Political trust thus functions as the glue that keeps the system together and as the oil that lubricates the policy machine." Zu „generalized trust" *P. Nannestad*, Annual Review Political Science 11 (2008), 413.

84 Siehe die Analyse von *G. S. Schaal*, Vertrauen, Verfassung und Demokratie (2004), 189ff.

tereinander, vor allem aber auch das Vertrauen der Bürger in Institutionen und Amtsträger[85]. Genauer gesagt geht es hier oftmals um das Fehlen von Vertrauen. Dies betrifft nicht nur pessimistische Diagnosen zur tatsächlichen Erosion von Vertrauen in die Politik, sondern auch normative Prinzipien bei der Gestaltung von Verfassungsregeln. *David Hume* sah es als angemessenes Gestaltungsprinzip an, zu unterstellen, alle Politiker seien Schurken.[86] Ein solches Gestaltungsprinzip[87] ist kritisiert worden. Es handele sich hierbei um eine selbst-erfüllende Prophezeiung.[88] Dies liege daran, dass es zu einem Selektionseffekt kommen könne: Es würden sich eher diejenigen für eine politische Karriere entscheiden, die sich durch zu strenge Regelungen nicht unangemessen behandelt fühlten.[89] Auf Seiten der Bürger bestehe die Gefahr eines „Crowding Out"[90], also einer Verdrängung bürgerlicher Tugenden.[91]

Diese Risikolage spricht dafür, Politikern und Bürgern Räume zu lassen, in denen Vertrauen entstehen kann. Dies bedeutet auch, dass das Risiko, dass jemand sich eigeninteressiert verhält, bewusst eingegangen wird. Dies passt zur Idee einer freiheitlichen Verfassung, die mit Risiken einen bewussten Umgang pflegt. Es gilt, diese Risiken im rechten Maß zu beschränken, um die beschriebenen Kosten der Verfassungsmodelle maximaler Absicherung zu vermeiden. Es ist experimentell gezeigt worden, dass sich die Kooperationsbereitschaft eines Kooperationspartners dadurch erhöhen lässt, dass man sich selbst verwundbar macht.[92] Dies stellt eine vertrauensbildende Maßnahme dar. Ein Verfassungsgestalter kann sich hiervon inspirieren lassen und nachfolgenden Ge-

---

[85] Hier besteht eine Prinzipal-Agent-Beziehung mit allen dazugehörigen Problemen – einführend zu diesen *A. Nicklisch/N. Petersen*, Vertragstheorie, in: Towfigh/Petersen (Hg.), Ökonomische Methoden im Recht (2010), 117, 122 ff.

[86] *D. Hume*, Political Essays (1994), 24: „It is […] a just *political* maxim, *that every man must be supposed a knave*"; *Elster*, Texas Law Review 81 (2002), 1751, 1776, weist auf die Bedeutung *Humes* für die Väter der U. S.-Verfassung hin: „institutionalizing distrust"; sehr weitgehend will *S. Gächter*, Human Prosocial Motivation and the Maintenance of Social Order, in: Zamir/Teichman (Hg.), The Oxford Handbook of Behavioral Economics and the Law (2014), 28, 31, hierin einen Beleg dafür erkennen, dass der homo oeconomicus die dominierende Charakterisierung menschlicher Natur in den Verhaltenswissenschaften sei.

[87] *A. Vermeule*, The Constitution of Risk (2014), 71, charakterisiert solche Verfassungsgestaltung, die auf „worst-case"-Annahmen beruhe, als „maximin constitutional design".

[88] *L. A. Kornhauser*, Theoretical Inquiries in Law 3 (2002), 1, 18.

[89] *B. S. Frey*, The Economic Journal 107 (1997), 1049.

[90] Grundlegend zum Problem der Verdrängung intrinsischer Motivation durch materielle Anreize *R. M. Titmuss*, The Gift Relationship. From Human Blood to Social Policy (1970); hierzu auch *C. Engel*, Vertrauen (1999), 31 f.

[91] *Frey*, The Economic Journal 107 (1997), 1044: „A constitution designed for knaves, or even for purely self-interested citizens, tends to crowd out civic virtues. As a result, the citizens exploit all legal opportunities to the fullest and the constitution is less observed. The effort to constrain citizens constitutionally may thus lead to a perverse result."

[92] Siehe die Studie von *A. Kopányi-Peuker/T. Offerman/R. Sloof*, Games and Economic Behavior 101 (2017), 273, in der die Teilnehmer selbst die Möglichkeit und die Härte der Strafe für eine mögliche Defektion wählen.

nerationen signalisieren, dass er ihnen Vertrauen entgegenbringt.[93] Die oben beschriebenen[94] bewusst geschaffenen Flexibilisierungsmechanismen können in diesem Sinne verstanden werden.[95]

IV. Zwischenergebnis

Eine Reihe von experimentell untersuchten Verhaltenseffekten bietet mögliche Anknüpfungspunkte für die Verfassungstheorie. Die Anknüpfung kann dabei dadurch erfolgen, dass das heuristische Potential eines Effekts genutzt wird. Dabei wird interpretierend gefragt, ob ein Effekt im Verfassungsumfeld von Bedeutung sein kann. Dies ist dann eher eine Plausibilitätsfrage. Die Diskussion der oben angesprochenen Effekte im Hinblick auf ihr Potential für Fragen der Verfassungsstabilität zeigt aber, dass eine solche Anknüpfung ergiebig sein kann. Eine andere Form der Anknüpfung besteht darin, einen eigenen experimentellen Beitrag in Anlehnung an eine bestehende experimentelle Literatur zu entwickeln. Hierbei wird eine eigene „Analogie" geschaffen.[96] Der nächste Abschnitt zeigt, wie ein solcher eigener, auf der experimentellen Methodik aufbauender Beitrag aussehen kann.

---

93 Zum Vertrauen in nachfolgende Generationen auch *Levinson*, Designing an Amendment Process, in: Ferejohn et al. (Hg.), Constitutional Culture and Democratic Rule (2001), 271, 285.

94 Siehe B.II.3.

95 Offene Verfassungsbegriffe, die Richtern Interpretationsspielräume lassen, sind als Signal eines solchen zu Reziprozität führenden Vertrauens interpretiert worden, siehe *R. Dixon*, International Journal of Constitutional Law 13 (2015), 819, 840 ff.; kritisch *Tushnet*, Advanced Introduction to Comparative Constitutional Law (2014), 35: „Dixon's argument is intriguing, but rests on what might turn out to be shaky foundations in its application of the findings of cognitive science, particularly in light of the extended time frame in which the supposed reciprocity effects are to occur."

96 Zur Vergleichbarkeit einer experimentellen Modellierung mit einem juristischen Analogieschluss siehe oben unter F.I.3.

G. Experiment: Akzeptanzbedingungen sozialer Ordnung

Wie eben beschrieben kann eine experimentelle Studie, die zur Theorie einer stabilen Verfassung beitragen soll, an ganz unterschiedlichen Punkten ansetzen. Im Folgenden soll es um eine Studie gehen, die ich gemeinsam mit den Ökonomen[1] *Svenja Hippel* und *Michael Kurschilgen* im Experimentallabor der Universität Bonn durchgeführt habe.[2] Diese Studie soll als eine Möglichkeit zur Verknüpfung von Verfassungstheorie und experimenteller Ökonomik verstanden werden. Es soll darum gehen, die Akzeptanzbedingungen einer sozialen Ordnung modellhaft zu rekonstruieren. Modell und Experiment sollen helfen, einen bestimmten Zusammenhang genauer zu beschreiben und zu verstehen. Die Studie ist nicht als abschließende Antwort gemeint, sondern als Vorschlag und als potentieller Ausgangspunkt für weitere Forschung.

Aus juristischer Perspektive stellen sich bei der Gestaltung eines Experiments besondere Herausforderungen. Es gibt innerhalb unserer Disziplin keinen Konsens, welche methodischen Kriterien für ein Experiment gelten sollen. Schon deshalb liegt es nahe, sich an einer anderen Disziplin zu orientieren. Die Kriterien der experimentellen Ökonomie sind relativ gefestigt und wohlbegründet. Dieser relative Konsens in der Nachbardisziplin steht aber in Zusammenhang mit dem ökonomischen Erkenntnisinteresse. Die Studie hier folgt dem ökonomischen Paradigma. Dies hat den Vorteil, dass die Regeln der Nachbardisziplin einen festen Rahmen bieten. Dabei werde ich aber erläutern, welche Besonderheiten sich aus einer juristischen Perspektive im Umgang mit dem Paradigma der Experimentalökonomik zeigen.

Ich beginne mit der Eingrenzung der Forschungsfrage (I) und beschreibe dann den Versuchsaufbau (II), ehe ich mich den theoretischen Vorhersagen und Hypothesen zuwende (III). Danach beschreibe ich die Resultate (IV) und diskutiere, was sie implizieren (V). Bei der Relevanz der Resultate kann nach ihrer Bedeutung für Verhaltensökonomik, Verfassungstheorie und den Problemkreis um Art. 146 GG unterschieden werden.

---

[1] Zur Bedeutung *personeller* Interdisziplinarität siehe *Magen*, Konjunkturen der Rechtsökonomie als öffentlich-rechtlicher Grundlagenforschung, in: Funke et al. (Hg.), Konjunkturen öffentlich-rechtlicher Grundlagenforschung (2015), 103, 124.

[2] Eine eigenständige Veröffentlichung, die auf dieser Studie beruht, ist in Vorbereitung.

I. Forschungsfrage und Herausforderungen aus Sicht des Rechts

Die Studie knüpft an die Konzeptualisierung einer Verfassung als Lösung eines Koordinationsproblems an.[3] Die experimentelle Forschungsfrage soll sich auf die Stabilität einer sozialen Ordnung richten, die erstens ohne externe Durchsetzung auskommen muss und zweitens nicht für alle Betroffenen zu den gleichen distributiven Ergebnissen führt. Erklärte (abhängige) Variable im Labor soll die Akzeptanz einer solchen Ordnung sein. Dies bedeutet im Umkehrschluss, dass im Labor auch die Nicht-Akzeptanz beobachtbar sein muss. Das Verhalten in Einklang mit – oder im Gegensatz zu – einer Ordnung kann als normative Praxis gedeutet werden.[4] Die erste Herausforderung für das experimentelle Design besteht also darin, ein Paradigma zu entwickeln, in dem die Akzeptanz oder Nicht-Akzeptanz einer sozialen Ordnung beobachtbar ist.

Die zweite Herausforderung liegt darin, eine Auswahl möglicher Manipulationen zu treffen, die die Stabilität der sozialen Ordnung erklären könnten. Welche erklärenden (unabhängigen) Variablen beeinflussen die Akzeptanz der Ordnung? Die Liste der möglichen Antworten scheint endlos. Eine Studie muss sich aber auf eine Auswahl beschränken. An dieser Stelle interessieren mich die Bedeutung von Änderungsmöglichkeiten und die Bedeutung von Ungleichheit und Ausgleichsmechanismen. Diese Auswahl stellt eine an die vorhergehenden Teile dieser Arbeit anknüpfende Interpretation dar.

Inwiefern beeinflusst erstens die Möglichkeit der Veränderung die Akzeptanz für die soziale Ordnung? Hier stellt sich die Frage, wie „Möglichkeit der Veränderung“ im Experiment umgesetzt werden soll. Die Bandbreite der rechtlichen und außerrechtlichen Instrumente, mit denen eine Verfassungsordnung flexibilisiert und stabilisiert wird, ist sehr weit. Diese Bandbreite lässt sich nicht vollumfänglich im Kontext des Labors erfassen. Insofern versteht sich die Umsetzung hier als Vorschlag. Dieser zielt darauf ab, die Möglichkeit einzuführen, dass der Platz in der Gesellschaft, den eine soziale Ordnung geschaffen hat, getauscht werden kann. Genügt es zur Erhöhung von Akzeptanz schon, dass die *Möglichkeit* besteht, dass man sich in einer privilegierten Position wiederfindet? Erhöht sich so die Akzeptanz der Nicht-Privilegierung und damit die Stabilität der sozialen Ordnung?

---

[3] Siehe dazu unter D.III.4.

[4] Allgemein zum Problem der empirischen Beobachtung „normativer Praktiken“ *Möllers*, Die Möglichkeit der Normen (2015), 312: „[…] die Ex-post-Beschreibung normativer Praktiken erfordert die Herstellung eines Zusammenhangs zwischen einem normativen Anspruch, der die Möglichkeit einer Abweichung zulässt, und einem tatsächlichen Ereignis, das diese Abweichung ausschließt. Dieser Zusammenhang erschwert die empirische Beschreibung normativer Praktiken. Es soll etwas beschrieben werden, das diesen Zusammenhang zwar ermöglichen kann, aber nicht erzwingen darf.“

Darüberhinaus interessiere ich mich zweitens für die Wirkung von Ausgleichsmechanismen. Die Debatte um die Stabilität von Verfassungen verweist auf die Bedeutung der Verteilungsverhältnisse. Inwiefern kann Umverteilung eine soziale Ordnung stabilisieren? Funktioniert ein freiwilliger Mechanismus? Eine freiwillige Umverteilung innerhalb einer Ordnung kann als Fall von indirekter Reziprozität verstanden werden. Denn nicht jeder Akt, in dem sich die Akzeptanz der Ordnung ausdrückt, korrespondiert mit einer direkten Belohnung. Eine solche indirekte Reziprozität[5] wird als ursprüngliche Form moralischen Verhaltens verstanden.[6] Indirekte Reziprozität kann damit als Schlüsselkonzept zum Verständnis von Bürgersinn gedeutet werden.[7]

II. Versuchsaufbau

Im Folgenden beschreibe ich den Versuchsaufbau. Dabei beginne ich mit dem sogenannten Baseline der Studie und beschreibe anschließend die von uns vorgenommenen Manipulationen, also die Veränderungen im Verhältnis zum Baseline.

1. Baseline: Schaffung einer befolgbaren Ordnung im Labor

Um im Baseline eine befolgbare Ordnung zu erschaffen, benötigen wir eine Ordnung und eine Handlung, die als Befolgung oder Nicht-Befolgung dieser Ordnung verstanden werden kann. Ich beschreibe erst das Spiel, also den Handlungsrahmen, von dem wir ausgehen, und komme dann zur Ordnung.

Wir gehen von einem Spiel aus, das im Rahmen dieser Arbeit schon vorgestellt wurde[8], nämlich dem Battle of the Sexes (BoS). Hierbei handelt es sich

[5] Grundlegend *R. D. Alexander*, The Biology of Moral Systems (1987); prägnant *M. A. Nowak/K. Sigmund*, Nature 437 (2005), 1291, 1291: „I help you and somebody else helps me."

[6] Siehe dazu *Nowak/Sigmund*, Nature 437 (2005), 1291, 1291: „In contrast, evolutionary biologists are interested in the emergence of human societies, which constitutes the last (up to now) of the major transitions in evolution. Unlike other eusocial species, such as bees, ants or termites, humans display a large amount of cooperation between non-relatives. A considerable part of human cooperation is based on moralistic emotions – for instance, anger directed towards cheats, or the proverbial ‚warm inner glow' felt after performing an altruistic action. Neuro-economic experiments relate these emotions to physiological processes. Intriguingly, humans not only feel strongly about interactions that involve them directly, they also judge the actions between third parties, as demonstrated by the contents of gossip. Indirect reciprocity is therefore likely to be connected with the origins of moral norms. Such norms are evidently to a large extent culture-specific, but the capacity for moral norms seems to be a human universal for which there is little evidence in other species." (Wiedergabe ohne Nachweise).

[7] In diese Richtung *Mehta*, The Burden of Democracy (2003), 35; siehe auch schon oben unter B.II.2.d).

[8] Siehe zu diesem Spiel schon oben unter D.III.3.

um ein Koordinationsspiel mit Konfliktelement.[9] Das Spiel stellt sich für beide Spieler gleich dar, die Auszahlungen sind aber asymmetrisch. Das bedeutet, dass die Auszahlungen im Falle einer Koordination auf eines der beiden zu einer Auszahlung führenden Felder unterschiedlich ausfallen.[10] Nicht-parametrisiert und in Normalform sieht das Spiel folgendermaßen aus:

		Spieler 1	
		blau	rot
Spieler 2	rot	h, 1	0, 0
	blau	0, 0	1, h

Tabelle 4: Nicht-parametrisiertes Battle of the Sexes

Das Spiel hat in einer Runde, dem sogenannten *Stage Game*, zwei Spieler ($N=2$). Diese müssen sich zwischen zwei Handlungen entscheiden: *Rot* oder *Blau*. Für jeden Spieler $i = \{1, 2\}$ gibt es also einen Aktionsraum $A_i = \{\text{rot, blau}\}$. Für die Auszahlungen gilt, dass $h > l > 0$. In diesem Spiel gibt es also zwei reine Nash-Gleichgewichte, nämlich (rot, blau) und (blau, rot).[11] Das Konfliktelement besteht darin, dass beide Spieler je ein Gleichgewicht bevorzugen. Denn die Auszahlungen h und l sind ungleich. Eine starke Asymmetrie ($h >> l$) verschärft den Konflikt.

Wir setzen dieses Spiel im Entscheidungslabor weitestgehend dekontextualisiert[12] um, indem wir beiden Spielern die Wahl zwischen einem Entscheidungsfeld „Rot" und einem Entscheidungsfeld „Blau" geben. In den Instruktionen für die Teilnehmer sieht dies folgendermaßen aus[13]:

Abbildung 1: Entscheidungsfelder in den Instruktionen

---

[9] Überblick dazu bei *Camerer*, Behavioral Game Theory (2003), 336 ff.

[10] Der Sprachgebrauch ist beim Begriff „Symmetrie" bisweilen uneinheitlich. Ich folge dem Sprachgebrauch bei *Crawford/Gneezy/Rottenstreich*, American Economic Review 98 (2008), 1443, und meine die ungleichen Payoffs im Falle eines Gleichgewichts, wenn ich von „Asymmetrie" spreche; so auch der Sprachgebrauch bei *McAdams*, The Expressive Powers of Law (2015), 51.

[11] Dazu gibt es noch ein Gleichgewicht in gemischten Strategien, das in diesem Zusammenhang aber außer Betracht bleiben kann.

[12] Zu den Vorzügen der Dekontextualisierung *Smith*, American Economic Review 66 (1976), 274, 278; gleiche Stoßrichtung mit Blick auf rechtlich relevante experimentelle Forschung bei *McAdams*, The Expressive Powers of Law (2015), 63; siehe hierzu auch unter F.II.

[13] In den Instruktionen waren die Entscheidungsfelder in den entsprechenden Farben gedruckt.

In unserer Parametrisierung wählen wir Werte, die eine starke Asymmetrie zur Folge haben: Wir wählen $h = 10$ und $l = 1$. Das bedeutet, dass im Falle von (rot, blau), Spieler 1 zehn Punkte verdient, während Spieler 2 nur einen Punkt verdient – im Falle von (blau, rot) ist es umgekehrt. In der Matrix sieht das Stage Game dann folgendermaßen aus:

		Spieler 2	
		blau	rot
Spieler 1	rot	10, 1	0, 0
	blau	0, 0	1, 10

Tabelle 5: Stage Game in unserer Studie

Damit wir die dezentrale Etablierung einer Ordnung abbilden, belassen wir es nicht bei Interaktionen zwischen zwei Spielern. Stattdessen bilden wir mit den Versuchsteilnehmern Gruppen von je sechs Spielern. Immer zwei Teilnehmer aus dieser Gruppe treffen sich zufällig in einer Runde (*random matching protocol*) und spielen das vorgezeichnete BoS. Für die Spieler stellt sich die Frage, auf welches Gleichgewicht sie sich koordinieren sollen. Hier setzen wir an, um eine befolgbare soziale Ordnung zu schaffen.

Wir bieten den Spielern eine Koordinationshilfe (*coordination device*). Dazu greifen wir auf das Konzept des Fokalpunktes im Sinne *Schellings* zurück.[14] Wir verleihen in jeder Runde einem Entscheidungsfeld Salienz. So erleichtern wir es den Spielern, sich auf eines der Gleichgewichte zu koordinieren, das mit einer Auszahlung verbunden ist. Den Fokalpunkt schaffen wir auf möglichst einfache, eindeutige und neutrale Weise: In jeder Runde lassen wir ein Gleichgewicht herausstechen. Dies geschieht dadurch, dass der Schriftzug auf einem der beiden Felder durch Fettdruck hervorgehoben ist. In den Instruktionen für die Teilnehmer sieht dies folgendermaßen aus[15]:

Abbildung 2: Entscheidungsfelder in den Instruktionen mit Markierung

[14] *Schelling*, The Strategy of Conflict (1980); eine theoretisch anspruchsvolle Umsetzung der Wirkung von Fokalpunkten, der an dieser Stelle nicht nachgegangen werden soll, bietet die Gleichgewichtslösung der „korrelierten Gleichgewichte" bei *R. J. Aumann*, Journal of Mathematical Economics 1 (1974), 67; *R. J. Aumann*, Econometrica 55 (1987), 1; aus Sicht der Ökonomie besteht im Hinblick auf Fokalpunkte weiterhin Forschungsbedarf, so jedenfalls *Kirchgässner*, Homo Oeconomicus (2013), 234 f; siehe dazu schon unter D.III.3.b).

[15] In den Instruktionen waren die Entscheidungsfelder in den entsprechenden Farben gedruckt.

Ist aus Sicht des einen Spielers der Schriftzug „Rot" fettgedruckt, ist aus Sicht des Spielers, der ihm in der jeweiligen Runde im BoS begegnet, immer der Schriftzug „Blau" fettgedruckt – und umgekehrt. So ist in jeder Runde immer ein Gleichgewicht markiert. Welches Gleichgewicht markiert wird, überlassen wir nicht dem Zufall.

Die Markierung hängt von einer Regel ab, die den Teilnehmern bekannt ist. Es ist diese Regel, mit der wir den Inhalt einer befolgbaren Ordnung weiter konkretisieren. Der Inhalt der Regel ist folgendermaßen bestimmt: Zu Beginn des Experiments weist der Computer jedem Teilnehmer zufällig einen Buchstaben zu. Die Buchstaben, die den sechs Spielern einer Gruppe zugeteilt werden, reichen von *a* bis *f*. Für jeden Teilnehmer gilt die gleiche Wahrscheinlichkeit, einen bestimmten Buchstaben zugeteilt zu bekommen.

In jeder Begegnung zweier Spieler im BoS erfolgt die Markierung des Gleichgewichts immer zugunsten des Spielers, dessen zugewiesener Buchstabe im Alphabet an früherer Stelle steht. Trifft also der Spieler, dem der Buchstabe *a* zugewiesen wurde, auf den Spieler, dem der Buchstabe *b* zugewiesen wurde, wird die Feldkombination markiert, die Spieler *a* die höhere und Spieler *b* die niedrigere Auszahlung bringt. Für den Spieler mit dem Buchstaben *a* wird also in jeder Runde, das für ihn günstigere Feld markiert werden. Für den Spieler mit dem Buchstaben *f* wird es in jeder Runde das Feld sein, das dem jeweils anderen Spieler die günstigere Auszahlung beschert. Die Wahrscheinlichkeit, dass in der jeweiligen Runde das jeweils günstige Gleichgewicht markiert wird, beträgt somit für Typ $a = 1$, für Typ $b = 4/5$, für Typ $c = 3/5$ und so weiter.

Die Möglichkeit, dass die Spieler abwechselnde Gleichgewichte spielen (*turn taking*), indem sie in einer Runde mit und in der nächsten gegen die Koordinationshilfe spielen, ist dadurch (so gut wie) ausgeschlossen, dass es sechs Spieler sind, die sich immer zufällig und anonym wiedertreffen. Dies macht eine solche abwechselnde Koordination praktisch unmöglich.

Die Spieler wissen um den ihnen durch den Buchstaben zugewiesenen Rang. Sie kennen hingegen nicht den Rang ihres Gegenübers. Sie wissen durch die Markierung nur, dass dieser einen höheren oder niedrigeren Rang hat.[16] Damit schaffen wir eine Situation, in der die Spieler sich zwischen Einkommen (und Effizienz) und Gleichheit entscheiden müssen. Denn Gleichheit ist in der Ausgangssituation des Baselines nur zu bekommen, wenn gar keine Auszahlung erfolgt.

Das Spiel läuft mindestens 50 Runden.[17] Danach besteht nach jeder Runde eine Wahrscheinlichkeit von 75 %, dass das Spiel weitergeht (*random continu-*

---

[16] Zwei Ausnahmen gelten: Die Spieler mit dem zweithöchsten und zweitniedrigsten Rang, können jeweils ableiten, mit wem sie es zu tun haben, wenn sie einem Spieler mit höherem oder niedrigerem Status begegnen.

[17] Das Super-Game hat also $T = 50$ Runden mit einer Wahrscheinlichkeit von $\delta = 1$ (*conti-*

ation rule).[18] Die im Experiment verdienten Punkte werden am Ende in Euro umgerechnet und ausgezahlt. Dabei gilt, dass 25 Punkte einem Euro entsprechen. Alle Runden sind für die Auszahlung relevant (*payoff relevant*). Die Teilnehmer erhalten noch vier Euro für ihr Kommen (*show up fee*). Dazu erhalten sie noch eine kleine Auszahlung im Rahmen der – bei ökonomischen Experimenten üblichen – Erhebung von Persönlichkeitsmerkmalen.

Ausgehend von dem Baseline nehmen wir nun Manipulationen („Treatments“) vor, die Antworten auf unsere Forschungsfragen geben sollen. Im Rahmen dieser Arbeit möchte ich drei Manipulationen beschreiben und besprechen. Es handelt sich um die Treatments Change, Transfer und die Kombination von Change und Transfer (CT).

2. Change

Im Change-Treatment flexibilisieren wir die Ordnung, indem wir eine Neuvergabe der Ränge zulassen. Der Mechanismus zur Neuvergabe der Ränge wird ausgelöst, wenn alle Spieler sich in einer Runde nicht auf ein Feld koordinieren, mit dem eine Auszahlung verbunden ist. Das bedeutet, dass in allen drei parallelen Paarungen (blau, blau) oder (rot, rot) gespielt wird. Es fehlt hier an einem Koordinationserfolg und es wird kein Einkommen generiert. Bei der Neuvergabe der Ränge gilt für alle Spieler wieder dieselbe Wahrscheinlichkeit, einen bestimmten Rang zugeteilt zu bekommen. Es ist also nicht zwingend, dass für einen Spieler eine Verbesserung oder eine Verschlechterung des Ranges eintritt.

Die Überlegung hinter diesem Treatment ist es, zu prüfen, ob die bloße Flexibilität einer Ordnung deren Akzeptanz fördern kann. Es geht hier um eine realistische, aber schwer erreichbare Änderungsmöglichkeit. Die Flexibilität liegt darin, dass der Mechanismus der Neuvergabe es ermöglicht, dass sich auch die benachteiligten Spieler in späteren Runden in einer privilegierten Position wiederfinden. Ein Effekt wäre besonders interessant, wenn er schon zu beobachten wäre, obwohl die Neuvergabe nur schwierig und unter erheblichen Kosten zu erreichen wäre. Daher setzen wir die Schwelle für die Aktivierung der Neuvergabe hoch an.

Die Kosten liegen für die Spieler darin, dass sie aktiv auf Einkommen verzichten müssen, indem sie versuchen sich nicht auf einem Feld zu treffen, das Einkommen generiert. Da auch nicht in jeder Runde eine günstige Konstellation besteht, in der sich höhere Ränge mit niedrigeren Rängen treffen, wird diese Bemühung über mehrere Runden aufrechtzuerhalten sein, was die Opportuni-

---

nuation probability); nach T Runden, geht das Super-Game nach jeder Runde $t > T$ mit einer Wahrscheinlichkeit von $\delta = 0{,}75$ weiter; es ergibt sich eine erwartete Dauer von 53 Runden.

[18] Auch implementiert bei *G. Camera/M. Casari*, American Economic Review 99 (2009), 979.

tätskosten erhöht. Damit ist gemeint, dass die Spieler es in diesen Runden versäumen Einkommen zu generieren.

Dadurch, dass die Ränge neu verteilt werden können und die Auslösung der Neuverteilung mit Kosten für die Spieler verbunden ist, gestalten wir die Ordnung realistischer. Die Ordnung wird in der Welt des Labors nicht mehr bloß starr angeboten, sondern es besteht eine – wenn auch schwer erreichbare und eingegrenzte – tatsächliche Möglichkeit der Veränderung. Die Veränderung wird dabei durch einen Mechanimus herbeigeführt, der (regelmäßig) eine Nichtbefolgung der Ordnung voraussetzt. Dies entspricht der häufigen tatsächlichen Ambivalenz im Umgang mit Normen.[19] Die Kosten dieser Design-Entscheidung sollen nicht verschwiegen werden: Da das Verhalten der Teilnehmer nun ambivalent ist, ist nicht eindeutig erkennbar, ob in der Nicht-Befolgung der Koordinationshilfe der Wille liegt, den Mechanismus zur Neuvergabe der Ränge auszulösen.

3. Transfer

In unserer nächsten Manipulation, dem Transfer-Treatment, ermöglichen wir es den Spielern, sich untereinander freiwillig einen bestimmten Teil ihres Einkommens zu senden. Nachdem das BoS gespielt ist, werden die Teilnehmer in jeder Runde gefragt, ob sie einen Teil des in dieser Runde verdienten Einkommens an den Spieler, mit dem sie in der jeweiligen Runde gepaart sind, transferieren wollen. Sie können nichts, ihr gesamtes Einkommen oder einen ganzzahligen Wert dazwischen an den anderen Spieler übertragen. Wir bieten den Teilnehmern damit eine freiwillige Möglichkeit, die distributiven Effekte der Ordnung abzumildern. Damit schaffen wir über die Runden hinweg Raum für indirekte Reziprozität unter den Teilnehmern.

4. CT-Treatment

In einer weiteren Manipulation, dem CT-Treatment, kombinieren wir Change und Transfer. Es gelten also die Ausführungen zum Change-Treatment. Zusätzlich können die Teilnehmer einander wie im Transfer-Treatment freiwillig einen Teil ihres Einkommens transferieren. In diesem Treatment geht es darum, das Verhältnis der beiden Manipulationen zu bestimmen: Wirken Transfers auch in Anbetracht der Möglichkeit der Neuvergabe der Ränge? Und wird die Neuvergabe noch ausgelöst, wenn Ungleichheiten durch Transfers abgemildert werden können?

---

[19] Siehe unter D.III.5; zur Grauzone von Normverstoß und Normveränderung vgl. *D. Langewiesche*, Recht und Revolution. Verfassungsstiftung durch Verfassungsbruch, in: Starck (Hg.), Recht und Willkür (2012), 27.

III. Hypothesen

Der folgende Abschnitt fragt, mit welchem Verhalten in unserem Experiment zu rechnen ist, und formuliert Hypothesen. Wie werden sich unsere Manipulationen auf die Koordinationsraten auswirken? Und – was im Zusammenhang dieser Untersuchung noch interessanter ist: Wie werden sich die Manipulationen auf die Akzeptanz der sozialen Ordnung auswirken? Wann also wird mit mehr Befolgung des Fokalpunktes zu rechnen sein?

1. Baseline

Die soziale Ordnung, die von der Koordinationshilfe vorgeschlagen wird, schafft in der Gruppe erhebliche Ungleichheiten. Unterstellt man, dass die Teilnehmer dem Fokalpunkt immer folgen und damit die Effizienz maximieren, darf der Teilnehmer mit Rang *a* im Baseline einen Gewinn von 530 Punkten erwarten. Das ergibt sich aus der zu erwartenden Dauer von 53 Runden[20], in der er bei voller Koordination je 10 Punkte verdient. Für den Spieler mit Rang *f* liegt der erwartete Gewinn bei voller Koordination hingegen bei nur 53 Punkten, da er bei voller Koordination unter Befolgung des Fokalpunktes in jeder Runde nur einen Punkt verdient. Ein Punkt in jeder Runde ist besser als nichts. Unterstellt man ökonomische Standardpräferenzen[21] und berücksichtigt man, dass es angesichts der Gruppengröße und der zufälligen Paarbildung in jeder Runde so gut wie unmöglich ist, abwechselnde Gleichgewichte zu spielen, kann davon ausgegangen werden, dass auch die schlechtergestellten Spieler dem Fokalpunkt folgen. Das Ergebnis wäre eine volle Koordination in Einklang mit der Koordinationshilfe.

Wie realistisch ist aber die Erwartung einer solchen vollen Koordination in Einklang mit der Koordinationshilfe? Immerhin sind Menschen bereit, ganz auf einen Gewinn zu verzichten, wenn ihnen eine Aufteilung „unfair" erscheint.[22] Gleichheit ist im Baseline für die Teilnehmer aber nur um den Preis ihres Einkommens zu haben, da nur die Auszahlung in Höhe von 0 Punkten Gleichheit schafft. Gehen wir davon aus, dass die Teilnehmer nicht vorbehaltlos Effizienz maximieren wollen und ihre Abneigung gegen Ungleichheit[23] stark genug ist,

---

[20] Siehe hierzu in Fn. 17 dieses Abschnittes.

[21] Siehe zur Standardtheorie oben unter D.I.

[22] Siehe nur *Güth/Schmittberger/Schwarze*, Journal of Economic Behavior & Organization 3 (1982), 367; dazu *van Damme et al.*, Journal of Economic Behavior & Organization 108 (2014), 292; aus rechtswissenschaftlicher Sicht *Magen*, Fairness, Eigennutz und die Rolle des Rechts, in: Engel et al. (Hg.), Recht und Verhalten (2007), 261; siehe auch schon oben unter D.I.

[23] Eine Aversion gegen Ungleichheit, die stärker ausgeprägt ist, wenn die Ungleichheit zuungunsten des Entscheiders besteht, modellieren *Fehr/Schmidt*, Quarterly Journal of Economics 114 (1999), 817, 822: „First, in addition to purely selfish subjects, there are subjects

ist im Baseline keine vollständige Koordination zu erwarten. Damit gelangen wir zur ersten Hypothese H_1 zum Verhalten der Teilnehmer im Experiment:

H_1: Im Baseline wird der Koordinationshilfe nicht immer gefolgt.

2. *Change*

Im Change-Treatment erzeugt die Möglichkeit zur Neuvergabe der Ränge eine Spannung. Es besteht einerseits ein Anreiz, das markierte Gleichgewicht zu spielen. Schließlich kann so Einkommen generiert werden. Es besteht nun aber für die niedrigeren Ränge auch ein Anreiz, das nicht-markierte Feld zu spielen. Die hochrangigen Spieler, also die Spieler mit den Buchstaben *a* bis *c*, werden prinzipiell dem Fokalpunkt folgen; ihnen ist an Koordination gelegen. Für die niedrigrangigen Spieler, also die Spieler mit den Buchstaben *d* bis *f*, sieht es anders aus. Denn der erwartete Auszahlungswert nach einem Wechsel des Ranges liegt für die niedrigrangigen Spieler über dem Erwartungswert bei voller Koordination, wenn also alle dem Fokalpunkt folgen. Dies lässt sich genauer erklären:

Für Spieler mit Rang *a* beträgt der erwartete Wert, unterstellt, dass dem Fokalpunkt gefolgt wird[24], für jede weitere Runde *h*. Der Spieler mit dem Rang *b* muss jede Runde mit einer Auszahlung von $0{,}8\ h + 0{,}2\ l$ rechnen. Denn es besteht eine Wahrscheinlichkeit von 80 %, dass er einem Spieler mit einem niedrigeren Rang begegnet, und eine Wahrscheinlichkeit von 20 %, dass er einem Spieler mit höherem Rang begegnet. Für den Spieler mit Rang *c* beträgt der Erwartungswert der Auszahlung $0{,}6\ h + 0{,}4\ l$; für den Spieler mit Rang *d* $0{,}4\ h + 0{,}6\ l$; für den Spieler mit Rang *e* $0{,}2\ h + 0{,}8\ l$; und für den Spieler mit Rang *f* schließlich für jede Runde *l*. Im Gegensatz dazu beträgt der erwartete Auszahlungswert nach einer Neuvergabe der Ränge für alle Spieler $0{,}5\ h + 0{,}5\ l$. Denn für alle Spieler besteht die gleiche Wahrscheinlichkeit, einen bestimmten Rang zugeteilt zu bekommen. Damit ist der Erwartungswert nach der Neuvergabe für die Spieler mit niedrigerem Rang höher als in der gegenwärtigen Runde. Damit haben diese – aber auch nur diese – einen Anreiz, gezielt die Koordination auf eines der beiden Gleichgewichte des Stage Games zu vermeiden.

Da die höheren Ränge aber keinen Wechsel wollen, werden diese sich, wenn sie sich untereinander treffen, auf ein Gleichgewicht koordinieren. Damit

who dislike inequitable outcomes. They experience inequity if they are worse off in material terms than the other players in the experiment, and they also feel inequity if they are better off. Second, however, we assume that, in general, subjects suffer more from inequity that is to their material disadvantage than from inequity that is to their material advantage." Kritisch hierzu *K. Binmore/A. Shaked*, Journal of Economic Behavior & Organization 73 (2010), 87; Replik bei *E. Fehr/K. M. Schmidt*, Journal of Economic Behavior & Organization 73 (2010), 101.

[24] Aus Gründen der Vereinfachung unterstellt diese Annahme eine gewisse Kurzsichtigkeit der Spieler. Denn in der nächsten Runde werden die schlechtergestellten Spieler wieder einen Anreiz haben, dem Fokalpunkt gerade nicht zu folgen.

kommt die Auslösung der Neuverteilung der Ränge überhaupt nur dann in Frage, wenn höhere und niedrigere Ränge aufeinandertreffen. In sechs von insgesamt 15 möglichen Paarungen treffen sich ausschließlich höhere mit niedrigeren Rängen. Das bedeutet, dass in 40 % aller möglichen Paarungen ein Rangwechsel ausgelöst werden kann.

Es wird ein Anreiz gesetzt, die Neuordnung der Ränge zu veranlassen. Damit die Neuordnung aber auch verbesserte Auszahlungen verwirklichen kann, muss sie zu einem Mindestmaß respektiert werden. Das bedeutet, dass sie für zumindest einige Runden befolgt wird. Denkbar ist, dass es ab und an zu Wechseln kommt, die Ordnung zwischen diesen Wechseln aber stabil bleibt.

Die Möglichkeit zur Neuverteilung könnte insofern auch dahingehend wirken, dass auch die niedrigrangigen Teilnehmer eher bereit sind, die Rangordnung zu akzeptieren. Schließlich besteht die Aussicht, dass sich die Rangordnung dahingehend ändert, dass ihnen selbst ein höherer Rang zukommt. Dies könnte dazu führen, dass die Ordnung insgesamt auf mehr Akzeptanz stößt. Die Ordnung könnte als fairer empfunden werden. Wenn die Ordnung nicht starr, sondern veränderbar ist, sieht sich der Adressat weniger veranlasst, gegen die Ordnung zu spielen.[25]

Da der Effekt in beide Richtungen gehen kann, formulieren wir zwei alternative Hypothesen H_{2a} und H_{2b}. Es geht uns dabei um die Akzeptanz der Ordnung, also um die Befolgung des Fokalpunktes:

H_{2a}: Im Change-Treatment wird dem Fokalpunkt öfter gefolgt als im Baseline.

H_{2b}: Im Change-Treatment wird dem Fokalpunkt weniger oft gefolgt als im Baseline.

3. Transfer

Im Transfer-Treatment bieten wir den Teilnehmern die Möglichkeit, freiwillig Ungleichheiten auszugleichen. Nach der ökonomischen Standardtheorie sollte diese Möglichkeit schon gar nicht genutzt werden. Es kommt nach der Standardtheorie schon zu voller, effizienter Koordination. Aus Sicht des Spielers wäre es nicht rational, einen Anteil seines Einkommens abzugeben.

Nimmt man jedoch eine Ungleichheitsaversion[26] an, gibt es schon im Baseline keine volle Koordination. Der Transfer kann als Instrument genutzt werden, um Ungleichheiten zu verringern. Werden Ungleichheiten verringert, besteht damit insgesamt ein geringerer Anreiz, um der Gleichheit willen gegen den Fokalpunkt zu spielen. Allerdings besteht auch hier ein Risiko: Besteht ein

[25] Dies könnte als Ausprägung des von *Elster*, Ulysses Unbound (2000), 95 f., beschriebenen Effekts interpretiert werden: Eine Ordnung stabilisiert sich, indem sie sich schwächt.

[26] Siehe schon oben unter Fn. 23 dieses Abschnittes.

Instrument zur Verringerung von Ungleichheit, das dann aber von den Spielern nicht genutzt wird, kann es sein, dass die schlechtergestellten Spieler, denen noch dazu nichts transferiert wird, erst recht nicht bereit sind, sich mit den bessergestellten zu koordinieren. Wir formulieren daher zwei alternative Hypothesen, wiederum im Hinblick auf die Akzeptanz der Ordnung:

H_{3a}: Im Transfer-Treatment wird dem Fokalpunkt öfter gefolgt als im Baseline.

H_{3b}: Im Transfer-Treatment wird dem Fokalpunkt weniger oft gefolgt als im Baseline.

4. CT-Treatment

Das CT-Treatment verknüpft die Mechanismen der beiden vorgezeichneten Treatments, Change und Transfer. Es gilt damit das jeweils zu den vorherigen Treatments Gesagte. Es ergeben sich wiederum zwei alternative Hypothesen:

H_{4a}: Im CT-Treatment wird dem Fokalpunkt öfter gefolgt als im Baseline.

H_{4b}: Im CT-Treatment wird dem Fokalpunkt weniger oft gefolgt als im Baseline.

Die Verknüpfung ist sinnvoll, um zu bestimmen, wie die Effekte von Change und Transfer sich zueinander verhalten.

IV. Resultate

Wir haben das Baseline und die Treatments Change, Transfer und CT vom 4. bis 8. April 2016 im BonnEconLab, dem Experimentallabor an der Universität Bonn[27], durchgeführt. Die zufällige Einladung der Teilnehmer zum Experiment erfolgte wie üblich mit der Software hroot[28], die Programmierung des Experiments in der gängigen Software z-Tree[29].[30] Die an die Teilnehmer ausgeteilten Instruktionen können im Appendix dieser Arbeit nachgelesen werden.

Wir haben für die vier genannten Experimentalbedingungen insgesamt 16 Sitzungen (*Sessions*) mit insgesamt 378 Teilnehmern durchgeführt. Jede Session dauerte etwa 90 Minuten. Der Umrechnungskurs für die im Experiment gesammelten Punkte lag bei 25 Punkten zu 1 €. Die Teilnehmer verdienten im Durchschnitt ca. 17€ pro Session. Die Manipulationen wurden *between sub-*

---

[27] Für einen Eindruck des BonnEconLab siehe: https://www.bonneconlab.uni-bonn.de/ueber-uns/fotos-des-labors (zuletzt abgerufen am 16. 8. 2018).

[28] *O. Bock/I. Baetge/A. Nicklisch*, European Economic Review 71 (2014), 117: „Hamburg registration and organization online tool."

[29] *U. Fischbacher*, Experimental Economics 10 (2007): „Zurich Toolbox for Readymade Economic Experiments".

[30] Wir haben *Theresa Wenning* für ihre Unterstützung bei der Programmierung des Experiments und der Erhebung der Daten zu danken.

jects vorgenommen: Das heißt, dass jeder Teilnehmer nur an einer Bedingung des Experiments teilnahm.[31] Da die Teilnehmer in Gruppen von sechs interagierten, haben wir für die Bedingungen Baseline, Change und Transfer je 16 unabhängige Beobachtungen gesammelt. Jede Gruppe stellt dabei nur eine unabhängige Beobachtung dar, da die Teilnehmer innerhalb der Gruppe durch die Interaktion ihr Verhalten gegenseitig beeinflussen.[32] Für die Bedingung CT kommen wir auf 15 unabhängige Beobachtungen, da hier in einer Sitzung trotz „Sicherheitszuschlag" nicht genügend Teilnehmer erschienen, um die letzte Gruppe aufzufüllen. Aufgrund der unterschiedlichen Dauer der Sitzungen vergleichen wir im Folgenden jeweils die ersten 50 Perioden.

1. Akzeptanz im Baseline

Tatsächlich beobachten wir im Baseline keine volle Akzeptanz der Koordinationshilfe. Die 96 Teilnehmer im Baseline folgen dem Fokalpunkt in den 50 ersten Runden durchschnittlich in 68,60% aller Fälle (N=96).[33] Dabei ist gut zu erkennen, dass dieser Wert vor allem an den Spielern liegt, denen ein niedrigerer Rang zugeordnet wurde: Zeichnet man die durchschnittliche Befolgung des Fokalpunktes in den jeweiligen Gruppen im Baseline in Form eines Box-Plots[34] und schlüsselt diese Grafik nach dem jeweiligen Rang auf, ergibt sich das folgende Bild, in dem erst einmal nur die jeweils linken Box-Plots zu beachten sind (Abbildung 3).

Die Spieler mit dem niedrigeren Rang sind seltener bereit, der Koordinationshilfe zu folgen. Zu erkennen sind Stufen, die die unterschiedliche Bereitschaft markieren, dem Fokalpunkt zu folgen. Die tatsächlich beobachtete Akzeptanz der Koordinationshilfe befindet sich also weitab von der vollen, effizienten Befolgung. Je stärker ein Spieler von der Koordinationshilfe benachteiligt wird, desto weniger ist er bereit, sie zu befolgen – obwohl ihm damit Einkommen entgeht. Wir sehen H_1 bestätigt.

---

[31] Zu Vor- und Nachteilen von Between-subjects-Designs im Vergleich zu Within-subjects-Designs siehe *Sedlmeier/Renkewitz*, Forschungsmethoden und Statistik in der Psychologie (2008), 151 ff.

[32] Vgl. zu diesem Problemkreis nur *P. G. Moffatt*, Experimetrics (2015), 5 f.

[33] Ich runde immer auf die zweite Nachkommastelle.

[34] Einführend zu dieser gängigen Form der Darstellung *U. Kohler/F. Kreuter*, Datenanalyse mit Stata (2012), 183: „Box-Plots bestehen aus einer ‚Box', zwei sog. ‚Whiskern', zwei ‚Zäunen' und aus einigen Markersymbolen. Der untere Rand der Box ist das 1. Quartil, der obere Rand ist das 3. Quartil; die Höhe der Box entspricht damit dem Interquartilsabstand. Der Median [unterteilt] die Box in zwei Hälften. Zwei senkrechte Striche, die sog. Whisker, unter bzw. über der Box werden durch horizontale Striche – den Zäunen – begrenzt. Der obere Zaun ist der höchste Wert der Verteilung, der kleiner oder gleich dem 3. Quartil + dem 1,5-fachen Quartilsabstand ist. Der untere Zaun ist der niedrigste Wert, der größer oder gleich dem 1. Quartil – dem 1,5-fachen Quartilsabstand ist."

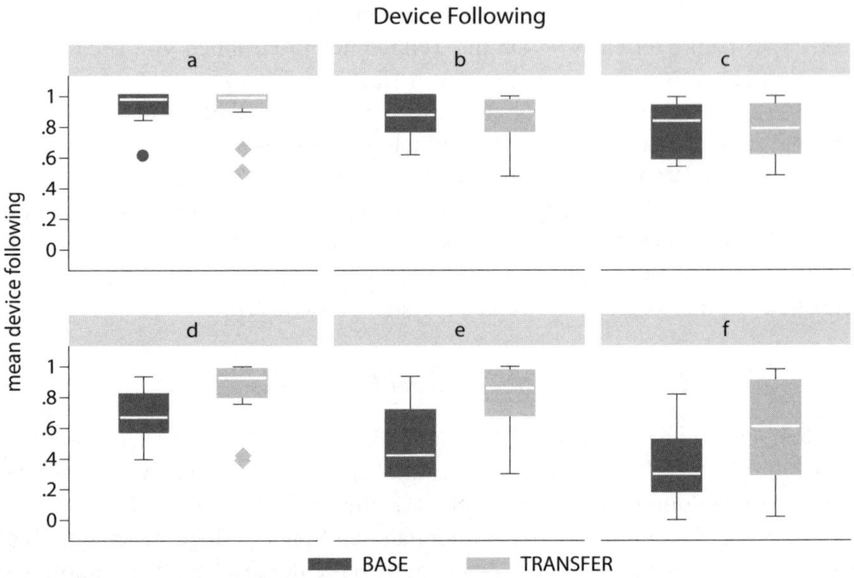

Abbildung 3: Befolgung der Ordnung nach Rang

In dieser (angespannten) Lage besteht nun der Ausgangspunkt, um in einer weitgehend dekontextualisierten Umgebung die Akzeptanzbedingungen einer Ordnung zu rekonstruieren.

2. *Treatment-Effekte*

Und tatsächlich haben unsere Manipulationen auf die Befolgung des Fokalpunktes starke Auswirkungen. Im Change-Treatment beobachten wir weniger Befolgung als im Baseline. Die Teilnehmer folgen dem Fokalpunkt durchschnittlich in 59,19% der Fälle (N=96). Der Unterschied in der durchschnittlichen Befolgung des Fokalpunktes zwischen dem Baseline und dem Change-Treatment muss aber auch signifikant sein.

Ob ein Unterschied signifikant ist, wird mit dem sogenannten p-Wert ausgedrückt.[35] Dabei handelt es sich um die Wahrscheinlichkeit, dass das gefundene Ergebnis auftritt, wenn die sog. Nullhypothese zutrifft.[36] Die Nullhypothese ist die Behauptung, dass zwischen zwei Gruppen kein Unterschied bestehe.

[35] Zum Signifikanzniveau *Bortz/Schuster*, Statistik für Human- und Sozialwissenschaftler (2011), 585: „Im Allgemeinen spricht man von einem signifikanten Ergebnis, wenn der ermittelte p-Wert höchstens […] 0,05, von einem sehr signifikanten Ergebnis, wenn er höchstens […] 0,01 beträgt."

[36] *Sedlmeier/Renkewitz*, Forschungsmethoden und Statistik in der Psychologie (2008),

Die Auswahl des statistischen Tests, der zur Prüfung dieser Wahrscheinlichkeit eingesetzt wird, richtet sich nach der Art der erhobenen Daten.[37] Da wir die Teilnehmer auf die unterschiedlichen Treatments Baseline und Change verteilt haben, haben wir es mit zwei unabhängigen Stichproben zu tun. Unser Messwert, also unsere abhängige Variable, ist die Befolgung des Fokalpunktes. Damit wir unabhängige Beobachtungen vergleichen können, nehmen wir hier die durchschnittliche Befolgung des Fokalpunktes in jeder Sechser-Gruppe.[38] Dieser Wert ist prozentual ausgedrückt. Es handelt sich also um einen kontinuierlichen (und nicht bloß binären) Wert. Für solche Fälle empfiehlt sich ein sogenannter Mann-Whitney-*U*-Test.[39] Sein Vorteil ist, dass er relativ voraussetzungsarm und damit sehr vorsichtig gewählt ist.[40]

Nach dem *U*-Test beträgt der p-Wert hier: $p = 0.0135$. Der Unterschied ist also signifikant. Damit verwerfen wir die Nullhypothese, also die Behauptung, dass zwischen dem Baseline und dem Change-Treatment kein Unterschied bestehe. Damit verwerfen wir auch H_{2a}, während wir H_{2b} bestätigt sehen: Im Change-Treatment wird dem Fokalpunkt weniger oft gefolgt als im Baseline.

Im Transfer-Treatment beobachten wir den höchsten Grad an Befolgung des Fokalpunktes. Hier wird dem Fokalpunkt durchschnittlich in 79,60 % der Fälle gefolgt (N = 96). Wie in Abbildung 3 zu sehen, folgen hier auch die schlechtergestellen Teilnehmer mit dem niedrigeren Rang der Koordinationshilfe. Auch im Transfer-Treatment findet sich im Vergleich zum Baseline im Hinblick auf die Befolgung des Fokalpunktes ein signifikanter Effekt. Nach dem Mann-Whitney-*U*-Test beträgt der p-Wert hier: $p = 0.0109$. Damit verwerfen wir H_{3b}, während wir H_{3a} bestätigt sehen: Im Transfer-Treatment wird dem Fokalpunkt öfter gefolgt als im Baseline.

Im CT-Treatment beobachten wir eine ähnlich hohe Befolgungsrate wie im Transfer-Treatment: Dem Fokalpunkt wird durchschnittlich in 77,11 % der Fälle gefolgt. (Hier haben wir nur N = 90, da es wie erwähnt in einer Sitzung einen zu hohen Ausfall an Versuchsteilnehmern gab und wir die letzte Sechser-

---

585: Der p-Wert drückt aus, „mit welcher Wahrscheinlichkeit das beobachtete Stichprobenergebnis auftritt, wenn die Nullhypothese zutrifft".

[37] Einen sehr guten Überblick über die verschiedenen Möglichkeiten bietet die Universität Zürich in ihrer Methodenberatung (http://www.methodenberatung.uzh.ch/de/datenanalyse.html; zuletzt abgerufen am 16. 8. 2018).

[38] Zu diesem vorsichtigen Ansatz *Moffatt*, Experimetrics (2015), 5: „ultra-conservative approach".

[39] *Bortz/Schuster*, Statistik für Human- und Sozialwissenschaftler (2011), 582: Der Mann-Whitney-*U*-Test ist ein „verteilungsfreier Signifikanztest für den Vergleich zweier unabhängiger Stichproben auf der Basis rangskalierter Daten".

[40] Er setzt insbesondere keine normalverteilte Grundgesamtheit voraus. Allerdings müssen die Messwerte zumindest ordinalskaliert sein. Mit einer binären abhängigen Variablen wäre der Test nicht sinnvoll durchführbar. Näher *Bortz/Schuster*, Statistik für Human- und Sozialwissenschaftler (2011), 130 ff.

gruppe nicht auffüllen konnten.) Damit sehen wir H_{4a} bestätigt: Im CT-Treatment wird dem Fokalpunkt öfter gefolgt als im Baseline.

Der Effekt zwischen dem Change- und dem CT-Treatment ist hochsignifikant im Mann-Whitney-*U*-Test: $p = 0.0000$. Das ist interessant: Der Effekt des Transfer-Treatments gleicht den Effekt des Change-Treatments mehr als aus. Der Unterschied zwischen Transfer- und CT-Treatment erreicht hingegen kein signifikantes Niveau: $p = 0.2353$. Diese unterschiedlichen Befolgungsraten lassen sich grafisch mit Box-Plots darstellen (Abbildung 4).

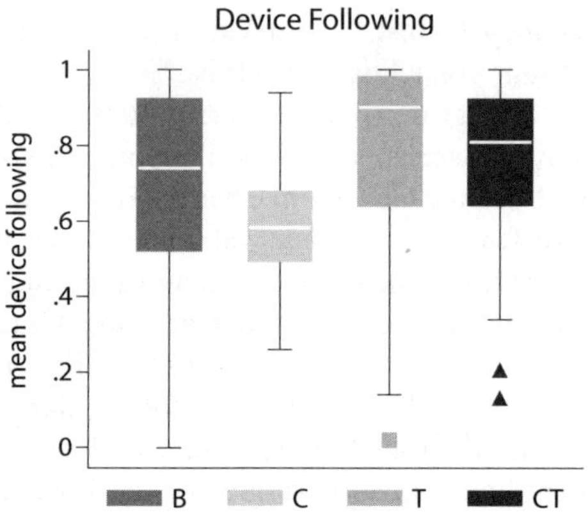

Abbildung 4: Befolgung der Ordnung im Aggregat

Diese Werte betreffen alle Spieler im Aggregat. Wie verhalten sich aber insbesondere die Spieler, die in der jeweiligen Runde benachteiligt werden? Sind sie dennoch bereit, dem Fokalpunkt zu folgen, um zumindest einen Punkt in jeder Runde zu verdienen?

Wirkt der Fokalpunkt zu Gunsten des Spielers, ist er fast immer bereit, ihm zu folgen. Im Baseline folgt er dem Fokalpunkt in 92,90 % der Fälle; im Change-Treatment in 85,39 % der Fälle; im Transfer-Treatment in 91,50 % der Fälle; und im CT-Treatment in 91,63 % der Fälle. Das scheint naheliegend. Spannender ist aber der Fall, wenn der Spieler vom Fokalpunkt benachteiligt wird. Dann sehen die Befolgungsraten anders aus. Im Baseline folgt der benachteiligte Spieler dem Fokalpunkt in 49,59 % der Fälle; im Change-Treatment in 32,83 % der Fälle; im Transfer-Treatment in 65,84 % der Fälle; und im CT-Treatment in 60,32 % der Fälle. Für die schlechtergestellten Spieler hat also die Transferfunktion eine wesentliche Bedeutung.

Was aber geschieht in den Treatments mit Transferfunktion? Hier rücken die Auszahlungen für die Teilnehmer näher zusammen. Im Transfer-Treatment überweisen die Teilnehmer, wenn sie in einer Runde 10 Punkte verdient haben, im Schnitt 2,01[41] Punkte an den anderen Teilnehmer. Interessanterweise ist die durchschnittliche Überweisung der Spieler, die im CT-Treatment 10 Punkte verdient haben, ebenso hoch (2,01[42] Punkte).

Dies führt zu einer relativen Angleichung der Einkommen. Diese Angleichung lässt sich mit Hilfe einer Lorenzkurve veranschaulichen (Abbildung 5). Eine Lorenzkurve bildet die Einkommensverteilung innerhalb einer Gruppe ab. Sie zeigt, welcher Anteil an Gruppenmitgliedern welchen Anteil am Gesamteinkommen der Gruppe hält. Wäre das Einkommen innerhalb einer Gruppe vollkommen gleich verteilt, würde eine sog. perfekte Gleichverteilungsgerade enstehen. Im Falle einer solchen Gleichverteilung würden dann zum Beispiel 50 % der Gruppenmitglieder über 50 % des Gesamteinkommens verfügen. Je weiter sich die tatsächliche Einkommensverteilung von der Gleichverteilungsgeraden entfernt, je größer also der „Bauch" der Kurve ist, desto ungleicher ist sie.[43]

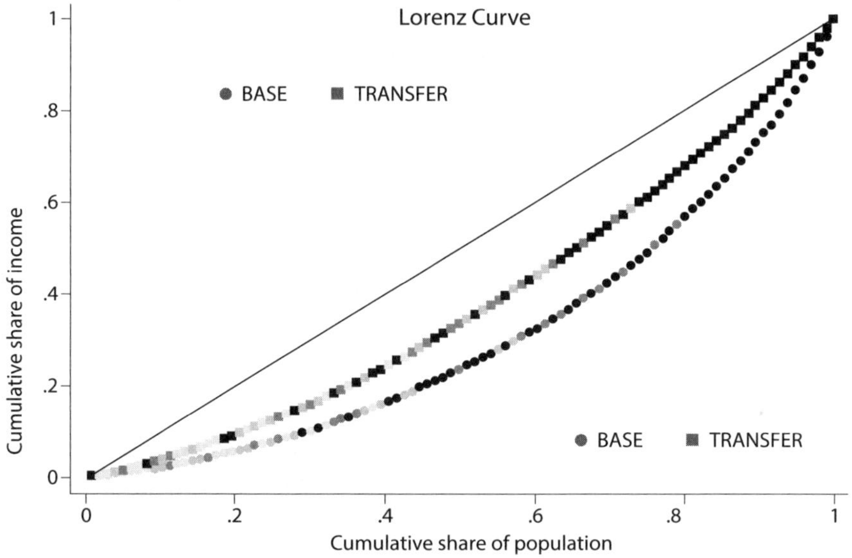

Abbildung 5: Lorenzkurve für Einkommensverteilung im Baseline und im Transfer-Treatment

Hier wird das Einkommen zwischen dem Baseline und dem Transfer-Treatment verglichen und ins Verhältnis zur Gleichverteilungsgeraden gesetzt. Die Ein-

41 Mit sechs Nachkommastellen: 2,014094.

42 Mit sechs Nachkommastellen: 2,005699.

43 In Abschnitt D.IV.4 habe ich den Gini-Koeffizienten erwähnt. Er wird aus der Lorenzkurve abgeleitet und berechnet sich aus dem Anteil der Fläche zwischen der Gleichverteilungsgeraden und der tatsächlichen Lorenzkurve an der gesamten Fläche unterhalb der Gleichverteilungsgeraden.

kommensverteilung im Baseline ist mit kleinen Punkten abgebildet, die Einkommensverteilung im Transfer-Treatment mit kleinen Quadraten. Je dunkler die Farbe des Punktes oder Quadrats, desto höher ist der Rang, mit dem der jeweilige Spieler von der Koordinationshilfe ausgestattet wurde. Es ist gut zu sehen, wie die Transfer-Möglichkeit das Einkommen der Teilnehmer näher an die Gleichverteilungsgerade rückt. Gleichzeitig ist auch zu erkennen, dass es weiterhin die Spieler mit dem höheren Rang sind, bei denen der größere Anteil des Einkommens verbleibt: Es finden sich im Falle des Transfer-Treatments mehr dunkle Quadrate im oberen Bereich der Kurve. Die Transfermöglichkeit wird also genutzt, aber nicht annähernd so sehr, dass Gleichheit hergestellt würde. Die Einführung der Transfer-Option führt also zu einer relativen Verringerung der Ungleichheit und gleichzeitig zu einer immensen Stabilisierung.

Die Stabilisierung durch die Transfers ist eindrücklich daran zu erkennen, dass es im CT-Treatment im Vergleich zum Change-Treatment zu viel weniger Aktivierungen des Neuverteilungsmechanismus' kommt. Im Change-Treatment wurde im Schnitt in 21,75 % aller Runden der Neuverteilungsmechanismus ausgelöst (also über zehn Mal in 50 Runden oder alle 5 Runden). Im CT-Treatment wurde der Neuverteilungsmechanismus im Schnitt hingegen nur in 6,13 % aller Runden ausgelöst, also etwa drei Mal in 50 Runden oder ca. alle 17 Runden. Der Unterschied zwischen den durchschnittlichen Aktivierungen des Neuverteilungsmechanismus' in den beiden Treatments ist hochsignifikant: $p = 0.0000$ (Mann-Whitney-*U*-Test). Die unteren Ränge sind in den Bedingungen mit Transfer also eher bereit, die Koordinationshilfe zu akzeptieren.

V. Relevanz der Resultate

Wie lassen sich diese Resultate einordnen? Hier kann man differenzieren. Die Resultate unserer Studie haben direkte Relevanz innerhalb der verhaltensökonomischen Forschung (1). Im Rahmen dieser Untersuchung von besonderem Interesse ist ihre Bedeutung aus Sicht der Verfassungstheorie (2). Dazu lassen sich die Resultate des Experiments zum Problemkreis des Art. 146 GG in Beziehung setzen (3).

1. Relevanz für die verhaltensökonomische Forschung

Das Experiment ist – schon disziplinär – zuerst ein Beitrag zur experimentellen Verhaltensökonomik.[44] Hier gibt es bereits einen Literaturstrang, der sich Ko-

[44] Siehe dementsprechend die (in Vorbereitung befindliche) eigenständige Veröffentlichung.

ordinationsproblemen widmet.[45] Die Koordination wird in diesem jedoch nicht als Mittel eingesetzt, um die Akzeptanz sozialer Ordnung zu testen.[46] Das von uns entwickelte experimentelle Paradigma ist also ein neuer Vorschlag zur Untersuchung sozialer Ordnungen in der Verhaltensökonomie.

Besondere Bedeutung haben aus verhaltensökonomischer Sicht die Ergebnisse zur Wirkweise der Transfers. Der Transfer ist rein freiwillig. Eine Sanktionsmöglichkeit besteht nur sehr indirekt: die Spieler mit niedrigerem Rang können sich der Befolgung der Koordinationshilfe verweigern und damit die Spieler mit höherem Rang um ihr Einkommen bringen. Dennoch finden Transfers statt. Und sie bewirken, dass mehr Koordination stattfindet. Hierin liegt auch ein kooperatives Element. Erhöhte Koordinationsraten können einem „team reasoning" zugeschrieben werden.[47] Denn es liegt ein gemeinsames Vorgehen vor insoweit, dass alle etwas verdienen, auch wenn manche davon stärker profitieren. Das beobachtete Verhalten kann als indirekte Reziprozität beschrieben werden. Ohne eine Sanktionsmöglichkeit ist es üblicherweise aber eher schwierig, im Labor kooperatives Verhalten zu etablieren.[48] Die beobachtete indirekte Reziprozität ist auch deswegen interessant, weil es sich um eine größere Gruppe handelt, in der die Koordination erbracht werden muss.

Unser Experiment bietet auch Anschluss an die theoretische ökonomische Literatur. Insbesondere lassen sich damit Vorhersagen der Theorie der Ungleichheits-Aversion[49] prüfen. Es kann also der Frage nachgegangen werden, inwiefern eine Ordnung trotz bestehender Ungleichheit stabil bleiben kann. Hier öffnen sich Wege für weitere Forschung. Wir haben bereits weitere Treatments angeschlossen, um die Funktionsweise des Transfer-Mechanismus' besser zu verstehen und weiter zu prüfen.[50]

---

[45] Siehe etwa *R. W. Cooper/D. V. DeJong/R. Forsythe/T. W. Ross*, American Economic Review 80 (1990), 218; *Mehta/Starmer/Sugden*, American Economic Review 84 (1994), 658; *Crawford/Gneezy/Rottenstreich*, American Economic Review 98 (2008), 1443; *G. Camera/M. Casari/M. Bigoni*, Games and Economic Behavior 75 (2012), 570; *Parravano/Poulsen*, Games and Economic Behavior 94 (2015), 191; zur Kooperation in Teams *F. Feri/B. Irlenbusch/M. Sutter*, American Economic Review 100 (2010), 1892.

[46] Aus sozialpsychologischer Sicht untersuchen aber *De Kwaadsteniet/Van Dijk*, Journal of Experimental Social Psychology 46 (2010), 515, sozialen Status als Koordinationshilfe.

[47] Siehe *Crawford/Gneezy/Rottenstreich*, American Economic Review 98 (2008), 1443, 1448.

[48] Zur Bedeutung von Sanktionsmechanismen zur Aufrechterhaltung einer – als Public Good interpretierten – sozialen Ordnung siehe nur *Gächter*, Human Prosocial Motivation and the Maintenance of Social Order, in: Zamir/Teichman (Hg.), The Oxford Handbook of Behavioral Economics and the Law (2014), 28, 45 ff., mit weiteren Nachwiesen.

[49] *Fehr/Schmidt*, Quarterly Journal of Economics 114 (1999), 817; siehe dazu auch schon unter Fn. 23 dieses Abschnittes.

[50] In einem Kontroll-Treatment erfolgen die Transfers weiter freiwillig, werden aber in einen Pool eingezahlt und dann an diejenigen Teilnehmer ausgeschüttet, die im Fall erfolgreicher Koordination weniger verdient haben. Hier geht es darum, den Ausgleichsmechanismus realistischer zu gestalten, da Systeme sozialer Sicherung eher zentral operieren.

2. Relevanz für die Verfassungstheorie

Die Relevanz der hier dargestellten experimentellen Studie für die Verfassungstheorie ist einerseits methodisch und andererseits sachlich. Es handelt sich zuerst um einen Versuch, Verfassungstheorie und experimentelle Ökonomik einander nahezubringen. Diese Heranführung ist schon in den vorhergehenden Abschnitten unternommen worden.[51] Das stärkste Argument für eine solche interdisziplinäre Betätigung liegt darin, dass man tatsächlich zu Einsichten gelangt, die für eine Theorie der stabilen Verfassung von Bedeutung sind.

a) Flexibilisierung versus Transfer?

Das Experiment bietet eine schrittweise analytische Rekonstruktion der Akzeptanzbedingungen einer Ordnung, die nicht einfach zentral durchgesetzt werden kann. Es hat sich gezeigt, dass der Ausgleich von Ungleichheiten einen entscheidenden Beitrag zur Stabilisierung der Ordnung beigetragen hat. Die bloße Flexibilisierung hat in unserem Experiment eher zur Destabilisierung der Ordnung geführt. Der Effekt des Transfers dominiert dabei aber das Destabilisierungspotential der Wechselmöglichkeit. Es scheint, dass das distributive Ergebnis den Teilnehmern wichtiger ist als die Möglichkeit, die eine flexiblere Ordnung bietet. Gleichwohl stellt sich die Frage, inwiefern sich sinnvoll davon sprechen lässt, dass ein bestimmtes Maß an „Transfer" ein bestimmtes Maß an „Flexibilisierung" ausgleicht.

b) Weitere Treatments?

Beide Mechanismen ließen sich noch weiter qualifizieren und durch Elemente anreichern, die wir aus tatsächlichen institutionellen Umfeldern kennen. Im Hinblick auf die Transfermechanismen sind wir bereits dabei, diesen Weg zu beschreiten. Weitere Dimensionen, um die man das experimentelle Design anreichern könnte, sind etwa Fragen nach der Legitimität der Ordnung. Dies würde sich an der Forschung orientieren können, die experimentell einen „Demokratie-Effekt" nachweist.[52] Die Schwierigkeit im Hinblick auf die möglichen Interaktionen ergibt sich abermals: „Wieviel" Legitimität gleicht „wieviel" Gleichheit aus? Auch hier ergeben sich Probleme der Vergleichbarkeit.

---

[51] Siehe vor allem Teil F, aber auch die Beschreibung des methodischen Identifikationsproblems unter E.IV.3.

[52] *Tyran/Feld*, Scandinavian Journal of Economics 108 (2006), 135; *Dal Bó/Foster/Putterman*, American Economic Review 100 (2010), 2205; *Sutter/Haigner/Kocher*, Review of Economic Studies 77 (2010), 1540; *Hauser/Rand/Peysakhovich/Nowak*, Nature 511 (2014), 220.

c) Limitierter Aktionsraum und Veränderung der Koordinationshilfe?

Wir haben in unserem Experiment die Akzeptanz einer *willkürlichen* Ordnung untersucht. Der Gedanke dahinter war, dass diese Ordnung einen Ausgangspunkt bietet, um die Wirkungen bestimmter Mechanismen isoliert zu untersuchen. Die Ergebnisse sollten erst recht gelten, wenn für die Akzeptanz einer Ordnung zusätzliche Faktoren streiten, etwa, wenn der Ordnung – sei es durch eine Abstimmung oder ein meritokratisches Element – Legitimität verliehen wird.[53] Aber natürlich hat das Experiment in einer sehr abstrakten Umgebung stattgefunden, in der der Aktionsraum der Spieler stark limitiert war.

Mit unseren Manipulationen haben wir auch jeweils den Aktionsraum der Spieler verändert. Dabei haben wir die Ausgestaltung der Koordinationshilfe dahingehend konstant gehalten, dass immer eine eindeutige Rangordnung bestand. Denkbar wäre auch gewesen, die Ausgestaltung der Koordinationshilfe zu verändern. Die Veränderungen wären dann im *befolgbaren* Teil des Experiments geblieben, also im Bereich des „Normativen". Auch hier ergeben sich interessante Möglichkeiten weiterer Forschung. Dies gilt gerade, wenn man Experimente mit normativ orientierter Verfassungstheorie in Beziehung setzen will.

d) Bezug zur Eingangsthese der Stabilisierung durch Verwundbarmachung

Insgesamt ist festzuhalten, dass es sich bei dem hier vorgestellten Experiment um eine einzelne Studie handelt, die in ein größeres Forschungsprogramm einzuordnen ist. Dieses Programm umfasst zum einen die allgemeinere Erschließung neuer Forschungsinstrumente; zum anderen stellt diese Studie einen eigenen inhaltlichen Beitrag dar. In Bezug auf die hier interessierende Frage nach der Stabilität einer sozialen Ordnung zeigt unser Experiment jedenfalls, dass bestimmte Überlegungen zu qualifizieren sind. Eine Ordnung wird schon nicht deshalb befolgt werden, weil ihre Befolgung bloß mehr Einkommen generiert als ihre Nicht-Befolgung. Die *bloße* Flexibilisierung der Ordnung durch die Möglichkeit der Rangänderung innerhalb der Ordnung genügt nicht, um mehr Akzeptanz zu generieren. Eine Ordnung, die beträchtliche Ungleichheiten zur Folge hat, wird schon nicht auf hinreichende Akzeptanz stoßen. Ein Mindestmaß an Gleichheit muss gegeben sein. In Bezug auf meine Eingangsthese, dass eine Ordnung sich stabilisiert, in dem sie sich verwundbar macht, ist also festzuhalten, dass dies in dieser Allgemeinheit nicht gilt. Eine zu weitgehende Interpretation der Ergebnisse würde aber darin liegen, der Flexibilisierung der Ordnung jeglichen stabilisierenden Wert abzusprechen. Dafür sind die Arten, auf die ein Flexibilisierungsmechanismus ausgestaltet sein und wirken kann, zu vielfältig.

---

[53] Vgl. hierzu die Überlegungen bei *McAdams*, The Expressive Powers of Law (2015), 49.

3. *Relevanz für Art. 146 GG*

In der Debatte um die rechtliche Einordnung von Art. 146 GG spielt die Frage nach dem Stabilisierungs- oder Destabilisierungspotential des Art. 146 GG eine beträchtliche Rolle. Die Debatte verweist nicht zuletzt in diesem Punkt auf die grundsätzliche außerrechtliche Bedingtheit einer verfassungsmäßigen Ordnung. In der ökonomisch angeleiteten theoretischen Rekonstruktion dieser Bedingtheit hat sich gezeigt, dass die Stabilität der Ordnung stark von den distributiven Ergebnissen abhängen wird, mit denen sie verknüpft ist. Eine soziale Ordnung ist damit prekär.

a) Art. 146 GG zwischen „Bürger-" und „Juristenverfassung"

Art. 146 GG spricht ausdrücklich die Möglichkeit des Neuanfangs an. Bürgern und Wählern wird eine Norm wie Art. 146 GG aber regelmäßig nicht bekannt sein. Es erscheint müßig darüber zu spekulieren, wie sich eine bestimmte Interpretation dieser Norm auf die (breite) Akzeptanz des Grundgesetzes auswirkt, wenn diese Norm vollkommen unbekannt ist. Die Vorschrift ist aber als Ausdruck eines weiteren Prinzips zu sehen, das, wenn auch nicht in jedweder Ausprägung, so doch dem Grunde nach den Bürgern bekannt ist. Die Freiheitlichkeit einer Staatsordnung ist nichts, was den Bürgern verborgen bleibt.[54] Darüber hinaus wissen jedenfalls die Experten im politischen System von den Möglichkeiten der Norm. Mit der von *Volkmann* getroffenen Unterscheidung zwischen „Bürgerverfassung" und „Juristenverfassung"[55] ließe sich sagen, dass Art. 146 GG als *technische* Vorschrift zur „Juristenverfassung" gehört, während die damit ausgedrückte Fragilität der freiheitlichen Verfassungsordnung auch Teil der „Bürgerverfassung" ist.

b) Art. 146 GG als Hinweis auf die Fragilität der Ordnung

Meine Eingangsthese richtete sich auf eine Stabilisierung durch Verwundbarmachung; und im späteren Teil der Arbeit habe ich die teils paradoxen und dialektischen (möglichen) Wirkungen von Art. 146 GG diskutiert.[56] Für die Stabilisierung einer Ordnung braucht es aber mehr als eine Flexibilisierung. Wenn die soziale Realität von Ungleichheit geprägt ist, wird keine Stabilisierung auftreten. Hier zeigt sich die gegenseitige Bedingtheit von Norm und Umwelt. Wir haben im Experiment gesehen, dass eine Stabilität nicht auftritt, wenn die Aus-

[54] Die gilt sowohl hinsichtlich des normativen Prinzips der Freiheitlichkeit einer Ordnung, aber auch hinsichtlich der tatsächlichen Veränderbarkeit und auch Fragilität einer Ordnung, wie sie etwa bei *Dreier*, RW 1 (2010), 11, 17, oder *Tushnet*, Advanced Introduction to Comparative Constitutional Law (2014), 29, beschrieben ist.

[55] *Volkmann*, Grundzüge einer Verfassungslehre der Bundesrepublik Deutschland (2013), 95 f., in Anschluss an *Tushnet* und *Bryde*.

[56] Siehe unter C.II.

zahlungen zu ungleich sind. Diese Abhängigkeit der Stabilität einer Ordnung von ihren Auswirkungen findet sich in der Formel vom Sozialstaat als „faktischer Legitimationsvoraussetzung" wieder.[57] Versteht man die Verfassung als Pakt von Eliten[58] oder geht man davon aus, dass die Verfassung in einer Gesellschaft maßgeblich von deren Eliten konkretisiert wird[59], kann eine Vorschrift wie Art. 146 GG auch als Element verstanden werden, dass diese diszipliniert. Denn Art. 146 GG weist gerade auf die Fragilität der Ordnung hin, die ihre Versprechen auch einlösen muss, um stabil zu sein.

In Bezug auf die Debatte um die Wirkungen von Art. 146 GG würde dies bedeuten, dass die Kritiker der Neufassung zwar begründetermaßen ein Gefährdungspotential zuerkannt, dieses aber womöglich überschätzt haben. Denn ob der Weg des Art. 146 GG – noch dazu in mehr als bloß minimalinvasiver Weise – beschritten wird, wird schließlich maßgeblich von den Umständen abhängen, unter denen die Verfassungsadressaten leben. Dies verdeutlichen sowohl das Koordinationsmodell der positiven politischen Theorie als auch das hier vorgestellte Experiment. Doch nicht nur die Ängste der Kritiker wirken nach alldem übertrieben. Für den Glauben an die legitimierende Kraft von Art. 146 GG gilt Ähnliches. Dies betrifft sowohl die Legitimierung der gegenwärtigen Verfassung als auch die Legitimierung einer zukünftigen. Koordinationsmodell und Experiment rücken den Fokus der Aufmerksamkeit auf die Verfassungspraxis. Wenn diese für Ausgleich sorgt, wird die Verfassung eher stabil bleiben.

c) Bevor der Vorhang fällt

Ein methodenbewusstes Vorgehen kommt nicht ohne ein letztes Wort der Vorsicht aus. Die Einsichten, die sowohl das Koordinationsmodell der positiven politischen Theorie als auch das Experiment generieren, beruhen auf bestimmten, stark reduzierten Annahmen. Diese Arbeit hat den Versuch unternommen, diesen methodischen Schritt, aber auch die Annahmen selbst, zu plausibilisieren. Die Behauptung, all das sei der Weisheit letzter Schluss, maßt sie sich nicht an. Dafür sind sowohl der Untersuchungsgegenstand zu komplex, als auch die möglichen methodischen Herangehensweisen zu reichhaltig.

Eine weitere Qualifizierung scheint mir geboten: Das Ergebnis, dass die Stabilität der Verfassungsordnung maßgeblich davon abhängen wird, wie sie sich

---

[57] *Morlok/Michael*, Staatsorganisationsrecht (2017), Rn. 419.

[58] Siehe nur *Hirschl*, Comparative Matters (2014), 174.

[59] Im Kontext der Diskussion „representative vs. direct democracy" beschreibt *Voigt*, Public Choice 146 (2011), 205, 235, die Beziehung zwischen Bürgern und Regierung als Prinzipal-Agent-Beziehung. Direktdemokratische Elemente geben den Prinzipalen einerseits die Möglichkeit eine Entscheidung des Agenten aufzuheben. Außerdem besteht ein indirekter Effekt darin, dass die Möglichkeit der Aufhebung den Agenten dazu anhält, im Interesse des Prinzipals zu handeln.

als soziale Praxis entfaltet, ist nicht dahingehend zu verstehen, dass die normative Bedeutung von Art. 146 GG geschmälert werden soll. Die Norm macht schließlich die fundamentale Bedingtheit der Verfassungsordnung explizit. Eine deutlichere Warnung, mit der Verfassung und ihrer Deutung nicht überheblich umzugehen, ist kaum denkbar.

H. Ergebnisse

In diesem letzten Abschnitt rekapituliere ich die wichtigsten Ergebnisse meiner Arbeit.

1. Der verfassungstheoretische Hintergrund der Untersuchung liegt im klassischen Zielkonflikt zwischen Rigidität und Flexibilität einer Verfassung. Die Suche nach einem Ausgleich zwischen diesen beiden Zielen hat eine normative und eine faktische Seite. Denn es geht einerseits um legitimatorische Bedenken, andererseits um tatsächliche Wirkmöglichkeiten. Dies zeigt sich schon in den klassischen Debatten zwischen *Burke* und *Paine*, *Jefferson* und *Madison* (siehe zum Ganzen unter B.II.1).

2. Eine Verfassung muss mit Unsicherheit umgehen. Das liegt an der Unkenntnis zukünftiger Präferenzen, der Unkenntnis zukünftiger (äußerer) Herausforderungen, aber auch an der Unsicherheit hinsichtlich der Bewährung von neuen Institutionen. Diese Unsicherheiten mahnen zur Bescheidenheit (siehe zum Ganzen unter B.II.2).

3. Das Recht versucht diese Herausforderungen zu bewältigen. Notwendige Bedingung ist ein tauglicher materieller Ausgangspunkt. Prozedurale Instrumente zur Bewältigung dieser Herausforderungen sind dann die Änderung des Verfassungstextes, die Änderung der Verfassungsinterpretation, aber auch das demokratische Alltagsgeschäft in Wahlen und Abstimmungen. Schon hier zeigt sich ein Bewusstsein für das Problem der außerrechtlichen Bedingtheit der Verfassung (siehe zum Ganzen unter B.II.3).

4. In verfassungsrechtlichen Ewigkeitsklauseln zeigen sich die „Geburtswehen" einer Gesellschaft (*Issacharoff*). Die Ewigkeitsgarantie in Art. 79 Abs. 3 GG soll vor einem Verfassungsbruch unter einer „Maske der Legalität" (*Dehler*) schützen. Es besteht aber das Risiko von normativen Versteinerungen bei zu extensiver Auslegung (siehe zum Ganzen unter B.III).

5. Die Konflikte um Art. 146 GG nehmen starken Bezug auf historische Hintergründe. Dies betrifft die Konstruktion des Grundgesetzes als Provisorium und die Artikeldebatte im Zuge der Wiedervereinigung. In dieser Debatte vermischen sich verfassungsrechtliche, verfassungstheoretische und verfassungspolitische Elemente (siehe zum Ganzen unter B.IV).

6. Auch in der gegenwärtigen Debatte um die rechtliche Einordnung von Art. 146 GG spielen faktische Annahmen eine Rolle. Meines Erachtens haben die Interpreten, die Art. 146 GG als weiterhin voll gültig und von Art. 79 GG

dispensierend betrachten, die besseren Argumente auf ihrer Seite. Alle Interpreten teilen jedoch die Sorge um die Stabilität der Verfassung. Dies verweist auf die außerrechtliche Bedingtheit der Verfassung (siehe zum Ganzen unter B.V).

7. Eine freiheitliche Ordnung geht Risiken ein. Dies ist für den Fall der Meinungsfreiheit anerkannt. Der Fall des Art. 146 GG ist funktional vergleichbar. Eine stabilisierende Wirkung von Art. 146 GG (aF) kann im Fall der Wiedervereinigung angenommen werden, als eine Verfassungsablösung zumindest diskutiert und ein Kompromiss ermöglicht wurde. Im Lissabon-Urteil des Bundesverfassungsgerichts kann die Bezugnahme auf Art. 146 GG als stabilisierende strategische Handlung gedeutet werden (siehe zum Ganzen unter C.I und C.II).

8. Die außerrechtliche Bedingtheit und der notwendige Selbststand der Verfassung lassen sich auf Grundlage des Böckenförde-Diktums beschreiben. Dieses bietet zumindest eine Problembeschreibung in Form einer Aporie. Es weist auf die Bedeutung tatsächlicher Akzeptanz bei den Adressaten der Verfassung hin, da diese ohne äußeren Durchsetzungsmechanismus auskommen muss (siehe zum Ganzen unter C.III).

9. Ebendiese Eigenschaft der Verfassung wird von der positiven politischen Theorie zum Anlass genommen, die Verfassung spieltheoretisch als Lösung in einem Koordinationsproblem zu konzeptualisieren. Theorien von den expressiven Wirkungen des Rechts beschreiben die Verfassung dabei als Fokalpunkt. Die von der Verfassung vorgeschlagene Lösung muss selbst-vollziehend sein. Denn um stabil zu sein, müssen Lösungen vermieden werden, die einseitig bestimmte Gruppen bevorzugen (siehe zum Ganzen unter D.III).

10. Anhand dieser Konzepte lässt sich die Geschichte der Verfassungsstabilität in Deutschland nachzeichnen. Während die WRV als „Verfassung der Anderen" (*Gusy*) wahrgenommen wurde und es zu Radikalisierungen kam, gelang es dem Grundgesetz sich als „Verfassung der Mitte" (*Voßkuhle/Wischmeyer*) zu positionieren. Gleichwohl werden gegenwärtig mögliche Herausforderungen für seine Stabilität zumindest diskutiert (siehe zum Ganzen unter D.IV).

11. Der Frage nach der Stabilität der Verfassung kann empirisch und statistisch nachgegangen werden. Quantitative Studien bringen interessante Ergebnisse zum Vorschein, etwa zur Lebensdauer von Verfassungen. Gleichwohl können sie Erklärungen für diese nur nahelegen. Das methodische Identifikationsproblem lässt sich nicht bewältigen (siehe zum Ganzen unter E).

12. Experimente bieten eine komplementäre Vorgehensweise. Durch kontrollierte Bedingungen erlauben sie Kausalschlüsse. Als Forschungsinstrument für die Verfassungstheorie stellen sie eine Herausforderung dar. Mit ihnen lassen sich jedoch verfassungsrelevante Verhaltenseffekte beschreiben, die heuristisches Potential haben (siehe zum Ganzen unter F).

13. In einer mit Co-Autoren aus der Ökonomie unternommenen Studie rekonstruiere ich (einen Ausschnitt) der Akzeptanzbedingungen einer sozialen Ordnung. Insbesondere geht es um die Flexibilisierung einer Ordnung und die

Stabilisierung durch freiwillige Transfers. Es zeigt sich, dass dem Ausgleich von Ungleichheiten eine entscheidende Bedeutung für die Stabilisierung der Ordnung zukommt (siehe zum Ganzen unter G).

14. Meine Eingangsthese, dass eine Ordnung sich stabilisiert, indem sie sich verwundbar macht, ist dementsprechend zu qualifizieren. Die Wirkung von Art. 146 GG wird im Wesentlichen davon abhängen, welche soziale Wirklichkeit vorherrscht. Art. 146 GG ist aber normativ wertvoll, weil er gerade auf diese Bedingtheit hinweist (siehe zum Ganzen unter G.V).

I. Appendix

In diesem Appendix können die Instruktionen nachgelesen werden, die an die Teilnehmer des in Teil G beschriebenen Experiments ausgeteilt wurden. Textbestandteile, die nur in bestimmten Treatments Verwendung fanden, habe ich nachträglich durch eckige Klammern und eine entsprechende kursive Erläuterung kenntlich gemacht. Die Entscheidungsfelder waren im Original in den entsprechenden Farben abgedruckt. Das Verständnis der Instruktionen wurde vor Beginn des Experiments anhand von Fragebögen abgefragt und sichergestellt.

Allgemeine Erklärungen für die Teilnehmer

Willkommen zu unserem Experiment!

Wenn Sie die nachfolgenden Erklärungen genau lesen, dann können Sie – je nach Ihren Entscheidungen – eine nicht unbeträchtliche Geldsumme verdienen. Es ist daher sehr wichtig, dass Sie diese Erklärungen genau durchlesen.

Während des Experiments herrscht ein absolutes Kommunikationsverbot mit den anderen Teilnehmern. Die Nichtbeachtung dieser Regel führt zum Ausschluss vom Experiment und allen Zahlungen. Wenn Sie Fragen haben, strecken Sie bitte Ihre Hand aus der Kabine. Wir kommen dann zu Ihnen.

Während des Experiments sprechen wir nicht von Euros, sondern von Punkten. Ihr gesamtes Einkommen wird also zunächst in Punkten berechnet. Die von Ihnen während des Experiments erzielte Gesamtpunktzahl wird dann am Ende in Euros umgerechnet, wobei gilt:

25 Punkte = 1 Euro.

Am Ende bekommen Sie von uns die während des Experiments verdiente Punktzahl **bar** in Euro ausbezahlt. Zusätzlich zu diesem Betrag erhalten Sie für das Erscheinen zu diesem Experiment eine Zahlung von **4 Euro**.

Experiment

Das Experiment besteht aus **mindestens 50 Perioden**.

Nach Periode 50 wird in jeder Periode neu gelost, ob es noch eine weitere Periode gibt. Mit einer Wahrscheinlichkeit von 75 % gibt es noch eine Periode 51. Falls es eine Periode 51 gegeben haben sollte, gibt es mit einer Wahrscheinlichkeit von 75 % noch eine Periode 52, usw.

Zu Beginn des Experiments werden die Teilnehmer zufällig in Sechser-Gruppen aufgeteilt. Außer Ihnen hat Ihre Gruppe also noch 5 weitere Mitglieder. Während des gesamten Experiments bleibt die Zusammensetzung Ihrer Sechser-Gruppe gleich.

Ebenfalls zu Beginn des Experiments benennt der Computer die **Teilnehmer** jeder Sechser-Gruppe zufällig mit je einem **Buchstaben**: **a**, **b**, **c**, **d**, **e** oder **f**. Jeder Teilnehmer der Gruppe hat die gleiche Wahrscheinlichkeit, einen bestimmten Buchstaben (a, b, c, d, e, f) zu bekommen. In jeder Sechser-Gruppe wird jeder Buchstabe genau einmal vergeben.

<u>In jeder Periode</u> interagieren Sie mit genau einem der anderen Teilnehmer aus Ihrer Gruppe. Mit wem Sie interagieren, wird zu Beginn jeder Periode zufällig vom Computer festgelegt. Auch die anderen 4 Teilnehmer aus Ihrer Sechser-Gruppe werden mit jeweils einem anderen Teilnehmer aus der Gruppe gepaart. Insgesamt finden in Ihrer Gruppe in jeder Periode also 3 parallele Begegnungen statt.

In jeder Periode besteht Ihre Aufgabe darin, eines von zwei Entscheidungsfeldern zu wählen:

Wie viele Punkte Sie in einer Periode verdienen, hängt sowohl von Ihrer Entscheidung ab, als auch von der Entscheidung des Teilnehmers, mit dem Sie interagieren.

- Wenn Sie „Rot" wählen und der andere Teilnehmer „Blau" wählt, verdienen Sie **10 Punkte** und der andere Teilnehmer **1 Punkt**.
- Wenn Sie „Blau" wählen und der andere Teilnehmer „Rot" wählt, verdienen Sie **1 Punkt** und der andere Teilnehmer **10 Punkte**.
- Wenn beide Teilnehmer „Rot" wählen, verdienen beide **0 Punkte**.
- Wenn beide Teilnehmer „Blau" wählen, verdienen beide **0 Punkte**.

In jeder Periode wird eines der Felder **fettgedruckt** sein:

Immer wenn bei Ihnen das Feld „Rot" fettgedruckt ist, ist beim anderen Teilnehmer das Feld „Blau" fettgedruckt; und umgekehrt. Es steht Ihnen frei zu entscheiden, ob Sie der Markierung folgen möchten oder nicht.

Welches Feld fettgedruckt ist, entscheidet der Computer aufgrund Ihres Buchstabens. Das Feld „Rot" ist bei demjenigen Teilnehmer fettgedruckt, dessen Buchstabe im Alphabet an früherer Stelle kommt. Wenn Sie zum Beispiel zu Beginn des Experiments vom Computer mit **c** benannt wurden und auf Teilnehmer **d**, **e** oder **f** treffen, wird bei Ihnen „**Rot**" fettgedruckt. Wenn Sie aber auf Teilnehmer **a** oder **b** treffen, wird bei Ihnen „**Blau**" fettgedruckt.

Wenn Sie also zu Beginn zum Beispiel mit **a** benannt wurden, wird in allen Perioden „Rot" fettgedruckt werden. Wenn Sie Teilnehmer **f** sind, wird immer „Blau" fettgedruckt, etc.

Erst, wenn beide Teilnehmer ihre Entscheidung getroffen haben, erfahren Sie, was der andere Teilnehmer gewählt hat.

Am Ende jeder Periode erhalten Sie auf Ihrem Computerbildschirm eine **Übersicht** darüber:

- für welches Feld Sie sich entschieden haben;
- für welches Feld sich der andere Teilnehmer entschieden hat;
- welches **Einkommen** Sie und der andere Teilnehmer jeweils in dieser Periode erzielt haben;
- wie sich die Teilnehmer in den **anderen Begegnungen** entschieden haben.

[*Transfer- und CT-Treatment:* Außerdem haben Sie die Möglichkeit, dem anderen Teilnehmer einen beliebigen Teil Ihres Einkommens aus der aktuellen Periode zu **überweisen**. Dazu geben Sie auf dem Bildschirm die Zahl an Punkten ein, die Sie dem anderen Teilnehmer zukommen lassen möchten, und bestätigen Ihre Entscheidung mit „Weiter". Es steht Ihnen frei zu entscheiden, ob Sie Punkte überweisen möchten – und wenn ja, wie viele.

Zudem erhalten Sie auf ihrem Computerbildschirm eine Übersicht darüber:

- wie viele Punkte Sie dem anderen Teilnehmer **überwiesen** haben;
- wie viele Punkte der andere Teilnehmer Ihnen überwiesen hat;
- welches **Einkommen** Sie verrechnet mit den Überweisungen in dieser Periode erzielt haben;]
- welches **Einkommen** Sie bisher **insgesamt** erzielt haben;
- welches **Einkommen** jeder der **anderen Teilnehmer** in Ihrer Sechser-Gruppe bisher **insgesamt** erzielt hat.

[*Change- und CT-Treatment:* Am Ende jeder Periode können die am Anfang des Experiments zufällig vergebenen **Buchstaben** (a, b, c, d, e, f) vom Computer **neu** vergeben werden. Wie zu Beginn hat dann jeder Teilnehmer wieder die gleiche Wahrscheinlichkeit, einen bestimmten Buchstaben (a, b, c, d, e, f) zu bekommen. Und zwar unabhängig vom Buchstaben, den er bislang hatte.

Diese Neu-Vergabe findet statt, wenn in **allen drei Paarungen** in Ihrer Sechser-Gruppe beide Teilnehmer jeweils die **gleiche Farbe** gewählt haben. Also zum Beispiel, wenn in allen drei Paarungen beide Teilnehmer jeweils „Rot" gewählt haben. Oder zum Beispiel, wenn in zwei Paarungen beide „Rot" und in der anderen Paarung beide „Blau" gewählt haben.]

In der nächsten Periode werden Sie erneut zufällig einem anderen Teilnehmer aus Ihrer Sechser-Gruppe zugeordnet, mit dem Sie dann interagieren.

Haben Sie noch irgendwelche Fragen?

Falls ja, strecken Sie bitte Ihre Hand aus der Kabine. Wir kommen dann zu Ihnen.

Literaturverzeichnis

van Aaken, Anne, „Rational Choice" in der Rechtswissenschaft: zum Stellenwert der ökonomischen Theorie im Recht, Baden-Baden 2003.

Albert, Richard, The Expressive Function of Constitutional Amendment Rules, in: McGill Law Journal 59 (2013), 225–281.

Alekseev, Aleksandr/Charness, Gary/Gneezy, Uri, Experimental Methods: When and Why Contextual Instructions are Important, in: Journal of Economic Behavior & Organization 134 (2017), 48–59.

Alexander, Richard D., The Biology of Moral Systems, New Brunswick/London 1987.

Alexy, Robert, Theorie der juristischen Argumentation, 8. Auflage, Frankfurt am Main 2008.

Almendares, Nicholas/Landa, Dimitri, Strategic Coordination and the Law, in: Law and Philosophy 26 (2007), 501–529.

Amadae, Sonja M./Bueno de Mesquita, Bruce, The Rochester School: The Origins of Positive Political Theory, in: Annual Review of Political Science 2 (1999), 269–295.

Anderson, Benedict, Imagined Communities. Reflections on the Origin and Spread of Nationalism, London/New York 2006.

Arato, Andrew, Post Sovereign Constitution Making. Learning and Legitimacy, Oxford 2016.

Aristoteles, Politik, herausgegeben von Olof Gigon, 7. Auflage, München 2011.

Arlen, Jennifer/Tontrup, Stephan, Does the Endowment Effect Justify Legal Intervention? The Debiasing Effect of Institutions, in: Journal of Legal Studies 44 (2015), 143–182.

Atkinson, Anthony B., Inequality: What Can Be Done?, Cambridge (MA) 2015.

Aumann, Robert J., Subjectivity and Correlation in Randomized Strategies, in: Journal of Mathematical Economics 1 (1974), 67–96.

Aumann, Robert J., Correlated Equilibrium as an Expression of Bayesian Rationality, in: Econometrica 55 (1987), 1–18.

Axelrod, Robert M., The Evolution of Cooperation, New York 1984.

Bacharach, Michael/Bernasconi, Michele, The Variable Frame Theory of Focal Points: An Experimental Study, in: Games and Economic Behavior 19 (1997), 1–45.

Badura, Peter, Das Grundgesetz – Verfassung für Deutschland, in: Guggenberger, Bernd/Stein, Tine (Hg.), Die Verfassungsdiskussion im Jahr der deutschen Einheit, München 1991, 325–335.

Baird, Douglas G./Gertner, Robert H./Picker, Randal C., Game Theory and the Law, Cambridge (MA) 1994.

Bartlsperger, Richard, Verfassung und verfassunggebende Gewalt im vereinten Deutschland, in: DVBl. (1990), 1285–1301.

Bednar, Jenna, The Robust Federation. Principles of Design, Cambridge 2009.

Behnke, Joachim, Thomas Schelling und die Theorie der Focal Points, in: Leschke, Martin/Pies, Ingo (Hg.), Thomas Schellings strategische Ökonomik, Tübingen 2007, 155–174.

Benditt, Theodore M., Acting in Concert or Going It Alone: Game Theory and the Law, in: Law and Philosophy 23 (2004), 615–630.

Bickenbach, Christian, Verfassungsrechtliche Vereinigung und staatliche Wiedervereinigung – 25 Jahre Deutsche Einheit, in: JuS (2015), 891–895.

Binmore, Ken/Shaked, Avner, Experimental Economics: Where Next?, in: Journal of Economic Behavior & Organization 73 (2010), 87–100.

Bitter, Melanie, Spieltheorie und öffentliche Verwaltung. Behördliche Informationsbeschaffung durch spieltheoretische Mechanismen. Eine Untersuchung unter besonderer Berücksichtigung verschiedenartiger Rationalitäten, Baden-Baden 2004.

Blasche, Sebastian, Die grundsätzliche Mitwirkung der Länder bei der Gesetzgebung. Eine verfassungsdogmatische Untersuchung zu Art. 79 Abs. 3, 2. Var. GG vor dem Hintergrund einer möglichen Einführung von Volksgesetzgebung in das Grundgesetz, Baden-Baden 2006.

Blasche, Sebastian, Die Bedeutung des Art. 146 GG n. F. zwanzig Jahre nach der deutschen Wiedervereinigung, in: VR 56 (2010), 377–383.

Bock, Olaf/Baetge, Ingmar/Nicklisch, Andreas, hroot: Hamburg Registration and Organization Online Tool, in: European Economic Review 71 (2014), 117–120.

Böckenförde, Ernst-Wolfgang, Entstehung und Wandel des Rechtsstaatsbegriffs, in: Ehmke, Horst/Schmid, Carlo/Scharoun, Hans (Hg.), Festschrift für Adolf Arndt zum 65. Geburtstag, Frankfurt am Main 1969, 53–76.

Böckenförde, Ernst-Wolfgang, Der Zusammenbruch der Monarchie und die Entstehung der Weimarer Republik, in: Jeserich, Kurt G. A./Pohl, Hans/von Unruh, Georg-Christoph (Hg.), Deutsche Verwaltungsgeschichte, Bd. IV, Stuttgart 1985, 1–23.

Böckenförde, Ernst-Wolfgang, „Der freiheitliche säkularisierte Staat …“, in: Schmidt, Susanna/Wedell, Michael (Hg.), „Um der Freiheit willen …“. Kirche und Staat im 21. Jahrhundert. Festschrift für Burkhard Reichert, Freiburg/Basel/Wien 2002, 19–23.

Böckenförde, Ernst-Wolfgang, Recht, Staat, Freiheit, Frankfurt am Main 2006.

Böckenförde, Ernst-Wolfgang, Der säkularisierte Staat. Sein Charakter, seine Rechtfertigung und seine Probleme im 21. Jahrhundert, 2. Auflage, München 2015.

von Bogdandy, Armin, Zur sozialwissenschaftlichen Runderneuerung der Verfassungsvergleichung: Eine hegelianische Reaktion auf Ran Hirschls Comparative Matters, in: Der Staat 55 (2016), 103–115.

Boix, Carles, Origins and Persistence of Economic Inequality, in: Annual Review of Political Science 13 (2010), 489–516.

Bortz, Jürgen/Schuster, Christof, Statistik für Human- und Sozialwissenschaftler, 7. Auflage, Berlin/Heidelberg 2011.

Bowden, Hugh, Classical Athens and the Delphic Oracle: Divination and Democracy, Cambridge 2005.

Boysen, Sigrid/Kaiser, Anna-Bettina/Meinel, Florian (Hg.), Verfassung und Verteilung, Tübingen 2015.

Brehm, Jack W., A Theory of Psychological Reactance, New York 1966.

Broß, Siegfried, Verfassungssystematische und verfassungspolitische Überlegungen zum Erfordernis eines nationalen Referendums über die Verfassung der Europäischen Union, in: Wollenschläger, Michael/Kreßel, Eckhard/Egger, Johann (Hg.), Recht –

Wirtschaft – Kultur. Herausforderungen an Staat und Gesellschaft im Zeitalter der Globalisierung. Festschrift für Hans Hablitzel zum 60. Geburtstag, Berlin 2005, 55–66.

Brugger, Winfried, Der moderne Verfassungsstaat aus Sicht der amerikanischen Verfassung und des Grundgesetzes, in: AöR 126 (2001), 337–402.

Brugger, Winfried, Verbot oder Schutz von Hassrede? Rechtsvergleichende Beobachtungen zum deutschen und amerikanischen Verfassungsrecht, in: AöR 128 (2003), 372–411.

Bryde, Brun-Otto, Verfassungsentwicklung. Stabilität und Dynamik im Verfassungsrecht der Bundesrepublik Deutschland, Baden-Baden 1982.

Bryde, Brun-Otto, Art. 79, in: von Münch, Ingo/Kunig, Philip (Hg.), Grundgesetz-Kommentar, Bd. II, 6. Auflage, München 2012.

Buchanan, James M., The Constitution of Economic Policy, in: American Economic Review 77 (1987), 243–250.

Buchanan, James M./Tullock, Gordon, The Calculus of Consent, Band 3, Ann Arbor 1962.

Bühler, Franz, Verfassungsrevision und Generationenproblem. Studie zur Verfassungsrevisionstheorie Thomas Jeffersons, Freiburg in der Schweiz 1949.

Burke, Edmund, Reflections on the French Revolution, The Harvard Classics, New York 1914.

Camera, Gabriele/Casari, Marco, Cooperation Among Strangers Under the Shadow of the Future, in: American Economic Review 99 (2009), 979–1005.

Camera, Gabriele/Casari, Marco/Bigoni, Maria, Cooperative Strategies in Anonymous Economies: An Experiment, in: Games and Economic Behavior 75 (2012), 570–586.

Camerer, Colin, Behavioral Game Theory: Experiments in Strategic Interaction, New York/Princeton 2003.

Camerer, Colin/Talley, Eric, Experimental Study of Law, in: Polinsky/Shavell (Hg.), Handbook of Law and Economics, Bd. 2, Amsterdam 2007, 1619–1650.

Campbell, Donald T./Stanley, Julian C., Experimental and Quasi-Experimental Designs for Research, Chicago 1966.

Carroll, Lewis, Sylvie und Bruno. Eine Geschichte. Bd. I und II, München 2006.

Charness, Gary/Fehr, Ernst, From the Lab to the Real World, in: Science 350 (2015), 512–513.

Charness, Gary/Kuhn, Peter, Lab Labor: What Can Labor Economists Learn from the Lab?, in: Orley, Ashenfelter/David, Card (Hg.), Handbook of Labor Economics, Vol. 4, Part A, Amsterdam 2011, 229–330.

Chatziathanasiou, Konstantin, Constitutions as Chains? – On the Intergenerational Challenges of Constitution-Making, in: Intergenerational Justice Review 10 (2017), 32–41.

Chatziathanasiou, Konstantin/Hartmann, Constantin, „Allgemeines Prozessrecht“ – Bausteine des Verfahrensrechts in ZPO, VwGo und StPO – Teil 1, in: JURA 37 (2015), 911–921.

Chatziathanasiou, Konstantin/Leszczynska, Monika, Experimentelle Ökonomik im Recht, in: RW 8 (2017), 314–338.

Chaudhuri, Ananish, Sustaining Cooperation in Laboratory Public Goods Experiments: A Selective Survey of the Literature, in: Experimental Economics 14 (2011), 47–83.

Chilton, Adam S., The Influence of International Human Rights Agreements on Public Opinion: An Experimental Study, in: Chicago Journal of International Law 15 (2014), 110–137.

Coase, Ronald H., The Problem of Social Cost, in: Journal of Law and Economics 3 (1960), 1–44.

Contiades, Xenophon/Fotiadou, Alkmene, Models of Constitutional Change, in: Contiades, Xenophon (Hg.), Engineering Constitutional Change. A Comparative Perspective on Europe, Canada and the USA, London/New York 2013, 417–470.

Cooper, David J./Dutcher, E. Glenn, The Dynamics of Responder Behavior in Ultimatum Games: A Meta-Study, in: Experimental Economics 14 (2011), 519–546.

Cooper, Russell W./DeJong, Douglas V./Forsythe, Robert/Ross, Thomas W., Selection Criteria in Coordination Games: Some Experimental Results, in: American Economic Review 80 (1990), 218–233.

Cramer, Philipp, Artikel 146 Grundgesetz zwischen offener Staatlichkeit und Identitätsbewahrung. Perspektiven des Schlussartikels des Grundgesetzes für die zukünftige europäische Integration, Berlin 2014.

Crawford, Matthew T./McConnell, Allen R./Lewis, Amy C./Sherman, Steven J., Reactance, Compliance, and Anticipated Regret, in: Journal of Experimental Social Psychology 38 (2002), 56–63.

Crawford, Vincent P./Gneezy, Uri/Rottenstreich, Yuval, The Power of Focal Points is Limited: Even Minute Payoff Asymmetry May Yield Large Coordination Failures, in: American Economic Review 98 (2008), 1443–1458.

Dal Bó, Pedro/Foster, Andrew/Putterman, Louis, Institutions and Behavior: Experimental Evidence on the Effects of Democracy, in: American Economic Review 100 (2010), 2205–2230.

van Damme, Eric/Binmore, Kenneth G./Roth, Alvin E./Samuelson, Larry/Winter, Eyal/ Bolton, Gary E./Ockenfels, Axel/Dufwenberg, Martin/Kirchsteiger, Georg/Gneezy, Uri/Kocher, Martin G./Sutter, Matthias/Sanfey, Alan G./Kliemt, Hartmut/Selten, Reinhard/Nagel, Rosemarie/Azar, Ofer H., How Werner Güth's ultimatum game shaped our understanding of social behavior, in: Journal of Economic Behavior & Organization 108 (2014), 292–318.

Darley, John M., Morality in the Law: The Psychological Foundations of Citizens' Desires to Punish Transgressions, in: Annual Review of Law and Social Science 5 (2009), 1–23.

Degenhart, Christoph, Verfassungsfragen der deutschen Einheit, in: DVBl. (1990), 973–981.

Diamond, Jared/Robinson, James A., Afterword: Using Comparative Methods in Studies of Human History, in: Diamond, Jared/Robinson, James A. (Hg.), Natural Experiments of History, Cambridge (MA)/London 2011, 257–275.

Diekmann, Andreas, Empirische Sozialforschung. Grundlagen, Methoden, Anwendungen, 6. Auflage, Reinbek bei Hamburg 2012.

Diermeier, Daniel, Positive Political Theory, in: Gibbons, Michael T. (Hg.), The Encyclopedia of Political Thought, New York 2015.

Dixon, Rosalind, Constitutional Drafting and Distrust, in: International Journal of Constitutional Law 13 (2015), 819–846.

Dixon, Rosalind/Suk, Julie, Liberal Constitutionalism and Economic Inequality, in: University of Chicago Law Review 85 (2018), 369–401.

Donohue, John J., Empirical Evaluation of Law: The Dream and the Nightmare, in: American Law and Economics Review 17 (2015), 313–360.

Dreier, Horst, Art. 146, in: Dreier, Horst (Hg.), Grundgesetz-Kommentar, Bd. III, 2. Auflage, Tübingen 2008.

Dreier, Horst, 60 Jahre und kein bisschen heilig, in: Die Zeit vom 7.5. (2009), 13.

Dreier, Horst, Gilt das Grundgesetz ewig? Fünf Kapitel zum modernen Verfassungsstaat, München 2009.

Dreier, Horst, Der freiheitliche Verfassungsstaat als riskante Ordnung, in: RW 1 (2010), 11–38.

Dreier, Horst, Art. 79, in: Dreier, Horst (Hg.), Grundgesetz-Kommentar, Bd. II, 3. Auflage, Tübingen 2015.

Eidenmüller, Horst, Liberaler Paternalismus, in: JZ 66 (2011), 814–821.

Eidenmüller, Horst, Effizienz als Rechtsprinzip. Möglichkeiten und Grenzen der ökonomischen Analyse des Rechts, Tübingen 2015.

Eifert, Martin, Zum Verhältnis von Dogmatik und pluralisierter Rechtswissenschaft, in: Kirchhof, Gregor/Magen, Stefan/Schneider, Karsten (Hg.), Was weiß Dogmatik?, Tübingen 2012, 79–96.

Elkins, Zachary/Ginsburg, Tom/Melton, James, Baghdad, Tokyo, Kabul …: Constitution Making in Occupied States, in: William & Mary Law Review 49 (2007), 1139–1178.

Elkins, Zachary/Ginsburg, Tom/Melton, James, The Endurance of National Constitutions, Cambridge 2009.

Elster, Jon, Ulysses and the Sirens. Studies in Rationality and Irrationality, Cambridge 1984.

Elster, Jon, Arguing and Bargaining in Two Constituent Assemblies, in: University of Pennsylvania Journal of Constitutional Law 2 (1999), 345–421.

Elster, Jon, Ulysses Unbound. Studies in Rationality, Precommitment, and Constraints, Cambridge 2000.

Elster, Jon, Don't Burn your Bridge Before you Come to it: Some Ambiguities and Complexities of Precommitment, in: Texas Law Review 81 (2002), 1751–1787.

Engel, Christoph, Vertrauen: ein Versuch. Preprints aus der Max-Planck-Projektgruppe Recht der Gemeinschaftsgüter, No. 1999/12, Bonn 1999.

Engel, Christoph, Offene Gemeinwohldefinitionen, in: Rechtstheorie 32 (2001), 23–52.

Engel, Christoph, Herrschaftsausübung bei offener Wirklichkeitsdefinition, in: Engel, Christoph/Schön, Wolfgang (Hg.), Das Proprium der Rechtswissenschaft, Tübingen 2007, 206–240.

Engel, Christoph, Verhaltenswissenschaftliche Analyse: Eine Gebrauchsanweisung für Juristen, in: Engel, Christoph/Englerth, Markus/Lüdemann, Jörn/Spiecker gen. Döhmann, Indra (Hg.), Recht und Verhalten, Tübingen 2007, 363–405.

Engel, Christoph, Diskussionsbeitrag, in: VVDStRl 68 (2009), 475–477.

Engel, Christoph, Das schwindende Vertrauen in die Marktwirtschaft und die Folgen für das Recht, in: Grundmann, Stefan/Haar, Brigitte/Merkt, Hanno/Mülbert, Peter O./Wellenhofer, Marina/Baum, Harald/von Hein, Jan/von Hippel, Thomas/Pistor, Katharina/Roth, Markus/Schweitzer, Heike (Hg.), Festschrift für Klaus J. Hopt zum 70. Geburtstag, Berlin 2010, 2733–2752.

Engel, Christoph, Legal Experiments: Mission Impossible?, Den Haag 2013.

Engel, Christoph/Englerth, Markus/Lüdemann, Jörn/Spiecker gen. Döhmann, Indra (Hg.), Recht und Verhalten. Beiträge zu Behavioral Law and Economics, Tübingen 2007.

Engel, Christoph/Rand, David G., What does „clean" really mean? The implicit framing of decontextualized experiments, in: Economics Letters 122 (2014), 386–389.

Engel, Christoph/Zhurakhovska, Lilia, You Are in Charge: Experimentally Testing the Motivating Power of Holding a Judicial Office, in: Journal of Legal Studies 46 (2017), 1–50.

Englerth, Markus, Behavioral Law and Economics – eine kritische Einführung, in: Engel, Christoph/Englerth, Markus/Lüdemann, Jörn/Spiecker gen. Döhmann, Indra (Hg.), Recht und Verhalten, Tübingen 2007, 60–130.

Englerth, Markus, Verhaltensökonomie, in: Towfigh, Emanuel V./Petersen, Niels (Hg.), Ökonomische Methoden im Recht: Eine Einführung für Juristen, Tübingen 2010, 165–199.

Falk, Armin/Fischbacher, Urs, A Theory of Reciprocity, in: Games and Economic Behavior 54 (2006), 293–315.

Falk, Armin/Heckman, James J., Lab Experiments Are a Major Source of Knowledge in the Social Sciences, in: Science 326 (2009), 535–538.

Fehr, Ernst/Schmidt, Klaus M., A Theory of Fairness, Competition, and Cooperation, in: Quarterly Journal of Economics 114 (1999), 817–868.

Fehr, Ernst/Schmidt, Klaus M., On Inequity Aversion: A Reply to Binmore and Shaked, in: Journal of Economic Behavior & Organization 73 (2010), 101–108.

Feld, Lars P./Schmidt, Christoph M., Wie ungleich ist Deutschland wirklich?, in: FAS vom 6.3. (2016), 24.

Feldkamp, Michael F., Der Parlamentarische Rat 1948–1949. Die Entstehung des Grundgesetzes, Göttingen 2008.

Feldkamp, Michael F., Hauptausschuss. Bd. 14/II, in: Bundestag, Deutscher/Bundesarchiv (Hg.), Der Parlamentarische Rat 1948–1949. Akten und Protokolle, München 2009.

Ferejohn, John, The Politics of Imperfection: The Amendment of Constitutions, in: Law & Social Inquiry 22 (1997), 501–530.

Feri, Francesco/Irlenbusch, Bernd/Sutter, Matthias, Efficiency Gains from Team-Based Coordination – Large-Scale Experimental Evidence, in: American Economic Review 100 (2010), 1892–1912.

Finkelman, Paul, Thomas Jefferson and Antislavery: The Myth Goes On, Virginia Magazine of History and Biography 102 (1994), 193–228.

Fischbacher, Urs, z-Tree: Zurich Toolbox for Ready-Made Economic Experiments, in: Experimental Economics 10 (2007), 171–178.

Fleischer, Holger/Schmolke, Klaus Ulrich/Zimmer, Daniel, Verhaltensökonomik als Forschungsinstrument für das Wirtschaftsrecht, in: Fleischer, Holger/Zimmer, Daniel (Hg.), Beitrag der Verhaltensökonomie (Behavioral Economics) zum Handels- und Wirtschaftsrecht, Frankfurt am Main 2011, 9–62.

Fleischer, Holger/Zimmer, Daniel (Hg.), Beitrag der Verhaltensökonomie (Behavioral Economics) zum Handels- und Wirtschaftsrecht, Frankfurt am Main 2011.

Fratzscher, Marcel, Verteilungskampf. Warum Deutschland immer ungleicher wird, München 2016.

Frey, Bruno S., A Constitution for Knaves Crowds Out Civic Virtues, in: The Economic Journal 107 (1997), 1043–1053.

Friedrich, Carl J., Rebuilding the German Constitution, II, in: American Political Science Review 43 (1949), 704–720.

Frowein, Jochen Abr., Die Verfassungslage Deutschlands im Rahmen des Völkerrechts, in: VVDStRl 49 (1990), 7–38.

Fuchs, Michael, Rezension von Sigrid Boysen/Anna-Bettina Kaiser/Florian Meinel (Hg.): Verfassung und Verteilung, in: DVBl. (2016), 494.

Gächter, Simon, Human Prosocial Motivation and the Maintenance of Social Order, in: Zamir, Eyal/Teichman, Doron (Hg.), The Oxford Handbook of Behavioral Economics and the Law, Oxford 2014, 28–60.

Gärditz, Klaus Ferdinand, Temporale Legitimationsasymmetrien, in: Hill, Hermann/Schliesky, Utz (Hg.), Management von Unsicherheit und Nichtwissen, Baden-Baden 2016, 253–284.

Gärditz, Klaus Ferdinand/Hillgruber, Christian, Volkssouveränität und Demokratie ernst genommen – Zum Lissabon-Urteil des BVerfG, in: JZ 64 (2009), 872–881.

Ginsburg, Tom (Hg.), Comparative Constitutional Design, Cambridge 2012.

Ginsburg, Tom/Melton, James, Does the Constitutional Amendment Rule Matter at All? Amendment Cultures and the Challenges of Measuring Amendment Difficulty, in: International Journal of Constitutional Law 13 (2015), 686–713.

Ginsburg, Tom/Simpser, Alberto, Constitutions in Authoritarian Regimes, Cambridge 2013.

Ginsburg, Tom/Versteeg, Mila, Why do Countries Adopt Constitutional Review?, in: Journal of Law, Economics, and Organization 30 (2014), 587–622.

Glaeßner, Gert-Joachim, Demokratie und Politik in Deutschland, Wiesbaden 1999.

Goderis, Benedikt/Versteeg, Mila, The Diffusion of Constitutional Rights, in: International Review of Law and Economics 39 (2014), 1–19.

Gornig, Gilbert, Deutschlands aktuelle Verfassungslage. Die Sondertagung der Vereinigung der deutschen Staatsrechtslehrer, Berlin 1990, in: Der Staat 29 (1990), 371–388.

Green, Donald/Shapiro, Ian, Pathologies of Rational Choice Theory: A Critique of Applications in Political Science, New Haven/London 1994.

Grefrath, Holger, Exposé eines Verfassungsprozessrechts von den Letztfragen? Das Lissabon-Urteil zwischen actio pro socio und negativer Theologie, in: AöR 135 (2010), 221–250.

Grimm, Dieter, Das Risiko Demokratie. Plädoyer für einen neuen Parlamentarischen Rat, in: Guggenberger, Bernd/Stein, Tine (Hg.), Die Verfassungsdiskussion im Jahr der deutschen Einheit, München 1991, 261–269.

Grimm, Dieter, Zwischen Anschluß und Neukonstitution. Wie aus dem Grundgesetz eine Verfassung für das geeinte Deutschland werden kann, in: Guggenberger, Bernd/Stein, Tine (Hg.), Die Verfassungsdiskussion im Jahr der deutschen Einheit, München 1991, 119–129.

Grimm, Dieter, Die Verfassung und die Politik: Einsprüche in Störfällen, München 2001.

Grimm, Dieter, Das Grundgesetz als Riegel vor einer Verstaatlichung der Europäischen Union. Zum Lissabon-Urteil des Bundesverfassungsgerichts, in: Der Staat 48 (2009), 475–495.

Grimm, Dieter, „Ich bin ein Freund der Verfassung“. Wissenschaftsbiographisches Interview von Oliver Lepsius, Christian Waldhoff und Matthias Roßbach mit Dieter Grimm, Tübingen 2017.

Grofman, Bernard/Lijphart, Arend (Hg.), Electoral Laws and Their Political Consequences, New York 1986.

Große Kracht, Hermann-Josef, Fünfzig Jahre Böckenförde-Theorem. Eine bundesrepublikanische Bekenntnisformel im Streit der Interpretationen, in: Große Kracht, Hermann-Josef/Große Kracht, Klaus (Hg.), Religion – Recht – Republik. Studien zu Ernst-Wolfgang Böckenförde, Paderborn 2014, 155–183.

Guala, Francesco, The Methodology of Experimental Economics, Cambridge 2005.

Guggenberger, Bernd/Stein, Tine, Das Grundgesetz – Verfassung für Deutschland, in: Guggenberger, Bernd/Stein, Tine (Hg.), Die Verfassungsdiskussion im Jahr der deutschen Einheit, München 1991, 81–86.

Guggenberger, Bernd/Stein, Tine (Hg.), Die Verfassungsdiskussion im Jahr der deutschen Einheit, München 1991.

Gusy, Christoph, Die Weimarer Verfassung zwischen Überforderung und Herausforderung, in: Der Staat 55 (2016), 291–318.

Gusy, Christoph, Verfassungswidrig, aber nicht verboten!, in: NJW (2017), 601–604.

Güth, Werner, On Ultimatum Bargaining Experiments. A Personal Review, in: Journal of Economic Behavior & Organization 27 (1995), 329–344.

Güth, Werner/Schmittberger, Rolf/Schwarze, Bernd, An Experimental Analysis of Ultimatum Bargaining, in: Journal of Economic Behavior & Organization 3 (1982), 367–388.

Häberle, Peter, Verfassungsrechtliche Ewigkeitsklauseln als verfassungsstaatliche Identitätsgarantien, in: Hangartner, Yvo/Trechsel, Stefan (Hg.), Völkerrecht im Dienste des Menschen. Festschrift für Hans Haug, Bern/Stuttgart 1986, 81–108.

Häberle, Peter, Verfassungspolitik für die Freiheit und Einheit Deutschlands. Ein wissenschaftlicher Diskusssionsbeitrag im Vormärz 1990, in: JZ 45 (1990), 358–363.

Häberle, Peter, A Constitutional Law for Future Generations – the ‚Other' Form of the Social Contract: The Generation Contract, in: Tremmel, Joerg Chet (Hg.), Handbook of Intergenerational Justice, Cheltenham 2006, 215–229.

Habermas, Jürgen, Die nachholende Revolution. Kleine politische Schriften VII, Frankfurt am Main 1990.

Hadfield, Gillian K./Weingast, Barry R., Constitutions as Coordinating Devices. USC CLEO Research Paper C11–20, Los Angeles 2013.

Halberstam, Daniel/Möllers, Christoph, The German Constitutional Court Says „Ja Zu Deutschland!", in: German Law Journal 10 (2009), 1241–1257.

Hamann, Hanjo, Evidenzbasierte Jurisprudenz. Methoden empirischer Forschung und ihr Erkenntniswert für das Recht am Beispiel des Gesellschaftsrechts, Tübingen 2014.

Hardin, Russell, Why a Constitution?, in: Grofman, Bernard/Wittman, Donald (Hg.), The Federalist Papers and the New Institutionalism, New York 1989, 100–120.

Hauser, Oliver P./Rand, David G./Peysakhovich, Alexander/Nowak, Martin A., Cooperating with the Future, in: Nature 511 (2014), 220–223.

Heinig, Hans Michael, Öffentlich-rechtliche Religionsgesellschaften. Studien zur Rechtsstellung der nach Art. 137 Abs. 5 WRV korporierten Religionsgesellschaften in Deutschland und in der Europäischen Union, Berlin 2003.

Hellwig, Martin, Neoliberales Sektierertum oder Wissenschaft? Zum Verhältnis von Grundlagenforschung und Politikanwendung in der Ökonomie. Preprints of the Max Planck Institute for Research on Collective Goods, No. 2015/17, Bonn 2015.

Hennis, Wilhelm, Die Chance einer ganz anderen Republik. Zur Verfassung des zukünftigen Deutschland, in: Guggenberger, Bernd/Stein, Tine (Hg.), Die Verfassungsdiskussion im Jahr der deutschen Einheit, München 1991, 107–118.

Henrich, Joseph/Boyd, Robert/Bowles, Samuel/Camerer, Colin F./Fehr, Ernst/Gintis, Herbert, Foundations of Human Sociality: Economic Experiments and Ethnographic Evidence from Fifteen Small-Scale Societies, Oxford 2004.

Herbst, Tobias, Legale Abschaffung des Grundgesetzes nach Art. 146 GG?, in: ZRP (2012), 33–36.

Herdegen, Matthias, Art. 146 GG, in: Herzog, Roman/Scholz, Rupert/Herdegen, Matthias/Klein, Hans H. (Hg.), Maunz/Dürig (Begr.), Grundgesetz-Kommentar, 67. Erg., München 2013.

Hermstrüwer, Yoan/Dickert, Stephan, Sharing is Daring: An Experiment on Consent, Chilling Effects and a Salient Privacy Nudge, in: International Review of Law and Economics 51 (2017), 38–49.

Hertwig, Ralph/Ortmann, Andreas, Experimental practices in economics: A methodological challenge for psychologists?, in: Behavioral and Brain Sciences 24 (2001), 383–403.

Hillgruber, Christian, Über die Legitimität von Revolutionen, in: Ziemske, Burkhardt/Langheid, Theo/Wilms, Heinrich/Haverkate, Görg (Hg.), Staatsphilosophie und Rechtspolitik: Festschrift für Martin Kriele zum 65. Geburtstag, München 1997, 1085–1101.

Hillgruber, Christian, Gibt es Unabstimmbares in der Demokratie?, in: ZJS (2008), 123–131.

Hillgruber, Christian, Deutsche Revolutionen – „Legale Revolutionen"? Über den legitimatorischen Mehr- oder Minderwert (des Anscheins) verfassungskontinuierlicher Legalität, in: Der Staat 49 (2010), 167–209.

Hillgruber, Christian, Die Meinungsfreiheit als Grundrecht der Demokratie, in: JZ 71 (2016), 495–501.

Hillgruber, Christian, Art. 146 GG, in: Epping, Volker/Hillgruber, Christian (Hg.), Beck'scher Online-Kommentar zum Grundgesetz, 32. Ed., München 2017.

Hillgruber, Christian/Goos, Christoph, Verfassungsprozessrecht, 4. Auflage, Heidelberg 2015.

Hindmoor, Andrew/Taylor, Brad, Rational Choice, London/New York 2015.

Hirschauer, Stefan, Endlich vereint? Über Quantizentrismus und Assimilation an die Leitkultur der ‚Befragung', in: Soziologische Revue 40 (2017), 319–330.

Hirschl, Ran, The Political Origins of Judicial Empowerment through Constitutionalization: Lessons from Four Constitutional Revolutions, in: Law & Social Inquiry 25 (2000), 91–149.

Hirschl, Ran, Comparative Matters. The Renaissance of Comparatice Constitutional Law, Oxford 2014.

Hirschman, Albert O., Exit, Voice, and Loyalty. Responses to Decline in Firms, Organizations, and States, Cambridge (MA) 1970.

Hirschman, Albert O., Exit, Voice, and the Fate of the German Democratic Republic: An Essay in Conceptual History, in: World Politics 45 (1993), 173–202.

Hobbes, Thomas, Leviathan, Revised Student Edition, Cambridge 1997.

Hofmann, Hasso, Legitimität und Rechtsgeltung, Berlin 1977.

Hofmann, Hasso, Über Volkssouveränität. Eine begriffliche Sondierung, in: JZ 69 (2014), 861–868.

Hohmann, Bernd, Verfassungsstreit um Einigkeit. Ein Beitrag zur gesamtdeutschen Verfassungsdiskussion, in: Guggenberger, Bernd/Stein, Tine (Hg.), Die Verfassungsdiskussion im Jahr der deutschen Einheit, München 1991, 208–213.

Huber, Peter M., Art. 146 GG, in: Sachs, Michael (Hg.), Grundgesetz, München 2014.

Hume, David, Political Essays, Cambridge 1994.

Huq, Aziz Z./Ginsburg, Tom, How to Lose a Constitutional Democracy, in: UCLA Law Review 65 (2018), 78–169.

Isensee, Josef, Selbstpreisgabe des Grundgesetzes? Der Beitritt der DDR macht die Schlußbestimmung des Grundgesetzes obsolet, in: FAZ vom 28.8. (1990), 10.

Isensee, Josef, Staatseinheit und Verfassungskontinuität, in: VVDStRl 49 (1990), 39–69.

Isensee, Josef, Braucht Deutschland eine neue Verfassung? Überlegungen zur neuen Schlussbestimmung des Grundgesetzes, Art. 146 GG, Köln 1992.

Isensee, Josef, Schlußbestimmung des Grundgesetzes: Artikel 146, in: Isensee, Josef/Kirchhof, Paul (Hg.), Handbuch des Staatsrechts, Bd. VII, Heidelberg 1992, 271–305.

Isensee, Josef, Mit blauem Auge davongekommen – das Grundgesetz. Zu Arbeit und Resultaten der Gemeinsamen Verfassungskommission, in: NJW (1993), 2583–2587.

Isensee, Josef, Das Volk als Grund der Verfassung – Mythos und Relevanz der Lehre von der verfassunggebenden Gewalt –, Wiesbaden 1995.

Isensee, Josef, Resilienz von Recht im Ausnahmefall, in: von Lewinski, Kai (Hg.), Resilienz des Rechts, Baden-Baden 2016, 33–55.

Isensee, Josef/Kirchhof, Paul, Vorwort, in: Isensee, Josef/Kirchhof, Paul (Hg.), Handbuch des Staatsrechts, Bd. VII, Heidelberg 1992.

Isoni, Andrea/Poulsen, Anders/Sugden, Robert/Tsutsui, Kei, Focal points in tacit bargaining problems: Experimental evidence, in: European Economic Review 59 (2013), 167–188.

Isoni, Andrea/Poulsen, Anders/Sugden, Robert/Tsutsui, Kei, Efficiency, equality, and labeling: An experimental investigation of focal points in explicit bargaining, in: American Economic Review 104 (2014), 3256–3287.

Issacharoff, Samuel, Fragile Democracies, Cambridge 2015.

Jaggi, Stephan G., The 1989 Revolution in East Germany and Its Impact on Unified Germany's Constitutional Law: The Forgotten Revolution?, Baden-Baden 2016.

Jaggi, Stephan G., Revolutionary Constitutional Lawmaking in Germany – Rediscovering the German 1989 Revolution, in: German Law Journal 17 (2016), 579–626.

Jarass, Hans D., Art. 146 GG, in: Jarass, Hans D./Pieroth, Bodo (Hg.), Grundgesetz für die Bundesrepublik Deutschland. Kommentar, 14. Auflage, München 2016.

Jefferson, Thomas, Letter to James Madison. Paris, September 6, 1789, in: Boyd, Julian P. (Hg.), The Papers of Thomas Jefferson. Vol. 15. 27 March 1789 to 30 November 1789, Princeton 1958, 392–398, Founders Online, National Archives, last modified June 29, 2017 (zuletzt abgerufen am 16. 8. 2018), http://founders.archives.gov/documents/Jefferson/01-15-02-0375-0003.

Jestaedt, Matthias, Warum in die Ferne schweifen, wenn der Maßstab liegt so nah? Verfassungshandwerkliche Anfragen an das Lissabon-Urteil des BVerfG, in: Der Staat 48 (2009), 497–516.

Jörke, Dirk/Selk, Veith, Edmund Burke, in: Voigt, Rüdiger (Hg.), Staatsdenken, Baden-Baden 2016, 153–157.

Kähler, Lorenz, Die asymmetrische Interdisziplinarität der Rechtswissenschaft, in: Rehberg, Markus (Hg.), Der Erkenntniswert von Rechtswissenschaft für andere Disziplinen, Wiesbaden 2018, 105–151.
Kahneman, Daniel/Knetsch, Jack L./Thaler, Richard H., Anomalies: The Endowment Effect, Loss Aversion, and Status Quo Bias, in: Journal of Economic Perspectives 5 (1991), 193–206.
Kahneman, Daniel/Tversky, Amos, Prospect Theory: An Analysis of Decision Under Risk, in: Econometrica 47 (1979), 263–291.
Kelly, Duncan, Egon Zweig and the Intellectual History of Constituent Power, in: Grotke, Kelly L./Prutsch, Markus J. (Hg.), Constitutionalism, Legitimacy, and Power. Nineteenth-Century Experiences, Oxford 2014, 332–350.
Kelsen, Hans, Was ist Gerechtigkeit?, Stuttgart 2000.
Kemmerer, Alexandra/Möllers, Christoph/Steinbeis, Maximilian/Wagner, Gerhard (Hg.), Choice Architecture in Democracies: Exploring the Legitimacy of Nudging, Baden-Baden 2016.
Kempen, Bernhard, Grundgesetz oder neue deutsche Verfassung?, in: NJW (1991), 964–967.
Kersting, Wolfgang, Thomas Hobbes zur Einführung, Hamburg 1992.
Kirchgässner, Gebhard, Homo Oeconomicus. Das ökonomische Modell individuellen Verhaltens und seine Anwendung in den Wirtschafts- und Sozialwissenschaften, 4. Auflage, Tübingen 2013.
Kirchhof, Paul, § 21 Identität der Verfassung, in: Isensee, Josef/Kirchhof, Paul (Hg.), Handbuch des Staatsrechts, Bd. II, 3. Auflage, Heidelberg 2004, 261–316.
Kleine, Marco/Langenbach, Pascal/Zhurakhovska, Lilia, Fairness and Persuasion, in: Economics Letters 171 (2016), 173–176.
Klick, Jonathan, The Perils of Empirical Work on Institutions: Comment, in: Journal of Institutional and Theoretical Economics 166 (2010), 166–170.
Knight, Jack, Institutions and Social Conflict, Cambridge 1992.
Kohler, Ulrich/Kreuter, Frauke, Datenanalyse mit Stata. Allgemeine Konzepte der Datenanalyse und ihre praktische Anwendung, 4. Auflage, München 2012.
Kopányi-Peuker, Anita/Offerman, Theo/Sloof, Randolph, Fostering cooperation through the enhancement of own vulnerability, in: Games and Economic Behavior 101 (2017), 273–290.
Kornhauser, Lewis A., Virtue and Self-Interest in the Design of Constitutional Institutions, in: Theoretical Inquiries in Law 3 (2002), 1–27.
Korobkin, Russell B., Wrestling with the Endowment Effect, or How to Do Law and Economics without the Coase Theorem, in: Zamir, Eyal/Teichman, Doron (Hg.), The Oxford Handbook of Behavioral Economics and the Law, Oxford 2014, 300–334.
Korobkin, Russell B./Ulen, Thomas S., Law and Behavioral Science: Removing the Rationality Assumption from Law and Economics, in: California Law Review 88 (2000), 1051–1144.
Kotzur, Markus, Constitutional Amendments and Constitutional Changes in Germany, in: Contiades, Xenophon (Hg.), Engineering Constitutional Change. A Comparative Perspective on Europe, Canada and the USA, London/New York 2013, 125–149.
Koutnatzis, Stylianos-Ioannis G., Kompromisshafte Verfassungsnormen. Grundlagen und Konsequenzen für die Auslegung und Anwendung der Verfassung, Baden-Baden 2010.

Kriele, Martin, Eine Sprengladung unter dem Fundament des Grundgesetzes, in: Die Welt vom 16.8. (1990), 5.

Kriele, Martin, Einführung in die Staatslehre. Die geschichtlichen Legitimitätsgrundlagen des demokratischen Verfassungsstaates, 6. Auflage, Stuttgart/Berlin/Köln 2003.

Krönke, Christoph, Rezension von Sigrid Boysen/Anna-Bettina Kaiser/Florian Meinel (Hg.): Verfassung und Verteilung, in: AöR 141 (2016), 456–459.

Krüper, Julian (Hg.), Grundlagen des Rechts, 3. Auflage, Baden-Baden 2017.

Künkler, Mirjam/Stein, Tine, State, Law, and Constitution: Ernst-Wolfgang Böckenförde's Political and Legal Thought in Context, in: Künkler, Mirjam/Stein, Tine (Hg.), Ernst-Wolfgang Böckenförde. Constitutional and Political Theory. Selected Writings. Vol. 1, Oxford 2017, 1–35.

de Kwaadsteniet, Erik W./van Dijk, Eric, Social Status as a Cue for Tacit Coordination, in: Journal of Experimental Social Psychology 46 (2010), 515–524.

Langenbach, Pascal/Tausch, Franziska, Inherited Institutions: Cooperation in the Light of Democratic Legitimacy. Preprints of the Max Planck Institute for Research on Collective Goods, No. 2017/01, Bonn 2017.

Langewiesche, Dieter, Recht und Revolution. Verfassungsstiftung durch Verfassungsbruch, in: Starck, Christian (Hg.), Recht und Willkür, Tübingen 2012, 27–45.

Lanni, Adriaan, Law and Order in Ancient Athens, New York 2016.

Law, David S., Constitutions, in: Cane, Peter/Kritzer, Herbert M. (Hg.), The Oxford Handbook of Empirical Legal Research, Oxford 2010, 376–398.

Law, David S./Versteeg, Mila, The Evolution and Ideology of Global Constitutionalism, in: California Law Review 99 (2011), 1163–1257.

Ledyard, John O., Public Goods: A Survey of Experimental Research, in: Kagel, John H./Roth, Alvin E. (Hg.), Handbook of Experimental Economics, Princeton 1995, 111–194.

Leeuw, Frans L./Schmeets, Hans, Empirical Legal Research, Cheltenham 2016.

Legrand, Pierre, Econocentrism, in: University of Toronto Law Journal 59 (2009), 215–222.

Leibfried, Stephan, Zum Strukturwandel des Sozialstaats und zur Umleitung seiner Energien und Verteilungsströme. Ist ein verfassungsrechtliches Neudenken erforderlich?, in: Boysen, Sigrid/Kaiser, Anna-Bettina/Meinel, Florian (Hg.), Verfassung und Verteilung, Tübingen 2015, 1–17.

Lepsius, Oliver, Themen einer Rechtswissenschaftstheorie, in: Jestaedt, Matthias/Lepsius, Oliver (Hg.), Rechtswissenschaftstheorie, Tübingen 2008, 1–49.

Lepsius, Oliver, Souveränität und Identität als Frage des Institutionensettings, in: JöR 63 (2015), 63–90.

Lerche, Peter, Fragen der Stabilität des Grundgesetzes, in: Huber, Peter M. (Hg.), Das Grundgesetz zwischen Stabilität und Veränderung, Tübingen 2006, 73–80.

Levinson, Sanford, Designing an Amendment Process, in: Ferejohn, John/Rakove, Jack N./Riley, Jonathan (Hg.), Constitutional Culture and Democratic Rule, Cambridge 2001, 271–287.

Levinson, Sanford, Constitutional Faith, Reissue, Princeton 2011.

Lewis, David, Convention: A Philosophical Study, Reissued, Oxford 2002.

Lijphart, Arend, Patterns of Democracy: Government Forms and Performance in Thirty-Six Countries, 2. Auflage, New Haven/London 2012.

Lindner, Josef Franz, Aufhebung der Eigenstaatlichkeit der Länder in einer neuen deutschen Verfassung, in: BayVBl. (2014), 645–652.

Loewenstein, Karl, Militant Democracy and Fundamental Rights, I, in: American Political Science Review 31 (1937), 417–432.

Lorenz, Astrid, How to Measure Constitutional Rigidity, in: Journal of Theoretical Politics 17 (2005), 339–361.

Lorenz, Astrid, Ordnung und Wandel des Grundgesetzes als Ergebnis des Wechselspiels von Politik und Recht, in: Lorenz, Astrid/Reutter, Werner (Hg.), Ordnung und Wandel als Herausforderungen für Staat und Gesellschaft. Festschrift für Gert-Joachim Glaessner, Opladen 2009, 205–232.

Lorenz, Astrid, Substanzbezogenes und alternatives Nutzenmaximierungsverhalten von Akteuren und Auswirkungen auf das Grundgesetz, in: Hönnige, Christoph/Kneip, Sascha/Lorenz, Astrid (Hg.), Verfassungswandel im Mehrebenensystem, Wiesbaden 2011, 76–107.

Lorenz, Astrid, Verfassungen in der Vergleichenden Politikwissenschaft, in: Lauth, Hans-Joachim/Kneuer, Marianne/Pickel, Gert (Hg.), Handbuch Vergleichende Politikwissenschaft, Wiesbaden 2016, 373–383.

Lorenz, Astrid/Seemann, Wenke, Verfassungspolitische Konjunkturzyklen? Überlegungen zur Wirkungsweise konstitutioneller Rigidität, in: Bräuninger, Thomas/Behnke, Joachim/Shikano, Susumo (Hg.), Jahrbuch für Handlungs- und Entscheidungstheorie: Bd. 5: Theorien der Verfassungsreform, Wiesbaden 2009, 55–86.

Lüdemann, Jörn, Die Grenzen des homo oeconomicus und die Rechtswissenschaft, in: Engel, Christoph/Englerth, Markus/Lüdemann, Jörn/Spiecker gen. Döhmann, Indra (Hg.), Recht und Verhalten, Tübingen 2007, 7–59.

Lüdemann, Jörn, Grundlagenforschung im Öffentlichen Recht, in: Funke, Andreas/Krüper, Julian/Lüdemann, Jörn (Hg.), Konjunkturen in der öffentlich-rechtlichen Grundlagenforschung, Tübingen 2015, 1–16.

Lutz, Donald S., Toward a Theory of Constitutional Amendment, in: American Political Science Review 88 (1994), 355–370.

Madison, James, Letter to Thomas Jefferson. New York, February 4, 1790, in: Hobson, Charles F./Rutland, Robert A. (Hg.), The Papers of James Madison. Vol. 13. 20 January 1790–31 March 1791, Charlottesville 1981, 18–26, Founders Online, National Archives, last modified June 29, 2017 (zuletzt abgerufen am 16. 8. 2018), http://founders.archives.gov/documents/Madison/01-13-02-0020.

Madison, *James*, Federalist Papers, No 49, Appeal to the People in Cases of Disagreement, in: Hamilton, Alexander/Madison, James/Jay, John (Hg.), The Federalist, Cambridge (MA)/London 2009, 330–335.

Magen, Stefan, Fairness, Eigennutz und die Rolle des Rechts. Eine Analyse auf Grundlage der Verhaltensökonomik, in: Engel, Christoph/Englerth, Markus/Lüdemann, Jörn/Spiecker gen. Döhmann, Indra (Hg.), Recht und Verhalten, Tübingen 2007, 261–360.

Magen, Stefan, Spieltheorie, in: Towfigh, Emanuel V./Petersen, Niels (Hg.), Ökonomische Methoden im Recht: Eine Einführung für Juristen, Tübingen 2010, 71–116.

Magen, Stefan, Konjunkturen der Rechtsökonomie als öffentlich-rechtlicher Grundlagenforschung, in: Funke, Andreas/Krüper, Julian/Lüdemann, Jörn (Hg.), Konjunkturen öffentlich-rechtlicher Grundlagenforschung, Tübingen 2015, 103–124.

Mahlmann, Matthias, Rechtsphilosophie und Rechtstheorie, 3. Auflage, Baden-Baden 2015.

Maier, Christoph, Gewaltenteilung bei Aristoteles und in der Verfassung Athens, Berlin 2010.

Mantzavinos, Chrysostomos, Individuals, Institutions, and Markets, Cambridge 2004.

Markussen, Thomas/Putterman, Louis/Tyran, Jean-Robert, Self-organization for collective action: An experimental study of voting on sanction regimes, in: Review of Economic Studies 81 (2014), 301–324.

Masing, Johannes, Zwischen Kontinuität und Diskontinuität: Die Verfassungsänderung, in: Der Staat 44 (2005), 1–17.

Maunz, Theodor, Art. 79 Abs. 3 GG, in: Maunz, Theodor/Dürig, Günter (Hg.), Grundgesetz-Kommentar, München 1960.

McAdams, Richard H., Beyond the Prisoners' Dilemma: Coordination, Game Theory, and Law, in: Southern California Law Review 82 (2008), 209–256.

McAdams, Richard H., The Expressive Powers of Law: Theories and Limits, Cambridge (MA) 2015.

McCubbins, Mathew D./Thies, Michael F., Rationality and the Foundations of Positive Political Theory, in: Rebaiasan (Leviathan) 19 (1996), 7–32.

McHugo, John, Syria. A Recent History, London 2015.

van der Meer, Tom W. G./Zmerli, Sonja, The Deeply Rooted Concern with Political Trust, in: Zmerli, Sonja/van der Meer, Tom W. G. (Hg.), Handbook on Political Trust, Cheltenham 2017, 1–15.

Mehta, Judith/Starmer, Chris/Sugden, Robert, The nature of salience: An experimental investigation of pure coordination games, in: American Economic Review 84 (1994), 658–673.

Mehta, Pratap Bhanu, The Burden of Democracy, New Delhi 2003.

Meinel, Florian, Verteilung als Verfassungsfrage. Zur Entwicklung einer Problemstellung, in: Boysen, Sigrid/Kaiser, Anna-Bettina/Meinel, Florian (Hg.), Verfassung und Verteilung, Tübingen 2015, 19–51.

Meinel, Florian, Rezension: Neues zum Werk Ernst-Wolfgang Böckenfördes, in: Ethik und Gesellschaft (2016), 1–8.

Merkel, Karlheinz, Die verfassungsgebende Gewalt des Volkes. Grundlagen und Dogmatik des Artikels 146 GG, Baden-Baden 1996.

Meyer, Hans, Diskussionsbeitrag, in: VVDStRl 49 (1990), 161–165.

Michael, Lothar, Art. 146 GG, in: Kahl, Wolfgang/Waldhoff, Christian/Walter, Christian (Hg.), Bonner Kommentar zum Grundgesetz, 163. Akt., München 2013.

Milanovic, Branko, Global Inequality, Cambridge (MA) 2016.

Mill, John Stuart, On Liberty, in: Ryan, Alan (Hg.), Mill, On Liberty *and* The Subjection of Women, London 2006, 1–129.

Mittal, Sonia/Weingast, Barry R., Constitutional Stability and the Deferential Court, in: University of Pennsylvania Journal of Constitutional Law 13 (2010), 337–352.

Mittal, Sonia/Weingast, Barry R., Self-Enforcing Constitutions: With an Application to Democratic Stability In America's First Century, in: Journal of Law, Economics, and Organization 29 (2013), 278–302.

Moffatt, Peter G., Experimetrics: Econometrics for Experimental Economics, London 2015.

Möllers, Christoph, Der vermisste Leviathan. Staatstheorie in der Bundesrepublik, Frankfurt am Main 2008.

Möllers, Christoph, Das Grundgesetz. Geschichte und Inhalt, München 2009.

Möllers, Christoph, Römischer Konziliarismus und politische Reform. Ernst-Wolfgang Böckenförde zum 80. Geburtstag, in: Zeitschrift für Ideengeschichte 4 (2010), 107–114.

Möllers, Christoph, Die Möglichkeit der Normen: Über eine Praxis jenseits von Moralität und Kausalität, Berlin 2015.

Morlok, Martin, Vom Reiz und Nutzen, von den Schwierigkeiten und den Gefahren der Ökonomischen Theorie für das Öffentliche Recht, in: Engel, Christoph/Morlok, Martin (Hg.), Öffentliches Recht als ein Gegenstand ökonomischer Forschung. Die Begegnung der deutschen Staatsrechtslehre mit der Konstitutionellen Politischen Ökonomie, Tübingen 1998, 1–29.

Morlok, Martin/Michael, Lothar, Staatsorganisationsrecht, 3. Auflage, Baden-Baden 2017.

Murswiek, Dietrich, Paradoxa der Demokratie. Über Volkssouveränität und Normbindung, in: JZ 72 (2017), 53–61.

N. N., Testing the Limits. Even Germany has constitutional worries about more European integration, in: The Economist, March 24th (2012), 31.

Nannestad, Peter, What have we learned about generalized trust, if anything?, in: Annual Review Political Science 11 (2008), 413–436.

Nettesheim, Martin, Die Karlsruher Verkündung – Das BVerfG in staatsrechtlicher Endzeitstimmung, in: EuR-Beiheft 1 (2010), 101–122.

Nettesheim, Martin, Wo „endet" das Grundgesetz? – Verfassungsgebung als grenzüberschreitender Prozess, in: Der Staat 51 (2012), 313–355.

Nicklisch, Andreas/Petersen, Niels, Vertragstheorie, in: Towfigh, Emanuel V./Petersen, Niels (Hg.), Ökonomische Methoden im Recht: Eine Einführung für Juristen, Tübingen 2010, 117–131.

North, Douglass C., Understanding the Process of Economic Change, Princeton 2005.

Nowak, Martin A./Sigmund, Karl, Evolution of indirect reciprocity, in: Nature 437 (2005), 1291–1298.

Oeter, Stefan, Integration und Subsidiarität im deutschen Bundesstaatsrecht. Untersuchungen zur Bundesstaatstheorie unter dem Grundgesetz, Tübingen 1998.

Ohler, Christoph, Herrschaft, Legitimation und Recht in der Europäischen Union – Anmerkungen zum Lissabon-Urteil des BVerfG, in: AöR 135 (2010), 153–184.

Opp, Karl-Dieter/Gern, Christiane, Dissident groups, personal networks, and spontaneous cooperation: The East German revolution of 1989, in: American Sociological Review 58 (1993), 659–680.

Ortmann, Andreas/Hertwig, Ralph, The costs of deception: Evidence from psychology, in: Experimental Economics 5 (2002), 111–131.

Paine, Thomas, Rights of Man, Common Sense, and Other Political Writings, Oxford 1998.

Parravano, Melanie/Poulsen, Odile, Stake size and the power of focal points in coordination games: Experimental evidence, in: Games and Economic Behavior 94 (2015), 191–199.

Passaglia, Paolo (Hg.), The 2016 Italian Constitutional Referendum: Origins, Stakes, Outcome. The Italian Law Journal. Special Issue, 2017.

Pernice, Ingolf, Der Schutz nationaler Identität in der Europäischen Union, in: AöR 136 (2011), 185–221.
Persson, Torsten/Tabellini, Guido Enrico, The Economic Effects of Constitutions, Cambridge (MA) 2003.
Peters, Anne, Die Zukunft der Völkerrechtswissenschaft: Wider den epistemischen Nationalismus, in: ZaöRV 67 (2007), 721–776.
Peters, Anne, The Globalization of State Constitutions, in: Nijman, Janne/Nollkaemper, André (Hg.), New Perspectives on the Divide Between National and International Law, Oxford 2007, 251–308.
Peters, Anne, Global Constitutionalism: The Social Dimension. MPIL Research Paper Series, No. 2017–25, Heidelberg 2017.
Petersen, Niels, Empirische Methoden (I.), in: Towfigh, Emanuel V./Petersen, Niels (Hg.), Ökonomische Methoden im Recht: Eine Einführung für Juristen, Tübingen 2010, 201–212.
Petersen, Niels, Verhältnismäßigkeit als Rationalitätskontrolle: Eine rechtsempirische Studie verfassungsgerichtlicher Rechtsprechung zu den Freiheitsgrundrechten, Tübingen 2015.
Pfaff, Steven, Exit-Voice Dynamics and the Collapse of East Germany. The Crisis of Leninism and the Revolution of 1989, Durham/London 2006.
Pies, Ingo, Theoretische Grundlagen demokratischer Wirtschafts- und Gesellschaftspolitik – Der Beitrag von Thomas Schelling, in: Leschke, Martin/Pies, Ingo (Hg.), Thomas Schellings strategische Ökonomik, Tübingen 2007, 1–37.
Pikart, Eberhard/Werner, Wolfram, Ausschuss für Grundsatzfragen. Bd. 5/I, in: Bundestag, Deutscher/Bundesarchiv (Hg.), Der Parlamentarische Rat 1948–1949. Akten und Protokolle, Boppard 1993.
Piketty, Thomas, Capital in the 21st Century, Cambridge (MA) 2014.
Pistor, Katharina, Statistische Rechtsvergleichung: Eine kritische Bestandsaufnahme, in: ZVglRWiss 109 (2010), 348–361.
Polinsky, Mitchell/Shavell, Steven, The Theory of Public Enforcement of Law, in: Polinsky, Mitchell/Shavell, Steven (Hg.), Handbook of Law and Economics I, Amsterdam 2007, 403–454.
Polzin, Monika, Irrungen und Wirrungen um den Pouvoir Constituant. Die Entwicklung des Konzepts der Verfassungsidentität im deutschen Verfassungsrecht seit 1871, in: Der Staat 53 (2014), 61–94.
Poscher, Ralf, Theorie eines Phantoms – Die erfolglose Suche der Prinzipientheorie nach ihrem Gegenstand, in: RW 1 (2010), 349–372.
Preuß, Ulrich K., Die Chance der Verfassungsgebung, in: Aus Politik und Zeitgeschichte. Beilage zur Wochenzeitung Das Parlament vom 29. 11. 1991 B 49 (1991), 12–19.
Preuß, Ulrich K., Rechte auf Verteilung, in: Boysen, Sigrid/Kaiser, Anna-Bettina/Meinel, Florian (Hg.), Verfassung und Verteilung, Tübingen 2015, 151–174.
Puppe, Ingeborg, Kleine Schule des Juristischen Denkens, Göttingen 2008.
Rabin, Matthew, Incorporating Fairness into Game Theory and Economics, in: American Economic Review 83 (1993), 1281–1302.
Rapoport, Anatol/Chammah, Albert M., Prisoner's Dilemma: A Study in Conflict and Cooperation, Ann Arbor 1965.

Rasch, Bjørn Erik/Congleton, Roger D., Constitutional Amendment Procedures, in: Congleton, Roger D./Swedenborg, Birgitta (Hg.), Democratic Constitutional Design and Public Policy. Analysis and Evidence, Cambridge (MA) 2006, 319–342.

Reimer, Franz, Law as Culture? Culturalist Perspectives in Legal Theory and Theory of Methods, in: German Law Journal 18 (2017), 255–270.

Renan, Ernest, Qu'est-ce qu'une nation?, Paris 1882.

Roellecke, Gerd, Brauchen wir ein neues Grundgesetz?, in: NJW (1991), 2441–2448.

Roellecke, Gerd, Was sind uns die Parteien wert?, in: Engel, Christoph/Morlok, Martin (Hg.), Öffentliches Recht als ein Gegenstand ökonomischer Forschung. Die Begegnung der deutschen Staatsrechtslehre mit der Konstitutionellen Politischen Ökonomie, Tübingen 1998, 61–84.

Röhl, Klaus F./Röhl, Hans Christian, Allgemeine Rechtslehre, Köln 2008.

Rosenberg, Alexander, Philosophy of Social Science, 5. Auflage, Boulder 2015.

Ross, Alf, On self-reference and a puzzle in constitutional law, in: Mind 78 (1969), 1–24.

Roznai, Yaniv, Unamendability and the Genetic Code of the Constitution. New York University School of Law. Public Law & Legal Theory Research Paper Series. Working Paper Nr. 15–13, New York 2015.

Roznai, Yaniv, Unconstitutional Constitutional Amendments: The Limits of Amendment Powers, Oxford 2017.

Sachs, Michael, Diskussionsbeitrag, in: VVDStRl 49 (1990), 175–177.

Satz, Debra/Ferejohn, John, Rational Choice and Social Theory, in: Journal of Philosophy 91 (1994), 71–87.

Schaal, Gary S., Vertrauen, Verfassung und Demokratie. Über den Einfluss konstitutioneller Prozesse und Prozeduren auf die Genese von Vertrauensbeziehungen in modernen Demokratien, Wiesbaden 2004.

Schäuble, Wolfgang, Grundordnung auf dem Weg durch die Zeit, in: Huber, Peter M. (Hg.), Das Grundgesetz zwischen Stabilität und Veränderung, Tübingen 2006, 65–72.

Scheidel, Walter, The Great Leveler. Violence and the History of Inequality from the Stone Age to the Twenty-First Century, Princeton/Oxford 2017.

Schelling, Thomas C., The Strategy of Conflict, Cambridge (MA) 1980.

Schelling, Thomas C., Micromotives and Macrobehavior, New York/London 2006.

Schelsky, Helmut, Über die Stabilität von Institutionen, besonders Verfassungen: Kulturanthropologische Gedanken zu einem rechtssoziologischen Thema, in: Jahrbuch für Sozialwissenschaft 3 (1952), 1–21.

Schlink, Bernhard, Deutsch-deutsche Verfassungsentwicklungen im Jahre 1990, in: Guggenberger, Bernd/Stein, Tine (Hg.), Die Verfassungsdiskussion im Jahr der deutschen Einheit, München 1991, 19–37.

Schmidt, Klaus M., The Role of Experiments for the Development of Economic Theories, in: Perspektiven der Wirtschaftspolitik 10 (2009), 14–30.

Schmidt, Manfred G., Das politische System Deutschlands. Institutionen, Willensbildung und Politikfelder, 3. Auflage, München 2016.

Schmitt, Carl, Der Hüter der Verfassung, Berlin 1996.

Schneider, Hans-Peter, Die Zukunft des Grundgesetzes. Bedarf die Verfassung einer Bestätigung?, in: Guggenberger, Bernd/Stein, Tine (Hg.), Die Verfassungsdiskussion im Jahr der deutschen Einheit, München 1991, 130–138.

Schneider, Hans-Peter, Das Grundgesetz – auf Grund gesetzt? Die Deutschen haben kein Talent zur Verfassungsreform, in: NJW (1994), 558–561.

Schneider, Hans-Peter, 50 Jahre Grundgesetz – Vom westdeutschen Provisorium zur gesamtdeutschen Verfassung, in: NJW (1999), 1497–1504.

Schönberger, Christoph, Die Europäische Union zwischen „Demokratiedefizit“ und Bundesstaatsverbot. Anmerkungen zum Lissabon-Urteil des Bundesverfassungsgerichts, in: Der Staat 48 (2009), 535–558.

Schröder, Ulrich Jan, Wovon der Staat lebt. Verfassungsvoraussetzungen vom Vormärz bis zum Grundgesetz, in: JZ 65 (2010), 869–875.

Schulze-Fielitz, Helmuth, Was macht die Qualität öffentlich-rechtlicher Forschung aus?, in: JöR 50 (2002), 1–68.

Schuppert, Gunnar Folke, Rigidität und Flexibilität von Verfassungsrecht. Überlegungen zur Steuerungsfunktion von Verfassungsrecht in normalen wie in „schwierigen Zeiten“, in: AöR 120 (1995), 32–99.

Schwarz, Kyrill-A., Verfassungsfragen der Deutschen Einheit, in: JA (2015), 721–725.

Sedlmeier, Peter/Renkewitz, Frank, Forschungsmethoden und Statistik in der Psychologie, München 2008.

Seifert, Jürgen, Klassenkampf von rechts oder Modernisierung des Grundgesetzes?, in: Guggenberger, Bernd/Stein, Tine (Hg.), Die Verfassungsdiskussion im Jahr der deutschen Einheit, München 1991, 230–241.

Sieyès, Emmanuel Joseph, Einleitung zur Verfassung. Anerkennung und erklärende Darstellung der Menschen- und Bürgerrechte, in: Schmitt, Eberhard/Reichardt, Rolf (Hg.), Sieyès, Politische Schriften 1788–1790, Darmstadt/Neuwied 1975, 239–257.

Sieyès, Emmanuel Joseph, Was ist der Dritte Stand? (1789), in: Schmitt, Eberhard/Reichardt, Rolf (Hg.), Sieyès, Politische Schriften 1788–1790, Darmstadt/Neuwied 1975, 117–195.

Simon, Helmut, Markierungen auf dem Weg zu einer gesamtdeutschen Verfassung, in: Guggenberger, Bernd/Stein, Tine (Hg.), Die Verfassungsdiskussion im Jahr der deutschen Einheit, München 1991, 139–154.

Simon, Herbert A., Models of Man, Oxford 1957.

Simon, Herbert A., Reason in Human Affairs, Stanford 1983.

Sitaraman, Ganesh, The Crisis of the Middle-Class Constitution. Why Economic Inequality Threatens our Republic, New York 2017.

Skach, Cindy, Borrowing Constitutional Design. Constitutional Law in Weimar Germany and French Fifth Republic, Princeton 2005.

Smend, Rudolf, Verfassung und Verfassungsrecht (1928), in: Smend, Rudolf (Hg.), Staatsrechtliche Abhandlungen und andere Aufsätze, 3. Auflage, Berlin 1994, 119–276.

Smith, Vernon L., Experimental Economics: Induced Value Theory, in: American Economic Review 66 (1976), 274–279.

Sommermann, Karl-Peter, Verfassungswandel im Prozess der europäischen Integration und der Globalisierung, in: Manssen, Gerrit/Jachmann, Monika/Gröpl, Christoph (Hg.), Festschrift für Udo Steiner zum 70. Geburtstag – Nach geltendem Verfassungsrecht, Stuttgart u. a. 2009, 796–806.

Sommermann, Karl-Peter, Integrationsgrenzen des Grundgesetzes und europäischer Verfassungsverbund: Brauchen wir eine neue Verfassung?, in: DÖV 66 (2013), 708–713.

Spamann, Holger, Empirical Comparative Law, in: Annual Review of Law and Social Science 11 (2015), 131–153.

Spamann, Holger/Klöhn, Lars, Justice Is Less Blind, and Less Legalistic, than We Thought: Evidence from an Experiment with Real Judges, in: Journal of Legal Studies 45 (2016), 255–280.

Sternberger, Dolf, Verfassungspatriotismus, Frankfurt am Main 1990.

Stolleis, Michael, Geschichte des öffentlichen Rechts in Deutschland. Dritter Band. Staats- und Verwaltungsrechtswissenschaft in Republik und Diktatur 1914–1945, München 1999.

Stolleis, Michael, Geschichte des öffentlichen Rechts in Deutschland. Vierter Band. Staats- und Verwaltungsrechtswissenschaft in West und Ost 1945–1990, München 2012.

Stolleis, Michael, Verfassungs(ge)schichten, Tübingen 2017.

Storost, Ulrich, Das Ende der Übergangszeit. Erinnerung an die verfassunggebende Gewalt, in: Der Staat 29 (1990), 321–331.

Storost, Ulrich, Legitimität durch Erfolg? Gedanken zur Dauerhaftigkeit einer Verfassung, in: Der Staat 30 (1991), 537–547.

Strauss, David A., Common Law Constitutional Interpretation, in: University of Chicago Law Review 63 (1996), 877–935.

Suber, Peter, The Paradox of Self-Amendment in American Constitutional Law, in: Stanford Literature Review 7 (1990), 53–78.

Sutter, Matthias/Haigner, Stefan/Kocher, Martin G., Choosing the carrot or the stick? Endogenous institutional choice in social dilemma situations, in: Review of Economic Studies 77 (2010), 1540–1566.

Talbott, John/Roll, Richard, Why Many Developing Countries Just Aren't. The Anderson School at UCLA, Finance Working Paper No. 19–01, Los Angeles 2001.

Thoma, Richard, Über die Grundrechte im Grundgesetz für die Bundesrepublik Deutschland (1951), in: Dreier, Horst (Hg.), Rechtsstaat – Demokratie – Grundrechte, Tübingen 2008, 468–482.

Thurn, John Philipp, Welcher Sozialstaat? Ideologie und Wissenschaftsverständnis in den Debatten der bundesdeutschen Staatsrechtslehre 1949–1990, Tübingen 2013.

Thym, Daniel, Europäische Integration im Schatten souveräner Staatlichkeit. Anmerkungen zum Lissabon-Urteil des Bundesverfassungsgerichts, in: Der Staat 48 (2009), 559–586.

Titmuss, Richard Morris, The Gift Relationship. From Human Blood to Social Policy, London 1970.

de Tocqueville, Alexis, Souvenirs de Alexis de Tocqueville, Paris 1893.

de Tocqueville, Alexis, Recollections: the French Revolution of 1848, New Brunswick/London 1995.

Tomuschat, Christian, Wege zur deutschen Einheit, in: VVDStRl 49 (1990), 70–100.

Towfigh, Emanuel/Traxler, Christian/Glöckner, Andreas, Zur Benotung in der Examensvorbereitung und im ersten Examen: eine empirische Analyse, in: ZDRW 1 (2014), 8–27.

Towfigh, Emanuel V./Chatziathanasiou, Konstantin, Ökonomische Aspekte der Durchsetzung des Verbraucherschutzrechts, in: Schulte-Nölke, Hans/Bundesministerium der Justiz und für Verbraucherschutz (Hg.), Neue Wege in der Durchsetzung des Verbraucherrechts, Heidelberg/Berlin 2017, 93–126.

Towfigh, Emanuel V./Petersen, Niels, Ökonomische Methoden im Recht: Eine Einführung für Juristen, Tübingen 2010.

Tremmel, Jörg, Eine Theorie der Generationengerechtigkeit, Münster 2012.

Tsebelis, George/Nardi, Dominic J., A long constitution is a (positively) bad constitution: evidence from OECD countries, in: British Journal of Political Science 46 (2016), 457–478.

Tushnet, Mark, Advanced Introduction to Comparative Constitutional Law, Cheltenham 2014.

Tyler, Tom R., Procedural Justice, Legitimacy, and the Effective Rule of Law, in: Crime and Justice 30 (2003), 283–357.

Tyler, Tom R., Why People Obey the Law, Princeton 2006.

Tyran, Jean-Robert/Feld, Lars P., Achieving Compliance when Legal Sanctions are Non-deterrent, in: Scandinavian Journal of Economics 108 (2006), 135–156.

Ullmann, Wolfgang, Deutsche Einheit – aber was ist das?, in: Guggenberger, Bernd/Stein, Tine (Hg.), Die Verfassungsdiskussion im Jahr der deutschen Einheit, München 1991, 66–78.

Vermeule, Adrian, The Constitution of Risk, New York 2014.

Versteeg, Mila/Zackin, Emily, Constitutions Unentrenched: Toward an Alternative Theory of Constitutional Design, in: Americal Political Science Review 110 (2016), 657–674

Voigt, Stefan, Positive Constitutional Economics: A Survey, in: Public Choice 90 (1997), 11–54.

Voigt, Stefan, Empirical constitutional economics: Onward and upward?, in: Journal of Economic Behavior & Organization 80 (2011), 319–330.

Voigt, Stefan, Positive Constitutional Economics II – A Survey of Recent Developments, in: Public Choice 146 (2011), 205–257.

Volkmann, Uwe, Grundzüge einer Verfassungslehre der Bundesrepublik Deutschland, Tübingen 2013.

Volkmann, Uwe, Leitbilder des Sozialstaats, in: Boysen, Sigrid/Kaiser, Anna-Bettina/Meinel, Florian (Hg.), Verfassung und Verteilung, Tübingen 2015, 217–233.

Voßkuhle, Andreas, Gibt es und wozu nutzt eine Lehre vom Verfassungswandel?, in: Der Staat 43 (2004), 450–459.

Voßkuhle, Andreas, Stabilität, Zukunftsoffenheit und Vielfaltssicherung – Die Pflege des verfassungsrechtlichen „Quellcodes" durch das Bundesverfassungsgericht, in: Hillgruber, Christian/Waldhoff, Christian (Hg.), 60 Jahre Bonner Grundgesetz – eine geglückte Verfassung?, Bonn/Göttingen 2010, 97–116.

Voßkuhle, Andreas/Wischmeyer, Thomas, Die Verfassung der Mitte, München 2016.

Wahl, Rainer, Verfassungsvergleichung als Kulturvergleichung, in: Murswiek, Dietrich/Storost, Ulrich/Wolff, Heinrich A. (Hg.), Staat – Souveränität – Verfassung. Festschrift für Helmut Quaritsch zum 70. Geburtstag, Berlin 2000, 163–182.

Wahl, Rainer, Die Schwebelage im Verhältnis von Europäischer Union und Mitgliedstaaten. Zum Lissabon-Urteil des Bundesverfassungsgerichts, in: Der Staat 48 (2009), 587–614.

Weingast, Barry R., The Political Foundations of Democracy and the Rule of the Law, in: American Political Science Review 91 (1997), 245–263.

Werner, Wolfram, Plenum. Bd. 9, in: Bundestag, Deutscher/Bundesarchiv (Hg.), Der Parlamentarische Rat 1948–1949. Akten und Protokolle, München 1996.

Wiederin, Ewald, Die Verfassunggebung im wiedervereinigten Deutschland. Versuch einer dogmatischen Zwischenbilanz zu Art. 146 GG n. F., in: AöR 117 (1992), 410–448.

Winkel, Olaf, Die deutsche Einheit als verfassungspolitischer Konflikt, in: Zeitschrift für Parlamentsfragen 28 (1997), 475–501.

Winkler, Heinrich August, Der lange Weg nach Westen. Deutsche Geschichte I. Vom Ende des Alten Reiches bis zum Untergang der Weimarer Republik, München 2014.

Winkler, Heinrich August, Der lange Weg nach Westen. Deutsche Geschichte II. Vom „Dritten Reich“ bis zur Wiedervereinigung, München 2014.

Wittreck, Fabian, Geltung und Anerkennung von Recht, Baden-Baden 2014.

Wolff, Johanna, Eine Annäherung an das Nudge-Konzept nach Richard H. Thaler und Cass R. Sunstein aus rechtswissenschaftlicher Sicht, in: RW 6 (2015), 194–222.

Zacher, Hans F., § 28 Das soziale Staatsziel, in: Isensee, Josef/Kirchhof, Paul (Hg.), Handbuch des Staatsrechts, Bd. II, 3. Auflage, Heidelberg 2004, 659–784.

Zeelenberg, Marcel/Pieters, Rik, A Theory of Regret Regulation 1.0, in: Journal of Consumer Psychology 17 (2007), 3–18.

Zweig, Egon, Die Lehre vom Pouvoir Constituant. Ein Beitrag zum Staatsrecht der französischen Revolution, Tübingen 1909.

Sach- und Personenregister

Studien und Beiträge zum Öffentlichen Recht

Die Schriftenreihe *Studien und Beiträge zum Öffentlichen Recht* (StudÖR) wurde als Äquivalent zur renommierten Reihe *Jus Publicum* gegründet. Sie bietet herausragenden Dissertationen aus dem Bereich des öffentlichen Rechts eine ansprechende Plattform und deckt sämtliche Fächer des öffentlichen Rechts ab, insbesondere also das Verfassungsrecht (einschließlich Grundrechtstheorie, Methodenlehre und Allgemeine Staatslehre) und das Verwaltungsrecht. Fächerübergreifende und fachgebietsübergreifende Themenstellungen sind dabei nicht ausgeschlossen, solange der Schwerpunkt der Arbeit im öffentlichen Recht einschließlich seiner europarechtlichen beziehungsweise international- und völkerrechtlichen Bezüge zu finden ist. Um die hohe Qualität der in dieser Reihe veröffentlichten Dissertationen zu gewährleisten, werden nur Arbeiten zur Veröffentlichung in Betracht gezogen, die in beiden Gutachten uneingeschränkt mit summa cum laude bewertet wurden.

ISSN: 1867-8912
Zitiervorschlag: StudÖR

Alle lieferbaren Bände finden Sie unter *www.mohrsiebeck.com/studoer*

Mohr Siebeck
www.mohrsiebeck.com